O PRINCÍPIO DA INDISPONIBILIDADE DO INTERESSE PÚBLICO E A CONSENSUALIDADE NO DIREITO ADMINISTRATIVO

LUZARDO FARIA

Daniel Wunder Hachem
Prefácio

O PRINCÍPIO DA INDISPONIBILIDADE DO INTERESSE PÚBLICO E A CONSENSUALIDADE NO DIREITO ADMINISTRATIVO

Belo Horizonte

2022

© 2022 Editora Fórum Ltda.

É proibida a reprodução total ou parcial desta obra, por qualquer meio eletrônico, inclusive por processos xerográficos, sem autorização expressa do Editor.

Conselho Editorial

Adilson Abreu Dallari
Alécia Paolucci Nogueira Bicalho
Alexandre Coutinho Pagliarini
André Ramos Tavares
Carlos Ayres Britto
Carlos Mário da Silva Velloso
Cármen Lúcia Antunes Rocha
Cesar Augusto Guimarães Pereira
Clovis Beznos
Cristiana Fortini
Dinorá Adelaide Musetti Grotti
Diogo de Figueiredo Moreira Neto (*in memoriam*)
Egon Bockmann Moreira
Emerson Gabardo
Fabrício Motta
Fernando Rossi
Flávio Henrique Unes Pereira
Floriano de Azevedo Marques Neto
Gustavo Justino de Oliveira
Inês Virgínia Prado Soares
Jorge Ulisses Jacoby Fernandes
Juarez Freitas
Luciano Ferraz
Lúcio Delfino
Marcia Carla Pereira Ribeiro
Márcio Cammarosano
Marcos Ehrhardt Jr.
Maria Sylvia Zanella Di Pietro
Ney José de Freitas
Oswaldo Othon de Pontes Saraiva Filho
Paulo Modesto
Romeu Felipe Bacellar Filho
Sérgio Guerra
Walber de Moura Agra

FÓRUM
CONHECIMENTO JURÍDICO

Luís Cláudio Rodrigues Ferreira
Presidente e Editor

Coordenação editorial: Leonardo Eustáquio Siqueira Araújo
Aline Sobreira de Oliveira

Av. Afonso Pena, 2770 – 15º andar – Savassi – CEP 30130-012
Belo Horizonte – Minas Gerais – Tel.: (31) 2121.4900 / 2121.4949
www.editoraforum.com.br – editoraforum@editoraforum.com.br

Técnica. Empenho. Zelo. Esses foram alguns dos cuidados aplicados na edição desta obra. No entanto, podem ocorrer erros de impressão, digitação ou mesmo restar alguma dúvida conceitual. Caso se constate algo assim, solicitamos a gentileza de nos comunicar através do e-mail editorial@editoraforum.com.br para que possamos esclarecer, no que couber. A sua contribuição é muito importante para mantermos a excelência editorial. A Editora Fórum agradece a sua contribuição.

Dados Internacionais de Catalogação na Publicação (CIP) de acordo com ISBD

F224p	Faria, Luzardo
	O princípio da indisponibilidade do interesse público e a consensualidade no Direito Administrativo / Luzardo Faria. - Belo Horizonte : Fórum, 2022.
	363p. ; 14,5cm x 21,5cm.
	Inclui bibliografia.
	ISBN: 978-65-5518-289-7
	1. Direito. 2. Direito Administrativo. 3. Direito Público. 4. Direito Constitucional. 5. Direito Processual Civil. I. Título.
2021-3724	CDD 341.3 CDU 342.9

Elaborado por Vagner Rodolfo da Silva - CRB-8/9410

Informação bibliográfica deste livro, conforme a NBR 6023:2018 da Associação Brasileira de Normas Técnicas (ABNT):

FARIA, Luzardo. *O princípio da indisponibilidade do interesse público e a consensualidade no Direito Administrativo*. Belo Horizonte: Fórum, 2022. 363p. ISBN 978-65-5518-289-7.

AGRADECIMENTOS

O presente livro é o resultado, com certas adaptações, da dissertação de mestrado que defendi em 2019 no Programa de Pós-Graduação em Direito da Universidade Federal do Paraná, perante banca formada pelo Prof. Dr. Daniel Wunder Hachem, pelo Prof. Dr. Emerson Gabardo e pela Profa. Dra. Maria Paula Dallari Bucci.

É, pois, o fruto de dois intensos anos de estudos, debates e pesquisas. Durante essa jornada, que tem neste livro o seu produto final, diversas pessoas contribuíram, direta e indiretamente, para minha formação pessoal e acadêmica. Tal fato torna impossível nomeá-las todas – o que, todavia, não me exime do dever de agradecê-las, tendo em vista que sozinho jamais teria sido capaz de produzir e finalizar esta pesquisa.

No âmbito pessoal, agradeço em primeiro lugar à minha família – pais, irmãos, sobrinhas, tios, primos e namorada –, por ter me dado todo o suporte necessário à elaboração do trabalho. A bem da verdade, embora a dissertação, materialmente, tenha sido produzida no período de dois anos, a formação pessoal e acadêmica a que antes aludi inicia-se muito antes disso. Apesar do clichê, não é nenhum exagero afirmar que a finalização do curso de Mestrado em Direito na Universidade Federal do Paraná só se tornou possível pois, durante toda a minha vida, pude contar com o apoio imensurável de tantas pessoas boas. A eles, meus agradecimentos nunca serão suficientes.

Todo o esforço e dedicação exigidos pelo Mestrado demandam incontáveis horas de pesquisa, leitura e redação para que os obstáculos presentes nessa caminhada possam ser superados. Embora o estudo inevitavelmente traga consigo a necessidade de afastamento de tantas atividades, a amizade é ingrediente indispensável para o sucesso nessa caminhada. Agradeço, portanto, a todos os amigos que me acompanharam e me apoiaram durante essa trajetória.

No espaço de sobreposição entre os âmbitos pessoal e acadêmico, agradeço ao meu orientador, Prof. Dr. Daniel Wunder Hachem, que há quase uma década exerce não só as atividades de orientação, mas também de iluminação sobre minhas pesquisas e minha carreira profissional. Como doutrinador, serviu como um dos principais marcos teóricos para o desenvolvimento desta pesquisa. Como professor, ensinou-me boa parte do que sei sobre direito administrativo e constitucional. Como orientador, auxiliou-me desde a formulação do projeto de pesquisa a pensar e estruturar este trabalho. Como amigo, de quem tenho a honra de disfrutar o convívio diariamente, deu-me todo o apoio e conselhos necessários. Foi, enfim, verdadeiro mestre, na acepção mais genuína e admirável da palavra.

Todos os demais professores que contribuíram para meu aprimoramento científico no decorrer desse período agradeço nas pessoas dos Professores Doutores Emerson Gabardo e Maria Paula Dallari Bucci, que honrosamente aceitaram participar da banca de avaliação da dissertação de mestrado, possibilitando, com suas críticas e sugestões, os aprimoramentos que foram incorporados ao trabalho nesta versão publicada como livro pela Editora Fórum.

Também devo agradecer a todos os colegas do escritório Bacellar & Andrade Advogados Associados, pela convivência e pelos aprendizados diários, e o faço na pessoa do Prof. Dr. Romeu Felipe Bacellar Filho, quem além de ser, ao lado do Dr. Renato Andrade, o timoneiro de nossa embarcação, é também um grande responsável pela produção desta obra, já que ela é inegavelmente influenciada em todos os seus aspectos pela Escola Paranaense de Direito Administrativo, liderada e cultivada com tanto afinco pelo Prof. Romeu. Ainda nesse campo, agradeço especialmente ao colega e amigo Felipe Klein Gussoli pelo companheirismo de todos esses anos.

Agradeço, por fim, a todos os colegas, servidores e professores do Programa de Pós-Graduação em Direito da Universidade Federal do Paraná, casa pela qual nutro um carinho fraternal, por terem compartilhado comigo a formidável experiência que se encerra com a publicação deste trabalho.

SUMÁRIO

PREFÁCIO
O *YIN-YANG* DO DIREITO ADMINISTRATIVO
Daniel Wunder Hachem 13

INTRODUÇÃO 19

CAPÍTULO 1
O INTERESSE PÚBLICO E SUA INDISPONIBILIDADE PELA ADMINISTRAÇÃO 25

1.1   A categoria jurídica do interesse público no direito administrativo 26

1.1.1   O desenvolvimento do conceito de interesse público no direito administrativo 27

1.1.1.1   O interesse público na Teoria do Estado e suas transformações 27

1.1.1.2   O interesse público nas lições de Celso Antônio Bandeira de Mello e seus reflexos na doutrina administrativista 34

1.1.2   As críticas e contracríticas formuladas no direito administrativo contemporâneo à categoria do interesse público 43

1.1.2.1   O movimento de rejeição do interesse público como categoria central do direito administrativo no Brasil 43

1.1.2.2   As respostas doutrinárias às críticas e a renovação da defesa do interesse público 46

1.1.3   A ideologia do interesse público e sua identificação com o Estado Social de Direito: a questão simbólica por trás da discussão 65

1.1.3.1   O impacto do Estado Social no direito administrativo: Administração Pública inclusiva e direito administrativo social 65

1.1.3.2   A relação intrínseca entre o interesse público e a feição social do direito administrativo 68

1.1.3.3   A recusa ao interesse público como sintoma da "fuga para o direito privado" 72

1.2   O princípio constitucional da indisponibilidade do interesse público 77

1.2.1   O conteúdo jurídico do princípio da indisponibilidade do interesse público...79
1.2.1.1   O desenvolvimento inicial da noção de indisponibilidade do interesse público...79
1.2.1.2   As diferentes feições da indisponibilidade do interesse público no direito administrativo...81
1.2.1.3   Os componentes jurídicos da noção de indisponibilidade do interesse público...85
1.2.1.4   As diferenças elementares entre as noções de indisponibilidade do interesse público e de indisponibilidade dos direitos fundamentais...90
1.2.2   A natureza jurídica da indisponibilidade do interesse público: princípio ou regra?..96
1.2.2.1   Análise a partir da compreensão de princípio como mandamento nuclear de um sistema jurídico..97
1.2.2.2   Análise a partir da compreensão de princípio como mandado de otimização..99
1.2.3   Os fundamentos normativos e os impactos da indisponibilidade do interesse público no direito administrativo brasileiro.................105
1.2.3.1   A indisponibilidade do interesse público no direito positivo brasileiro..105
1.2.3.2   As repercussões causadas pela indisponibilidade do interesse público ao regime jurídico-administrativo..115

CAPÍTULO 2
A CONSENSUALIDADE NO DIREITO ADMINISTRATIVO...........121

2.1   Entre autoridade e consenso: os movimentos pendulares do regime jurídico-administrativo..122
2.1.1   A gênese democrática do direito administrativo e a constante necessidade de superação de práticas autoritárias.............................123
2.1.1.1   A "falácia do espantalho" envolvendo o regime jurídico-administrativo: as críticas premeditadas às bases tradicionais do direito administrativo...123
2.1.1.2   O marco histórico de instituição do Estado de Direito: o berço democrático do direito administrativo..129
2.1.1.3   A vocação emancipatória do regime jurídico-administrativo...........134
2.1.1.4   A democratização da Administração Pública enquanto processo: a constante necessidade de combate às práticas administrativas autoritárias..137
2.1.2   O fenômeno de consensualização do direito administrativo: fundamentos e repercussões..141

2.1.2.1 Os conceitos estruturais da consensualização do direito administrativo 141
2.1.2.2 Os fundamentos jurídicos da inserção na lógica consensual na atividade administrativa 149
2.1.2.3 O impacto do fenômeno da consensualização para o direito administrativo e a necessária cautela com discursos pretensamente disruptivos 157
2.1.3 O "mantra" do consenso e a ode à paridade: reflexão crítica sobre os limites às parcerias no direito administrativo 161
2.2 O espaço e o papel do princípio da indisponibilidade do interesse público na Administração Pública consensual 172
2.2.1 As críticas em relação à incidência do princípio da indisponibilidade do interesse público nos atos administrativos consensuais e seus equívocos conceituais 174
2.2.1.1 A indisponibilidade do interesse público como valor central do regime jurídico-administrativo e a repulsa à consensualidade 175
2.2.1.2 A consensualidade como nova realidade do direito administrativo e a aversão ao princípio da indisponibilidade do interesse público 178
2.2.1.3 Os equívocos conceituais frequentemente cometidos pelos dois lados do debate 181
2.2.2 A possibilidade de harmonização da indisponibilidade do interesse público com a consensualização do direito administrativo..190
2.2.2.1 As justificativas teóricas para a harmonização entre indisponibilidade do interesse público e consensualidade 190
2.2.2.2 A decisão administrativa consensual sob o prisma da proporcionalidade 196
2.2.2.3 Os fatores que devem ser observados pelas decisões administrativas: critérios de validade da consensualidade 200
2.2.3 O controle dos atos administrativos consensuais: a deferência como fator imprescindível ao adequado desenvolvimento da consensualização 213

CAPÍTULO 3
ANÁLISE DA COMPATIBILIDADE DE INSTITUTOS CONSENSUAIS DA AÇÃO ADMINISTRATIVA COM O PRINCÍPIO DA INDISPONIBILIDADE DO INTERESSE PÚBLICO 221
3.1 Acordos administrativos em matéria patrimonial e processual 222
3.1.1 A incidência do princípio da indisponibilidade do interesse público nas transações judiciais envolvendo a Administração Pública 222

3.1.1.1 As transações judiciais envolvendo a Administração Pública e a consensualização do Direito Administrativo 222
3.1.1.2 A indisponibilidade do interesse público como suposto óbice à realização de transações judiciais por parte da Administração Pública 228
3.1.1.3 A "disponibilidade" do direito como critério para permitir a transação judicial 232
3.1.1.4 Os impactos advindos do princípio da indisponibilidade do interesse público para as transações judiciais realizadas pela Administração Pública 239
3.1.1.5 O cenário prático das transações judiciais envolvendo a Administração Pública no Brasil 249
3.1.2 O cabimento da arbitragem no direito administrativo: o interesse público exige intervenção jurisdicional? 250
3.1.2.1 A arbitragem e a consensualização do direito administrativo 250
3.1.2.2 A arbitralidade subjetiva e objetiva nos conflitos envolvendo a Administração Pública: o critério da "disponibilidade" do direito 252
3.1.2.3 A suposta inconstitucionalidade da utilização da via arbitral pela Administração Pública 258
3.1.2.4 O interesse público existente na opção da resolução de conflitos pela via arbitral 261
3.1.2.5 A arbitragem e a indisponibilidade do interesse público 268
3.1.3 A celebração de negócios processuais atípicos pela Fazenda Pública: adequação procedimental à realização do interesse público 270
3.1.3.1 A lógica de cooperação processual no Código de Processo Civil de 2015 270
3.1.3.2 Os negócios jurídicos processuais atípicos no direito processual civil brasileiro 272
3.1.3.3 Os negócios processuais atípicos envolvendo a Fazenda Pública e a influência do princípio da indisponibilidade do interesse público 275
3.1.3.4 Parâmetros de validade dos negócios processuais envolvendo a Fazenda Pública à luz da indisponibilidade do interesse público ... 278
3.1.3.5 Algumas hipóteses de utilização dos negócios processuais como instrumento para a tutela do interesse público 284
3.2 Acordos administrativos em matéria sancionatória 290
3.2.1 Acordo de leniência e negociação da sanção administrativa: qual o interesse público buscado pelo direito administrativo sancionador? 290

3.2.1.1 A consensualização da atividade sancionatória da Administração Pública..290

3.2.1.2 Origens e fundamentos do acordo de leniência................................292

3.2.1.3 As justificativas consensuais para a utilização do acordo de leniência e o interesse público existente na negociação da sanção administrativa...295

3.2.1.4 Os alertas trazidos pelo princípio da indisponibilidade do interesse público à utilização dos acordos de leniência...................303

3.2.2 Acordos de não persecução cível: os antecedentes teóricos, o Pacote Anticrime e a Lei nº 14.230/21...308

3.2.2.1 O contraste entre a redação original do art. 17, §1º, da Lei nº 8.429/92 e a consensualização do direito administrativo..............308

3.2.2.2 O debate sobre a possibilidade de realização de acordo em ação de improbidade enquanto ainda vigia a redação original do art. 17, §1º, da Lei nº 8.429/92..310

3.2.2.3 Os Termos de Ajustamento de Conduta e a hipótese já antes admitida de consensualidade na improbidade administrativa........318

3.2.2.4 A Medida Provisória nº 703/2015 e a primeira tentativa legislativa de alteração do art. 17, §1º, da Lei nº 8.429/92................320

3.2.2.5 A instituição do acordo de não persecução cível pelo Pacote Anticrime e os complementos trazidos pela Lei nº 14.230/21..........322

CONCLUSÕES...329

REFERÊNCIAS...347

PREFÁCIO

O *YIN-YANG* DO DIREITO ADMINISTRATIVO

> *O outro é uma complementaridade que nos torna a nós maiores, mais inteiros, mais autênticos. Essa é a minha própria vivência.*
>
> (José Saramago)

A explicação e compreensão do direito administrativo no Brasil se baseia em uma noção teórica central, a de *regime jurídico-administrativo*, compreendido como o conjunto normativo que disciplina o exercício da função administrativa do Estado e que, por gozar de características próprias, peculiariza esse ramo do direito em face dos demais, conferindo-lhe autonomia científica. Se forem consultados dez cursos ou manuais dessa disciplina, muito provavelmente dez deles concederão destaque a um capítulo inicial dedicado a esse tema, notadamente aos princípios constitucionais que regem a atividade da Administração Pública.

A centralidade dessa noção em solo nacional não se deu por acaso – e um breve olhar aos ordenamentos jurídicos estrangeiros faz perceber que não é assim em todos os países. No Brasil, a construção teórica do edifício do direito administrativo sobre as bases de um *regime jurídico-administrativo* é algo peculiar e se deu em razão da enorme repercussão das ideias de um (hoje conhecido) autor, lançadas em artigo veiculado na *Revista de Direito Público* em 1967. Em tal ocasião, o professor Celso Antônio Bandeira Mello publicou um de seus mais importantes ensaios, sob o título *O conteúdo do regime jurídico-administrativo e seu valor metodológico*,[1] sustentando que todo o plexo de normas que disciplina a atuação da Administração Pública decorre de dois pilares estruturantes: o *princípio da supremacia do interesse público sobre o privado* e o *princípio da indisponibilidade dos interesses públicos*.

Ambos seriam princípios implícitos no ordenamento jurídico brasileiro, dos quais derivariam todas as demais normas norteadoras da racionalidade do direito administrativo. Do primeiro, adviriam as normas que conferem ao Poder Público *prerrogativas* sem equivalentes nas relações interprivadas, necessárias à garantia da prevalência dos interesses da coletividade sobre aqueles exclusivamente pessoais dos particulares, como é o caso do poder de polícia administrativa e dos mecanismos de intervenção do Estado na propriedade. Do segundo, decorreriam as normas que impõem ao Estado *restrições* inexistentes no regime de direito privado, limitando a sua atuação e obrigando-o assim a cumprir a função pública que lhe é atribuída pelo sistema jurídico, como é o caso dos deveres de realizar licitação e concurso público para contratações administrativas e recrutamento de pessoal.

Essa explicação foi desenvolvida e ampliada pelo autor em seus livros futuros,[2] sobretudo em seu *Curso de direito administrativo*, ganhando receptiva acolhida da doutrina e da jurisprudência brasileiras. Os dois princípios acima mencionados – os quais foram identificados originalmente por Celso Antônio Bandeira de Mello e cujos contornos foram por ele pioneiramente delineados – passaram a ser citados pelos livros de maior influência nesse ramo jurídico como os dois alicerces do direito administrativo brasileiro. E tamanha foi a aceitação dessa construção teórica que os princípios da supremacia e da indisponibilidade do interesse público, muito embora invocados e utilizados com grande frequência como fundamento de decisões administrativas e judiciais, permaneceram por mais de três décadas resumidos a explicações sucintas constantes de cursos e manuais de direito administrativo sem receberem questionamentos ou atenção mais aprofundada em estudos monográficos.

Contudo, na primeira década dos anos 2000, eclodiu um forte debate doutrinário a respeito do princípio da supremacia do interesse público como fundamento do direito administrativo. Um grupo de autores passou a questionar, em artigos jurídicos, a própria existência

---

[1] MELLO, Celso Antônio Bandeira de. O conteúdo do regime jurídico-administrativo e seu valor metodológico. *Revista de Direito Público*, São Paulo, n. 2, p. 44-61, out./dez. 1967.

[2] MELLO, Celso Antônio Bandeira de. *Natureza e regime jurídico das autarquias*. São Paulo: RT, 1968. p. 292-318; MELLO, Celso Antônio Bandeira de. *Elementos de Direito Administrativo*. São Paulo: RT, 1980. p. 3-34. A partir da 4ª edição, em 1993, a obra *Elementos de direito administrativo* passou a se chamar *Curso de direito administrativo*.

desse princípio no sistema normativo brasileiro, acusando de autoritária a sua formulação original. Outros passaram a rebater as críticas, também por meio de artigos, sem que uma obra monográfica tivesse sido desenvolvida acerca da temática. Diante desse debate, que antagonizou correntes de administrativistas, achei que seria relevante uma pesquisa mais extensa sobre o assunto, razão pela qual redigi minha dissertação de mestrado sobre esse tema, publicada em 2011 como o primeiro livro autoral dedicado exclusivamente ao princípio da supremacia do interesse público.[3] Nele, examinei com atenção a fundamentação teórica, política e normativa desse princípio no direito público brasileiro, seu conteúdo jurídico, formas de aplicação e as críticas a ele dirigidas para, em um segundo momento, rebater cada uma delas. Posteriormente, outros autores também se debruçaram monograficamente sobre esse tópico em obras importantes.[4]

A polêmica em torno da supremacia do interesse público permitiu um grande desenvolvimento teórico e científico a respeito desse princípio, preenchendo uma lacuna há tempos existente. Era necessária uma produção acadêmica mais intensa para debater os fundamentos, os contornos e as consequências jurídicas de uma norma tão frequentemente utilizada na prática administrativa brasileira. Porém, o silêncio quanto à *indisponibilidade do interesse público* permanecia e, com o passar dos anos, foi se tornando um silêncio eloquente, quase ensurdecedor, diante da cada vez mais acelerada promulgação de leis e criação de institutos que passaram a admitir a consensualidade nas relações entre a Administração Pública e os sujeitos privados, principalmente na segunda década dos anos 2000.

Como compatibilizar a ideia de indisponibilidade, pelo administrador, dos interesses públicos com instrumentos de consensualidade, como é o caso da transação administrativa? Pode a Administração Pública negociar com o particular, em vez de impor unilateralmente determinada conduta, e renunciar a parcela de seus direitos para tê-los garantidos de forma mais célere? E as sanções administrativas podem ser objeto de acordo entre o Poder Público e o cidadão se isso trouxer benefícios a ambas as partes? Tais questões estão na esfera de disponibilidade decisória dos agentes públicos? Essas são perguntas cujas respostas se tornaram urgentes na última década e que, no entanto,

---

[3] HACHEM, Daniel Wunder. *Princípio constitucional da supremacia do interesse público*. Belo Horizonte: Fórum, 2011.

[4] É o caso, entre outros, de CRISTÓVAM, José Sérgio da Silva. *Administração Pública democrática e supremacia do interesse público*: novo regime jurídico-administrativo e seus princípios constitucionais estruturantes. Curitiba: Juruá, 2015.

não eram encontradas nas poucas páginas dedicadas ao princípio da indisponibilidade do interesse público nos cursos de direito administrativo. Era preciso um estudo de fôlego.

Foi então que o professor Luzardo Faria aceitou enfrentar o tema no presente livro, intitulado *O princípio da indisponibilidade do interesse público e a consensualidade no direito administrativo*. É o resultado de sua dissertação de mestrado elaborada no Programa de Pós-Graduação em Direito da UFPR, aprovada com louvor pela banca examinadora presidida por mim, na condição de orientador, e composta pela professora doutora Maria Paula Dallari Bucci, da USP, e pelo professor doutor Emerson Gabardo,[5] da UFPR e da PUCPR. É a primeira obra monográfica no país a abordar essa temática tão crucial do direito administrativo, redigida por um dos mais brilhantes pesquisadores que já encontrei.

Conheci Luzardo na Faculdade de Direito da UFPR, em 2012, em um momento muito especial de nossas vidas acadêmicas. Ele, calouro do corpo discente, dava seus primeiros passos como aluno de Direito. Eu, calouro do corpo docente, iniciava minhas primeiras aulas como professor do Departamento de Direito Público daquela centenária universidade. Foi aluno da minha primeira turma. Já no início do curso, percebi sua vocação para a carreira acadêmica quando me procurou para orientá-lo nos Programas de Iniciação Científica e Iniciação à Docência. Vi, desde logo, nos seus olhos a mesma paixão pelo direito que ardia nos meus quando estava a descobrir o fascinante universo jurídico. Foi, então, meu primeiro orientando na UFPR – no PIBIC e na Monitoria – e, posteriormente, no Trabalho de Conclusão de Curso, tendo realizado todos eles com êxito e grande destaque. Recebeu mais de cinco prêmios de 1º lugar em concursos de artigos científicos, inclusive no Congresso Brasileiro de Direito Administrativo e no Congresso Paranaense de Direito Administrativo, demonstrando que minha percepção inicial não estava equivocada.

Na atividade profissional, foi meu estagiário no escritório de advocacia para futuramente tornar-se advogado da nossa equipe e, hoje, meu sócio. No NINC – Núcleo de Investigações Constitucionais da UFPR, ingressou como pesquisador de graduação, participando ativamente dos projetos de pesquisa, publicações e eventos, e auxiliou-me a criar, em 2014, a *Revista de Investigações Constitucionais* – periódico científico

---

[5] O professor Emerson Gabardo também examinou o tema da supremacia do interesse público em um dos capítulos de sua tese de doutorado, sendo um dos grandes especialistas no tema: GABARDO, Emerson. *Interesse público e subsidiariedade*: o Estado e a sociedade civil para além do bem e do mal. Belo Horizonte: Fórum, 2009.

do qual hoje é editor-adjunto e, graças à sua dedicação, veio a ser indexado na *Web of Science*, *Scopus*, *SciELO* e classificado como Qualis A1 na CAPES. Ingressou, finalmente, no Mestrado do Programa de Pós-Graduação em Direito da UFPR, onde desenvolveu esta aprofundada pesquisa que ora vem a público na forma de livro. Tanto na graduação quanto no mestrado, bem como na advocacia, Luzardo foi e continua sendo para mim um grande parceiro – aquele que todos os professores e advogados sonham em ter – de cujos méritos tenho grande orgulho e de cuja companhia tenho o privilégio de desfrutar.

Na obra que o leitor tem em mãos, Luzardo examina com enorme profundidade os contornos contemporâneos assumidos pelo princípio da indisponibilidade do interesse público em face de aspectos polêmicos suscitados pela doutrina após o surgimento de institutos criados por leis recentes. O primeiro capítulo é dedicado ao estudo desse princípio, suas origens, seus fundamentos, seu conteúdo, sua natureza jurídica e seus desdobramentos, trazendo contribuições para muito além daquilo que já havia sido escrito sobre o tema. O segundo explora o advento da consensualidade no direito administrativo, demonstrando como essa nova perspectiva impactou as formulações clássicas relativas a esse ramo jurídico, para então sustentar que é possível harmonizar e compatibilizar o princípio da indisponibilidade do interesse público com a prática de atos administrativos consensuais, desde que bem compreendido o significado jurídico de "interesse público" e respeitados determinados pressupostos. No terceiro e último capítulo, o autor analisa de forma detida e pormenorizada a compatibilidade de novos institutos jurídicos, dotados de natureza consensual, com o referido princípio, em especial a transação administrativa, a arbitragem envolvendo o Poder Público, a celebração de negócios jurídicos processuais atípicos pela Fazenda Pública, os acordos de leniência e a negociação de sanção administrativa e os acordos em ação de improbidade administrativa.

O autor discorda da corrente que rejeita a prática de todo e qualquer ato administrativo consensual pela Administração Pública com base no princípio da indisponibilidade do interesse público, bem como diverge da vertente que nega a existência desse princípio como premissa para admitir a celebração de tais relações consensuais. Sustenta uma terceira posição: a de que o princípio da indisponibilidade do interesse público existe no ordenamento jurídico brasileiro, porém não veda, de antemão, todos os tipos de atos administrativos consensuais. De forma bastante original, identifica cinco requisitos específicos a serem observados para que atos de consensualidade entre Administração Pública e particulares sejam válidos, sem ofender o princípio da indisponibilidade do interesse público:

(i) a submissão da atividade administrativa à legalidade e as condicionantes que isso impõe à realização de acordos; (ii) a necessidade de tratamento isonômico dos particulares com quem a Administração realiza esses acordos; (iii) o respeito aos princípios da publicidade e da motivação dos atos administrativos; (iv) a moralidade na atuação dos agentes públicos envolvidos na negociação dos acordos e (v) a observância ao postulado da segurança jurídica.[6]

Quando escrevi o *Princípio constitucional da supremacia do interesse público*, senti que o trabalho não havia chegado ao fim. Faltava uma parte, um pedaço. É que, assim como o *yin* e o *yang*,[7] os princípios da supremacia e da indisponibilidade do interesse público são antagônicos e complementares no direito administrativo. Não há como versar sobre um sem abordar o outro. Porém, não haveria como tratar de ambos com a profundidade merecida em uma dissertação de mestrado, motivo pelo qual optei pelo primeiro, objeto de maiores polêmicas à época. Foi preciso aguardar a profusão de mudanças legislativas a desafiar o significado do princípio da indisponibilidade do interesse público, bem como o desenvolvimento acadêmico do Luzardo, para que essa importantíssima obra viesse à luz, dez anos depois. A pesquisa dele traz à minha, tal como a citação de Saramago na epígrafe, "uma complementaridade que nos torna a nós maiores, mais inteiros, mais autênticos". É assim que me sinto com a presença de Luzardo em minha vida acadêmica.

Parabenizo o autor pela excelência da pesquisa realizada e a Editora Fórum, na pessoa do Luís Cláudio Rodrigues Ferreira, por mais uma vez presentear o público-leitor com uma obra de primeira grandeza, que já nasce clássica e vem abrilhantar o catálogo dessa prestigiosa editora, esclarecendo as muitas dúvidas dos administrativistas a respeito de uma temática tão relevante.

Curitiba, primavera de 2021.

Daniel Wunder Hachem
Professor da Faculdade de Direito da Universidade Federal do Paraná e da Escola de Direito da Pontifícia Universidade Católica do Paraná. Professor Visitante da *Université Paris 1 Panthéon-Sorbonne* (2018/2020). Diretor Acadêmico do NINC-UFPR.

---

[6] Capítulo 2, item 2.2., subitem 2.2.2.

[7] ☯ – O *yin-yang* é um símbolo da cultura chinesa, formado por duas forças opostas e complementares.

INTRODUÇÃO

A categoria jurídica do interesse público é uma das mais relevantes da dogmática do direito administrativo brasileiro. Isso não significa, porém, que sua aceitação seja uníssona na doutrina. Pode-se dizer que o interesse público constitui linha divisória no administrativismo brasileiro. Para uma corrente, é o conceito-chave que deve guiar toda a atividade administrativa, sem o qual a Administração Pública perderia sua razão de ser. Para outro lado, contudo, é tido como figura meramente retórica, sem lastro no ordenamento jurídico e que mais atrapalha as atividades do Poder Público do que propriamente contribui para seu aprimoramento.

O interesse público é, ademais, a base dos dois princípios que, segundo considera a doutrina tradicional, estruturam todo o regime jurídico-administrativo: o da supremacia do interesse público sobre o privado e o da *indisponibilidade do interesse público pela Administração*. O primeiro já foi objeto de diversos estudos e debates na ciência do direito administrativo, em especial nas duas últimas décadas. O segundo, porém, apesar de sua equivalente importância, curiosamente jamais foi centro de atenções aprofundadas.

Com efeito, é indiscutível que, no estudo da categoria de interesse público no direito administrativo brasileiro, "preponderam os trabalhos destinados a repensar a supremacia do interesse público sobre o privado, sendo demasiado escassos aqueles destinados a refletir especificamente sobre a indisponibilidade do interesse público". A indisponibilidade, segundo a constatação de Mariana de Siqueira, "costuma aparecer nas obras sobre a supremacia a título de 'carona' nas arguições teóricas ali construídas, não como objeto principal a constar do título, mas sim como elemento teórico analisado internamente ao longo dos escritos, de maneira pontual e a título acessório".[1] Na contramão dessa tendência, porém, nos últimos anos o princípio da indisponibilidade do interesse público tem vindo à tona com maior frequência nos debates da doutrina administrativista.

---

[1] SIQUEIRA, Mariana de. *Interesse público no direito administrativo brasileiro*: da construção da moldura à composição da pintura. Rio de Janeiro: Lumen Juris, 2016.

A Constituição Federal de 1988, que sempre agiu – e ainda age – como uma catalisadora das transformações do direito administrativo,[2] impôs à Administração Pública o dever de democratização de sua estrutura interna e do modo pelo qual se relaciona com os particulares. A participação popular na formação das decisões administrativas tem sido um dos principais motes do direito administrativo pós-88.

Nesse contexto, desenvolve-se corrente doutrinária que defende a *consensualização do direito administrativo*, isto é, que a Administração Pública abandone os métodos unilaterais, verticalizados e autoritários de impor sua vontade aos administrados, a fim de que, reconhecendo o particular como verdadeiro cidadão e sujeito de direito, passe a convencionar as decisões administrativas por meio de métodos consensuais, paritários e dialógicos com os que se encontram diretamente interessados no feito.

Nessa onda, diversas inovações legislativas têm sido criadas nos últimos anos como resultado da internalização dessa lógica da consensualidade no regime jurídico-administrativo brasileiro. É o caso – para citar apenas dois breves exemplos – da possibilidade de utilização de arbitragem para solucionar conflitos envolvendo a Administração Pública (tema que recebeu regramento próprio com a Lei nº 13.129/15) e do acordo de leniência, que passou a ter grande importância no cenário jurídico nacional com a Lei Anticorrupção (nº 12.846/13) e com o decreto federal que a regulamenta (nº 8.420/15).

Ocorre, porém, que, muito frequentemente, o princípio da indisponibilidade do interesse público é visto como uma barreira à atuação consensual da Administração Pública. Novamente, o tema divide a doutrina. Para alguns, isso significa que a Administração estaria desautorizada a adotar os procedimentos e institutos trazidos pelo movimento da consensualização. Para outros, isso é ainda mais um motivo para se abandonar a ideia de que a indisponibilidade seria uma das normas basilares do regime jurídico-administrativo.

Assim, esse é o principal problema que instiga a presente pesquisa. A questão de fundo que a norteia é, fundamentalmente, a seguinte: *os instrumentos de ação consensual da Administração Pública são compatíveis com o princípio da indisponibilidade do interesse público?*

A relevância de tal questão é justificada a partir de alguns pontos bastante claros: (i) o princípio da indisponibilidade do interesse

---

[2] MEDAUAR, Odete. Constituição de 1988: catalisadora da evolução do Direito Administrativo. *Revista do Advogado*, São Paulo, ano 28, n. 99, p. 100-107, set. 2008. p. 107.

público é considerado um dos princípios estruturantes de todo o regime jurídico-administrativo e, ainda assim, são muito escassas as obras específicas a seu respeito; (ii) o movimento da consensualização do direito administrativo ainda requer uma análise mais aprofundada, que a compreenda como um fenômeno dentro de um sistema maior e que, assim, busque compará-lo e adequá-lo da melhor forma possível aos princípios constitucionais do regime jurídico-administrativo (dentre eles, especialmente o da indisponibilidade do interesse público); (iii) atualmente, a Administração Pública brasileira já goza de uma série de instrumentos jurídicos de parceria com particulares, os quais, apesar de bem tratados em seus âmbitos específicos, ainda carecem de um estudo à luz do princípio da indisponibilidade do interesse público, até mesmo para se identificarem os limites de sua aplicação no direito administrativo brasileiro.

Para responder à pergunta indicada acima, diversas outras indagações se colocam: existe um princípio da indisponibilidade do interesse público no direito brasileiro? Se sim, qual é o seu conteúdo jurídico? Qual a sua influência para o direito administrativo que se conhece hoje? Quais as novidades verdadeiramente trazidas pelo movimento da consensualização da Administração Pública? Até que ponto o princípio da indisponibilidade do interesse público ainda pode ser considerado como um alicerce do direito administrativo nessa nova onda de consensualização? Qual o impacto causado pelo princípio da indisponibilidade do interesse público em alguns dos principais institutos desenvolvidos nesse novo contexto?

O trabalho, diante disso, propõe-se a atingir os seguintes objetivos:

a) analisar o conteúdo jurídico da categoria do interesse público, desde seu desenvolvimento original na doutrina brasileira, passando pelas críticas que vem sofrendo recentemente e demonstrando o papel de relevância que ainda hoje exerce no direito administrativo;

b) explorar os contornos jurídicos do princípio da indisponibilidade do interesse público, identificando o seu conteúdo jurídico, demonstrando seus fundamentos normativos e sua natureza jurídica e indicando os principais desdobramentos que dele decorrem a influenciar o regime jurídico-administrativo;

c) examinar a transformação vivenciada pela Administração Pública brasileira, que, desde a Constituição Federal de 1988, busca abandonar cada vez mais seus aspectos de autoritarismo e, em um processo de consensualização, vem efetivando os postulados do Estado Democrático de Direito através da adoção de instrumentos consensuais de ação administrativa;

d) identificar qual o espaço e o papel exercido pelo princípio da indisponibilidade do interesse público no contexto de uma Administração Pública consensual, demonstrando a possibilidade de harmonização desses dois fatores e os parâmetros que devem ser observados para tanto;

e) contrastar alguns institutos contemporâneos do direito administrativo que são fruto do fenômeno da consensualização (tais como a transação, a arbitragem, os negócios processuais, o acordo de leniência e o acordo de não persecução cível) com o conteúdo jurídico do princípio da indisponibilidade do interesse público, buscando compreender até que ponto tais ferramentas se compatibilizam com este preceito-chave do regime jurídico-administrativo.

A divisão estrutural do trabalho segue a tentativa de responder a cada um desses objetivos. O capítulo 1 dedica-se a estudar o interesse público e sua indisponibilidade pela Administração, buscando cumprir os objetivos *a* e *b* mencionados acima; o capítulo 2 discorre sobre o fenômeno da consensualização do direito administrativo, com foco nas questões apontadas nos objetivos *c* e *d*; no capítulo 3, por fim, será realizada a análise individualizada da compatibilidade do princípio da indisponibilidade do interesse público com os institutos consensuais da ação administrativa que foram indicados no objetivo *e*.

É tempo de adequar algumas concepções mais ultrapassadas do direito administrativo à realidade constitucional. Tal tarefa deve ser realizada sem tentativas nostálgicas de conservar radicalmente institutos que não mais se harmonizam com os parâmetros jurídicos e sociais atualmente vigentes. Por outro lado, não se pode, obviamente, empreender uma substituição da lógica central que, também por força da Constituição Federal de 1988, rege o regime jurídico-administrativo no Brasil. O que se pretende é manter as suas estruturas mais fundamentais, como forma de evitar que seja todo ele abandonado por conta de pontuais inconsistências temporais.

Como afirma Jaime Rodríguez-Arana Muñoz, diante de tais transformações não "estaremos assistindo ao enterro dos institutos clássicos do Direito Administrativo". Na realidade, o que será configurado é "um Direito Administrativo mais democrático, no qual a submissão objetiva do Estado ao interesse público ajude a redefinir todos aqueles institutos que não mais encontram amparo em uma Administração que atua simplesmente a partir da unilateralidade".[3]

---

[3] MUÑOZ, Jaime. El Interés General como Categoría Central de la Actuación de las Administraciones Públicas. *In*: BACELLAR FILHO, Romeu Felipe; HACHEM, Daniel

Não há dúvidas de que, "para os administrativistas brasileiros, o início do século XXI parece igualmente ser um período notável de transformações, no qual um especial estágio evolutivo é alcançado pela teoria do direito administrativo e são abertos novos horizontes".[4] Resta saber, então, para onde essa evolução irá levar o direito administrativo brasileiro, lembrando sempre que "a garantia do interesse púbico é a principal tarefa do Estado e, por isso, o Direito Administrativo deve ter essa realidade em mente e adequar-se, institucionalmente, aos novos tempos".[5]

Wunder (Coords.). *Direito Administrativo e interesse público*: estudos em homenagem ao Professor Celso Antônio Bandeira de Mello. Belo Horizonte: Fórum, 2010. p. 48.

[4] ALMEIDA, Fernando Dias Menezes de. *Formação da Teoria do Direito Administrativo no Brasil*. São Paulo: Quartier Latin, 2015. p. 439.

[5] RODRÍGUEZ-ARANA MUÑOZ, Jaime. El Interés General como Categoría Central de la Actuación de las Administraciones Públicas. *In*: BACELLAR FILHO, Romeu Felipe; HACHEM, Daniel Wunder (Coords.). *Direito Administrativo e interesse público*: estudos em homenagem ao Professor Celso Antônio Bandeira de Mello. Belo Horizonte: Fórum, 2010. p. 45.

CAPÍTULO 1

O INTERESSE PÚBLICO E SUA INDISPONIBILIDADE PELA ADMINISTRAÇÃO

O capítulo inicial deste trabalho tem por foco a categoria jurídica do interesse público, considerada pela doutrina tradicional como a pedra de toque do regime jurídico-administrativo, e o princípio que impõe a indisponibilidade desse interesse público pela Administração.

O interesse público é tema já bastante tratado pela doutrina administrativista. Recentemente, porém, tornou-se palco de acentuados debates, sendo inclusive tido como um ponto referencial para sistematizar antagônicas correntes de pensamento dentro da ciência do direito administrativo.[6] Diante disso, é imprescindível, para os fins a que se pretende este trabalho, apresentar o que se entende como interesse público em seu sentido jurídico, bem como posicionar-se em relação às discussões sobre a existência e aplicabilidade da categoria do interesse público no direito administrativo brasileiro, explicando as razões pelas quais se defende a necessidade de sua manutenção como ponto central do regime jurídico-administrativo. É o que será feito no tópico 1.1.

Na sequência, no tópico 1.2, o objeto de análise será o princípio constitucional da indisponibilidade do interesse público. Apesar de norma frequentemente citada pela doutrina e pela jurisprudência, muito pouco se escreveu com foco específico sobre ela. Assim, considerando que o referido princípio é a norma-base que servirá como

---

[6] É o que faz, por exemplo, Fernando Dias Menezes de Almeida ao identificar, no direito administrativo brasileiro contemporâneo, as correntes doutrinárias, que classifica como liberal-subjetivista e estatizante-publicista. Cf. ALMEIDA, Fernando Dias Menezes de. *Formação da Teoria do Direito Administrativo no Brasil.* São Paulo: Quartier Latin, 2015. p. 354 e seguintes.

referencial para a análise da validade dos novos meios consensuais da ação administrativa no capítulo final, deve-se registrar qual é o seu conteúdo e sua natureza jurídica, além de pontuar as normas do direito positivo brasileiro que o fundamentam e as principais consequências que dele se extraem para a prática administrativa.

1.1 A categoria jurídica do interesse público no direito administrativo

A categoria jurídica do interesse público é, provavelmente, a que mais impacto tem sobre a teoria e a prática do direito administrativo, sendo classificada por Jaime Rodríguez-Arana Muñoz como sendo "a alma", "a essência", "o principal sinal de identidade", "a verdadeira natureza" e "a razão de ser" do regime jurídico-administrativo.[7]

No entanto, apesar de ser frequentemente citada em trabalhos acadêmicos que têm por objeto os mais diversos temas atinentes ao direito administrativo, muitas vezes não se dá a devida importância à exposição do conteúdo jurídico do interesse público. Tal fato evidentemente é prejudicial para o desenvolvimento da própria Administração Pública, pois conhecer os fundamentos de qualquer categoria jurídica é requisito primordial para conseguir aplicá-la adequadamente na prática. Por esse motivo, indiscutivelmente "é preciso o desenvolvimento de uma efetiva dogmática do interesse público, que viabilize a tomada de decisões objetivas, previsíveis e aceitáveis para os integrantes da comunidade".[8]

Além disso, nos últimos anos esse tema tem sido motivo de grande debate na doutrina administrativista, não apenas sobre o que comporia esse conceito, mas até mesmo sobre a sua real existência no ordenamento jurídico brasileiro. Assim, um trabalho que se destina, enquanto um de seus objetivos centrais, a explorar o princípio da indisponibilidade do interesse público inevitavelmente deve, antes, posicionar-se a respeito do que se compreende por essa categoria, bem

---

[7] RODRÍGUEZ-ARANA MUÑOZ, Jaime. El Interés General como Categoría Central de la Actuación de las Administraciones Públicas. *In*: BACELLAR FILHO, Romeu Felipe; HACHEM, Daniel Wunder (Coords.). *Direito Administrativo e interesse público*: estudos em homenagem ao Professor Celso Antônio Bandeira de Mello. Belo Horizonte: Fórum, 2010. p. 35.

[8] KRELL, Andreas Joachim. *Discricionariedade administrativa e conceitos legais indeterminados*: limites do controle judicial no âmbito dos interesses difusos. 2. ed. Porto Alegre: Livraria do Advogado, 2013. p. 157.

como explicitar as razões pelas quais reputa improcedentes as críticas que foram formuladas contra essa categoria.

Desse modo, o presente tópico objetiva: (1.1.1) analisar como se deu o desenvolvimento da noção de interesse público no direito administrativo, bem como qual é o conteúdo que se pode extrair do ordenamento jurídico brasileiro para essa categoria; (1.1.2) apontar as principais críticas direcionadas contra a noção de interesse público por parte da doutrina nos últimos anos, assim como os fundamentos pelos quais se compreende que tais manifestações não encontram supedâneo jurídico; e, finalmente, (1.1.3) demonstrar a importância (além de tudo) simbólica que esse conceito exerce no tocante à definição do perfil da Administração Pública no Brasil.

1.1.1 O desenvolvimento do conceito de interesse público no direito administrativo

1.1.1.1 O interesse público na Teoria do Estado e suas transformações

A categoria do interesse público é tradicionalmente considerada o instituto-chave do regime jurídico-administrativo, a partir do qual todas as ferramentas do direito administrativo são interpretadas. Dele decorrem, segundo a doutrina brasileira majoritária, os dois princípios estruturantes de todo o regime jurídico-administrativo: o da supremacia do interesse público e o da indisponibilidade do interesse público – este último objeto central deste trabalho.

Héctor Jorge Escola, com uma obra que se tornou um clássico internacional e atemporal na matéria, crava o interesse público como "o fundamento do Direito Administrativo", afirmando ser essa a noção que confere sentido a todos os institutos dessa matéria, justificando a lógica que rege seus princípios estruturantes.[9]

Posição semelhante é encontrada na grande maioria das obras relativas ao direito administrativo no Brasil, sendo desnecessário demonstrar a *importância* que essa categoria jurídica acabou adquirindo na doutrina nacional. Isso, ao menos, parece ser ponto incontestável para qualquer um que se debruce a analisar o tema. A aceitação em torno da ideia de o interesse público ser a matriz fundamental de todo o direito

---

[9] ESCOLA, Héctor Jorge. *El interés público*: como fundamento del derecho administrativo. Buenos Aires: Depalma, 1989. p. 261.

administrativo é tamanha – ou *era*, pelo menos até alguns anos atrás – que Celso Antônio Bandeira de Mello chega a afirmar que "ninguém duvida da importância da noção jurídica de interesse público". Para o autor, os debates poderiam estar apenas no que diz respeito ao *conteúdo* dessa noção, algo que ele próprio considera não ser "tão simples que se imponha naturalmente, como algo de *per si* evidente que dispensaria qualquer esforço para gizar-lhe os contornos abstratos".[10]

Embora seja difícil definir conceitualmente a categoria do "interesse público" – o que, inclusive, faz com que esse termo seja usado nas mais diversas acepções pela doutrina,[11] pela legislação e pela jurisprudência – e, ainda, embora qualquer definição dada ao termo "interesse público" seja fortemente acentuada por questões ideológicas, aqui se defende a existência de um conteúdo jurídico-normativo que lhe é próprio.[12] *As concepções do interesse público enquanto categoria juridicamente identificável e enquanto fundamento do regime jurídico-administrativo são, portanto, pressupostos teóricos do presente trabalho.*

Apesar de muitos trabalhos na área do direito administrativo basearem-se no estudo da categoria de interesse público, infelizmente não é comum que se dê a devida importância à tarefa de buscar conceituar juridicamente essa noção.[13] De fato, "a imprecisão conceitual da pedra de toque que norteia, rege e conduz as relações entre Estado, de um lado, e a coletividade e os indivíduos, de outro", é um dos maiores problemas que afetam a prática da atividade administrativa, razão pela qual se impõe à ciência do direito administrativo a missão de entender e conceituar o interesse público.[14] No mesmo sentido é a posição de Eros Roberto Grau, que afirma que, em pese os administrativistas muitas

---

[10] MELLO, Celso Antônio Bandeira de. *Curso de Direito Administrativo*. 32. ed. São Paulo: Malheiros, 2015. p. 59.

[11] Nesse aspecto, Antonio Francisco de Souza demonstrou que, na doutrina portuguesa, tem-se conferido uma série de diferentes significados para o termo "interesse público". Desde uma definição estritamente política, sem vinculação jurídica, como se fosse uma mera diretriz para a atuação política do administrador público, passando por teorias que o classificam, em maior ou menor grau, como um instrumento discricionário da Administração, até conceituações que o classificam como um poder estritamente vinculado ao ordenamento jurídico. SOUZA, Antonio Francisco de. *Conceitos indeterminados no direito administrativo*. Coimbra: Almedina, 1994. p. 20.

[12] HACHEM, Daniel Wunder. A dupla noção jurídica de interesse público em Direito Administrativo. *A&C – Revista de Direito Administrativo & Constitucional*, Belo Horizonte, ano 11, n. 44, p. 59-110, abr./jun. 2011. p. 59-61.

[13] CANOTILHO, José Joaquim Gomes. O interesse de uma teoria do interesse público. *In*: HAEBERLIN, Mártin. *Uma teoria do interesse público*: fundamentos do Estado Meritocrático de Direito. Porto Alegre: Livraria do Advogado, 2017. p. 15

[14] HAEBERLIN, Mártin. *Uma teoria do interesse público*: fundamentos do Estado Meritocrático de Direito. Porto Alegre: Livraria do Advogado, 2017. p. 25.

vezes não se aterem com a devida importância a essa discussão, "a questão do interesse público, contudo, permanece, sem dúvida, sendo a *grande questão* do direito administrativo".[15]

A Constituição, ao longo de todo o seu texto, refere-se 12 vezes a *interesse público*,[16] mas em nenhuma delas é possível constatar uma definição para tal conceito ou mesmo o conteúdo da categoria a que o texto constitucional está se referindo. Ou seja, "o interesse público, no que se refere ao ordenamento constitucional, mais pede explicação do que efetivamente explica".[17] Não se trata, porém, de um problema que gere como consequência a necessidade de se refutar a utilização dessa categoria na prática administrativa. O fenômeno, inclusive, é bastante comum, não ocorrendo apenas com o interesse público – a tal ponto que Paulo Bonavides chega a afirmar que "onde menos se conhece a Constituição é provavelmente no seu texto".[18]

O interesse público enquanto categoria jurídica é estudado principalmente nos países da tradição de *civil law*, sendo que, nos sistemas jurídicos de *common law*, o debate a respeito do interesse público é limitado à seara política e filosófica. Martín Haeberlin destaca, nesse sentido, que "não mostra o interesse público, nos países de *common law*, uma centralidade para o Direito Administrativo, passando muitos manuais sem tratar do tema, obrigatório à tradição juspublicista do *civil law*".[19] A ressalva é importante para evitar os equívocos, comumente cometidos, de se criticar a teoria do interesse público com base nas experiências jurídicas dos Estados Unidos da América e do Reino Unido. Trata-se, pois, de falha metodológica que prejudica muitos daqueles que tentam elaborar argumentos calcados em um estudo comparado entre esses sistemas jurídico-administrativos e o brasileiro.

Goste-se ou não disso, indiscutivelmente o interesse público é uma categoria que *existe* no atual ordenamento jurídico brasileiro. Desde a Constituição Federal até atos administrativos editados por agentes públicos em cada um dos mais de cinco mil municípios brasileiros,

---

[15] GRAU, Eros Roberto. *O direito posto e o direito pressuposto*. 9. ed. São Paulo: Malheiros, 2014. p. 171.

[16] As menções são feitas nos seguintes dispositivos constitucionais: art. 19, I; art. 37, IX; art. 57, §6º; art. 66, §1º; art. 93, VIII, IX; art. 95, II; art. 114, §3º; art. 128, §5º, I, b; art. 231, §6º, além do art. 51, §§2º e 3º do ADCT.

[17] HAEBERLIN, Mártin. *Uma teoria do interesse público*: fundamentos do Estado Meritocrático de Direito. Porto Alegre: Livraria do Advogado, 2017. p. 117.

[18] BONAVIDES, Paulo. *Curso de direito constitucional*. 31. ed. São Paulo: Malheiros, 2016. p. 85.

[19] HAEBERLIN, Mártin. *Uma teoria do interesse público*: fundamentos do Estado Meritocrático de Direito. Porto Alegre: Livraria do Advogado, 2017. p. 144.

são praticamente infinitos os exemplos em que o direito se reporta à categoria do interesse público. Fechar os olhos para esse fato e "fingir" que o interesse público é um termo inventado e utilizado tão somente por determinada corrente doutrinária são as piores atitudes que podem ser tomadas nesse cenário. Afinal, uma vez sendo prevista no ordenamento jurídico, invariavelmente a categoria do interesse público será utilizada para embasar as mais diversas decisões administrativas por todo o país.

Adotar a tese de que o interesse público é uma noção alheia ao direito – algo que deveria ser estudado na ciência política ou na sociologia, por exemplo, mas não na ciência jurídica – seria aceitar que essas decisões administrativas tomadas com base no "interesse público" ficassem fora do âmbito de controle de legalidade praticado pelo Poder Judiciário, retornando-se ao repudiado cenário de intangibilidade absoluta do mérito do ato administrativo. Por outro lado, aceitar que a noção de interesse público foi incorporada pelo ordenamento jurídico brasileiro é o primeiro passo para fazer com que essa categoria não possa ser utilizada ao bel-prazer dos administradores públicos, sem qualquer preocupação em verificar a compatibilidade de sua aplicação no caso concreto com as balizas impostas pelo ordenamento jurídico. Por todas essas razões, é certo que, ao contrário do que propõe parcela da doutrina brasileira atualmente, "refutar a natureza jurídica do conceito de interesse público implica, isso sim, fragilizar o cidadão perante o Poder Público".[20]

Esses temas, entretanto, serão analisados com mais profundidade no item a seguir, quando será enfrentada especificamente a discussão em torno das críticas atualmente existentes em face da categoria do interesse público no direito administrativo brasileiro. Por ora, o essencial é indicar o conteúdo jurídico desse conceito.

A primeira formulação, dentre aquelas que contribuíram para a construção da noção de interesse público atualmente dominante, remonta ainda aos tempos medievais e estava mais relacionada a aspectos religiosos e filosóficos do que propriamente jurídicos. A bem da verdade, mais do que *interesse público*, falava-se em *bem comum*. Com base no pensamento de, entre outros, São Tomás de Aquino (este, por sua vez, inspirado na filosofia aristotélica), desenvolveu-se a tese de que, baseados nas leis divinas, os homens inevitavelmente caminhariam para a realização do bem comum, pois essa era a vontade de Deus extraível

---

[20] HACHEM, Daniel Wunder. *Princípio constitucional da supremacia do interesse público*. Belo Horizonte: Fórum, 2011. p. 153.

das escrituras sagradas. Essa noção de bem comum, entretanto, era bastante abstrata.[21] Na prática política cotidiana, considerava-se como bem comum aquilo que o rei, enquanto representante de Deus na Terra, assim classificasse. A ele cabia a honrosa missão de interpretar e aplicar concretamente os desígnios divinos, não sobrando aos súditos nada senão o dever de cumprir suas ordens.

Entretanto, com a derrubada dos regimes absolutistas e a instituição dos Estados Democráticos de Direito, os poderes públicos deixavam de ser exercidos para desígnios pessoais do monarca, exigindo-se que seu emprego fosse sempre voltado à realização dos interesses da coletividade, que, enquanto verdadeira titular da soberania estatal, legitima qualquer atuação do Estado.[22]

De fato, a lógica muda bastante quando as monarquias absolutistas passam a ceder às revoluções burguesas, ao passo que o Poder Público se submete à ordem jurídica, em um movimento que pretendia pouco mais do que garantir a liberdade e a propriedade dos indivíduos. Na tentativa de rechaçar o autoritarismo típico do modelo absolutista, correlaciona-se a função administrativa à noção de interesse público, sendo esse "um argumento suscetível de propiciar a adesão de todos e, por isso mesmo, fundamentar o poder do Estado".[23] Na prática, o interesse público protegido pelo Estado Liberal de Direito era essencialmente individualista, por mais paradoxal que essa afirmação possa parecer para quem, atualmente, enxerga o interesse público como categoria jurídica intrinsicamente vinculada à noção de coletividade.

No entanto, não poderia se esperar um modelo diferente. No paradigma do Estado Liberal, a figura do indivíduo assume posição central, sendo esse o principal foco de atenção e proteção das normas jurídicas então editadas. O Estado deveria existir apenas para assegurar o respeito à autonomia individual e evitar invasões indevidas de terceiros na esfera individual de liberdade. Em questões coletivas, sua atuação era ainda mais limitada, admitindo-se a atuação da Administração apenas para defesa da segurança pública e realização de atividades específicas que a iniciativa privada não quisesse ou não conseguisse executar.[24]

---

[21] HACHEM, Daniel Wunder. *Princípio constitucional da supremacia do interesse público*. Belo Horizonte: Fórum, 2011. p. 77-79.

[22] SIQUEIRA, Mariana de. *Interesse público no direito administrativo brasileiro*: da construção da moldura à composição da pintura. Rio de Janeiro: Lumen Juris, 2016. p. 139.

[23] MEDAUAR, Odete. *Direito administrativo em evolução*. 3. ed. Brasília: Gazeta Jurídica, 2017. p. 189.

[24] HACHEM, Daniel Wunder. *Princípio constitucional da supremacia do interesse público*. Belo Horizonte: Fórum, 2011. p. 82.

Afinal, nesse período, o dogma no qual o Estado devia pautar sua atuação era o da não interferência na esfera de liberdade dos cidadãos. O direito, nesse sentido, era voltado a restringir a atuação estatal, autorizando-a apenas quando isso se fizesse necessário para salvaguardar os direitos de liberdade (vida, propriedade, locomoção, etc.).

Nesse contexto, o princípio da legalidade formal erige-se como fundamento de observância inescusável na atividade administrativa. Muito diferentemente da função que possui na atualidade, à época esse princípio se caracterizava principalmente por ser mais um mecanismo desenvolvido para garantir a liberdade dos indivíduos. Isto é, mais uma amarra imposta à Administração Pública, construída por um Parlamento que, a despeito de representar a *vontade geral da nação*, legislava conforme os interesses daqueles que o compunham e que lideravam a nação. E assim era construído o interesse público do Estado Liberal, com base no principal ideal que "fundamentava a existência do Estado de Direito, assegurado pelo constitucionalismo moderno francês: a proteção do individualismo".[25]

Como se percebe, havia uma relação praticamente inseparável entre os interesses privados e o interesse público. Esse, segundo a concepção liberal, não poderia ser nada além do que a condensação, em um símbolo conceitual, dos meios necessários para a garantia daqueles e, nesse sentido, "o interesse privado se colocava diante do interesse público, eis que o bem comum não era algo materialmente definido pelo Estado ou pela coletividade: ele estaria no livre desenvolvimento das vontades individuais".[26]

Com a ascendência do Estado Social de Direito, todavia, o norte da Administração Pública passa a ser não mais a garantia da esfera privada de liberdade dos indivíduos como antes, mas, sim, a promoção da igualdade material, através da prestação de serviços públicos e da efetivação de direitos sociais. Tais tarefas, como ensina Maria Paula Dallari Bucci, dependem de uma escala ampla de atuação (frise-se, com isso, o papel *ativo*) do Poder Público,[27] residindo aí uma das principais transformações da função administrativa em relação ao período anterior.

---

[25] HACHEM, Daniel Wunder. *Princípio constitucional da supremacia do interesse público*. Belo Horizonte: Fórum, 2011. p. 89.

[26] HACHEM, Daniel Wunder. *Princípio constitucional da supremacia do interesse público*. Belo Horizonte: Fórum, 2011. p. 94.

[27] BUCCI, Maria Paula Dallari. O art. 209 da Constituição 20 anos depois. Estratégias do Poder Executivo para a efetivação da diretriz da qualidade da educação superior. *Fórum Administrativo – FA*, Belo Horizonte, ano 9, n. 105, nov. 2009. Disponível em: http://www.bidforum.com.br/PDI0006.aspx?pdiCntd=63750.

Ao passo que isso ocorre, transforma-se também a noção de interesse público vigente. Como ensina Daniel Wunder Hachem, "essa modificação da concepção de Administração Pública, com a institucionalização da sua função interventora, é acompanhada de uma concomitante transformação no conceito de interesse público, que se torna mais plural e heterogêneo".[28]

Como dito acima, no Estado Liberal a lei era considerada a representação perfeita da vontade geral da nação, fazendo, como consequência, com que o interesse público a ser inquestionavelmente perseguido pela Administração fosse facilmente identificável. Tratava-se, obviamente, de um aparato filosófico muito bem desenvolvido para que, ao final, o Estado, sob o pretexto de seguir comandos gerais e abstratos, atuasse apenas para proteger a liberdade e a propriedade daqueles que compunham as classes dominantes da nação.

Essa percepção também se altera no Estado Social. Reconhece-se que a lei formal, produzida pelo Parlamento, não é capaz de internalizar as especificidades de todos os cidadãos, um processo que o Poder Público agora não pode mais se furtar de realizar. Afinal, para poder concretizar os mandamentos sociais e atender ao postulado da igualdade material, o Estado deveria direcionar políticas especializadas para determinados setores da sociedade, pois diferentes seriam os anseios e necessidades desses grupos. Assim, nesse novo contexto, a Administração Pública, confrontando-se com uma série de pretensões diversas e, muitas vezes, até mesmo contraditórias entre si, passa a encontrar maiores dificuldades na identificação do interesse público, que, em cada caso concreto, deve nortear a sua atividade.[29]

É certo, portanto, que o Estado Social confere nova roupagem ao interesse público. Afinal, como se sabe o conceito de interesse público é preenchido em função do sistema constitucional que se encontrar vigente em determinada localidade e momento histórico. Ou seja, não se pode imaginar que o interesse público a que se refere um ordenamento jurídico produzido sob a lógica do Estado Liberal de Direito possua os mesmos conceito e finalidade do que quando essa mesma

---

[28] HACHEM, Daniel Wunder. *Princípio constitucional da supremacia do interesse público*. Belo Horizonte: Fórum, 2011. p. 100.
[29] HACHEM, Daniel Wunder. *Princípio constitucional da supremacia do interesse público*. Belo Horizonte: Fórum, 2011. p. 101.

categoria jurídica é utilizada por uma Constituição que estrutura um Estado Social e Democrático de Direito.[30]

Assim, acompanhando as alterações sentidas em diversos campos da sociedade, com o Estado Social a finalidade do Direito Administrativo – e da ordem jurídica como um todo – "humaniza-se", preocupando-se não apenas com a liberdade dos indivíduos, mas também – e principalmente – com valores essenciais à existência digna de todos os cidadãos. Nas palavras de Maria Sylvia Zanella Di Pietro, o interesse público, na luta por sua "sobrevivência diante dos ideais do neoliberalismo", "reveste-se de um aspecto ideológico e passa a se confundir com a ideia de *bem comum*".[31]

O tema da formatação atrelada à noção de interesse público no modelo de Estado Social de Direito, entretanto, será objeto de análises mais aprofundadas adiante, em item destinado especificamente para a demonstração da importância de se manter esse conceito como a base estruturante do regime jurídico-administrativo no Brasil. Basta, por enquanto, para possibilitar a compreensão do conteúdo que essa categoria ostenta no direito administrativo brasileiro atualmente, o conhecimento acerca das principais alterações que ocorreram em relação ao conceito de interesse público em acompanhamento às mudanças centrais de paradigma na Teoria do Estado.

1.1.1.2 O interesse público nas lições de Celso Antônio Bandeira de Mello e seus reflexos na doutrina administrativista

Focando, a partir desse ponto, no direito administrativo brasileiro, pode-se afirmar que, apesar de já ser possível encontrar menções à noção de interesse público em obras anteriores, foi por conta das teorizações desenvolvidas por Celso Antônio Bandeira de Mello na década de 1960 que esse conceito se tornou a essência que delineia todo o regime jurídico-administrativo, preenchendo aqueles que são considerados os

---

[30] RODRÍGUEZ-ARANA MUÑOZ, Jaime. El concepto del Derecho Administrativo y el proyecto de Constitución Europea. *A&C – Revista de Direito Administrativo e Constitucional*, Belo Horizonte, n. 23, p. 127-144, jan./mar. 2006. p. 13-14.

[31] PIETRO, Marial Sylvia Zanella Di. O princípio da supremacia do interesse público: sobrevivência diante dos ideais do neoliberalismo. In: BACELLAR FILHO, Romeu Felipe; HACHEM, Daniel Wunder (Coords.). *Direito Administrativo e interesse público*: estudos em homenagem ao Professor Celso Antônio Bandeira de Mello. Belo Horizonte: Fórum, 2010. p. 210.

dois princípios elementares do direito administrativo: o da *supremacia do interesse público* e o da *indisponibilidade* do interesse público.

O primeiro trabalho acadêmico em que Bandeira de Mello apresentou sua tese sobre a importância do interesse público, sua supremacia e indisponibilidade foi um artigo científico publicado na *Revista de Direito Público* no ano de 1967, cujo tema central era a análise do "conteúdo do regime jurídico-administrativo e seu valor metodológico".[32] O seu objetivo nesse trabalho era identificar os elementos que conferiam lógica ao direito administrativo, capaz de fazer dele um sistema harmônico e coerente. É a partir daí, então, que o interesse público é erigido ao patamar, ao mesmo tempo, basilar e finalístico de toda ação administrativa.

A visão de Celso Antônio, que passou a ser difundida posteriormente também em seu *Curso de Direito Administrativo*, influenciou de uma maneira sem precedentes todo o direito administrativo no Brasil. Sua conceituação não apenas ganhou incontáveis adeptos na doutrina e passou a ser adotada pela jurisprudência. Foi muito além. Na prática, fez com que a análise desse tema passasse a ser quase obrigatória nos manuais que se dignassem a estudar essa disciplina jurídica no país, os quais, em sua grande maioria, baseiam-se até hoje nas lições de Bandeira de Mello para explicar o que de fato significa esse conceito, sem o qual é impossível compreender o regime jurídico-administrativo brasileiro.

De acordo com o administrativista, pode-se considerar interesse público como sendo o resultado da "dimensão pública dos interesses individuais, ou seja, dos interesses de cada indivíduo enquanto partícipe da sociedade". Em outras palavras, a comunhão dos interesses que os indivíduos possuem enquanto membros da sociedade.[33]

As duas principais lições que se podem tirar desse conceito são que o interesse público: (i) *não se confunde e também não é algo contrário ao interesse dos indivíduos*, tratando-se, tão somente, do resultado do conjunto da dimensão pública dos interesses dos indivíduos (sendo que a dimensão privada caracteriza, logicamente, o interesse privado); (ii) *não se identifica, sempre, com o interesse do Estado*, uma vez que este também possui interesses de dimensão pública e particular. O interesse

---

[32] MELLO, Celso Antônio Bandeira de. O conteúdo do regime jurídico-administrativo e seu valor metodológico. *Revista de Direito Público*, São Paulo, n. 2, p. 44-61, out./dez. 1967.

[33] MELLO, Celso Antônio Bandeira de. *Curso de Direito Administrativo*. 32. ed. São Paulo: Malheiros, 2015. p. 59-60 e 62.

público só se encontra com o interesse do aparato estatal, portanto, quando se está considerando a dimensão pública deste.[34]

Por dimensão pública – vale ressaltar – entende-se a parcela dos interesses que o indivíduo sustenta simplesmente por ser parte de um grupo social. O clássico exemplo para explicar essa questão – e principalmente diferenciar as dimensões pública e privada do interesse público – é o instituto da desapropriação. É *legítimo* que aquele que vá ter seu imóvel desapropriado, seja para qual fim for, não deseje essa desapropriação, tendo em vista os danos individuais que isso lhe causará. Esta é, portanto, a *dimensão privada* dos seus interesses juridicamente tutelados. Por outro lado, não há como se negar que, enquanto *membro de uma coletividade*, esse mesmo indivíduo possui *interesse na existência* do instituto da desapropriação, porque, em outras situações, isto lhe trará incontáveis benefícios. Esta segunda circunstância, obviamente, reflete a *dimensão pública* dos interesses daqueles cidadãos.

A partir da definição de Bandeira de Mello, Daniel Wunder Hachem enxerga a existência de duas noções jurídicas de interesse público (em sentido amplo e em sentido restrito),[35] as quais conseguem demonstrar com ainda mais clareza qual o real conteúdo jurídico dessa categoria.

Conforme esse entendimento, o (i) interesse público em sentido amplo é o que faz com que a Administração (assim como os particulares) deva respeitar o ordenamento jurídico. Esse sentido amplo engloba todos os interesses juridicamente protegidos pelo ordenamento: tanto os interesses referentes à coletividade em si mesma considerada (interesse geral) como os interesses específicos dos cidadãos, sejam eles individuais ou coletivos. Excluem-se apenas os interesses puros e simples (assim considerados aqueles cuja realização é simplesmente indiferente para o ordenamento jurídico) e os interesses ilícitos (assim considerados aqueles que são repudiados pelo direito).

O (ii) interesse público em sentido estrito, por sua vez, diz respeito apenas aos interesses que se referem à coletividade em si mesma considerada. É o interesse público mencionado por enunciados normativos (constitucionais, legais ou administrativos), que condicionam o exercício

---

[34] Analisando a doutrina de Celso Antônio Bandeira de Mello, é essa a conclusão a que chega Daniel Wunder Hachem. Cf. HACHEM, Daniel Wunder. *Princípio constitucional da supremacia do interesse público*. Belo Horizonte: Fórum, 2011.

[35] A tese é desenvolvida em: HACHEM, Daniel Wunder. A dupla noção jurídica de interesse público em Direito Administrativo. *A&C – Revista de Direito Administrativo & Constitucional*, Belo Horizonte, ano 11, n. 44, p. 59-110, abr./jun. 2011.

de uma competência da Administração à existência de um interesse público (ou expressão equivalente, como "utilidade pública", "interesse coletivo", "interesse social", etc.). Nesses casos, a norma jurídica autoriza a Administração a agir e até mesmo a sacrificar outros interesses individuais ou de grupos protegidos pelo ordenamento, desde que presente o interesse público (em sentido estrito) que justifique tal conduta. O já mencionado interesse de que haja o instituto da desapropriação encontra-se nessa classificação, assim como o interesse de que o Estado altere unilateralmente um contrato administrativo. Para ser posto em prática, exige motivação expressa do administrador, demonstrando, no caso concreto, os fatos que levam à configuração daquele interesse público.

Um dos pontos mais interessantes dessa visão é relativo aos sujeitos que podem ostentar interesses públicos. A partir das definições expostas acima, denota-se que, em relação ao seu titular, o interesse público pode ser ostentado tanto por um indivíduo isoladamente considerado como uma coletividade, a qual, por sua vez, pode ser determinada ou indeterminada, majoritária ou minoritária.[36] Ou seja, se bem compreendidas as linhas fundamentais que cercam a noção de interesse público, é plenamente possível reconhecer-se que particulares individualmente considerados também ostentam interesses públicos.[37] Afinal, interesse público não é apenas o interesse manifestado pelo Estado, ainda que na defesa da coletividade. *Quando um particular está agindo para defender a efetividade de algum dispositivo do ordenamento jurídico que lhe beneficie, ele está agindo em nome de um interesse público (em sentido amplo).* É por isso que, *ao atender interesses de particulares, não necessariamente o Estado está se afastando do interesse público*. Essa também será uma das premissas fundamentais que seguirão todo o presente trabalho.

Seguindo nessa mesma linha, ainda é possível perceber que a categoria de interesse público gera duas consequências jurídicas para a atividade administrativa, concernentes, cada qual, com uma das duas noções jurídicas de interesse público anteriormente explicadas: (i) em um sentido negativo, o interesse público serve como um limite da atuação da Administração, sendo visto como um parâmetro de validade dos atos administrativos, fazendo com que as decisões tomadas em desrespeito

---

[36] SIQUEIRA, Mariana de. *Interesse público no direito administrativo brasileiro*: da construção da moldura à composição da pintura. Rio de Janeiro: Lumen Juris, 2016. p. 26.

[37] A tese também é compartilhada por MOTTA, Fabrício; BELÉM, Bruno. Persecução do interesse público em um cenário de múltiplos interesses: recomendações da OCDE e os conflitos regulados pela Lei nº 12.813/2013. *Revista de Direito Administrativo*, Rio de Janeiro, v. 277, n. 2, p. 149-175, ago. 2018. p. 154-155.

ao interesse público sejam consideradas inválidas, em razão do que a doutrina costuma chamar de desvio de finalidade; (ii) por outro lado, em um sentido positivo o interesse público apresenta-se como uma condição de ação para qualquer ato administrativo, fazendo com que, "apenas quando presente um interesse público qualificado, poderá agir a Administração".[38]

No primeiro caso, em que o interesse público atua como um pressuposto *negativo* de validade dos atos administrativos, está-se referindo ao que anteriormente se chamou de "interesse público em sentido amplo", que engloba tanto os interesses da coletividade (interesse geral) como também os interesses individuais e coletivos *stricto sensu* (interesses específicos). Ou seja, todos os interesses juridicamente tutelados no ordenamento. Eis porque, como já dito anteriormente, essa faceta do interesse público assemelha-se muito ao princípio da juridicidade administrativa, já que, em última análise, ambos têm como finalidade evitar que a Administração Pública pratique atos em desconformidade com o direito. Já no segundo caso, ao se apresentar como um pressuposto *positivo* de validade da atividade administrativa, o interesse público em questão é aquele geral, ostentado pela coletividade em si mesmo considerada e que é identificado a partir de competências administrativas expressamente previstas no ordenamento, as quais, uma vez preenchidos os requisitos para sua incidência, exigem a atuação da Administração Pública para sua efetivação.[39]

A função positiva fica muito clara nos comandos jurídicos decorrentes do princípio da indisponibilidade do interesse público, que constituem um dos temas centrais dessa investigação. Até mais do que simplesmente "permitir o agir administrativo", a presença de interesse público em determinada situação concreta (necessidade de desapropriação de um terreno para construção de um hospital público, por exemplo) *exige* que a Administração pratique todos os atos necessários para a satisfação desse interesse.

Até agora, entretanto, em que pese ter-se mencionado a definição da categoria de interesse público, ainda não se indicou como é possível ao operador do direito identificar qual é ou, ao menos, onde pode ser encontrada essa "dimensão pública dos interesses individuais, ou seja, dos interesses de cada indivíduo enquanto partícipe da sociedade" de

---

[38] HACHEM, Daniel Wunder. *Princípio constitucional da supremacia do interesse público*. Belo Horizonte: Fórum, 2011. p. 160.

[39] HACHEM, Daniel Wunder. *Princípio constitucional da supremacia do interesse público*. Belo Horizonte: Fórum, 2011. p. 162.

que trata a conceituação de Bandeira de Mello. A resposta – ao menos em um primeiro momento – é bastante simples: *no direito positivo*. É certo, nesse sentido, que fundamentações metajurídicas de interesse público já não podem mais ser aceitas como legítimas para fins de utilização desse conceito dentro do direito administrativo. Atualmente, a doutrina é clara ao pontuar que o interesse público não pode ser encontrado em outro lugar senão no sistema jurídico,[40] já tendo sido superadas as teorias que o tentavam encontrar em espaços cinzentos, como na "vontade do povo" ou na "solidariedade social".[41] Nessa corrente, são preciosas as palavras de Daniel Wunder Hachem, para quem, em um sentido amplo, "será público todo o interesse protegido pelo ordenamento jurídico, cuja satisfação deva ser assegurada pelo Estado, direta ou indiretamente, e que constitui uma barreira negativa para a sua atuação, impedindo-o de agir de maneira a contrariá-lo".[42]

O interesse público para o direito, portanto, é resultado de uma escolha político-normativa. Será de interesse público aquilo que o legislador assim definir como tal. Da Constituição às leis ordinárias, o interesse público é condensado nas mais diversas esferas de atuação legislativa. Juridicamente (e essa é a perspectiva que importa aqui), a "solução de interesse público" é aquela adotada pela Constituição e pelas leis infraconstitucionais elaboradas em consonância com esta.

Ainda assim, há casos em que o Poder Legislativo não define com precisão qual a atitude a ser tomada pela administração pública em determinada situação concreta. Não por uma questão de falha na atividade legiferante – o que, a bem da verdade, também ocorre em certos casos –, mas, sim, por um reconhecimento lúcido e racional de que determinados temas devem ser deixados para apreciação da própria Administração Pública.

O interesse público é um conceito jurídico indeterminado, o que abre a possibilidade de o intérprete aplicá-lo de maneiras diferentes, conforme exigir a situação concreta. Há, nesse sentido, uma relação

---

[40] Na realidade, constatações nesse sentido não são recentes no direito administrativo brasileiro. Já em 1964, Themístocles Brandão Cavalcanti defendia que "interesse deve significar também legalidade, porque o critério para determinar a existência ou não de interesse, está necessariamente vinculado ao próprio princípio da legalidade". CAVALCANTI, Themístocles Brandão. *Tratado de Direito Administrativo*. v. 5. Rio de Janeiro: Livraria Freitas Bastos S.A., 1964. p. 17.

[41] GABARDO, Emerson. *Interesse público e subsidiariedade*: o Estado e a sociedade civil para além do bem e do mal. Belo Horizonte: Fórum, 2009. p. 285.

[42] HACHEM, Daniel Wunder. *Princípio constitucional da supremacia do interesse público*. Belo Horizonte: Fórum, 2011. p. 162.

intrínseca entre a aplicação prática da categoria jurídica do interesse público pela Administração com o poder de discricionariedade administrativa.[43] No entanto, por força do princípio da eficiência administrativa (art. 37, *caput*, CF), o administrador está vinculado à escolha da melhor medida possível para satisfação da finalidade legal incidente naquele caso,[44] extinguindo-se, assim, a tese de que a discricionariedade permitiria ao administrador tomar qualquer uma entre as diversas opiniões que lhe aparecessem.[45]

É evidente que não se pode aferir com objetividade indiscutível qual é a melhor medida a ser adotada em cada caso concreto. O direito não é uma ciência exata e, como tal, dependerá invariavelmente de concepções subjetivas de seu operador para ser concretizado na prática. A determinação (pela escolha da melhor medida possível), entretanto, não é inócua. Isso exige que, embora o interesse público não possua um conceito determinado *a priori*,[46] quando o administrador for tomar determinada decisão utilizando essa categoria como fundamento, terá o ônus de demonstrar por quais razões aquela é a medida que verdadeiramente satisfaz o interesse público naquele caso concreto. Isso, reforce-se, não evita discussões ou exclui opiniões divergentes. Esse não é o objetivo. A ideia é simplesmente permitir às autoridades administrativas hierarquicamente superiores, aos órgãos de controle,

---

[43] Hachem, inclusive, afirma que "no Direito brasileiro parece não haver como sustentar a diferença, em termos práticos, entre conceitos jurídicos indeterminados e discricionariedade administrativa". HACHEM, Daniel Wunder. *Princípio constitucional da supremacia do interesse público*. Belo Horizonte: Fórum, 2011. p. 279. Apesar disso, Maria Paula Dallari Bucci chama atenção para o fato de que "o Direito Administrativo nacional, quando elegeu a discricionariedade como categoria central e voltou-se à disciplina dos seus controles, ocupou-se muito pouco da temática do interesse público e com isso adotou tacitamente a premissa de que haveria um interesse público uno, universal, insuscetível de questionamento ou oposição". BUCCI, Maria Paula Dallari. *Direito Administrativo e Políticas Públicas*. São Paulo: Saraiva, 2002. p. 14.

[44] GABARDO, Emerson. *Princípio constitucional da eficiência administrativa*. São Paulo: Dialética, 2002. p. 130-135; MELLO, Celso Antônio Bandeira de. *Discricionariedade e controle jurisdicional*. 2. ed. 12. tir. São Paulo: Malheiros, 2017. p. 32-36.

[45] Essa tese é bastante criticada por Georges Abboud, que faz uma análise aprofundada da discussão a partir da perspectiva da Teoria do Direito em: ABBOUD, Georges. *Discricionariedade administrativa e judicial*: o ato administrativo e a decisão judicial. São Paulo: Editora Revista dos Tribunais, 2014. Especificamente sobre o dever de o ato administrativo ser editado buscando a melhor solução para o caso concreto, cf. p. 207-224.

[46] Razão pela qual é perfeitamente possível – e, de certo modo, até *preferível* – classificá-lo não como um conceito jurídico indeterminado, mas, sim, como um "conceito jurídico determinável", na esteira do que defende Carlos Vinicius Alves Ribeiro. RIBEIRO, Carlos Vinicius Alves. Interesse público: um conceito jurídico determinável. *In*: PIETRO, Maria Sylvia Zanella Di; RIBEIRO, Carlos Vinicius Alves (Coords.). *Supremacia do interesse público e outros temas relevantes do Direito Administrativo*. São Paulo: Atlas, 2010.

à sociedade e a quem mais se fizer interessado o conhecimento dos motivos que levaram aquele administrador a considerar tal decisão como a melhor – e, portanto, única em sua visão – a ser tomada.

Como se vê, nesse ponto fica clara a imprescindibilidade de a aplicação prática da categoria de interesse público ser construída com a devida observância ao *princípio da motivação dos atos administrativos*,[47] algo que será essencial para se compreender, mais à frente, a improcedência das críticas formuladas à noção de interesse público.

Ao se afirmar, como feito acima, que o conteúdo do conceito de interesse público é extraível apenas e tão somente do sistema jurídico positivo, reconhece-se, ainda que implicitamente, que está se tratando de uma noção com natureza mutável, vez que preenchida conforme a atuação legislativa do órgão de representação de cada comunidade política. Entretanto, ainda que se reconheça a dinamicidade do conceito de interesse público conforme os valores regentes do ordenamento jurídico em determinado local e tempo, para boa parte da doutrina existe um núcleo duro dessa categoria alheio a qualquer investida legislativa: trata-se, como defende José Luis Meilán Gil, dos direitos fundamentais. Protegidos com força máxima pela Constituição, inclusive contra investidas abolitivas possivelmente tentadas pelo Parlamento na forma de emenda constitucionais,[48] esses direitos formam o objetivo inobjetável do Poder Público, sendo impossível, pois, afastá-los da conceituação de interesse público.[49]

Atualmente, no Brasil, essa assertiva parece ser irretocável. No entanto, ressalvadas as teorias jusnaturalistas que defendem que existe determinado rol de direitos inerentes à própria vida humana, a verdade é que os direitos fundamentais também se alteram conforme o tempo ou o local que se toma como base para análise. Assim, de uma forma

---

[47] RODRÍGUEZ-ARANA MUÑOZ, Jaime. El Interés General como Categoría Central de la Actuación de las Administraciones Públicas. *In*: BACELLAR FILHO, Romeu Felipe; HACHEM, Daniel Wunder (Coords.). *Direito Administrativo e interesse público*: estudos em homenagem ao Professor Celso Antônio Bandeira de Mello. Belo Horizonte: Fórum, 2010. p. 112

[48] É o que se extrai do art. 60, §4º, IV da Constituição: Art. 60. §4º. Não será objeto de deliberação a proposta de emenda tendente a abolir: IV - os direitos e garantias individuais.

[49] É o caso de José Luis Meilán Gil, que adota essa posição em mais de um trabalho: MEILÁN GIL, José Luis. O interesse público e o Direito Administrativo global. *In*: BACELLAR FILHO, Romeu Felipe; SILVA, Guilherme Amintas Pazinato da (Coords.). *Direito Administrativo e Integração Regional*. Belo Horizonte: Fórum, 2010. p. 102; MEILAN GIL, José Luis. Intereses generales e interés público desde la perspectiva del derecho público español. *In*: BACELLAR FILHO, Romeu Felipe; HACHEM, Daniel Wunder (Coords.). *Direito Administrativo e interesse público*: estudos em homenagem ao Professor Celso Antônio Bandeira de Mello. Belo Horizonte: Fórum, 2010. p. 47.

ou de outra, não há como se negar que o interesse público, assim como tantos outros conceitos-chave do direito, não possui um sentido *per se*, sendo um termo cuja significação deve ser preenchida pelo intérprete de acordo com os parâmetros normativos indicados pelo ordenamento jurídico em que ele se encontrar inserido.

A verdade é que nunca haverá uma resposta absolutamente clara, indubitável, extraível direta e imediatamente do texto normativo sem necessidade de interpretação e sempre com um mesmo sentido a ser aduzido. Em maior ou menor grau, a aplicação do direito sempre exigirá uma tarefa de interpretação do operador jurídico, e isso significa, no âmbito do tema explorado neste trabalho, que, por mais densificação legislativa que houver, de uma forma ou de outra sempre caberá à Administração Pública o dever de apreciar o interesse público presente de modo específico em determinado caso concreto, identificando-o com base nos parâmetros jurídicos existentes no ordenamento e nos valores constitucionais de realização do bem comum.

Muitas vezes, inclusive, esse arbitramento será o resultado de um exercício de ponderação a ser realizado pelo administrador. É que, frequentemente, a Administração Pública se depara com situações em que *interesses públicos abstratos* se chocam no caso concreto. Consideram-se tais interesses como públicos e abstratos por serem interesses que estão tutelados abstratamente pelo ordenamento jurídico. Após o exame da ponderação, porém, o agente público conseguirá identificar qual é o *interesse público concreto* existente naquele caso específico – sendo esse, obviamente, o que deve ser objeto da tutela administrativa.

O tema do arbitramento de interesses públicos abstratos em conflito é de suma importância para o presente trabalho, pois é a partir dele que se poderá compreender por que e como o princípio da indisponibilidade do interesse público não é incompatível com o fenômeno da consensualização do direito administrativo. Sendo assim, será analisado novamente mais adiante, em oportunidade mais adequada.

Evita-se, portanto, uma possível "ausência de utilidade" do interesse público – algo que poderia ocorrer caso o conceito dessa categoria fosse simplesmente resumido a uma plena identificação com o princípio da juridicidade administrativa – ao se inserir a persecução das finalidades constitucionais como parte essencial dessa noção. A Constituição "densifica a materialidade do interesse público nos limites de oito 'objetivos fundamentais', inscritos no art. 3º", além de "finalidades expressas no preâmbulo e, ainda, em lugares esparsos do texto",[50] sendo, portanto, o ponto de partida de qualquer análise que busque identificar o sentido jurídico que a noção de interesse público possui no Brasil.

Como se sabe, o direito administrativo tem como seu berço a instituição do Estado de Direito, com a submissão do Poder Público à ordem jurídica. Esse fenômeno histórico é crucial para se conceber a importância da noção de interesse público para o regime jurídico-administrativo. É que, com a vinculação da atividade administrativa ao direito, todos os atos da Administração Pública devem passar a ser concebidos conforme uma finalidade positivada no ordenamento. Um objetivo que não pode mais dizer respeito aos desígnios unilaterais e egoísticos do monarca absolutista, como ocorria até então, mas que deve ser pautado exatamente pela ordem jurídica.

1.1.2 As críticas e contracríticas formuladas no direito administrativo contemporâneo à categoria do interesse público

1.1.2.1 O movimento de rejeição do interesse público como categoria central do direito administrativo no Brasil

Como visto, desde a segunda metade do século XX, a noção de interesse público foi ganhando importância a ponto de ser considerada o marco central de todo o regime jurídico-administrativo no Brasil por quase toda a doutrina especialista na área. Entretanto, na prática administrativa e em decisões judiciais, tornou-se comum a utilização indevida da categoria jurídica do interesse público, à margem de todas as lições expostas no item anterior. Em parte por decorrência de uma incorreta compreensão (ou mesmo até *falta de compreensão*) sobre o seu conteúdo jurídico e, em parte, por conta dos interesses espúrios que, de maneira lamentável, estão incrustados na atividade administrativa brasileira há longo tempo.[51] Por um motivo ou por outro, o fato é que

---

[50] HAEBERLIN, Mártin. *Uma teoria do interesse público*: fundamentos do Estado Meritocrático de Direito. Porto Alegre: Livraria do Advogado, 2017. p. 243.
[51] Desde as clássicas lições de Raymundo Faoro já se sabe que o patrimonialismo – modelo deturpado de gestão administrativa, no qual a esfera pública é confundida com a esfera privada por aqueles que detêm o poder – resistiu a todas as "transformações fundamentais" da sociedade brasileira, permanecendo em vigor há séculos. FAORO, Raymundo. *Os donos do poder*: formação do patronato político brasileiro. 3. ed. São Paulo: Globo, 2001. p. 819.

essa situação contribuiu para que a teoria do interesse público no Brasil, décadas após as formulações iniciais de Celso Antônio Bandeira de Mello, fosse revisitada.

Por conta dessas equivocadas utilizações do conceito de interesse público (e também por conta de alguns motivos secundários, como se verá a seguir), parcela da doutrina começou, em um movimento quase orquestrado, a se insurgir contra a própria existência desse conceito, classificando-o como uma afronta aos direitos fundamentais e ao regime democrático protegido pela Constituição Federal de 1988.

Com efeito, no início dos anos 2000, o princípio da supremacia do interesse público – e, com ele, a própria categoria do interesse público – passou a ser contestado por parte da doutrina publicista. Destacaram-se, nessa linha, os trabalhos de Humberto Ávila, Gustavo Binenbojm, Daniel Sarmento, Alexandre Santos de Aragão e Paulo Schier, que abriram as portas para um debate que se instaura até hoje no direito administrativo brasileiro.

Tais artigos foram reunidos em obra organizada por Daniel Sarmento e intitulada *Interesses públicos versus interesses privados*,[52] a qual se constituiu como um marco referencial para a corrente crítica à noção de interesse público e de sua supremacia e indisponibilidade. O livro reuniu cinco artigos científicos que analisavam, cada qual à sua maneira, o princípio da supremacia do interesse público. Entre todos eles, a característica em comum era o objetivo de promover a desconstrução do referido princípio, como já se anunciava no subtítulo da obra coletiva. Em seu ensaio, Sarmento chega a afirmar que era chegada a hora de executar "o esperado réquiem deste malfadado princípio".[53]

Como se disse, essa coletânea acabou se tornando o principal referencial teórico para a corrente crítica ao interesse público, talvez não só pela originalidade do tema àquele momento, mas possivelmente também pela importância, já consolidada no meio acadêmico, dos autores que fizeram parte dela. No entanto, é importante ressaltar que,

---

[52] SARMENTO, Daniel (Org.). *Interesses públicos versus interesses privados*: desconstruindo o princípio da supremacia do interesse público. 3. tir. Rio de Janeiro: Lumen Juris, 2010.

[53] SARMENTO, Daniel. Interesses públicos vs. interesses privados na perspectiva da teoria e da filosofia constitucional. *In*: SARMENTO, Daniel (Org.). *Interesses públicos versus interesses privados*: desconstruindo o princípio da supremacia do interesse público. 3. tir. Rio de Janeiro: Lumen Juris, 2010. p. 29.

para além dessa obra, diversos outros trabalhos científicos foram[54] e continuam sendo[55] escritos nesse mesmo sentido.

Das diversas críticas desenvolvidas por esses autores, algumas se referem mais propriamente à categoria do interesse público e, desse modo, poderiam também ser aplicadas ao princípio da indisponibilidade. Daniel Wunder Hachem prestou-se a sistematizar todas essas críticas. Assim, com base em seu trabalho, podem-se identificar dois grandes "grupos" de críticas (os quais são, cada qual, divididos em três críticas mais específicas) que também seriam supostamente aplicáveis ao princípio da indisponibilidade: (i) *o princípio seria inútil na prática*, uma vez que (i.1) não possui significado jurídico bem determinado; (i.2) atualmente, não se pode mais dissociar os interesses privados do interesse público, sendo que aqueles compõem este; (i.3) na contemporaneidade, pode ser identificada uma série de interesses públicos; (ii) *o princípio legitimaria práticas autoritárias*, uma vez que (ii.1) despreza o cidadão individualmente considerado, supostamente adotando uma visão utilitarista ou organicista dos fenômenos sociais; (ii.2) é incompatível com o princípio da dignidade da pessoa humana e com o regime de direitos fundamentais da Constituição Federal de 1988; (ii.3) pode ser utilizado como fundamento jurídico para a prática de arbitrariedade estatais.[56]

Hachem ainda sistematizou um terceiro grupo de críticas, que diz respeito à (iii) suposta impossibilidade de se enquadrar a supremacia do interesse público na categoria de princípio jurídico. Costuma-se afirmar,

---

[54] Cf. PEDRON, Flávio Quinaud. O dogma da supremacia do interesse público e seu abrandamento pela jurisprudência do Supremo Tribunal Federal através da técnica da ponderação de princípios. *A&C – Revista de Direito Administrativo & Constitucional*, n. 33, Belo Horizonte: Fórum, p. 193-217, jul./set. 2008; LIMA, Gabriel de Araújo. Teoria da supremacia do interesse público: crise, contradições e incompatibilidade de seus fundamentos com a Constituição Federal. *A&C – Revista de Direito Administrativo & Constitucional*, n. 36, Belo Horizonte: Fórum, p. 123-153, abr./jun. 2009; MAIA, Cristiano Soares Barroso. A (im) pertinência do princípio da supremacia do interesse público sobre o particular no contexto do Estado Democrático de Direito. *Fórum Administrativo – Direito Público*, n. 103, Belo Horizonte: Fórum, p. 17-28, set. 2009.

[55] CRISTÓVAM, José Sérgio da Silva. *Administração pública democrática e supremacia do interesse público*: novo regime jurídico-administrativo e seus princípios constitucionais estruturantes. Curitiba: Juruá, 2015; JUSTEN FILHO, Marçal. O Direito Administrativo do Espetáculo. In: ARAGÃO, Alexandre Santos de; MARQUES NETO, Floriano de Azevedo (Org.). *Direito Administrativo e seus novos paradigmas*. Belo Horizonte: Fórum, 2008; MARQUES NETO, Floriano de Azevedo. Interesses públicos e privados na atividade estatal de regulação. In: MARRARA, Thiago (Org.). *Princípios de direito administrativo*: legalidade, segurança jurídica, impessoalidade, publicidade, motivação, eficiência, moralidade, razoabilidade, interesse público. São Paulo: Atlas, 2012; MEDAUAR, Odete. *Direito administrativo em evolução*. 3. ed. Brasília: Gazeta Jurídica, 2017.

[56] HACHEM, Daniel Wunder. *Princípio constitucional da supremacia do interesse público*. Belo Horizonte: Fórum, 2012. p. 273-368.

para fundamentar essa tese, que (iii.1) inexiste previsão normativa que indique a existência do princípio da supremacia no ordenamento jurídico-constitucional brasileiro; que (iii.2) a supremacia não poderia ser vista como um princípio por não possuir um conteúdo jurídico próprio, havendo-se sempre que recorrer a outros princípios para preencher sua vagueza conceitual; que (iii.3) haveria uma incompatibilidade entre a noção de supremacia e os princípios da proporcionalidade e razoabilidade. No entanto, essas críticas, como se vê, atacam especificamente ao princípio da *supremacia* do interesse público.

Ainda que se possa imaginar que os autores componentes dessa corrente teórica possuiriam a mesma posição em relação ao princípio da *indisponibilidade*, seria uma desonestidade intelectual imputar a eles críticas que não fizeram (ao menos não expressamente, em seus textos) a esse último princípio. Tais questões, todavia, não deixaram de ser tratadas no presente trabalho por conta disso. No tópico 2.1, serão examinados, entre outros temas, o conteúdo jurídico e os fundamentos normativos do princípio da indisponibilidade do interesse público, já afastando-se de antemão qualquer crítica que poderia ser direcionada, nesse sentido, a tal princípio.

As críticas identificadas acima já foram repercutidas em diversos estudos. Sendo assim, para não alongar indevidamente o trabalho em um ponto que já é amplamente difundido entre os interessados do tema, permite-se partir desde já para o que nesse assunto há de mais relevante para a presente pesquisa: a consequência causada a partir desse movimento de críticas, que acabou por gerar uma nova geração de administrativistas voltados a renovar a defesa do interesse público como conceito central do direito administrativo brasileiro. As respostas difundidas para rebater tais críticas, portanto, constituem a parte mais relevante deste tópico, de modo que se passa imediatamente a explicá-las.

1.1.2.2 As respostas doutrinárias às críticas e a renovação da defesa do interesse público

Neste item, pretende-se trazer ao leitor todos os argumentos que rebatem, individualmente, cada uma das críticas comumente feitas à noção de interesse público, conforme listagem registrada acima.

(i.1) A primeira das críticas é a de que *o interesse público não possuiria utilidade na prática administrativa por não dispor de um conteúdo jurídico determinado*.[57]

É óbvio que não se pode aceitar que o interesse público seja visto como um "mistério da fé", como criticam alguns autores, isto é, como algo que constituiu o eixo de construção de todo o direito administrativo, a que a doutrina deve aderir sem questionar o que de fato seja o seu conteúdo.[58] Tampouco deve-se imaginar que a Administração Pública "de maneira arcana e como por iluminação divina, nos pode dizer a todos o que mais nos convém".[59]

Na realidade, todavia, nenhum dos autores que se filia à corrente que defende a noção de interesse público advoga por quaisquer dessas ideias. Como se viu no tópico anterior, a teoria do interesse público é calcada fundamentalmente no ordenamento jurídico positivo, sendo esse, por excelência, o *locus* onde o operador do direito poderá encontrar respaldos para verificar, em cada situação concreta, se a decisão que irá tomar está ou não de acordo com o interesse público.

Ademais, como bem destaca Daniel Wunder Hachem, "não se pode rejeitar a aplicação de expressões jurídicas indeterminadas por conta de mera dificuldade de sua concretização, porquanto qualquer palavra, seja jurídica ou não, pode se tornar vaga ou imprecisa em situações específicas, suscitando dúvidas quanto à sua aplicação ao mundo dos fatos".[60]

A fraqueza de tal crítica fica evidente quando se pensa que diversos outros princípios e institutos jurídicos também são positivados no ordenamento na forma de conceitos jurídicos indeterminados. Da "boa-fé" e dos "bons costumes" do art. 187 do Código Civil[61] à motivação

---

[57] Nesse sentido: BAPTISTA, Patrícia. *Transformações do Direito Administrativo*. Rio de Janeiro: Renovar, 2003. p. 184.

[58] A metáfora é citada, com tons críticos, por Floriano de Azevedo Marques Neto, que afirma existir autores que defendem que o interesse público deve assim ser considerado: MARQUES NETO, Floriano de Azevedo. Interesses públicos e privados na atividade estatal de regulação. In: MARRARA, Thiago (Org.). *Princípios de direito administrativo*: legalidade, segurança jurídica, impessoalidade, publicidade, motivação, eficiência, moralidade, razoabilidade, interesse público. São Paulo: Atlas, 2012. p. 423.

[59] A alusão é feita pelo espanhol Gaspar Ariño Ortiz, conhecido crítico da noção de interesse público e também de variados outros institutos tradicionais do direito administrativo. ORTIZ, Gaspar Ariño. *Transparencia y participación en la administración pública española*. Madrid: Universidad Carlos III, 1994. p. 84.

[60] HACHEM, Daniel Wunder. *Princípio constitucional da supremacia do interesse público*. Belo Horizonte: Fórum, 2011. p. 277.

[61] Código Civil. Art. 187. Também comete ato ilícito o titular de um direito que, ao exercê-lo, excede manifestamente os limites impostos pelo seu fim econômico ou social, pela *boa-fé* ou pelos *bons costumes*.

"fútil ou torpe" do art. 61, II, "a", do Código Penal,[62] passando pelo direito à "razoável" duração do processo garantido pelo art. 4º do Código de Processo Civil[63] e pela proteção à "honra e a imagem das pessoas" do art. 5º, X, da Constituição Federal,[64] o ordenamento jurídico brasileiro é formado por incontáveis exemplos de conceitos jurídicos indeterminados. E que fique claro: não se trata, de modo algum, de má técnica legislativa. Pelo contrário, é uma opção consciente e adequada, que permite que determinados valores, considerados essenciais para o direito, possam ser positivados no ordenamento de forma aberta, permitindo sua flexibilização para conseguir atender às especificidades dos diversos casos que exigirem sua aplicação.

Assim, certamente essa concepção de que o interesse público corresponderia a uma "carta em branco" para o administrador tomar qualquer decisão que bem entendesse não se enquadra no atual cenário da historiografia jurídica. Pelo contrário, identifica-se muito mais com o período anterior à instituição do Estado de Direito. Segundo Alice Gonzales Borges, é no período dos Estados Absolutistas que "o 'Príncipe', iluminado pela centelha divina, faz de sua vontade a presumida e incontestável expressão da vontade de todos em geral". Para a autora – é bom frisar –, efeito parecido ocorre, ainda hoje, quando a tarefa de interpretação do conceito de interesse público é realizada por um regime político autoritário, "no qual se impõem coativamente, à consciência dos administrados, e se transmudam em interesse público, suas próprias 'razões de Estado'".[65]

Ainda nesse ponto outra crítica bastante comum é a de que a noção de interesse público seria um *conceito político*, não aferível em termos jurídicos. É certo que o termo em questão possui uma relação bastante íntima com a política, mas isso não afasta o seu caráter juridicizado. São frequentes os exemplos, dentro da própria Constituição, de institutos ou normas jurídicas que possuem relações intrínsecas com outras áreas do conhecimento.[66] O princípio da moralidade administrativa, por exemplo.

---

[62] Código Penal. Art. 61. São circunstâncias que sempre agravam a pena, quando não constituem ou qualificam o crime: II - ter o agente cometido o crime: a) por motivo *fútil ou torpe*.

[63] Código de Processo Civil. Art. 4º. As partes têm o direito de obter em *prazo razoável* a solução integral do mérito, incluída a atividade satisfativa.

[64] Constituição da República Federativa do Brasil. Art. 5º. X - são invioláveis a intimidade, a vida privada, *a honra e a imagem das pessoas*, assegurado o direito a indenização pelo dano material ou moral decorrente de sua violação

[65] BORGES, Alice Gonzales. Interesse público: um conceito a definir. *Revista de Direito Administrativo*, Rio de Janeiro, v. 205, p. 109-116, jul./set. 1996. p. 113.

[66] HACHEM, Daniel Wunder. *Princípio constitucional da supremacia do interesse público*. Belo Horizonte: Fórum, 2011. p. 227-228.

Sem dúvida, o seu conceito possui influências da filosofia e, ainda mais especificamente, do estudo da ética como valor humano e social. Isso, entretanto, de modo algum faz com que esse princípio não seja aceito como integrante do regime jurídico-administrativo. O mesmo ocorre com o princípio da eficiência administrativa, que também já sofreu críticas no sentido de que, por não ser um conceito desenvolvido essencialmente no âmbito do Direito, não ostentaria efetividade jurídica.[67]

Ao final, a lição que fica é a de que não existem conceitos que, *a priori*, podem ser considerados essencialmente jurídicos. O da moralidade, como dito, inicialmente parece pertencer ao campo da ética e da filosofia; o da eficiência, à administração e à economia; o da democracia, à ciência política; o da justiça, à sociologia e à filosofia; etc. Seguindo essa lógica, no máximo apenas o princípio da legalidade poderia ser considerado essencialmente jurídico.[68] Não há, todavia, qualquer dúvida acerca da juridicidade de todos os princípios acima elencados, assim como também não se deve haver dúvidas sobre a juridicidade da noção de interesse público.

Ainda nessa linha, uma crítica que também poderia ser feita é sobre a ausência de conteúdo jurídico *próprio* do interesse público. Como já se disse, o conteúdo do interesse público só é aferível a partir do ordenamento jurídico. É aquilo que o legislador institui como direito dos cidadãos ou como dever do Estado que se constitui como interesse público. Assim, por conta disso, para alguns autores o interesse público não possuiria utilidade prática.

Gustavo Binenbojm, nesse sentido, afirma que os princípios da moralidade e da impessoalidade, por exemplo, já vedariam por si só o favorecimento indevido de particulares,[69] tarefa que comumente costuma se justificar a partir da defesa do interesse público. O mesmo poderia se dizer do princípio da legalidade/juridicidade. Não seria ele suficiente para fazer com que a Administração cumprisse as leis e a

---

[67] Em relação à juridicidade do princípio constitucional da eficiência administrativa e às críticas desenvolvidas quanto a isso, ver: FARIA, Luzardo. Suspensão do fornecimento de serviço público essencial por inadimplemento do usuário: o interesse público entre eficiência e dignidade. *In*: BLANCHET, Luiz Alberto; HACHEM, Daniel Wunder; SANTANO, Ana Claudia (Coords.). *Eficiência e Ética na Administração Pública*. Curitiba: Íthala, 2015. p. 110-111.

[68] GABARDO, Emerson; HACHEM, Daniel Wunder. Responsabilidade civil do Estado, *faute du service* e o princípio constitucional da eficiência administrativa. *In*: GUERRA, Alexandre D. de Mello; PIRES, Luis Manoel Fonseca; BENACCHIO, Marcelo (Coords.). *Responsabilidade civil do Estado*: desafios contemporâneos. São Paulo: Quartier Latin, 2010. p. 243.

[69] BINENBOJM, Gustavo. *Uma teoria do direito administrativo*: direitos fundamentais, democracia e constitucionalização. 3. ed. rev. e atual. Rio de Janeiro: Renovar, 2014. p. 93.

Constituição e, assim, por consequência, aquilo que se defende como interesse público?

Por óbvio, o fato de a noção de interesse público estar intimamente relacionada a outros princípios constitucionais não afasta a sua força jurídica própria. Aliás, é exatamente porque se constitui como um *mandamento nuclear do sistema*, na definição de Celso Antônio Bandeira de Mello,[70] que, de um modo ou de outro, todos os demais princípios do regime jurídico-administrativo possuem esteio na categoria jurídica do interesse público.

Ademais, é ponto pacífico que "os princípios constitucionais são condicionantes uns dos outros".[71] De fato, não se pode pensar o princípio da segurança jurídica sem o princípio da legalidade ou o da boa-fé. Do mesmo modo, os princípios da motivação e da publicidade administrativa só fazem sentido em uma relação mútua de complementariedade. E, para finalizar, a prova de que não há problema algum com o fato de a explicação do conteúdo de determinado princípio jurídico exigir a alusão a outros tantos é o princípio da dignidade da pessoa humana. Considerado, em tom uníssono pela doutrina e pela jurisprudência, como valor mais essencial da Constituição Federal, a compreensão da noção de dignidade da pessoa humana também exige a referência a diversos outros princípios constitucionais, como os da igualdade e da autonomia privada, por exemplo.[72]

(i.2) Outro fato que supostamente fundamentaria a tese de inutilidade prática do interesse público é a de que, na sociedade atual, *não se pode mais dissociar os interesses privados do interesse público*, sendo que aqueles compõem este.

Nesse ponto, há uma falsa ideia de que os autores que defendem o interesse público pressupõem que ele seja sempre inconfundível e distinguível dos diversos interesses privados. Floriano de Azevedo Marques Neto chega a dizer que, para que o interesse público seja plenamente operacional, deve haver "uma dicotomia absoluta entre público e privado: uma esfera exclui a outra, pois, de um lado, está o

---

[70] MELLO, Celso Antônio Bandeira de. *Curso de Direito Administrativo*. 32. ed. São Paulo: Malheiros, 2015. p. 54.

[71] ROCHA, Cármen Lúcia Antunes. *Princípios constitucionais da Administração Pública*. Belo Horizonte: Del Rey, 1994. p. 41.

[72] Todos esses argumentos são trabalhados de maneira aprofundada em HACHEM, Daniel Wunder. *Princípio constitucional da supremacia do interesse público*. Belo Horizonte: Fórum, 2011. p. 234-246.

interesse público e de outro estão os interesses privados".[73] No mesmo tom, Daniel Sarmento afirma que "o interesse público, na verdade, é composto pelos interesses particulares dos componentes da sociedade".[74]

A pergunta que se deveria fazer diante de tais manifestações, contudo, é a seguinte: quem, dentre os defensores da teoria do interesse público, defende que interesses individuais, desde que protegidos pelo ordenamento jurídico, não integram a noção de interesse público? A resposta é simples: ninguém.

A confusão em torno desse ponto, portanto, deve-se não exatamente a uma discordância teórica entre as duas correntes. Afinal, parece, curiosamente, haver uma concordância quanto a essa questão. Veja-se, por exemplo, que o próprio Celso Antonio Bandeira de Mello ensina que "a proteção do interesse privado *nos termos em que estiver disposto na Constituição* é, também ela, um interesse público, tal como qualquer outro, a ser fielmente resguardado",[75] posição que parece também ser seguida por Emerson Gabardo quando o autor conclui que "a satisfação dos interesses coletivos deve ser primordial para que os interesses individuais possam ser realizados".[76]

A divergência justifica-se, na realidade, por uma questão simplesmente retórica, conceitual, terminológica. Quando os críticos se referem a "interesse privado", estão se referindo a interesses juridicamente protegidos ostentados por indivíduos ou grupos *particulares*. O critério utilizado, portanto, é basicamente subjetivo: públicos seriam apenas os interesses próprios da coletividade.

Por outro lado, os partidários da teoria do interesse público classificam como interesse privado aqueles *interesses que não estão protegidos pelo ordenamento jurídico*, isto é, os interesses puros e simples (assim

---

[73] MARQUES NETO, Floriano de Azevedo. Interesses públicos e privados na atividade estatal de regulação. *In*: MARRARA, Thiago (Org.). *Princípios de direito administrativo*: legalidade, segurança jurídica, impessoalidade, publicidade, motivação, eficiência, moralidade, razoabilidade, interesse público. São Paulo: Atlas, 2012. p. 424. Em outro trabalho, o autor, também fundamentando essa crítica, afirma que "interesses legítimos, mediatos ou imediatos, de um particular não podem significar automaticamente um interesse contrário aos desígnios públicos". MARQUES NETO, Floriano Peixoto de Azevedo. *Regulação estatal e interesses públicos*. São Paulo: Malheiros, 2002. p. 152.

[74] SARMENTO, Daniel. Interesses públicos vs. interesses privados na perspectiva da teoria e da filosofia constitucional. *In*: SARMENTO, Daniel (Org.). *Interesses públicos versus interesses privados*: desconstruindo o princípio da supremacia do interesse público. 3. tir. Rio de Janeiro: Lumen Juris, 2010. p. 83-84.

[75] MELLO, Celso Antônio Bandeira de. *Curso de Direito Administrativo*. 32. ed. São Paulo: Malheiros, 2015. p. 69.

[76] GABARDO, Emerson. *Interesse público e subsidiariedade*: o Estado e a sociedade civil para além do bem e do mal. Belo Horizonte: Fórum, 2009. p. 369.

considerados aqueles cuja realização é simplesmente indiferente para o ordenamento jurídico) e os interesses ilícitos (assim considerados aqueles que são repudiados pelo direito). Ou seja, para eles, em um "sentido amplo",[77] os interesses tratados como "privados" pela corrente crítica fazem, na realidade, parte do próprio interesse público (mas são chamados de "individuais" em vez de "privados").

Além de essa explicação já ter sido feita brevemente no tópico anterior, ela voltará a ser tema de análise mais específica nos itens 2.2.1 e 2.2.2, quando se demonstrará a possibilidade de conciliação entre a categoria jurídica do interesse público e o fenômeno de consensualização que vem impactando o direito administrativo nos últimos anos. Desde já, porém, resta isento de dúvidas que "não há interesse público que não reflita interesse privado", do mesmo modo que "não há interesse privado, juridicamente protegido, que não seja público". Afinal, no fundo, "ambos têm a mesma natureza elemental",[78] que é a sua previsão no ordenamento jurídico positivo.

(i.3) Outra crítica recorrente parte do fato de que, atualmente, a sociedade teria se tornado um sistema social altamente complexo e heterogêneo, no qual se faz *impossível a tarefa de identificar um interesse comum a toda a coletividade*. Por outro lado, o que haveria seriam diversos interesses públicos, plurais e conflitantes entre si por essência,[79] e, diante dessa pluralidade, a Administração não possuiria condições de determinar o que de fato seria o interesse geral da coletividade.[80] Trata-se, porém, de mais um argumento que não condiz com a realidade da teoria do interesse público desenvolvida no direito administrativo brasileiro.

Em primeiro lugar, porque o critério de identificação de interesse público não é, como faz parecer essa crítica, a necessidade ou o desejo subjetivo de determinado grupo social, mas, sim, o Direito positivo. Em uma sociedade complexa e heterogênea de fato, é natural que algumas

---

[77] É o termo utilizado por HACHEM, Daniel Wunder. A dupla noção jurídica de interesse público em Direito Administrativo. *A&C – Revista de Direito Administrativo & Constitucional*, Belo Horizonte, ano 11, n. 44, p. 59-110, abr./jun. 2011, como visto no item anterior.

[78] HAEBERLIN, Mártin. *Uma teoria do interesse público*: fundamentos do Estado Meritocrático de Direito. Porto Alegre: Livraria do Advogado, 2017. p. 204.

[79] Alexandre Santos de Aragão afirma, nesse sentido, que "em uma sociedade complexa e pluralista não há apenas um interesse público, mas muitos". ARAGÃO, Alexandre Santos de. A "supremacia do interesse público" no advento do Estado de Direito e na hermenêutica do direito público contemporâneo. In: SARMENTO, Daniel (Org.). *Interesses públicos versus interesses privados*: desconstruindo o princípio da supremacia do interesse público. 3. tir. Rio de Janeiro: Lumen Juris, 2010. p. 6-7.

[80] MARQUES NETO, Floriano Peixoto de Azevedo. *Regulação estatal e interesses públicos*. São Paulo: Malheiros, 2002. p. 157.

pessoas possam ter interesse, por exemplo, em que o Estado seja o ente titular dos serviços públicos, enquanto outras tenham o interesse de que o Poder Público adote uma posição subsidiária no mercado e que as atividades econômicas sejam prioritariamente relegadas à exploração da livre iniciativa. Nesse debate, diversas questões políticas, econômicas e sociais poderiam ser discutidas para averiguar qual interesse, de acordo com as metodologias científicas de cada um desses campos, deveria prevalecer. Para o direito, porém, será considerado como de interesse da coletividade (isto é, de interesse público) aquilo que o ordenamento jurídico assim definir a esse respeito.

Por vezes, como já se disse, o ordenamento jurídico tutelará legitimamente dois interesses que, no caso concreto, entram em conflito (conflito de interesses públicos abstratos). Mesmo nesse caso, entretanto, a resposta a respeito da identificação do interesse público concreto (resultado do conflito de interesses públicos abstratos) somente será desenvolvida através do direito, por meio dos métodos jurídicos devidamente cabíveis para tanto.

Essa lembrança, por si só, já poderia derrubar a crítica relatada acima, mas, para além disso, também se deve ressaltar que não há qualquer problema em se reconhecer a impossibilidade de identificação de um interesse público que seja comum a toda a coletividade. Afinal, de fato se deve concordar com a constatação de que, na sociedade contemporânea, a organização de grupos e setoriais sociais com variadas aspirações, bem como a diversificação do corpo social, contribui para a existência de interesses públicos cada vez mais diversos, complexos e sofisticados.[81] Nesse cenário, é praticamente impossível haver um caso concreto em que seja possível identificar a presença de apenas um interesse público. A regra geral é que os conflitos contemporâneos são impulsionados por interesses, de ambos os lados, protegidos pelo ordenamento jurídico. Isto é, um conflito de interesses públicos.

Esse contexto torna-se ainda mais evidente no paradigma do Estado Social de Direito. Conforme apontado no item anterior, diferentemente do que ocorria no Estado Liberal, em que a lei formal era o único local de identificação do interesse público e que a Administração Pública deveria tratar todos os cidadãos indistintamente, no Estado Social aumenta-se a complexidade de interesses conflitantes reconhecidos pelo

---

[81] MARQUES NETO, Floriano de Azevedo. Interesses públicos e privados na atividade estatal de regulação. *In*: MARRARA, Thiago (Org.). *Princípios de direito administrativo*: legalidade, segurança jurídica, impessoalidade, publicidade, motivação, eficiência, moralidade, razoabilidade, interesse público. São Paulo: Atlas, 2012. p. 429.

ordenamento jurídico, cabendo à Administração a tarefa de arbitrá-los da melhor maneira possível em cada caso concreto,[82] sempre com vistas à realização dos mandamentos constitucionais de concretização da justiça social.

E mais, o conflito de interesses públicos jamais poderia ser visto como um empecilho a impedir a utilização desse conceito no direito administrativo. Afinal, desde a Constituição Federal de 1988, que é um documento generoso na atribuição de direitos às mais diversas categorias da sociedade, percebe-se que o direito vem sendo desenvolvido fortemente, tanto em âmbito doutrinário como jurisprudencial, a partir da resolução de conflitos de direitos fundamentais. E os princípios da proporcionalidade e da razoabilidade – que são curiosamente oferecidos por parcela da doutrina como possíveis substitutos aos princípios da supremacia e da indisponibilidade – constituem-se exatamente como possíveis critérios a serem adotados pela Administração para arbitrar os interesses públicos em conflito e identificar, no caso concreto, qual deverá ser privilegiado, assim como também ocorre na teoria dos direitos fundamentais.

Ainda nessa linha, também é comum se afirmar que a teoria do interesse público deveria ser rechaçada porque *nem sempre existe apenas um interesse público* a ser perseguido pela Administração.[83] A discussão, entretanto, foge dos limites estritos da questão do interesse público. Ainda que não fosse esse o instituto analisado, o debate persistiria. Trata-se, ao fim, do mesmo que se perguntar se, em cada caso concreto, a Administração pode escolher livremente entre diversas opções (desde que lícitas, obviamente) que forem postas à sua frente ou se, em última análise, haverá sempre um caminho mais adequado a seguir. Ou seja, é muito mais um debate sobre qual o sentido, a função e os necessários limites da discricionariedade administrativa do que propriamente sobre a possibilidade de a noção de interesse público constituir o norte de toda a atividade da Administração.

(ii.1) Já na linha de que o interesse público poderia legitimar a adoção de práticas autoritárias pela Administração Pública, critica-se

---

[82] SÁINZ MORENO, Fernando. Reducción de la discrecionalidad: el interés público como concepto jurídico. *Revista Española de Derecho Administrativo*, Madrid, n. 8, p. 63-94, ene./mar. 1976. p. 73-74.

[83] MARQUES NETO, Floriano de Azevedo. Interesses públicos e privados na atividade estatal de regulação. In: MARRARA, Thiago (Org.). *Princípios de direito administrativo*: legalidade, segurança jurídica, impessoalidade, publicidade, motivação, eficiência, moralidade, razoabilidade, interesse público. São Paulo: Atlas, 2012. p. 424.

que o seu uso *despreza o cidadão individualmente considerado, supostamente adotando uma visão utilitarista ou organicista dos fenômenos sociais*.

Nessa linha, Daniel Sarmento afirma que duas poderiam ser as correntes filosóficas utilizadas para justificar o dever do Estado em perseguir o interesse público. A primeira seria o organicismo, em que o interesse público seria visto como "algo superior e diferente ao somatório dos interesses particulares dos membros de uma comunidade política", ostentado, enquanto interesse de Estado, em um patamar de superioridade em relação aos anseios dos cidadãos. A segunda seria o utilitarismo, para o qual o interesse público seria o resultado do somatório dos interesses particulares de todos os membros da comunidade, "correspondendo a uma fórmula para a sua maximização".[84]

Em relação ao organicismo, a impropriedade dessa tentativa de relacionar tal corrente com a noção de interesse público é constatada desde as lições iniciais de Celso Antônio Bandeira de Mello sobre o tema. Com efeito, desde o primeiro momento que escreveu sobre o interesse público, sua supremacia e indisponibilidade, o administrativista sempre defendeu existir um *"falso antagonismo* entre o interesse das partes e o interesse de todos", refutando por completo a "suposição de que se trata de um interesse *a se stante*, autônomo, desvinculado dos interesses de cada uma das partes que compõem o todo".[85] O mesmo ocorre em relação ao utilitarismo, visto que Bandeira de Mello expressamente afirma que o interesse público "não se confunde com a somatória de interesses individuais, peculiares de cada qual".[86]

Também é pontual nesse sentido a lição de Maria Sylvia Zanella Di Pietro, que explica que se, no início, o interesse público "começou como proposição adequada ao Estado Liberal, não intervencionista (com o já assinalado cunho *utilitarista*)", diante das mudanças ocorridas na sociedade e no direito, tal categoria jurídica "assume feição diversa para adaptar-se ao Estado social e democrático de Direito, adotado na

---

[84] SARMENTO, Daniel. Interesses públicos vs. interesses privados na perspectiva da teoria e da filosofia constitucional. *In*: SARMENTO, Daniel (Org.). *Interesses públicos versus interesses privados*: desconstruindo o princípio da supremacia do interesse público. 3. tir. Rio de Janeiro: Lumen Juris, 2010. p. 52; BINENBOJM, Gustavo. *Uma teoria do direito administrativo*: direitos fundamentais, democracia e constitucionalização. 3. ed. rev. e atual. Rio de Janeiro: Renovar, 2014. p. 86.
[85] MELLO, Celso Antônio Bandeira de. *Grandes Temas de Direito Administrativo*. São Paulo: Malheiros, 2009. p. 181-191.
[86] MELLO, Celso Antônio Bandeira de. *Curso de Direito Administrativo*. 32. ed. São Paulo: Malheiros, 2015. p. 59.

Constituição de 1988".[87] Ou seja, se houve alguma identificação da teoria do interesse público com a filosofia utilitarista, isso se deu no momento em que o direito administrativo era formatado a partir das teses liberais de um Estado Abstencionista. O mesmo certamente não ocorre no Estado Social, em que a Administração, como já se disse diversas vezes, está constitucionalmente atrelada à concretização de direitos titularizados pelos mais diversos indivíduos e grupos da sociedade.

Outra crítica desferida com bases nos argumentos apontados acima é feita por Marçal Justen Filho, que afirma que "essa proposta incorpora o germe da rejeição à importância do particular, dos interesses não estatais e das organizações da sociedade", fazendo com que o particular "não tenha rosto" em face do direito administrativo, sendo uma mera sombra, longe de ser o protagonista da história, da política ou do direito.[88] Em sentido semelhante, Floriano de Azevedo Marques Neto equivocadamente supõe que, de acordo com essa teoria, apenas o Estado estaria legitimado e apto a buscar a concretização do interesse público.[89]

Ora, não há dúvidas de que o setor privado também pode acabar concretizando interesses públicos. Pedro Gonçalves chega a falar que existem "tarefas privadas de interesse público". Isto é, ações que, embora não exercidas pelo Estado, correspondem inevitavelmente ao atingimento de dado interesse público.[90] No Brasil, talvez os serviços sociais explorados a título próprio pela iniciativa privada, como saúde e educação, por exemplo, poderiam se encaixar nessa classificação.

O fato a ser considerado, contudo, é o de que jamais a função precípua da iniciativa privada será a consecução do interesse público. Seu objetivo final sempre será a geração de lucro (ou, excepcionalmente, o atingimento de algum outro desejo individual que não exatamente o

---

[87] PIETRO, Maria Sylvia Zanella Di. O princípio da supremacia do interesse público: sobrevivência diante dos ideais do neoliberalismo. *In*: BACELLAR FILHO, Romeu Felipe; HACHEM, Daniel Wunder (Coords.). *Direito Administrativo e interesse público*: estudos em homenagem ao Professor Celso Antônio Bandeira de Mello. Belo Horizonte: Fórum, 2010. p. 211.

[88] JUSTEN FILHO, Marçal. O Direito Administrativo do Espetáculo. *In*: ARAGÃO, Alexandre Santos de; MARQUES NETO, Floriano de Azevedo. (Org.). *Direito Administrativo e seus novos paradigmas*. Belo Horizonte: Fórum, 2008. p. 67 e 73-74.

[89] MARQUES NETO, Floriano de Azevedo. Interesses públicos e privados na atividade estatal de regulação. *In*: MARRARA, Thiago (Org.). *Princípios de direito administrativo*: legalidade, segurança jurídica, impessoalidade, publicidade, motivação, eficiência, moralidade, razoabilidade, interesse público. São Paulo: Atlas, 2012. p. 420.

[90] GONÇALVES, Pedro. *Entidades privadas com poderes públicos*: o exercício de poderes públicos de autoridade por entidades privadas com funções administrativas. Coimbra: Almedina, 2005. p. 144.

rendimento econômico, mas ainda assim individual). O atingimento do interesse público pela iniciativa privada, portanto, ainda que possível, é, no máximo, secundário e lateral. O Estado, por outro lado, é o ente a que a Constituição atribui o dever inafastável de satisfazer o interesse público. Essa deve ser sua missão.

(ii.2) Na sequência, outra crítica desenvolvida contra a categoria do interesse público é a de que ela seria *incompatível com o princípio da dignidade da pessoa humana e com o regime de direitos fundamentais da Constituição Federal de 1988.*

Afirma-se, nesse sentido, que não é possível "extrair o 'princípio da supremacia do interesse público' da análise do conjunto normativo constitucional, haja vista a ampla proteção dispensada aos interesses particulares".[91] Em linha semelhante, Paulo Ricardo Schier, após demonstrar que a Constituição protege, com força de direito fundamental, uma série de interesses individuais, chega a concluir que "a ponderação constitucional prévia em favor dos interesses públicos é antes uma exceção a um princípio geral implícito de Direito Público".[92]

Nesse ponto, novamente a divergência parece ocorrer mais por uma questão preliminar e conceitual sobre o que se considera interesse público e interesse privado do que efetivamente uma discordância teórica ou até ideológica sobre a exigência constitucional de persecução administrativa do primeiro. Com efeito, o problema reside no fato de que parece não ser compreendido que, para os defensores da teoria do interesse público, "interesse privado e bem jurídico individual não são sinônimos".[93] Pelo contrário: segundo essa corrente, os direitos individuais integram o interesse público, e ainda mais notadamente os direitos fundamentais, considerados para alguns autores o *núcleo duro* do interesse público, conforme mencionado anteriormente.

Assim, o fato de a Constituição assegurar uma série de direitos individuais de modo algum afasta o amparo constitucional à tese de que a Administração Pública está estritamente vinculada à satisfação do interesse público. Afinal, o respeito a esses direitos individuais também será uma questão de interesse público. Ou, alterando-se o foco

---

[91] BINENBOJM, Gustavo. *Uma teoria do direito administrativo*: direitos fundamentais, democracia e constitucionalização. 3. ed. rev. e atual. Rio de Janeiro: Renovar, 2014. p. 95.

[92] SCHIER, Paulo Ricardo. Ensaio sobre a supremacia do interesse público sobre o privado e o regime jurídico dos direitos fundamentais. *In*: SARMENTO, Daniel (Org.). *Interesses públicos versus interesses privados*: desconstruindo o princípio de supremacia do interesse público. 3. tir. Rio de Janeiro: Lumen Juris, 2010. p. 236.

[93] HACHEM, Daniel Wunder. *Princípio constitucional da supremacia do interesse público*. Belo Horizonte: Fórum, 2011. p. 232.

da frase, a violação de direitos individuais por parte da Administração Pública representará, via de regra,[94] uma desobediência ao princípio da indisponibilidade do interesse público.

(ii.3) Por fim, também é muito comum encontrar argumentos críticos no sentido de que o interesse público *pode ser utilizado como fundamento jurídico para a prática de arbitrariedades estatais.*

Nesse sentido, a suposta legitimação de práticas autoritárias também é frequentemente erigida como justificativa para se abandonar a noção de interesse público do direito administrativo. Diz-se que, por conta de sua "fraca" definição conceitual, a utilização do interesse público "pode permitir às autoridades públicas que o manuseiam as mais perigosas malversações",[95] vez que quaisquer de suas atitudes sempre estariam "turvadas por uma genérica e mítica invocação do 'interesse público'".[96] Afirma-se, ainda, que a utilização da noção de interesse público pela Administração, "até mesmo pela força do tempo e da tradição, há o risco de ser interpretada como 'prevalência do *imperium* estatal'".[97]

Em sentido semelhante, mas com uma abordagem levemente diferenciada, Floriano de Azevedo Marques Neto considera o interesse público um instrumento retórico que dá concretude à ideia abstrata de que o Estado, enquanto ente limitado pelo direito, deve agir apenas quando constatar, em seu pretendido objetivo, a presença de uma necessidade coletiva que demanda concretização. Ao fazer isso, o interesse público estaria cumprindo sua função operacional, isto é, conferindo ao administrador "uma margem de manobra" para intervir legitimamente na esfera privada sempre que desejar. Em outras palavras, por ser supostamente desnecessária a demonstração expressa do que se toma

---

[94] Diz-se "via de regra" pois, como será visto adiante, é comum que haja situação em que a Administração, na tomada de determinada decisão, depara-se com o conflito de dois interesses individuais ou de um interesse individual com um interesse geral. Nessas situações, haverá uma restrição válida a um interesse individual (quase sempre traduzido no ordenamento na forma de um direito individual), sem qualquer desrespeito ao princípio da indisponibilidade do interesse público (antes, como uma necessidade para sua concretização).

[95] SARMENTO, Daniel. Interesses públicos vs. interesses privados na perspectiva da teoria e da filosofia constitucional. *In*: SARMENTO, Daniel (Org.). *Interesses públicos versus interesses privados*: desconstruindo o princípio da supremacia do interesse público. 3. tir. Rio de Janeiro: Lumen Juris, 2010. p. 32.

[96] ARAGÃO, Alexandre Santos de. A "supremacia do interesse público" no advento do Estado de Direito e na hermenêutica do direito público contemporâneo. *In*: SARMENTO, Daniel (Org.). *Interesses públicos versus interesses privados*: desconstruindo o princípio da supremacia do interesse público. 3. tir. Rio de Janeiro: Lumen Juris, 2010. p. 4.

[97] JUSTEN FILHO, Marçal. Conceito de interesse público e a "personalização" do Direito Administrativo. *Revista Trimestral de Direito Público*, São Paulo, n. 26, p. 115-136, 1999.

por interesse público, sua simples invocação serviria como fundamento para justificar a derrogação de direitos individuais.[98]

Entende-se, todavia, que o problema da legitimação de práticas autoritárias reside não nos fundamentos próprios da categoria jurídica do interesse público, mas, sim, em sua aplicação prática.[99] É pelas equivocadas aplicações sofridas por esse instituto no cotidiano da atividade administrativa que se criou um senso comum de que a noção de interesse público, bem como todo o regime jurídico-administrativo nela fundado, seria autoritária por si própria. Essas errôneas percepções serão afastadas no item 2.1.1 deste trabalho, quando se demonstrará que não há absolutamente nada de arbitrário ou autoritário na *noção* de interesse público. Pelo contrário, trata-se de ferramenta jurídica que, se devidamente manuseada, pode contribuir para o desenvolvimento do direito administrativo e para a realização dos deveres constitucionais impostos à Administração Pública.

No entanto, é natural que se questione, diante dessas constatações, a razão pela qual, mesmo reconhecendo-se que o interesse público na prática é muitas vezes manipulado para justificar posturas nada republicanas de administradores mal-intencionados, se insiste em mantê-lo como a noção chave de todo o regime jurídico-administrativo.

Há diversos motivos para tanto. O primeiro deles é o já aludido papel instrumental que esse conceito pode desempenhar. Afinal, ao se propor um direito administrativo que tem o interesse público como sua base estruturante, democratiza-se essa disciplina, "substituindo sua definição de 'direito da Administração Pública' por uma conceituação mais exata e democrática: a de que o Direito Administrativo é o 'direito do interesse público'".[100]

Além disso, deve ser reconhecida a função simbólica que o interesse público representa para o perfil ideológico do direito administrativo, sendo que, como será visto no item 1.1.3, muitas vezes quando se critica a noção de interesse público, o que se está pretendendo realizar é substituir as bases ideológicas do regime jurídico-administrativo brasileiro, o qual é calcado essencialmente, por força da Constituição

---

[98] MARQUES NETO, Floriano de Azevedo. Interesses públicos e privados na atividade estatal de regulação. *In*: MARRARA, Thiago (Org.). *Princípios de direito administrativo*: legalidade, segurança jurídica, impessoalidade, publicidade, motivação, eficiência, moralidade, razoabilidade, interesse público. São Paulo: Atlas, 2012. p. 423-424.

[99] GABARDO, Emerson. *Interesse público e subsidiariedade*: o Estado e a sociedade civil para além do bem e do mal. Belo Horizonte: Fórum, 2009. p. 303.

[100] HACHEM, Daniel Wunder. *Princípio constitucional da supremacia do interesse público*. Belo Horizonte: Fórum, 2011. p. 351-352.

Federal de 1988, em promover uma Administração Pública socialmente inclusiva.

Por fim, também deve-se ter em mente que de nada adiantaria, para as questões que circundam a crítica ora analisada, substituir a utilização da categoria de interesse público pelos direitos fundamentais. Não apenas porque os direitos fundamentais já são parte elementar do conceito de interesse público, mas porque também eles próprios, veiculados, muitas vezes, em dispositivos vagos, poderiam igualmente servir de pretexto para a prática de atitudes arbitrárias da Administração. Basta lembrar o que a Administração Pública brasileira praticava em nome do "direito à segurança nacional", por exemplo, no período da ditadura militar. Ou seja, o fato de, por vezes, o conceito de interesse público sofrer na prática "abusos manipulatórios", como fala C. W. Cassinelli, não tem o condão de destruir o seu sentido, muito menos o de justificar o seu abandono,[101] até porque, "se os operadores do Direito fossem romper com cada princípio, regra ou direito mal utilizado ou cujo sentido foi desviado no Brasil, muito rapidamente decorreria uma anomia jurídica".[102]

Assim, o meio para evitar esses indesejáveis arbítrios não se encontra no abandono da noção de interesse público, o que, como visto, seria inoportuno e inócuo. O caminho para tanto perpassa por possibilitar um controle mais eficiente da atividade administrativa, o que ocorre, nesse ponto, principalmente a partir da exigência do requisito de *motivação dos atos administrativos*.

Como acertadamente afirma Héctor Jorge Escola, utilizar o interesse público sem a devida motivação "não serve para nada", faz desse conceito uma forma vaga, "dentro da qual nada existe", uma mera "aparência" que não chega a se concretizar como a realidade jurídica que deveria ser.[103] Também Romeu Felipe Bacellar Filho, fiel defensor da categoria do interesse público, reconhece que "não se admite mais a utilização, pelo administrador público, do pressuposto ou princípio 'interesse público', como fórmula mágica para justificativa ou motivação da atitude tomada".[104]

---

[101] CASSINELLI, C. W. O interesse público na ética política. *In*: FRIEDRICH, Carl J. (Org.). *O interesse público*. Trad. Edilson Alkmin Cunha. Rio de Janeiro: O Cruzeiro, 1967. p. 55-56.

[102] GABARDO, Emerson. *Interesse público e subsidiariedade*: o Estado e a sociedade civil para além do bem e do mal. Belo Horizonte: Fórum, 2009. p. 289.

[103] ESCOLA, Héctor Jorge. *El interés público*: como fundamento del derecho administrativo. Buenos Aires: Depalma, 1989. p. 245.

[104] BACELLAR FILHO, Romeu Felipe. *Direito Administrativo*. 5. ed. São Paulo: Saraiva, 2009. p. 28-29; BACELLAR FILHO, Romeu Felipe. A noção jurídica de interesse público no Direito

A solução adotada, através da exigência de motivação, não é nenhuma novidade. Eduardo Garcia de Enterría já há muito defendia a insuficiência da invocação abstrata dessa categoria, exigindo da Administração, sempre que deseje lançar mão da noção de interesse público para resolver alguma situação concreta, "a carga de alegar, provar e motivar" a causa que demonstra a existência do interesse público alegado.[105]

Em âmbito nacional, a Lei Federal de Processo Administrativo (nº 9.784/99) trouxe grande contribuição no detalhamento das situações em que a motivação "explícita, clara e congruente" se mostra necessária, como se verifica, principalmente, no rol de situações descritas em seu art. 50.[106]

Como afirma Daniel Wunder Hachem, é o dever de motivação o principal fator que diferencia a utilização da categoria de interesse público por uma Administração autoritária e por uma Administração que se submeta aos ditames fundamentais do Estado Democrático de Direito.[107] Sem motivação, afinal, não se pode garantir o respeito a nenhum dos demais princípios que a Constituição condensa no regime jurídico-administrativo.[108]

Administrativo brasileiro. *In*: BACELLAR FILHO, Romeu Felipe; HACHEM, Daniel Wunder (Coords.). *Direito Administrativo e interesse público*: estudos em homenagem ao Professor Celso Antônio Bandeira de Mello. Belo Horizonte: Fórum, 2010. p. 111-112. Também no sentido de que a menção genérica a interesse público não legitima a atuação estatal, Cf. RODRÍGUEZ-ARANA MUÑOZ, Jaime. *Interés general, derecho administrativo y estado del bienestar*. Granada: Iustel, 2012. p. 31.

[105] GARCÍA DE ENTERRÍA, Eduardo. Una nota sobre el interés general como concepto jurídico indeterminado. *Revista Española de Derecho Administrativo*, Madrid, n. 89, p. 69-89, ene./mar. 1996. p. 73-74.

[106] Lei nº 9.784/99. Art. 50. Os atos administrativos deverão ser motivados, com indicação dos fatos e dos fundamentos jurídicos, quando: I - neguem, limitem ou afetem direitos ou interesses; II - imponham ou agravem deveres, encargos ou sanções; III - decidam processos administrativos de concurso ou seleção pública; IV - dispensem ou declarem a inexigibilidade de processo licitatório; V - decidam recursos administrativos; VI - decorram de reexame de ofício; VII - deixem de aplicar jurisprudência firmada sobre a questão ou discrepem de pareceres, laudos, propostas e relatórios oficiais; VIII - importem anulação, revogação, suspensão ou convalidação de ato administrativo. §1º. A motivação deve ser explícita, clara e congruente, podendo consistir em declaração de concordância com fundamentos de anteriores pareceres, informações, decisões ou propostas, que, neste caso, serão parte integrante do ato.

[107] HACHEM, Daniel Wunder. *Princípio constitucional da supremacia do interesse público*. Belo Horizonte: Fórum, 2011. p. 356.

[108] A constatação é feita por BACELLAR FILHO, Romeu Felipe. *Processo Administrativo Disciplinar*. 4. ed. São Paulo: Saraiva, 2013. p. 212.

A crítica ora analisada procede ainda menos quando se analisa o interesse público a partir das lentes do princípio da indisponibilidade[109] – e não da supremacia, como normalmente é feito. É que, por natureza, é o princípio da supremacia que confere prerrogativas exorbitantes à Administração Pública, sendo essa, segundo muitos autores, a origem das práticas autoritárias da Administração Pública brasileira. O princípio da indisponibilidade, por outro lado, possui em sua essência o condão de limitar e condicionar a atividade administra, impondo a ela uma série de sujeições (também não previstas no regime privado) destinadas a direcionar a sua atuação à persecução inarredável do interesse público.

É certo que a vagueza do conceito de interesse público torna-o suscetível de ser utilizado enquanto ferramenta retórica de manipulação e pseudolegitimadora de atitudes ou intenções ilícitas do administrador público. No entanto, essa é a perversão do interesse público, o seu mau uso, o que também pode ocorrer (e ocorre) com qualquer outro instituto jurídico (notadamente aqueles de conteúdo abstrato).[110] O operador do direito, diante de um cenário como esse, não deve simplesmente abandonar o conceito de interesse público ou criticar sua aplicação, como se fosse ele, *per se*, a razão desses repudiáveis fenômenos. Se assim fosse, o ordenamento jurídico teria que abrir mão de uma série de outros conceitos que lhe são igualmente considerados como estruturantes, o que de pronto denuncia a inadequação dessa via. O caminho a ser seguido, portanto, é o de combate às práticas autoritárias e antijurídicas que se utilizam do interesse público como subterfúgio para suas pretensões, as quais, ao final, de um modo ou de outro, não encontram respaldo no ordenamento.

Ainda, deve-se lembrar também que o fato de a noção de interesse público significar, atualmente, o respeito e o dever de promoção, por parte da Administração Pública, dos direitos e garantias previstos na Constituição Federal, já "elimina toda reminiscência de arbitrariedade"

---

[109] Confirmando essa afirmação, Phillip Gil França explica que "a natural tendência de abuso do poder é algo inevitável aos detentores do ônus público, logo, para evitar que tais irregularidades aconteçam, a atuação estatal precisa estar com suas velas sempre direcionadas no sentido de realização do interesse público". FRANÇA, Phillip Gil. *Ato administrativo e interesse público*: gestão pública, controle judicial e consequencialismo administrativo. 2. ed. rev., atual. e ampl. São Paulo: Revista dos Tribunais, 2014. p. 65.
[110] HACHEM, Daniel Wunder. *Princípio constitucional da supremacia do interesse público*. Belo Horizonte: Fórum, 2011. p. 29.

que pode ter se incrustado nessa categoria em momentos anteriores da história.[111]

Em conclusão, verifica-se que nenhuma das críticas tradicionalmente proferidas em face da categoria jurídica do interesse público mostra-se procedente após uma análise mais detida de seus fundamentos e de uma leitura adequada das lições doutrinárias que respaldam a "tradicional" teoria do interesse público. Nesse sentido, Romeu Felipe Bacellar Filho bem nota que um dos principais equívocos cometidos por esses críticos é negar-se a ao menos *buscar compreender* o sentido e o conteúdo da categoria jurídica do interesse público. "Preferem, confessadamente, não adentrar a discussão sobre o que vem a ser interesse público", formulando suas teses a partir de premissas jamais compartilhadas pela parte da doutrina à qual dizem contrapor-se.[112]

Arthur Custódia da Silva reputa boa parte dessas críticas como uma consequência da pós-modernidade. Baseado nas lições de Zygmunt Bauman sobre a *modernidade líquida* e a fluidez de conceitos e institutos antes tidos como sólidos,[113] denuncia que o que se verifica nessas críticas é o intuito de "contestar o que sempre foi aceito, o 'sólido', o rígido, o imutável, ainda que, muitas vezes, sem razão, fazendo-se só por fazer, contestando-se por contestar, relutando-se por relutar, ainda que se apresentem teses aparentemente robustas, mas que, na verdade, acabam demonstrando-se falhas". Em resumo, em sua visão o fenômeno de "derretimento dos sólidos" constatado por Bauman teria feito da noção de interesse público mais uma de suas vítimas.[114]

De certo modo faz parte da complexidade humana frequentemente se insurgir contra tradições e colocar-se de encontro ao que está posto. Em que pese mudanças, em qualquer campo, possam sempre ser bem-vindas (obviamente não se está aqui defendendo a manutenção do *status quo* como uma obrigação de índole conservadora), é certo também que "não merece aplauso o mero intuito de mudar por mudar,

---

[111] RODRÍGUEZ-ARANA MUÑOZ, Jaime. El marco constitucional del Derecho Administrativo español (el Derecho Administrativo Constitucional). *A&C – Revista de Direito Administrativo e Constitucional*, Belo Horizonte, v. 7, n. 29, p. 127-144, jul./set. 2007. p. 127-128.

[112] BACELLAR FILHO, Romeu Felipe. A noção jurídica de interesse público no Direito Administrativo brasileiro. In: BACELLAR FILHO, Romeu Felipe; HACHEM, Daniel Wunder (Coords.). *Direito Administrativo e interesse público*: estudos em homenagem ao Professor Celso Antônio Bandeira de Mello. Belo Horizonte: Fórum, 2010. p. 89.

[113] Cf. BAUMAN, Zygmunt. *Modernidade líquida*. Rio de Janeiro: Zahar, 2001.

[114] SILVA, Arthur Custódia da. *Supremacia do interesse público sobre o privado na pós-modernidade*: é necessária sua "desconstrução" ou sua "reconstrução"? Uma análise crítica à luz do postulado da proporcionalidade. Rio de Janeiro: Lumen Juris, 2018. p. 8.

malferindo axiomas que se revelam verdadeiramente imutáveis, ainda que sob o peso do passar dos tempos".[115]

Afinal, as transformações no direito administrativo não ocorrem automaticamente, com neutralidade axiológica, como se fossem meros fatos da natureza. Elas sempre são geradas a partir de valores ideológicos e culturais.[116] E os frutos das transformações por óbvio levam consigo as características desses valores, ainda que muitas vezes alguns autores prefiram mitigar a influência de valores ideológicos em suas propostas de "evolução" do direito administrativo. Diante disso, a chave para evitar propostas que se mascaram de não ideológicas é recusar abordagens exclusivamente objetivistas sobre essas transformações, reconhecendo-se a importância de uma análise do *modo* como tais mudanças foram desenvolvidas, apresentadas e valoradas.[117]

Os debates acerca da noção de interesse público e de seu papel central no regime jurídico-administrativo trouxeram, afinal, contribuições importantes para o desenvolvimento da ciência do direito administrativo – por óbvio, não no sentido de sepultar o interesse público, como muitos pretendiam, mas para, ao se fomentar a discussão, afastar as críticas improcedentes e esclarecer o real significado jurídico dessa categoria.[118] Certamente, o interesse público não é mais enxergado do mesmo modo após esses debates, sendo que deles conseguiu sair com um substrato teórico mais consistente, o que inegavelmente auxilia a sedimentá-lo como conceito-chave do direito administrativo brasileiro contemporâneo.

---

[115] CARVALHO FILHO, José dos Santos. Interesse público: verdades e sofismas. *In*: PIETRO, Maria Sylvia Zanella Di; RIBEIRO, Carlos Vinicius Alves (Coords.). *Supremacia do interesse público e outros temas relevantes do Direito Administrativo*. São Paulo: Atlas, 2010. p. 67.

[116] CASESSE, Sabino. Le transformazioni del diritto amministrativo dal XIX al XXI secolo. *Rivista Trimestrale di Diritto Pubblico*, Milano, v. 52, n. 1, p. 27-40, gen./mar. 2002. p. 29.

[117] CASESSE, Sabino. *Derecho Administrativo*: historia y futuro. Sevilla: Global Law Press, 2014. p. 361.

[118] FIGUEIREDO, Marcelo. Breve síntese da polêmica em torno do conceito de interesse público e sua supremacia: tese consistente ou devaneios doutrinários? *In*: MARRARA, Thiago (Org.). *Princípios de direito administrativo*: legalidade, segurança jurídica, impessoalidade, publicidade, motivação, eficiência, moralidade, razoabilidade, interesse público. São Paulo: Atlas, 2012. p. 418.

1.1.3 A ideologia do interesse público e sua identificação com o Estado Social de Direito: a questão simbólica por trás da discussão

1.1.3.1 O impacto do Estado Social no direito administrativo: Administração Pública inclusiva e direito administrativo social

Ainda que a Constituição Federal de 1988 não preveja expressamente uma cláusula específica do Estado Social, uma simples leitura dos principais dispositivos do texto constitucional não deixa dúvidas de que o constituinte de 1987/88 fez uma opção por um modelo de Estado intervencionista, cujos maiores objetivos são a redução das desigualdades sociais e regionais, a garantia do desenvolvimento nacional, a promoção do bem de todos e a construção de uma sociedade livre, justa e solidária.

Como é amplamente difundido, o Estado Social surge com o premeditado objetivo de, intervindo na ordem econômica, corrigir o cenário de desigualdades causadas pelo liberalismo do *laissez-faire*, que regeu a lógica pela qual se encarava o direito público por muito tempo. Nesse contexto, "de mero garantidor da autonomia e da liberdade individuais, o Estado se transforma, então, em ator central responsável por guiar e implementar políticas públicas capazes de promover um desenvolvimento social mais justo e solidário, garantindo, além da mera igualdade formal, uma igualdade concreta e material".[119] Nas precisas palavras de Emerson Gabardo, "o surgimento do Estado social correspondeu a um período ímpar na história da humanidade, caracterizado por guerras sem precedentes, por uma forte concorrência ideológica entre capitalismo e socialismo e pelo fracasso do liberalismo clássico na preservação do sistema vigente".[120]

Trata-se, nesse sentido, de uma evolução nos caminhos trilhados pela Teoria do Estado e pela ciência política, a partir da constatação fática da insuficiência do paradigma liberal de viabilizar com satisfação o atendimento das necessidades sociais. Essa transformação, como ensina

---

[119] GUIMARÃES, Guilherme Cintra. O direito administrativo e a reforma do aparelho do Estado: uma visão autopoiética. *In*: PEREIRA, Cláudia Fernanda de Oliveira (Org.). *O novo direito administrativo brasileiro*: o Estado, as agências e o terceiro setor. Belo Horizonte: Fórum, 2003. p. 62.

[120] GABARDO, Emerson. *Interesse público e subsidiariedade*: o Estado e a sociedade civil para além do bem e do mal. Belo Horizonte: Fórum, 2009. p. 156.

Jaime Rodríguez-Arana Muñoz, "oferece uma proteção muito relevante acerca do sentido e da funcionalidade dos direitos fundamentais, que passam de barreiras imunes à ação dos Poderes Públicos a elementos estruturais e diretrizes básicas da ação estatal".[121]

No Estado Liberal, direitos oponíveis ao Estado exigiam, em regra, uma abstenção do Poder Público (um não fazer) para que assim se resguardasse a esfera de liberdade de cada indivíduo. No Estado Social, porém, passa-se a se requererem atuações positivas da Administração Pública, principalmente direcionadas àqueles cidadãos para os quais a abstenção estatal nada faz senão perpetuar e reforçar as desigualdades sociais.[122] Desse modo, é possível afirmar que os ditames do Estado Social de Direito estão consagrados na essência na Constituição Federal de 1988.

Partindo do reconhecimento de que a estrutura de cada ramo do direito público está sempre essencialmente relacionada com o paradigma político-ideológico adotado como base para a sustentação do Estado em cada contexto histórico,[123] entende-se ser prudente compreender as alterações que foram proporcionadas no direito administrativo pela implementação do modelo de Estado Social. Afinal, é certo que "não faz Direito Administrativo a não ser dentro de uma certa concepção política do Estado e das funções da política em geral".[124]

Nesse novo contexto, o direito administrativo não apenas se destina a restringir o âmbito de atuação estatal ou a reparar os danos que eventualmente venha a causar (como era antigamente), mas também a redistribuir as riquezas produzidas na sociedade. A Administração Pública, nesse cenário, deve se voltar à criação de condições mais

---

[121] No original: *"Tal transformación, como se ha estudiado ampliamente, ofrece una muy relevante proyección acerca del sentido y funcionalidad de los derechos fundamentales de la persona, que pasan de ser barreras inmunes a la acción de los poderes públicos a elementos estructurales básicos y directrices básicas de la acción del Estado"*. RODRÍGUEZ-ARANA MUÑOZ, Jaime. Dimensiones del Estado Social y derechos fundamentales sociales. *Revista de Investigações Constitucionais*, Curitiba, v. 2, n. 2, p. 31-62, maio/ago. 2015. p. 32. Tradução livre.

[122] Sobre as transformações do papel da intervenção do Estado na Sociedade, ver: DALLARI, Dalmo de Abreu. *Elementos de Teoria Geral do Estado*. 31. ed. São Paulo: Saraiva, 2012. p. 271-279.

[123] Nas palavras de Daniel Wunder Hachem, "os contornos do Direito Público estão intrinsecamente ligados ao modelo de Estado no qual cada sistema normativo se encontra inserido, de modo que as tendências dos ordenamentos jurídico-administrativos costumam acompanhar as feições assumidas pelos Estados nos quais são forjados". HACHEM, Daniel Wunder. A noção constitucional de desenvolvimento para além do viés econômico: reflexos sobre algumas tendências do Direito Público brasileiro. *A&C – Revista de Direito Administrativo & Constitucional*, Belo Horizonte, ano 13, n. 53, p. 133-168, jul./set. 2013. p. 134.

[124] LOPES, José Reinaldo de Lima. Apresentação. *In*: BUCCI, Maria Paula Dallari. *Direito Administrativo e Políticas Públicas*. São Paulo: Saraiva, 2002. p. XVIII.

igualitárias entre os cidadãos, principalmente em países como o Brasil, onde diversos grupos e classes sociais são diariamente excluídos e marginalizados.[125] Essas são as principais bases jurídico-ideológicas para o que a doutrina contemporânea vem chamando de "Administração Pública inclusiva".[126]

Na década de 1990, seguindo uma tendência mundial,[127] o direito administrativo brasileiro foi marcado por uma série de alterações legislativas que buscavam operar uma reforma na Administração Pública, e diminuindo o tamanho do aparelho estatal.[128] Nesse contexto, passou-se a se defender que o Estado deveria atuar como agente secundário em questões econômicas e sociais, com base no princípio da subsidiariedade.

Por outro lado, ao mesmo tempo também se desenvolve uma nova corrente hermenêutica no direito administrativo brasileiro, a qual, "pautada na promoção da igualdade material pelo Estado e na ideia de redistribuição por meio da intervenção", pode-se classificar como a linha do "Direito Administrativo social".[129] Para Daniel Wunder

---

[125] BALBÍN, Carlos F. Un Derecho Administrativo para la inclusión social. *A&C – Revista de Direito Administrativo & Constitucional*, Belo Horizonte, ano 14, n. 58, p. 33-59, out./dez. 2014. p. 58. Nesse mesmo sentido, Carlos E. Delpiazzo defende que "*el Derecho Administrativo propio del Estado Constitucional de Derecho debe estar centrado en la persona del administrado, tanto en su dimensión individual como social, de las que derivan sus derechos y deberes*". DELPIAZZO, Carlos E. Centralidad del administrado en el actual Derecho Administrativo: impactos del Estado Constitucional de Derecho. *Revista de Investigações Constitucionais*, Curitiba, v. 1, n. 3, p. 7-32, set./dez. 2014. p. 7.

[126] É o caso, no Brasil, de Daniel Wunder Hachem e, na doutrina estrangeira, do argentino Carlos Balbín. Cf. HACHEM, Daniel Wunder. A noção constitucional de desenvolvimento para além do viés econômico: reflexos sobre algumas tendências do Direito Público brasileiro. *A&C – Revista de Direito Administrativo & Constitucional*, Belo Horizonte, ano 13, n. 53, p. 133-168, jul./set. 2013; BALBÍN, Carlos F. Un Derecho Administrativo para la inclusión social. *A&C – Revista de Direito Administrativo & Constitucional*, Belo Horizonte, ano 14, n. 58, p. 33-59, out./dez. 2014.

[127] Essa corrente é chamada por Daniel Wunder Hachem de "Direito Administrativo neoliberal". Segundo ele, "propondo um papel subsidiário ao Estado, com o repasse de grande parte de suas incumbências na área social para a iniciativa privada, essa corrente defendia o enxugamento da estrutura e do aparelhamento estatal, com a redução de suas funções. A prestação de serviços públicos e demais atividades de caráter assistencial deveria ser prioritariamente desenvolvida pela sociedade civil organizada, competindo ao Poder Público apenas a função de fomentá-las e regulá-las". HACHEM, Daniel Wunder. A noção constitucional de desenvolvimento para além do viés econômico: reflexos sobre algumas tendências do Direito Público brasileiro. *A&C – Revista de Direito Administrativo & Constitucional*, Belo Horizonte, ano 13, n. 53, p. 133-168, jul./set. 2013. p. 148.

[128] Deve-se frisar que a doutrina administrativa sempre divergiu quanto à conveniência dessas alterações, como bem analisa Irene Patrícia Nohara em: NOHARA, Irene Patrícia. *Reforma Administrativa e Burocracia*: impacto da eficiência na configuração do Direito Administrativo Brasileiro. São Paulo: Atlas, 2012.

[129] O termo também é utilizado em: RODRÍGUEZ-ARANA MUÑOZ, Jaime. El Derecho Administrativo ante la crisis (El Derecho Administrativo Social). *A&C – Revista de Direito Administrativo & Constitucional*, Belo Horizonte, ano 15, n. 60, p. 13-37, abr./jun. 2015.

Hachem, essa nova forma de encarar as funções do Estado faz com que se institua uma "Administração Pública inclusiva, voltada à inserção social dos cidadãos e à redução das injustiças e desigualdades existentes na sociedade brasileira".[130]

Essa é a corrente que deve nortear o direito administrativo brasileiro contemporâneo. Trata-se, afinal, da hermenêutica mais concernente com as disposições constitucionais, de modo que, se se pretende o cumprimento das promessas constitucionais de 1988, isso inevitavelmente deve passar por uma administração pública que se estruture a partir de um ideal inclusivo e solidário.

1.1.3.2 A relação intrínseca entre o interesse público e a feição social do direito administrativo

As questões relativas à consolidação do Estado Social de Direito já são bastante conhecidas na área jurídica. Assim, longe de se tratar de uma introdução genérica, saber que a feição social do Estado brasileiro pós-88 transformou o âmago do direito administrativo é imprescindível para notar no que tais mutações do perfil do Estado se relacionam com a teoria do interesse público.

Ora, seria "ingênuo não notar que o tema envolve espúrias questões ideológicas",[131] sendo evidente que ninguém pode desconhecer as "funções inequivocamente ideológicas" do interesse público.[132] Tanto é assim que o interesse público é visto hoje como um critério divisor de duas grandes correntes doutrinárias no direito administrativo brasileiro: uma *liberal*, que se preocupa em "dar prioridade à existência de uma esfera livre da interferência estatal, para a plena realização dos direitos fundamentais"; e outra *estatizante*, que não se confunde com a antiga visão autoritária de Estado, sendo uma espécie de grau intermediário

---

[130] HACHEM, Daniel Wunder. A noção constitucional de desenvolvimento para além do viés econômico: reflexos sobre algumas tendências do Direito Público brasileiro. *A&C – Revista de Direito Administrativo & Constitucional*, Belo Horizonte, ano 13, n. 53, p. 133-168, jul./set. 2013. p. 136.

[131] HAEBERLIN, Mártin. *Uma teoria do interesse público*: fundamentos do Estado Meritocrático de Direito. Porto Alegre: Livraria do Advogado, 2017. p. 26.

[132] NIETO, Alejandro. La administración sirve con objetividad los intereses generales. *In*: BAQUER, Sebastián Marin-Retortillo (Coord.). *Estudios sobre la Constitución española*: Homenaje al profesor Eduardo García de Enterría. v. 3. Madrid: Civitas, 1991. p. 2.211. Do mesmo modo, Daniel Wunder Hachem ressalta que "não se deve ignorar a função ideológica de legitimação do poder exercida pela locução interesse público". HACHEM, Daniel Wunder. *Princípio constitucional da supremacia do interesse público*. Belo Horizonte: Fórum, 2011. p. 154.

em relação a esta e à liberal, defendendo a proeminência da ação estatal como meio para a realização dos direitos fundamentais.[133]

Como ensina Romeu Felipe Bacellar Filho, o direito administrativo brasileiro, principalmente a partir da Constituição Federal de 1988, possui uma evidente vocação finalística, identificada com os valores erigidos como normas centrais do ordenamento jurídico pela Lei Maior.[134] É exatamente em relação a esse conteúdo finalístico que as duas correntes parecem divergir. A diferença entre elas, de acordo com Fernando Dias Menezes de Almeida, "está justamente nos valores a inspirarem os fins: interesse público ou direitos fundamentais".[135]

Muito embora Almeida reconheça que "quem sustenta a tese do interesse público não é contra os direitos fundamentais" e que "quem sustenta a tese dos direitos fundamentais pretende compreender o interesse público sob as lentes da garantia constitucional desses direitos",[136] é importante ressaltar que a sistematização das duas correntes, ainda que para fins didáticos e acadêmicos, não pode colocar o interesse público e os direitos fundamentais em lados opostos da controvérsia. Trata-se, portanto, de uma falsa oposição, a qual, se não encarada com o devido rigor científico, pode levar a visões distorcidas da realidade.

Assim, conhecer o perfil ideológico da Administração Pública desenvolvida sob a égide da Constituição Federal de 1988 é essencial para se compreender a importância da função simbólica (para além de suas implicações jurídicas práticas) que a noção de interesse público exerce no regime jurídico-administrativo.

Com efeito, a concepção de que o interesse público deve ser a ideia motora da atividade administrativa "encontra-se em perfeita consonância com o modelo social de Estado". Afinal, ao mesmo tempo que não contrapõe a autonomia privada, uma vez que tal modelo político reconhece a validade do sistema capitalista e a importância de democratização das estruturas administrativas, essa forma de encarar as relações entre a Administração Pública e a sociedade civil também não restringe a atuação do Estado a um coadjuvante, um ente

---

[133] A sistematização de tais correntes é desenvolvida por Fernando Dias Menezes de Almeida em: ALMEIDA, Fernando Dias Menezes de. *Formação da Teoria do Direito Administrativo no Brasil*. São Paulo: Quartier Latin, 2015. p. 45.

[134] BACELLAR FILHO, Romeu Felipe. *Direito Administrativo*. 5. ed. São Paulo: Saraiva, 2009. p. 23.

[135] ALMEIDA, Fernando Dias Menezes de. *Formação da Teoria do Direito Administrativo no Brasil*. São Paulo: Quartier Latin, 2015. p. 363.

[136] ALMEIDA, Fernando Dias Menezes de. *Formação da Teoria do Direito Administrativo no Brasil*. São Paulo: Quartier Latin, 2015. p. 363.

com papel subsidiário na realização das tarefas de relevância social.[137] A aceitação de determinada atividade como de interesse público – e, portanto, de dever inafastável da Administração – não depende de uma prévia constatação da incapacidade da iniciativa privada em realizá-la. Pelo contrário, é em razão da "impossibilidade ética" de essa atividade deixar de ser atendida que se atribui ao Estado, através da gravura de interesse público, o encargo de cumpri-la.[138]

É fato, portanto, que a noção de interesse público está "atada a uma orientação econômica, sobretudo da eficiência do sistema econômico, traduzida na distribuição de renda e no bem-estar material".[139] Para alguns, inclusive, o interesse público é a noção de bem comum em sua forma juridicizada, sendo inócua a tentativa de distinguir esses dois conceitos.[140] Assim, o interesse público, independentemente do nome ou da forma jurídica que lhe queiram emprestar, é o que justifica a intervenção do Poder Público no campo econômico.[141]

Na doutrina argentina, por exemplo, já é bastante comum a identificação da noção de interesse público com a de bem-estar social. Rafael Bielsa fala que "o interesse público é o *impulso* do bem-estar geral", aduzindo que essa categoria jurídica – central, em sua visão, para o direito administrativo – é progressista e dinâmica, incidindo

---

[137] GABARDO, Emerson. *Interesse público e subsidiariedade*: o Estado e a sociedade civil para além do bem e do mal. Belo Horizonte: Fórum, 2009. p. 318.

[138] JUSTEN FILHO, Marçal. Conceito de interesse público e a "personalização" do Direito Administrativo. *Revista Trimestral de Direito Público*, São Paulo, n. 26, p. 115-136, 1999. p. 124.

[139] COSTALDELLO, Angela Cassia. A supremacia do interesse público e a cidade: a aproximação essencial para a efetividade dos direitos fundamentais. *In*: BACELLAR FILHO, Romeu Felipe; HACHEM, Daniel Wunder (Coords.). *Direito Administrativo e interesse público*: estudos em homenagem ao Professor Celso Antônio Bandeira de Mello. Belo Horizonte: Fórum, 2010. p. 242.

[140] "Distinguir interesse público e bem comum, além de traduzir distinção inócua, não retrata a realidade natural dos pensadores. É claro que o sentido de interesse público tem por lastro o interesse da coletividade e o grande interesse desta é seu próprio bem, portanto o bem comum." CARVALHO FILHO, José dos Santos. Interesse público: verdades e sofismas. *In*: PIETRO, Maria Sylvia Zanella Di; RIBEIRO, Carlos Vinicius Alves (Coords.). *Supremacia do interesse público e outros temas relevantes do Direito Administrativo*. São Paulo: Atlas, 2010. p. 76. No mesmo sentido: BACELLAR FILHO, Romeu Felipe. Prefácio. *In*: HACHEM, Daniel Wunder. *Princípio constitucional da supremacia do interesse público*. Belo Horizonte: Fórum, 2011. p. 19.

[141] MEILÁN GIL, José Luis. Intereses Generales y Interés Público desde la Perspectiva del Derecho Público Español. *In*: BACELLAR FILHO, Romeu Felipe; HACHEM, Daniel Wunder (Coords.). *Direito Administrativo e interesse público*: estudos em homenagem ao Professor Celso Antônio Bandeira de Mello. Belo Horizonte: Fórum, 2010. p. 83.

frequentemente na seara econômica e social.[142] Julio R. Comadira também segue essa linha ao afirmar que "o interesse público ao qual genericamente se refere a doutrina não pode ser outra coisa senão o 'bem-estar geral' mencionado na Constituição".[143] O mesmo posicionamento é encontrado nas lições de Héctor Jorge Escola, que categoricamente classifica o interesse público como o "correlato jurídico" da noção de bem-estar geral.[144]

No ordenamento jurídico pátrio, também não há dúvidas que "a essência do interesse público como tarefa suprema do Estado revela-se na centralidade da dignidade do ser humano, visto que a função básica do Poder Público consiste na melhora das condições de vida da população, notadamente no que se refere ao pleno desfrute dos direitos fundamentais por cada um dos cidadãos".[145] Ou seja, atualmente é possível identificar uma clara relação entre a noção de interesse público e os valores sociais elencados pela Constituição como objetivos fundamentais da República.

No entanto, nem sempre foi assim. Como já se disse, no paradigma de Estado Liberal, "a ideia de interesse público (...) focava-se de modo bastante direto na defesa do indivíduo, o individualismo preponderava, o Direito Administrativo servia à defesa das liberdades dos sujeitos e era na defesa individual da liberdade que residia o interesse público".[146] E o contexto se altera com o advento do Estado Social. Nesse formato, abandonando-se a faceta individualista que atrelava o interesse público à defesa das liberdades negativas, essa noção "adquire um caráter solidário, incorporando as necessidades gerais da coletividade e os interesses dos grupos hipossuficientes, que requerem uma atuação estatal no âmbito privado para reequilibrar juridicamente as relações desiguais".[147]

---

[142] BIELSA, Rafael. *Princípios de derecho administrativo*. 3. ed. Buenos Aires: Depalina, 1963. p. 830-831.

[143] COMADIRA, Julio R. *Derecho Administrativo*: acto administrativo, procedimiento, otros estúdios. Buenos Aires: Abeledo Perrot, 1996. p. 116-117.

[144] ESCOLA, Héctor Jorge. *El interés público*: como fundamento del derecho administrativo. Buenos Aires: Depalma, 1989. p. 31.

[145] HACHEM, Daniel Wunder. *Princípio constitucional da supremacia do interesse público*. Belo Horizonte: Fórum, 2011. p. 332.

[146] SIQUEIRA, Mariana de. *Interesse público no direito administrativo brasileiro*: da construção da moldura à composição da pintura. Rio de Janeiro: Lumen Juris, 2016. p. 51.

[147] HACHEM, Daniel Wunder. *Princípio constitucional da supremacia do interesse público*. Belo Horizonte: Fórum, 2011. p. 107. No mesmo sentido, Mariana de Siqueira ensina que, com o desenvolvimento do Estado Social, o interesse público "perdia a sua conotação eminentemente liberal e utilitária e adquiria feição mais ligada ao intervencionismo e satisfação dos interesses

Jaime Rodríguez Arana-Muñoz também analisa essas transformações ocorridas no conceito de interesse público com a mudança da lógica política e econômica que rege a Administração. E, para ele, defensor do Estado Social de Direito e da vinculação da atividade administrativa às normas constitucionais, nesse cenário o interesse público a ser concretizado pela Administração se identifica diretamente com os direitos fundamentais, notadamente aqueles de caráter econômico e social.[148]

Por todas essas razões, a noção de interesse público vai paulatinamente se mesclando com a própria ideia de um direito administrativo social, a qual, como vista no tópico anterior, possui suas bases axiológicas arraigadas no paradigma do Estado Social de Direito. Essa relação, contudo, traz algumas turbulências ao direito administrativo brasileiro, fazendo o interesse público ser objeto de fervorosas críticas, como se verá a seguir.

1.1.3.3 A recusa ao interesse público como sintoma da "fuga para o direito privado"

A partir do reconhecimento de que há correlação entre a noção de interesse público e as bases essenciais do direito administrativo social, verifica-se que (não por coincidência) a posição adotada pelas teses críticas à noção de interesse público como valor central do regime jurídico-administrativo "está muito mais próxima da perspectiva de um Estado subsidiário do que de um Estado social", algo que, segundo Emerson Gabardo, é expressamente reconhecido por alguns autores.[149] É o caso, citado por ele, de Daniel Sarmento, que – convergindo com a filosofia liberal de autores como Friedrich von Hayek, Milton Friedman e Robert Nozick – propõe em sua crítica a "primazia dos indivíduos sobre a sociedade e o Estado".[150]

---

coletivos". SIQUEIRA, Mariana de. *Interesse público no direito administrativo brasileiro*: da construção da moldura à composição da pintura. Rio de Janeiro: Lumen Juris, 2016. p. 58.

[148] RODRÍGUEZ ARANA-MUÑOZ, Jaime. *Derecho Administrativo y Constitución*. Granada: CEMCI, 2000. p. 103.

[149] GABARDO, Emerson. *Interesse público e subsidiariedade*: o Estado e a sociedade civil para além do bem e do mal. Belo Horizonte: Fórum, 2009. p. 319.

[150] SARMENTO, Daniel. Interesses públicos vs. interesses privados na perspectiva da teoria e da filosofia constitucional. *In*: SARMENTO, Daniel (Org.). *Interesses públicos versus interesses privados*: desconstruindo o princípio da supremacia do interesse público. 3. tir. Rio de Janeiro: Lumen Juris, 2010. p. 69.

Do ponto de vista histórico, mesmo com tantas mudanças ocorridas na sociedade desde a época em que o Estado Liberal cedeu espaço ao Estado Social, algumas controvérsias surgidas naquele período continuam a impactar o direito contemporâneo. Dentre elas, está o fato de que, tradicionalmente ao interesse privado, se atribui um viés mais individualista, enquanto o interesse público normalmente é relacionado à atuação estatal para a coletividade.[151] A partir dessa constatação, é possível concluir que as propostas de abandono da noção de interesse público também podem representar propostas de alteração no perfil da Administração Pública brasileira e no conteúdo finalístico de sua atuação.

Doutrinadores de bastante renome, como Maria Sylvia Zanella Di Pietro, por exemplo, inclusive chegam a afirmar que, quando se critica a noção de interesse público, quando se defende a ponderação de interesses (coletivos e individuais) como o critério mais adequado para verificar qual deles, em cada caso concreto, deve prevalecer ou quando se prega a substituição da supremacia e indisponibilidade do interesse público pelo princípio da razoabilidade, no fundo "o real objetivo é fazer prevalecer o interesse econômico [privado] sobre outros igualmente protegidos pela Constituição".[152]

A recusa ao interesse público, portanto, condiz com uma *visão individualista* da sociedade.[153] De fato, na linha de se defender a expurgação da categoria de interesse público do direito administrativo brasileiro, muitas vezes "são prestigiadas soluções valorizadoras de um espírito privado egoístico em detrimento de um espírito público

---

[151] SALOMÉ, Joana Faria. O processo na história: entre interesse público e interesse privado. *Direito Público*, Belo Horizonte, n. 1/2, p. 101-1112, jan./dez. 2010. p. 114.

[152] PIETRO, Maria Sylvia Zanella Di. O princípio da supremacia do interesse público: sobrevivência diante dos ideais do neoliberalismo. In: BACELLAR FILHO, Romeu Felipe; HACHEM, Daniel Wunder (Coords.). *Direito Administrativo e interesse público*: estudos em homenagem ao Professor Celso Antônio Bandeira de Mello. Belo Horizonte: Fórum, 2010. p. 203.

[153] É importante ressaltar, entretanto, que as constatações aqui realizadas a partir das finalidades "secundárias", por assim dizer, daqueles que criticam a teoria do interesse público partem de uma generalização feita a respeito dos trabalhos produzidos por essa corrente teórica. Evidentemente, nem todos os autores ligados a esse movimento compartilham do mesmo ideal político. É possível haver críticas metodológicas relacionadas à aceitação do interesse público como valor central do direito administrativo que não necessariamente são contrárias aos ideais do Estado Social de Direito, como bem nota Adriana da Costa Ricardo Schier: SCHIER, Adriana da Costa Ricardo. O princípio da supremacia do interesse público sobre o privado e o direito de greve dos servidores públicos. In: BACELLAR FILHO, Romeu Felipe; HACHEM, Daniel Wunder (Coords.). *Direito Administrativo e interesse público*: estudos em homenagem ao Professor Celso Antônio Bandeira de Mello. Belo Horizonte: Fórum, 2010. p. 382.

solidarístico".[154] Nessa perspectiva, ainda, o ser humano é enxergado apenas por um viés solitário, sem ser objeto de atenção as relações sociais que ele mantém com os outros membros da comunidade em que está inserido. Afinal, os seus objetivos seriam sempre pessoais, não tendo preocupação ou qualquer mínima relação com os demais seres com quem convive. O Estado, nessa concepção, existiria apenas para garantir a existência de um ambiente propício para que os homens, com liberdade e segurança, pudessem perseguir suas metas individuais. O "bem comum", portanto, não exigiria mais do que "um Estado mínimo e abstencionista, que em matéria econômica deixa quase tudo à livre iniciativa particular e à ação das forças do mercado".[155]

Além disso, a visão individualista de se encarar o interesse público pressupõe que a sociedade deve se organizar a fim de propiciar aos indivíduos a liberdade e harmonia necessárias para que persigam seus interesses individuais, cada qual conforme seus próprios ideais. Veja-se, por exemplo, que, ao propor o desapego do direito administrativo à noção de interesse público, Floriano de Azevedo Marques Neto defende que, "numa esfera pública serviente à sociedade, a intervenção na esfera privada é aceitável em condições excepcionais".[156]

Assim, esse modo (não apenas jurídico, mas também muito *político*) de tratar o interesse público "conduz a uma contraposição entre indivíduo e Estado, e exige uma Administração Pública mínima e não interventora, que no âmbito econômico deve deixar quase tudo à livre iniciativa particular e ao mercado".[157] Trata-se, como se percebe com facilidade, de uma proposta de atuação subsidiária do Estado na satisfação das demandas sociais, algo que Emerson Gabardo já demonstrou ser incompatível com a Constituição Federal de 1988.[158]

Pode-se identificar uma relação entre as críticas sistemáticas e reiteradas à utilização do interesse público como noção-chave do regime jurídico com o fenômeno que ficou conhecido, notadamente

---

[154] GABARDO, Emerson. *Interesse público e subsidiariedade*: o Estado e a sociedade civil para além do bem e do mal. Belo Horizonte: Fórum, 2009. p. 324.

[155] HACHEM, Daniel Wunder. *Princípio constitucional da supremacia do interesse público*. Belo Horizonte: Fórum, 2011. p. 315.

[156] MARQUES NETO, Floriano de Azevedo. Interesses públicos e privados na atividade estatal de regulação. In: MARRARA, Thiago (Org.). *Princípios de direito administrativo*: legalidade, segurança jurídica, impessoalidade, publicidade, motivação, eficiência, moralidade, razoabilidade, interesse público. São Paulo: Atlas, 2012. p. 422.

[157] HACHEM, Daniel Wunder. *Princípio constitucional da supremacia do interesse público*. Belo Horizonte: Fórum, 2011. p. 65.

[158] GABARDO, Emerson. *Interesse público e subsidiariedade*: o Estado e a sociedade civil para além do bem e do mal. Belo Horizonte: Fórum, 2009. *passim*.

após a obra de Maria João Estorninho, como *fuga para o direito privado*. Refere-se, com isso, a um movimento ocorrido principalmente a partir da década de 1990, caracterizado pela perda de influência do regime jurídico-administrativo como matriz a partir da qual toda atividade da Administração Pública deveria se basear.[159] Analisando esse cenário, Estorninho alerta que a fuga ao direito privado põe em perigo a unidade da Administração Pública, cujo corpo, segundo as palavras da autora, está "voltando à imagem da esquizofrenia, está hoje indiscutivelmente fragmentado, rasgado, disperso".[160] Tal visão, contudo, certamente não se adequa à Constituição Federal de 1988, que elege a solidariedade como um de seus valores centrais.[161] Por isso, a Constituição não coaduna com posições que pretendem substituir o interesse público, enquanto noção central do direito administrativo, pelo foco, senão exclusivo, ao menos *primordial* à tutela dos direitos individuais. Ainda que os direitos individuais estejam compreendidos dentro do conteúdo de interesse público juridicamente aferível a partir do texto constitucional, este não se resume a eles. Uma mudança teórica nesse sentido é uma mudança de valores fulcrais do sistema jurídico-político – o que, em última análise, confronta com a normativa constitucional.

A função do interesse público, no contexto constitucional atualmente vigente, é a de "condicionar o exercício dos direitos e liberdades individuais em prol dos interesses da coletividade".[162] Assim, ainda que o respeito à liberdade, à autonomia e à individualidade seja valor incrustado no cerne da Constituição, o interesse público não mais se coaduna com o exercício egoístico de tais direitos. A Constituição, em seu art. 3º, elenca os objetivos fundamentais que devem ser perseguidos por *toda* a República – e não apenas pelo Estado ou demais entidades da esfera pública –, sendo eles, pois, os parâmetros que indicam o caminho que toda a comunidade deve seguir.

---

[159] RODRÍGUEZ-ARANA MUÑOZ, Jaime. El Interés General como Categoría Central de la Actuación de las Administraciones Públicas. *In*: BACELLAR FILHO, Romeu Felipe; HACHEM, Daniel Wunder (Coords.). *Direito Administrativo e interesse público*: estudos em homenagem ao Professor Celso Antônio Bandeira de Mello. Belo Horizonte: Fórum, 2010. p. 45.

[160] ESTORNINHO, Maria João. *A fuga para o direito privado*: contributo para o estudo da actividade de direito privado da Administração Pública Coimbra: Almedina, 1996. p. 80.

[161] E, como ensina Emerson Gabardo, "a solidariedade é um atributo típico do Estado Social". GABARDO, Emerson. *Interesse público e subsidiariedade*: o Estado e a sociedade civil para além do bem e do mal. Belo Horizonte: Fórum, 2009. p. 184.

[162] HACHEM, Daniel Wunder. *Princípio constitucional da supremacia do interesse público*. Belo Horizonte: Fórum, 2011. p. 107.

Aqui, evidentemente, não se está querendo abrir margem para que os interesses do Estado, enquanto canalizador dos anseios sociais e políticos da comunidade, possam repelir tudo aquilo que estiver ligado às liberdades individuais. O liberalismo possui um importante papel como marco teórico de contraposição a ideais totalitários, que muitas vezes se utilizam retoricamente dos "interesses gerais da comunidade" como subterfúgio para práticas autoritárias, como ocorreu em Estados fascistas e comunistas na primeira metade do século XX. O problema, no entanto, está em "igualar, sob o mesmo rótulo de autoritarismo, toda e qualquer posição contrária ao liberalismo"[163] e assim fazer parecer que apenas essa corrente política é capaz de propiciar um ambiente democrático em que os direitos fundamentais, individuais e coletivos, sejam a finalidade máxima da atuação estatal.

Em resumo, diante de todas as lições doutrinárias trazidas, é possível perceber que as teses críticas à teoria do interesse público alinham-se a uma "defesa da predominância da autonomia individual" e, "ao ignorar a base do princípio republicano, incorporam a tendência de prestigiar os meios privados como garantia de seus interesses".[164] Entretanto, como visto, essa solução é rechaçada pela Constituição Federal de 1988, tendo em vista que, "nos países que ainda não alcançaram o estágio político cultural requerido para uma prática real da democracia, o Estado tem de ser muito mais que um árbitro de conflitos de interesses individuais".[165]

Por isso, a manutenção do interesse público como eixo central de toda atividade administrativa, mais do que mero debate teórico da doutrina, representa um posicionamento ideológico sobre as funções do Estado brasileiro. Uma vez que, como visto, a Constituição Federal adotou o modelo de Estado Social para a República Federativa do Brasil e que o interesse público, na contemporaneidade, está – até mesmo por razões simbólicas e retóricas – indissociavelmente relacionado a esse modelo, ao menos enquanto viger a Constituição de 1988, o interesse público deve ser a categoria jurídica a funcionar como norte da atividade administrativa, sendo que sua substituição poderá acarretar

---

[163] HACHEM, Daniel Wunder. *Princípio constitucional da supremacia do interesse público*. Belo Horizonte: Fórum, 2011. p. 318.
[164] GABARDO, Emerson. *Interesse público e subsidiariedade*: o Estado e a sociedade civil para além do bem e do mal. Belo Horizonte: Fórum, 2009. p. 324.
[165] MELLO, Celso Antônio Bandeira de. A democracia e suas dificuldades contemporâneas. *Revista de Direito Administrativo*, Rio de Janeiro, v. 212, p. 57-70, abr. 1998. p. 61.

no desmembramento de fenômenos e práticas contrários às diretrizes constitucionais.

1.2 O princípio constitucional da indisponibilidade do interesse público

Conforme mencionado anteriormente, o princípio da indisponibilidade do interesse público é tido, ao lado da noção de supremacia do interesse público, como uma das normas fundamentais e estruturantes de todo o regime jurídico-administrativo. Segundo Celso Antônio Bandeira de Mello, isso ocorre nem tanto por possuírem, por si próprios, virtudes que os imponham como tais, mas porque é possível constatar que o direito administrativo como um todo encampou esses princípios como seu norte jurídico e, a partir disso, validou-se como "fonte-matriz do sistema". Em outras palavras, "dá-se-lhes importância fundamental porque se julga que foi ordenamento jurídico que assim os qualificou".[166] Afinal, é facilmente perceptível que as duas normas – que refletem, em solo brasileiro, o clássico binômio de prerrogativas e sujeições que contorna o direito administrativo por todo o mundo – é o que dá uma consistência lógica uniforme ao regime jurídico-administrativo.

No entanto, apesar de, ao menos em tese, ser relegada imensa importância ao princípio da indisponibilidade, na prática muito pouco se escreveu sobre ele, restando ainda como um tema praticamente intocado pela ciência do direito administrativo no Brasil.

Nesse sentido, Mariana de Siqueira constata que, no estudo da categoria de interesse público pelo direito administrativo brasileiro, "preponderam os trabalhos destinados a repensar a supremacia do interesse público sobre o privado, sendo demasiado escassos aqueles destinados a refletir especificamente sobre a indisponibilidade do interesse público". A indisponibilidade, reforça a autora, "costuma aparecer nas obras sobre a supremacia a título de 'carona' nas arguições teóricas ali construídas, não como objeto principal a constar do título, mas sim como elemento teórico analisado internamente ao longo dos escritos, de maneira pontual e a título acessório".[167] Há até mesmo quem

---

[166] MELLO, Celso Antônio Bandeira de. *Curso de Direito Administrativo*. 32. ed. São Paulo: Malheiros, 2015. p. 57.

[167] SIQUEIRA, Mariana de. *Interesse público no direito administrativo brasileiro*: da construção da moldura à composição da pintura. Rio de Janeiro: Lumen Juris, 2016. p. 202.

sustente que a indisponibilidade é uma mera decorrência do princípio da supremacia.[168]

Essa circunstância acaba, frequentemente, por gerar aplicações equivocadas do referido princípio. Em qualquer caso, saber qual é o real conteúdo jurídico de um determinado princípio do qual se pretende fazer uso e conhecer as normas do sistema que respaldam sua existência e os elementos que o compõem são etapas primordiais e inescusáveis para a sua adequada interpretação e aplicação nos casos concretos. Não se preocupar com essas questões é permitir – nesse caso, sim – que o princípio possa ser utilizado como bem quiser o intérprete.

Essas constatações – é importante que fique claro – não se aplicam *apenas* ao princípio da indisponibilidade do interesse público. No entanto, é no mínimo curioso que a doutrina, a despeito do reconhecimento honroso com que menciona o princípio da indisponibilidade, não tenha até o momento se dedicado de modo aprofundado a identificar cada uma dessas peculiaridades em seu regime jurídico.

Ao relegar ao princípio da indisponibilidade um tom quase que de "obviedade", a comunidade acadêmica abriu espaço para que pouco ou quase nada se conhecesse a respeito desse princípio e, em última análise, autorizou a Administração Pública e o Poder Judiciário a lançarem mão da noção de indisponibilidade do interesse público como um conceito chavão que serve de amarra à Administração *quando eles quiserem*.

Buscando combater esse cenário, este tópico direciona-se a examinar o conteúdo jurídico do princípio da indisponibilidade (1.2.1), bem como sua natureza enquanto norma jurídica (se princípio ou regra) (1.2.2) e seus fundamentos normativos e impactos para o direito administrativo brasileiro (1.2.3).

---

[168] Nesse sentido: MEIRELLES, Hely Lopes. *Direito Administrativo Brasileiro*. 38. ed. São Paulo: Malheiros, 2012. p. 108; MARTINS JÚNIOR, Wallace Paiva. Princípio do interesse público. *In*: DI PIETRO, Maria Sylvia Zanella; MARTINS JÚNIOR, Wallace Paiva. *Tratado de direito administrativo*: teoria geral e princípios do direito administrativo. v. 1. São Paulo: Revista dos Tribunais, 2014. p. 511.

1.2.1 O conteúdo jurídico do princípio da indisponibilidade do interesse público

1.2.1.1 O desenvolvimento inicial da noção de indisponibilidade do interesse público

O princípio da indisponibilidade do interesse público é atualmente visto como uma das noções-chave do regime jurídico-administrativo brasileiro. A grande maioria das obras que se apresentam como "cursos" ou "manuais" de direito administrativo menciona esse princípio logo em seus capítulos introdutórios. Como consequência, a indisponibilidade passa a ser ensinada (ainda que sem a devida profundidade) nas faculdades de direito por todo o país e, em última instância, a servir de razão jurídica para legitimar e fundamentar decisões administrativas e judiciais.

Assim como ocorreu com o princípio da supremacia e com a própria noção de interesse público, o reconhecimento quase que honorífico do princípio da indisponibilidade no direito administrativo brasileiro concretiza-se principalmente a partir da difusão dos ensinamentos de Celso Antônio Bandeira de Mello. Uma vez que o autor elege esses conceitos como a base estrutural de todo o regime jurídico-administrativo no Brasil e que sua obra foi, sem sombra de dúvidas, a que mais impactou a academia e a jurisprudência em matéria de direito administrativo nas últimas décadas, não haveria como o princípio da indisponibilidade não receber tamanha importância.

Não foram as lições de Bandeira de Mello, entretanto, que "criaram" a noção de indisponibilidade do interesse público. A influência de seu trabalho nesse ponto foi gerada principalmente por ter contribuído pioneiramente pela sistematização lógica das normas fundamentais que regiam o direito administrativo no país, mas não se pode deixar de mencionar que, antes disso, já podiam se encontrar ensinamentos doutrinários em sentidos bastante semelhantes aos que Bandeira de Mello condensou na forma do princípio da indisponibilidade.

No início da década de 1960, José Cretella Júnior já defendia que a satisfação do interesse público era "o fim máximo a que devem atender os agentes administrativos",[169] sendo que, "se o agente, levado por móveis outros que o interesse público, edita o ato administrativo, este leva um vício grave de origem, informado que foi por finalidade

---

[169] CRETELLA JÚNIOR, José. *Direito Administrativo*. São Paulo: Revista dos Tribunais, 1962. p. 263.

incompatível com aquela que impulsiona o pessoal do Estado".[170] Na mesma linha seguia Hely Lopes Meirelles, que sustentava que "o interesse público, o bem-estar coletivo, o atendimento das exigências da comunidade são os objetos únicos que o administrador estatal pode visar na sua conduta funcional", também concluindo que "todo ato que se apartar desses objetivos carecerá de finalidade administrativa".[171]

E caso se queira regressar ainda mais na linha temporal da doutrina administrativista brasileira, é possível encontrar teses semelhantes na obra de Themístocles Brandão Cavalcanti, quando o clássico autor do início do século XX afirmava que a finalidade do Estado deveria ser a de "zelar, não só pelo interesse individual, mas principalmente pelos interesses collectivos".[172]

Não se trata, porém, de peculiaridade exclusiva ao direito administrativo brasileiro. Apenas a título exemplificativo, para se demonstrar que essa concepção também era defendida na doutrina estrangeira, vale citar que Renato Alessi já propunha que a autoridade administrativa deveria atuar com vistas à realização do interesse público, pois, em sua visão, a Administração Pública seria *apresentada pelo ordenamento jurídico* como entidade investida no dever de buscar essa concretização.[173]

E essa noção continua sendo difundida alhures. Ainda que a doutrina espanhola não se refira exatamente ao termo "indisponibilidade do interesse público" (uma vez que essa é uma construção própria do direito brasileiro, notadamente, como já dito, com fundamento na obra de Celso Antônio Bandeira de Mello), a lógica que rege o sistema espanhol é bastante semelhante à que se aplica no Brasil. Por lá, o interesse público também é visto como o conceito que justifica a atribuição de prerrogativas especiais à Administração Pública e que, ao mesmo tempo, limita e condiciona a sua atividade. Em relação a essa segunda faceta, que corresponderia ao que a doutrina brasileira chama de "indisponibilidade do interesse público", Eduardo García de Enterría e Tomás-Ramón Fernández afirmam que é ela que fornece *garantias* aos cidadãos em face do Estado (desde questões econômicas,

---

[170] CRETELLA JÚNIOR, José. *Tratado de Direito Administrativo*: Teoria do ato administrativo. v. 2. Rio de Janeiro: Forense, 1966. p. 240.
[171] MEIRELLES, Hely Lopes. *Direito Administrativo Brasileiro*. 2. ed. rev. e ampl. São Paulo: Revista dos Tribunais, 1966. p. 57.
[172] CAVALCANTI, Themístocles Brandão. *Instituições de Direito Administrativo*. Rio de Janeiro: Freitas Bastos, 1936. p. 204.
[173] ALESSI, Renato. *Principi di Diritto Amministrativo*: i soggettti attivi e l'esplicazione dela funzione amministrativa. vol. I. Milão: Giuffrè Editore, 1978. p. 12.

como o dever estatal de pagamento de um preço justo e prévio na desapropriação, a questões de ordem jurídica, como a necessidade de observância da legalidade por todo e qualquer ato administrativo).[174] Ao final, portanto, é possível afirmar que "é a consecução do interesse público que justifica tanto os privilégios administrativos quanto a proteção das garantias dos particulares".[175]

Mencionadas as lições mais antigas, nacionais e estrangeiras, a respeito do tema, é hora de se questionar sobre o atual conteúdo jurídico do princípio da indisponibilidade do interesse público.

Como paradigma, toma-se emprestada a lição de Celso Antônio Bandeira de Mello, por ter sido ele, como já dito, o responsável por verdadeiramente cunhar essa expressão no vocábulo jus-administrativo brasileiro. Segundo o administrativista, o significado da indisponibilidade reside no fato de que, "sendo interesses qualificados como próprios da coletividade – internos ao setor público –, eles não se encontram à livre disposição de quem quer que seja, por inapropriáveis". De acordo com Bandeira de Mello, "o próprio órgão administrativo que os representa não tem disponibilidade sobre eles, no sentido de que lhe incumbe apenas curá-los – o que também é um dever – na estrita conformidade do que predispuser a *intentio legis*".[176]

1.2.1.2 As diferentes feições da indisponibilidade do interesse público no direito administrativo

Apesar da profusão da definição de Celso Antônio e da influência que teve na obra de diversos outros autores que se enveredaram pelo tema, o fato é que não existe um consenso na doutrina brasileira a respeito do conteúdo do princípio da indisponibilidade do interesse

---

[174] E a esse respeito ainda afirmam os administrativistas espanhóis: "O Direito Administrativo, como Direito próprio e específico das Administrações Públicas, está formado, assim, por um equilíbrio (complexo, por óbvio, mas possível) entre privilégios e garantias. Em última análise, todos os problemas jurídico-administrativos consistem – e convém ter isto sempre muito presente – em buscar esse equilíbrio, garanti-lo quando tiver sido encontrado e reconstruí-lo quando tiver sido perdido. Em resumo, trata-se de perseguir e obter o serviço eficaz do interesse geral, sem diminuir as situações jurídicas, igualmente respeitáveis, dos cidadãos". GARCIA DE ENTERRÍA, Eduardo; FERNÁNDEZ, Tomás-Ramón. *Curso de Direito Administrativo*. v. I. Revisor técnico: Carlos Ari Sundfeld. Trad. José Alberto Froes Cal. São Paulo: Revista dos Tribunais, 2014. p. 67-68.

[175] HACHEM, Daniel Wunder. *Princípio constitucional da supremacia do interesse público*. Belo Horizonte: Fórum, 2011. p. 115.

[176] MELLO, Celso Antônio Bandeira de. *Curso de Direito Administrativo*. 32. ed. São Paulo: Malheiros, 2015. p. 76.

público – e isso talvez exatamente por conta de que os escritos sobre o tema, via de regra, nunca o enfrentaram com a especificidade necessária para compreendê-lo adequadamente.

Em preciosa pesquisa, Natalia Pasquini Moretti identifica que a indisponibilidade é tratada a partir de, pelo menos, quatro facetas pela doutrina nacional: (i) indisponibilidade da finalidade legal; (ii) indisponibilidade do dever de agir; (iii) indisponibilidade de bens e serviços públicos; (iv) indisponibilidade das competências administrativas.[177]

(i) A *indisponibilidade da finalidade legal* é a faceta à qual o princípio em questão é mais comumente relacionado. Como visto, desde as lições clássicas dos autores mais tradicionais que foram elencados acima, entende-se que, na atividade administrativa pública, "o bem não se entende vinculado à vontade ou personalidade do administrador, porém à *finalidade* impessoal a que essa vontade deve servir",[178] a qual é encontrada exatamente na legislação.

Por essa perspectiva, à Administração Pública é vedada a tomada de qualquer decisão que não destinada à satisfação dos objetivos impostos ao Estado pela legislação. Isto é, a Administração não pode se desvencilhar dos comandos e direcionamentos que lhe foram impostos pela Constituição e pelas normas infraconstitucionais. Afinal, como dito no item 1.1.1, o interesse público, em termos jurídicos, é aquilo definido pelo legislador como tal. No caso de um ato expedido pela administração desvencilhar-se da finalidade ilegal – e, consequentemente, do interesse público –, o ordenamento jurídico oferece aos interessados a possibilidade de ajuizamento de demandas judiciais com o objetivo de anular o referido ato.

É interessante observar que nem mesmo em casos de conflitos de interesses públicos a Administração poderá dispor da finalidade legal. Em um primeiro momento, isso poderia parecer impossível nos casos em que duas normas com finalidades opostas se chocam em determinado caso concreto. No entanto, deve-se lembrar que a finalidade máxima protegida pela indisponibilidade do interesse público é aquela das normas constitucionais, interpretadas e aplicadas sistematicamente, como um corpo homogêneo de diretrizes a serem seguidas

---

[177] MORETTI, Natalia Pasquini. Uma concepção contemporânea do princípio da indisponibilidade do interesse público. In: MARRARA, Thiago (Org.). *Princípios de direito administrativo*: legalidade, segurança jurídica, impessoalidade, publicidade, motivação, eficiência, moralidade, razoabilidade, interesse público. São Paulo: Atlas, 2012. p. 460.

[178] LIMA, Ruy Cirne. *Princípios de Direito Administrativo*. 7. ed. São Paulo: Malheiros, 2007. p. 37.

pela Administração Pública. Assim, quando, diante de uma situação específica, a Administração se vir obrigada a deixar de concretizar a finalidade pretendida por determinada norma legal, é imprescindível que isso seja feito apenas na medida em que for adequado, necessário e proporcional à realização do interesse público "maior" – isto é, aquele extraível do texto constitucional.

(ii) A *indisponibilidade do dever de agir* é o que faz com que a Administração Pública deva estar incessantemente empreendendo todos os seus esforços em prol da concretização do interesse público. Não pode o Estado deliberadamente deixar de agir quando enxerga, no caso concreto, a presença de um interesse público,[179] ainda que não exista disposição normativa específica exigindo aquela conduta concreta da Administração. Se isso ocorrer, são cabíveis medidas judiciais de caráter mandamental, impondo à Administração uma obrigação de fazer destinada à satisfação do interesse público. É a partir dessa noção que se desenvolve, por exemplo, o princípio da continuidade dos serviços públicos.

É importante ressaltar que a indisponibilidade do dever de agir também deve ser encarada por um prisma inverso, em relação aos deveres de omissão da Administração Pública. Nessas situações, esse mandamento possui a finalidade de impedir o Estado de tomar determinada atitude quando se vislumbrar que esse ato importará na violação a um interesse público.[180] Assim, exige-se que o Estado adote uma posição omissiva. É o que ocorre quando se demanda da Administração o respeito à função de defesa dos direitos fundamentais, a qual assegura aos particulares um espaço de liberdade preservado da ingerência estatal arbitrária.

(iii) A *indisponibilidade de bens e serviços públicos* relaciona-se com a ideia de que o administrador, por não ser proprietário da coisa pública, não pode dela dispor, senão nas estritas hipóteses previstas na

---

[179] Nesse sentido, Edmir Netto de Araújo ressalta que "a atividade administrativa é compulsória para a Administração e exigível pelo administrado, se o exercício da competência é obrigatório, pois do interesse público o agente não pode dispor ao seu alvedrio, mas cumprir seu dever, usando do poder que a lei lhe atribuiu". ARAÚJO, Edmir Netto de. *Curso de Direito Administrativo*. 5. ed. São Paulo: Saraiva, 2010. p. 74-76.

[180] Como lembra Luis de la Morena y de la Morena, *"en ausencia de ese interés público, la Administración no podría actuar por cese o desaparición de su único (pero suficiente) soporte justificativo"*. MORENA, Luis de la Morena y de la. Derecho Administrativo e interés público: correlaciones básicas. *Revista de Administración Pública*, Madrid, n. 100-102, p. 847-880, ene./dic. 1983. p. 847.

legislação e desde que seguindo os procedimentos lá estabelecidos.[181] É a lógica que impede a Administração Pública, por exemplo, de vender livremente seus imóveis ou de relegar à iniciativa privada a prestação de determinado serviço público sem prévio processo licitatório.

(iv) A *indisponibilidade das competências administrativas*, por sua vez, é o que impede a Administração Pública de deixar cumprir com os deveres que lhe são impostos pelo ordenamento e de utilizar-se das prerrogativas que o regime jurídico-administrativo a mune com o objetivo de instrumentalizar a persecução do interesse público. Segundo Maria Sylvia Zanella Di Pietro, "precisamente por não poder dispor dos interesses públicos cuja guarda lhes seja atribuída por lei, os poderes atribuídos à Administração têm o caráter de poder-dever; são poderes que ela não pode deixar de exercer, sob pena de responder por omissão".[182]

Está expressamente positivado no art. 2º, parágrafo único, II, da Lei nº 9.784/99, que prevê que a Administração Pública deverá observar os critérios de "atendimento a fins de interesse geral, vedada a renúncia total ou parcial de poderes ou competências, salvo autorização em lei". É o que fundamenta, por exemplo, as clássicas posições de que a Administração não pode dispor da aplicação das sanções administrativas ou do gozo das prerrogativas processuais conferidas à Fazenda Pública.

Seu conteúdo é bastante semelhante ao sentido atribuído à *indisponibilidade do dever de agir*, com a única diferença que, quando se refere à *indisponibilidade das competências administrativas*, existe alguma previsão normativa (constitucional, legal ou mesmo administrativa) imbuindo à Administração de uma prerrogativa a ser utilizada em hipóteses objetivamente descritas pela legislação para a persecução do interesse público. No primeiro caso, a indisponibilidade atua de modo mais genérico – isto é, ainda que não haja previsão de competência específica –, como forma de direcionar a atividade *praeter legem* da Administração à realização do interesse público.

Ao todo, trata-se de divisão meramente didática, que cumpre sua função ao sistematizar os diversos âmbitos de incidência do princípio da indisponibilidade do interesse público no direito administrativo

---

[181] É a definição sobre o princípio da indisponibilidade que se extrai da doutrina de Diógenes Gasparini, desde as edições iniciais de seu *Curso*. Para ele, "não se acham, segundo esse princípio, os bens, interesses e serviços públicos à livre disposição dos órgãos da Administração Pública, a quem cabe curá-los, ou do administrador, que os representa". GASPARINI, Diógenes. *Direito Administrativo*. São Paulo: Saraiva, 1989. p. 10.
[182] É a posição histórica ostentada pela autora, desde as edições iniciais de sua obra: DI PIETRO, Maria Sylvia Zanella. *Direito Administrativo*. 2. ed. São Paulo: Atlas, 1991. p. 67.

brasileiro. O problema, porém, reside no fato de que, frequentemente, diante de situações concretas, administradores públicos tomam suas decisões movidos por apenas uma dessas facetas mencionadas acima, esquecendo, intencionalmente ou não, dos outros ângulos desse princípio, e, ao fazerem isso, desvirtuam o real conceito da indisponibilidade do interesse público, dando azo a posições conservadoras e intransigentes, que, na prática, não são capazes de tutelar o interesse público de maneira verdadeiramente adequada. Afinal, uma vez que o interesse público é uma categoria de conteúdo mutável (de acordo não apenas com a legislação, mas até mesmo com o contexto fático de cada caso concreto), visões estanques do princípio da indisponibilidade jamais serão capazes de corresponder à complexidade dessa noção.

É o que acontece, por exemplo, quando autoridades públicas, pretensamente em nome da indisponibilidade do interesse público, se veem obrigadas a contestar ações ou a recorrer de decisões judiciais que lhe sejam desfavoráveis, ainda que se identifique que o postulante, de acordo com as normas vigentes e com o entendimento jurisprudencial dominante, está com a razão. Nesse caso, utiliza-se da indisponibilidade das competências administrativas, sem se preocupar devidamente com a indisponibilidade das finalidades legais, uma vez que claramente não é para isso que o ordenamento jurídico fornece à Fazenda Pública instrumentos de defesa processual.

Assim, uma adequada compreensão do conteúdo jurídico do princípio da indisponibilidade do interesse público deve levar em consideração todas as múltiplas consequências que envolvem o âmbito de proteção dessa norma.

1.2.1.3 Os componentes jurídicos da noção de indisponibilidade do interesse público

Das diversas facetas mencionadas acima, porém, podem ser destacadas algumas importantes questões, as quais se mostram imprescindíveis à adequada compreensão do conteúdo jurídico do princípio da indisponibilidade do interesse público.

A primeira delas – e talvez até um tanto óbvia – é a de que *o principal destinatário do princípio da indisponibilidade é o administrador público*, que, em sua atividade cotidiana, deve pautar todos os seus esforços única e exclusivamente pela realização do interesse público. Ou seja, deve saber que as suas ações "são limitadas e condicionadas pela juridicidade, que possuem essência cogente, não se conectando apenas ao poder sobre o objeto, mas especial e principalmente ao dever de promoção de um fim que é o próprio bem comum".[183]

Também é importante notar que a indisponibilidade é um princípio que guarda íntima relação com a noção de legalidade administrativa. Afinal, uma vez que é o ordenamento jurídico, a partir da Constituição e das leis infraconstitucionais, que imputa à Administração Pública os deveres aos quais ela está vinculada, qualquer descumprimento dessas normas significará, além de uma violação à legalidade, um desrespeito ao princípio da indisponibilidade.[184] Assim, é possível afirmar que "são justamente as normas, em sua pluralidade de espécies, as responsáveis por delinearem as fronteiras da indisponibilidade do interesse público nos casos concretos".[185]

Além disso, é essencial ressaltar a função de "contrapeso" exercida pela indisponibilidade em relação à supremacia do interesse público como forma de condicionar o agir administrativo no caminho da perseguição de determinada finalidade pública, não permitindo que as prerrogativas administrativas sejam utilizadas para qualquer outro fim que não o de interesse público. Nesse ponto se constata que os princípios da supremacia e da indisponibilidade do interesse público são, no direito administrativo brasileiro, condensações do que a doutrina administrativista tradicionalmente coloca como sendo a oposição entre, respectivamente, as prerrogativas e as sujeições da Administração Púbica,[186] característica mais marcante desse ramo do direito.

A tese é antiga. Já na metade do século passado, importantes autores europeus, como Jean Rivero e Fernando Garrido Falla, defendiam (ainda que não sob o signo de "interesse público") que o regime jurídico-administrativo era baseado inteiramente em uma lógica binomial de prerrogativas e sujeições, que, entre equilíbrios e tensões, condicionam

---

[183] SIQUEIRA, Mariana de. *Interesse público no direito administrativo brasileiro*: da construção da moldura à composição da pintura. Rio de Janeiro: Lumen Juris, 2016. p. 194.

[184] Como afirma Wallace Paiva Martins Júnior, a indisponibilidade está diretamente vinculada à legalidade porque "decorrendo o interesse público da Lei como expressão da vontade geral, se a Administração dela pudesse dispor, amesquinharia a própria legalidade". MARTINS JÚNIOR, Wallace Paiva. Princípio do interesse público. *In*: DI PIETRO, Maria Sylvia Zanella; MARTINS JÚNIOR, Wallace Paiva. *Tratado de direito administrativo*: teoria geral e princípios do direito administrativo. v. 1. São Paulo: Revista dos Tribunais, 2014. p. 511.

[185] SIQUEIRA, Mariana de. *Interesse público no direito administrativo brasileiro*: da construção da moldura à composição da pintura. Rio de Janeiro: Lumen Juris, 2016. p. 196.

[186] MELLO, Celso Antônio Bandeira de. *Curso de Direito Administrativo*. 32. ed. São Paulo: Malheiros, 2015. p. 57.

o modo pelo qual o Poder Público pode e deve exercer suas funções.[187] Essa ideia ganhou tamanha repercussão e acolhida na doutrina brasileira que se pode dizer que se instaurou "um consenso no sentido de que é justamente esse binômio – *prerrogativas* e *sujeições* – que se mostra capaz de peculiarizar o Direito Administrativo em face dos demais campos do saber jurídico".[188]

Dentre as prerrogativas administrativas, comumente se incluem a autoexecutoriedade dos atos administrativos, o poder de autotutela, o poder de expropriação, a possibilidade de aplicação de sanções administrativas a particulares que se relacionarem com a Administração, a possibilidade de alteração e extinção unilateral dos contratos administrativos, a restrição da liberdade mediante imposição de atos de poder de polícia, a presunção de veracidade dos atos administrativos, a submissão a um procedimento diferenciado de execução judicial, entre outros. É a partir dessas características que parte da doutrina tem sustentado a tese de que o regime jurídico-administrativo baseado na noção de interesse público é intrinsicamente autoritário, advogando-se, diante de tal razão, pelo abandono dessa visão "tradicional" de se encarar o direito administrativo.

As prerrogativas, todavia, não existem isoladamente. "O poder não se autorrealiza", como ensina Romeu Felipe Bacellar Filho. Se a Administração goza de prerrogativas é tão somente porque necessita de instrumentos especiais para a adequada realização dos objetivos que lhe são impostos.[189] Assim, não se pode pensar nas prerrogativas sem a outra face da moeda: as *sujeições administrativas*. Todo o poder que é conferido à Administração possui destinação predeterminada: a concretização dos interesses e necessidades da coletividade. O interesse público, por essa visão, ao mesmo tempo em que se configura como base legitimadora de algumas das prerrogativas administrativas, "é também a fonte que rende ensejo à previsão normativa de sujeições especiais impostas ao Poder Público, como meio de afivelá-lo ao

---

[187] RIVERO, Jean. Existe-t-il um critère du droit administratif? *Revue du droit public et de la science politique en France et à l'etranger*, Paris, v. 69, n. 2, p. 279-296, avr./juin 1953; GARRIDO FALLA, Fernando. Sobre el Derecho Administrativo y sus ideas cardinales. *Revista de Administración Pública*, Madrid, n. 7, p. 11-50, ene./abr. 1952. p. 37.

[188] HACHEM, Daniel Wunder. *Princípio constitucional da supremacia do interesse público*. Belo Horizonte: Fórum, 2011. p. 28.

[189] Nas palavras de Maria Paula Dallari Bucci, "o fato de a Administração ser a executora dos desígnios da coletividade seria justificativa suficiente para um tratamento peculiar" no que se refere à concessão de prerrogativas exorbitantes pelo ordenamento jurídico. BUCCI, Maria Paula Dallari. *Direito Administrativo e Políticas Públicas*. São Paulo: Saraiva, 2002. p. 125.

dever de atingir a satisfação das necessidades da sociedade e evitar a ocorrência de desvios".[190]

Daniel Wunder Hachem segue a mesma linha ao afirmar, após analisar a lógica de prerrogativas e sujeições que tanto marca o regime jurídico-administrativo, que é o interesse público o conceito-chave que explica os dois polos dessa dicotomia. Assim, ao mesmo passo em que "outorga poderes peculiares à Administração", o interesse público também é a categoria jurídica que "exige a previsão normativa de restrições endereçadas ao Poder Público, como forma de compeli-lo a perseguir a satisfação das necessidades do corpo social e impedi-lo de desviar-se desse mister".[191]

Dessa forma, a relação de complementariedade entre os princípios da supremacia e da indisponibilidade do interesse público mostra-se patente. Enquanto o primeiro mune a Administração de prerrogativas tidas como necessárias para que o Poder Público possa realizar as complexas atividades que são de sua incumbência, o segundo atua como uma limitação a essas mesmas prerrogativas, condicionando a atividade administrativa ao atingimento das finalidades legais, o que faz através da imposição de uma série de sujeições que, assim como ocorre com as prerrogativas, também não são vistas nas relações privadas.[192] O problema, porém, é que, quando se pensa na especificidade do regime jurídico-administrativo, a regra geral é lembrar apenas das prerrogativas excepcionais que ele concede à Administração e das quais os particulares não gozam. Poucos são os autores que se atêm com a devida profundidade às limitações que esse mesmo regime jurídico impõe à Administração, as quais são tão essenciais para a delineação de seu perfil democrático e social quanto as primeiras.

E é exatamente o princípio da indisponibilidade que possibilita esse segundo ângulo de se encarar a função do interesse público no direito administrativo, fazendo com que "o bem comum seja, ao mesmo tempo, um fundamento e um limite para a atuação estatal".[193]

A indisponibilidade, portanto, muito mais do que simplesmente dizer o óbvio (como criticam alguns autores), possui importante função

---

[190] BACELLAR FILHO, Romeu Felipe. Prefácio. *In*: HACHEM, Daniel Wunder. *Princípio constitucional da supremacia do interesse público*. Belo Horizonte: Fórum, 2011. p. 21.
[191] HACHEM, Daniel Wunder. *Princípio constitucional da supremacia do interesse público*. Belo Horizonte: Fórum, 2011. p. 28.
[192] HACHEM, Daniel Wunder. *Princípio constitucional da supremacia do interesse público*. Belo Horizonte: Fórum, 2011. p. 106.
[193] HAEBERLIN, Mártin. *Uma teoria do interesse público*: fundamentos do Estado Meritocrático de Direito. Porto Alegre: Livraria do Advogado, 2017. p. 65.

de direcionamento da atividade jurídico-administrativa. Deve-se compreender que é a indisponibilidade do interesse público a resposta, existente no próprio regime jurídico-administrativo, para frear os excessos indesejáveis que a Administração poderia vir a cometer caso lhe fossem outorgadas apenas prerrogativas.[194] Afinal, esse princípio, "ao acentuar o dever estatal de servir aos anseios da coletividade, objetivou imprimir uma roupagem democrática ao Direito Administrativo pátrio",[195] servindo como baliza jurídica do caminho que a Administração Pública, sob a égide da Constituição Federal de 1988, deve perseguir, a fim de alcançar a concretização dos objetivos delineados pela Lei Maior.

Como já foi diversas vezes mencionado aqui, o principal conteúdo do princípio da indisponibilidade está em atrelar a atividade administrativa à consecução incessante do interesse público. Ou seja, fazer com que todo e qualquer ato expedido pela Administração tenha por objetivo a realização de uma finalidade que é protegida pelo ordenamento jurídico na forma de interesse público. Com isso, *a indisponibilidade impede a existência de espaços de liberdade no agir administrativo*. É indiscutível que, por força do princípio da indisponibilidade, a Administração Pública não pode agir com a mesma liberalidade que o fazem os particulares na perseguição de seus interesses individuais, pois, se assim proceder, irá "trair sua missão própria e sua própria razão de existir".[196]

Essa constatação encontra grande eco na doutrina. Daniel Wunder Hachem defende que o conteúdo essencial do princípio da indisponibilidade do interesse público "consiste na impossibilidade de o agente público atuar livremente, e na sua consequente submissão ao dever de realização das finalidades cogentes que lhe são encomendadas pelo ordenamento jurídico".[197] Da mesma forma, Phillip Gil França concorda que a inexistência de liberdade no agir administrativo é uma consequência inevitável da incidência do princípio da indisponibilidade do interesse público sobre o regime jurídico-administrativo. Para ele, "todo e qualquer ato estatal precisa de linhas limítrofes objetivamente estabelecidas para que se viabilize o controle de tudo aquilo que é público", uma vez nada disso pertence ou está disponível para livre utilização

---

[194] ESCOLA, Héctor Jorge. *El interés público*: como fundamento del derecho administrativo. Buenos Aires: Depalma, 1989. p. 13.

[195] HACHEM, Daniel Wunder. *Princípio constitucional da supremacia do interesse público*. Belo Horizonte: Fórum, 2011. p. 29.

[196] MELLO, Celso Antônio Bandeira de. *Curso de Direito Administrativo*. 32. ed. São Paulo: Malheiros, 2015. p. 73.

[197] HACHEM, Daniel Wunder. *Princípio constitucional da supremacia do interesse público*. Belo Horizonte: Fórum, 2011. p. 49.

por parte dos administradores públicos.[198] E, na mesma linha, Wallace Paiva Martins Júnior também entende que, da indisponibilidade do interesse público, depreende-se que "a Administração não age porque quer ou pode; não se trata de vontade pessoal nem de faculdade. Ela atua porque deve agir".[199]

1.2.1.4 As diferenças elementares entre as noções de indisponibilidade do interesse público e de indisponibilidade dos direitos fundamentais

A observação feita acima – de que a indisponibilidade do interesse público impede a existência de espaços de liberdade no agir administrativo – é importante de se registrar porque muitas vezes se faz uma equivocada relação entre a indisponibilidade do *interesse público* e a indisponibilidade dos *direitos fundamentais*.[200] Na realidade, porém, as duas noções não apenas não se identificam entre si, como levam a conclusões diametralmente opostas. Para se compreender isso, é preciso passar por alguns pontos fulcrais do regime jurídico dos direitos fundamentais na ordem constitucional brasileira e, mais especificamente, sobre a existência ou não de sua tão propagada indisponibilidade.

De modo geral, o entendimento mais comum na doutrina constitucionalista é o de que *a indisponibilidade é uma característica intrínseca ao regime jurídico dos direitos fundamentais*. Essa constatação é encontrada em diversos manuais de direito constitucional,[201] os quais, por servirem como base de estudo para as novas gerações de operadores do direito, induzem essas pessoas à compreensão mencionada acima. Por conta

---

[198] FRANÇA, Phillip Gil. *Ato administrativo e interesse público*: gestão pública, controle judicial e consequencialismo administrativo. 2. ed. rev., atual. e ampl. São Paulo: Revista dos Tribunais, 2014. p. 64.

[199] MARTINS JÚNIOR, Wallace Paiva. Princípio do interesse público. *In*: DI PIETRO, Maria Sylvia Zanella; MARTINS JÚNIOR, Wallace Paiva. *Tratado de direito administrativo*: teoria geral e princípios do direito administrativo. v. 1. São Paulo: Revista dos Tribunais, 2014. p. 511.

[200] Marçal Justen Filho parece ser um dos autores que realiza essa identificação em: JUSTEN FILHO, Marçal. *Curso de Direito Administrativo*. 9. ed. rev., atual. e ampl. São Paulo: Revista dos Tribunais, 2013.

[201] Como exemplo, pode-se citar: SILVA, José Afonso da. *Curso de Direito Constitucional positivo*. 35. ed. São Paulo: Malheiros, 2012. p. 181; MENDES, Gilmar Ferreira; BRANCO, Paulo Gustavo Gonet. *Curso de Direito Constitucional*. 8. ed. São Paulo: Saraiva, 2013. p. 145-146; FACHIN, Zulmar. *Curso de Direito Constitucional*. 3. ed. São Paulo: Método, 2006. p. 212; BONAVIDES, Paulo. *Curso de Direito Constitucional*. 31. ed. São Paulo: Malheiros, 2016. p. 580.

disso, a característica de indisponibilidade dos direitos fundamentais parece ter se tornado um dogma do direito constitucional brasileiro em face do qual ninguém se atreve a realizar uma análise crítica.[202]

No entanto, a Constituição em *nenhum momento* fala que os direitos fundamentais são indisponíveis ou que os particulares não podem a eles renunciar. É verdade que, no art. 127, a Lei Maior classifica como competência do Ministério Público a defesa dos interesses individuais indisponíveis.[203] No entanto, não há qualquer definição acerca do termo ou mesmo indicação de quais interesses seriam esses. Sendo assim, não se pode vislumbrar no referido dispositivo uma cláusula geral de indisponibilidade dos direitos fundamentais, o que faz com que essa característica – tão comumente citada pela doutrina constitucionalista – continue sem embasamento normativo específico.

Em âmbito infraconstitucional, o Código Civil, em seu art. 11, prevê que "os direitos da personalidade são intransmissíveis e irrenunciáveis, não podendo o seu exercício sofrer limitação voluntária". No entanto, não se pode aceitar a interpretação de que tal dispositivo impõe uma vedação completa à disposição de toda e qualquer faceta dos direitos da personalidade (os quais possuem direta correspondência com os direitos fundamentais).

O tema da disposição de direitos fundamentais está sempre intrinsecamente relacionado ao direito fundamental à liberdade (mais especificamente, às suas facetas relativas à autonomia privada e ao livre desenvolvimento da personalidade). Sendo assim, uma norma infraconstitucional que determina, de modo geral e abstrato, que determinados direitos são completamente irrenunciáveis afasta por inteiro a incidência do direito fundamental à liberdade dessas situações. Veja-se: não se trata de mera restrição ao direito de liberdade – algo que, sem dúvida alguma, pode se esperar do legislador infraconstitucional –, mas, sim, da extinção por completo da possibilidade de exercício desse direito naquelas situações, o que certamente extrapola as competências do legislador ordinário. Por esse motivo, deve-se submeter o art. 11 do Código Civil ao método de interpretação conforme a Constituição,

---

[202] SILVA, Virgílio Afonso da. *A constitucionalização do direito*: os direitos fundamentais nas relações entre particulares. São Paulo, 2004. Tese (Livre Docência em Direito) – Universidade de São Paulo. p. 163.

[203] *Constituição da República Federativa do Brasil. Art. 127.* O Ministério Público é instituição permanente, essencial à função jurisdicional do Estado, incumbindo-lhe a defesa da ordem jurídica, do regime democrático e dos interesses sociais e individuais indisponíveis.

entendendo-o como uma vedação à limitação *desproporcional* dos direitos da personalidade.

Um dos argumentos utilizados para quem defende a indisponibilidade absoluta dos direitos fundamentais é o de que, por conta de sua relevância para a ordem jurídico-constitucional brasileira, eles teriam uma relação direta com o interesse público, sobre o qual os particulares não possuem poder de disposição. Assim, haveria de certa forma um "vício de origem" na decisão pela disposição de qualquer direito fundamental, pois não caberia ao particular o direito de decidir pelo seu exercício.[204]

Além de não perceber que o direito à liberdade (que fundamenta a possibilidade de renúncia) também é de interesse público,[205] esse argumento esbarra na teoria das posições jurídicas jusfundamentais, de Robert Alexy.[206] Resumidamente, segundo essa teoria, cada disposição de direito fundamental (isto é, o dispositivo previsto no texto jurídico) representa um "direito fundamental como um todo" (por exemplo, direito fundamental à saúde) do qual pode-se extrair diversos direitos fundamentais em sentido estrito (por exemplo, direito ao recebimento do medicamento X, direito à construção de hospitais, direito à prestação adequada do serviço público de saúde, etc.). Assim, quando o particular renuncia ou dispõe de algum direito que titulariza, não está dispondo do direito fundamental como um todo, mas apenas daquela posição jurídica jusfundamental específica. Pense-se no exemplo de lutadores profissionais de artes marciais. Não é porque, na situação específica das

---

[204] É o que explica Marcelo Schenk Duque em: DUQUE, Marcelo Schenk. *Curso de Direitos Fundamentais*: teoria e prática. São Paulo: Revista dos Tribunais, 2014. p. 108.

[205] A constatação é feita com base nas lições de Emerson Gabardo, para quem o conteúdo jurídico da noção de interesse público é encontrado não diretamente na vontade do povo ou na ontologia da solidariedade social, mas, sim, nos termos de um sistema constitucional positivo e soberano, cujo caráter sócio-interventor precisa conviver em um equilíbrio complexo com direitos subjetivos. GABARDO, Emerson. O princípio da supremacia do interesse público sobre o interesse privado como fundamento do Direito Administrativo Social. *Revista de Investigações Constitucionais*, Curitiba, v. 4, n. 2, p. 95-130, maio/ago. 2017. DOI: 10.5380/rinc.v4i2.53437. p. 97. A partir de uma análise histórica do desenvolvimento da Teoria do Estado, Luis Manuel Fonseca Pires também demonstra a relevância da noção de liberdade para o interesse público: PIRES, Luis Manuel Fonseca. Razões (e práticas) de Estado: os mal-estares entre a liberdade e a segurança jurídica. *Revista de Investigações Constitucionais*, Curitiba, v. 3, n. 3, p. 167-189, set./dez. 2016. DOI: 10.5380/rinc.v3i3.48536.

[206] ALEXY, Robert. *Teoría de los derechos fundamentales*. 2. ed. Madrid: Centro de Estudios Políticos y Constitucionales, 2012. p. 214-218. Sobre o tema, ver, também: BERNAL PULIDO, Carlos. *El principio de proporcionalidad y los derechos fundamentales*. 3. ed. Madrid: Centro de Estudios Políticos y Constitucionales, 2007. p. 81-85; HACHEM, Daniel Wunder. A dupla titularidade (individual e transindividual) dos direitos fundamentais econômicos, sociais, culturais e ambientais. *Revista Direitos Fundamentais & Democracia (UniBrasil)*, v. 14, n. 14.1, Curitiba, UniBrasil, p. 618-688, ago./dez. 2013. p. 626.

lutas de que essas pessoas participam, elas acabam dispondo de uma parcela de seu direito fundamental à integridade física, por exemplo, que elas renunciaram absolutamente a esse direito quando considerado como um todo.

Assim, é certo que, por um lado, o interesse público não pode ser utilizado como barreira intransponível para impedir a renúncia do exercício de toda e qualquer posição jurídica de direito fundamental. No entanto, por outro, não se pode negar que, em determinados casos, a incidência desse conceito pode, sim, resultar na indisponibilidade de determinado direito fundamental em específico. É o caso, por exemplo, do direito ao sigilo durante o processo eleitoral.[207] Todos os eleitores possuem o direito de manter o seu voto em segredo. Mas não é apenas isso. Diante da necessidade de respeito ao interesse público, o sigilo é visto também como um dever desses cidadãos. Um exemplo disso é o art. 91-A, parágrafo único, da Lei das Eleições (nº 9.504/97),[208] que proíbe a filmagem ou a fotografia do momento da votação.

Nessa hipótese, a possibilidade de renúncia do direito fundamental é excluída porque tal disposição afetaria direitos de terceiros. Assim, com esse exemplo se percebe que a incidência da categoria jurídica do interesse público para a situação em análise não impede a renúncia dos direitos fundamentais, mas impõe o requisito de que, para a disposição de um direito fundamental ser válida, ela não deve prejudicar diretamente a esfera jurídica de outrem.

Feitas essas explanações acerca daquela que se pode considerar como a teoria majoritária do tema da indisponibilidade dos direitos fundamentais, cumpre mencionar a existência de corrente que, afastando-se do senso comum, defende, em maior ou menor grau, que *os direitos fundamentais não são indisponíveis*. Pelo contrário, muitos autores dessa linha reputam inclusive que o mais correto é classificar os direitos fundamentais como disponíveis *prima facie*.

Luís Roberto Barroso é um dos autores que segue esse caminho, reconhecendo que "a afirmação peremptória da indisponibilidade parece imprecisa ou, no mínimo, exige qualificações e exceções".[209]

---

[207] DUQUE, Marcelo Schenk. *Curso de Direitos Fundamentais*: teoria e prática. São Paulo: Revista dos Tribunais, 2014. p. 109-110.

[208] Lei nº 9.504/97. Art. 91-A. Parágrafo único. Fica vedado portar aparelho de telefonia celular, máquinas fotográficas e filmadoras, dentro da cabina de votação.

[209] BARROSO, Luís Roberto. Legitimidade da recusa de transfusão de sangue por testemunhas de Jeová. Dignidade humana, liberdade religiosa e escolhas existenciais. *In*: LEITE, George Salomão; SARLET, Ingo Wolfgang; CARBONELL, Miguel (Org.). *Direitos, deveres e garantias fundamentais*. Salvador: Juspodivm, 2011. p. 678.

E há duas principais e simples razões para isso: (i) a já mencionada ausência normativa de qualquer previsão acerca da indisponibilidade dos direitos fundamentais na ordem jurídico-constitucional brasileira; e (ii) a incidência do direito fundamental à liberdade.

A possibilidade de os particulares disporem de direitos é uma evidente consequência do direito de liberdade do qual todos os cidadãos são titulares.[210] Tanto é assim que, no cotidiano, os indivíduos renunciam a esses direitos frequentemente. Uma pessoa que se submete a participar de um *reality show* em que tem sua vida exposta 24 horas por dia a todo o país por meio da televisão certamente está renunciando a parcela de sua privacidade – e nem por isso qualquer pessoa razoável seria capaz de cogitar acerca da inconstitucionalidade dessa decisão.

Nesse sentido, bem lembra Virgílio Afonso da Silva que "se os direitos fundamentais são essencialmente direitos de liberdade do cidadão, nada mais coerente que aceitar a liberdade de não exercitá-los, de deles dispor ou de a eles renunciar".[211] Seguindo essa linha e se apoiando na teoria das posições jurídicas jusfundamentais, é possível afirmar que a determinação existente no ordenamento jurídico brasileiro a respeito desse tema não é a da indisponibilidade, mas, sim, a da *disponibilidade dos direitos fundamentais.*[212]

Entretanto, diferentemente dos particulares que são *titulares* de direitos fundamentais, o administrador é mero *gestor* do interesse público, autoridade munida – via de regra enquanto representante

---

[210] Conforme ensina Laura Schertel Ferreira Mendes, "a afirmação de que há um âmbito de liberdade relacionado aos direitos fundamentais pode ser baseada na idéia de que a titularidade de uma posição jurídica de direito fundamental envolve o poder de disposição sobre as possibilidades de ação decorrentes dessa posição, principalmente no que diz respeito à decisão sobre 'se', 'quando' e 'como' se dará o exercício fático do direito. Sob essa ótica, resta claro que a renúncia é também um modo de o titular do direito fundamental exercer o seu direito". MENDES, Laura Schertel Ferreira. Um Debate Acerca da Renúncia aos Direitos Fundamentais: Para um Discurso dos Direitos Fundamentais como um Discurso de Liberdade. *Direito Público*, Brasília, v. 3, n. 13, p. 121-133. jul./set. 2006. p. 129.

[211] SILVA, Virgílio Afonso da. *A constitucionalização do direito*: os direitos fundamentais nas relações entre particulares. São Paulo, 2004. Tese (Livre Docência em Direito) – Universidade de São Paulo. p. 167.

[212] Barroso, entretanto, é claro ao afirmar que, muito embora se adote a perspectiva de que os direitos fundamentais são todos disponíveis *prima facie*, isso não significa que não podem existir posições jurídicas consideradas indisponíveis pelo ordenamento. A diferença, porém, é que, nesses casos, caberá ao Estado o ônus argumentativo de demonstrar por quais razões o direito geral de liberdade deveria ceder ante os demais direitos que o Poder Público pretende proteger naquele caso concreto com a marca da indisponibilidade. BARROSO, Luís Roberto. Legitimidade da recusa de transfusão de sangue por testemunhas de Jeová. Dignidade humana, liberdade religiosa e escolhas existenciais. *In*: LEITE, George Salomão; SARLET, Ingo Wolfgang; CARBONELL, Miguel (Org.). *Direitos, deveres e garantias fundamentais*. Salvador: JusPodivm, 2011. p. 680-681.

democrática da coletividade – das ferramentas e prerrogativas necessárias para a persecução dessa finalidade. Por essa razão, não lhe sendo próprio o interesse, não pode dele se apropriar, renunciar ou desviar.[213] É também o que defende José Cretella Júnior ao pontuar que o administrador não é "dono" do interesse público, razão pela qual sua vontade pessoal "não conta".[214] Sua atuação, desse modo, está limitada por normas jurídicas, as quais apontam qual o caminho a ser trilhado pelo administrador para que o interesse público seja satisfeito.

A distinção é imprescindível, pois, como visto, apesar de a indisponibilidade ser uma característica amplamente identificada pela doutrina no regime jurídico dos direitos fundamentais, tanto na prática como em posições teóricas mais aprofundadas não há qualquer dúvida de que os particulares podem dispor de parcelas de seus direitos fundamentais. Assim, caso se identificassem o princípio da indisponibilidade do *interesse público* e a suposta característica de indisponibilidade dos *direitos fundamentais*, estaria abrindo-se caminho para que, com a mesma facilidade, o próprio princípio da indisponibilidade fosse relativizado, permitindo que a Administração – assim como os particulares estão autorizados a fazer com os seus direitos fundamentais – dispusesse do interesse público em casos concretos.

Entretanto, não há como isso ocorrer exatamente porque o princípio da indisponibilidade exerce a função de retirar do agir administrativo os espaços de liberdade que os particulares comumente usufruem. A vinculação da atividade administrativa ao interesse público é perene, o que faz com que as únicas margens de tomada de decisão que o ordenamento confere aos agentes públicos devam ser utilizadas somente como ferramenta para possibilitar a escolha, no caso concreto, da medida que melhor irá concretizar o interesse público em comento.

Por fim, deve ser registrado que tanto o princípio da indisponibilidade como o da supremacia do interesse público "não permanecem estáticos no decurso do tempo",[215] sendo que "não se lhes dá um valor

---

[213] FARIA, José Eduardo. *Direito e economia na democratização brasileira.* São Paulo: Saraiva, 2013. p. 69.
[214] CRETELLA JÚNIOR, José. *Filosofia do direito administrativo.* Rio de Janeiro: Forense, 1999. p. 153.
[215] PIETRO, Maria Sylvia Zanella Di. O princípio da supremacia do interesse público: sobrevivência diante dos ideais do neoliberalismo. In: BACELLAR FILHO, Romeu Felipe; HACHEM, Daniel Wunder (Coords.). *Direito Administrativo e interesse público*: estudos em homenagem ao Professor Celso Antônio Bandeira de Mello. Belo Horizonte: Fórum, 2010. p. 211.

intrínseco, perene e imutável".[216] São conceitos que não apenas devem ser preenchidos pela doutrina e pela jurisprudência, mas que também podem sofrer mudanças em suas configurações, mormente quando a própria Administração Pública sofre transformações em seu perfil.

1.2.2 A natureza jurídica da indisponibilidade do interesse público: princípio ou regra?

Explanados os fatores que compõem o conceito jurídico do princípio da indisponibilidade do interesse público, cumpre agora analisar qual a natureza da referida norma para o direito, isto é, qual a forma através da qual ela se apresenta no ordenamento jurídico brasileiro. Afinal, isso também impacta fortemente no modo como ela será aplicada na prática pelos operadores do direito.

Do ponto de vista da teoria do direito, o sistema jurídico brasileiro está sofrendo as influências, hoje, do fenômeno conhecido como "pós-positivismo", o qual, entre tantas outras características, destaca-se pela força jurídico-normativa que confere aos princípios – e não apenas um conteúdo valorativo como antes. Nesse contexto, como ensina Daniel Wunder Hachem, "os valores essenciais compartilhados pela comunidade passam a ser albergados nas Constituições, explícita ou implicitamente, na forma de *princípios jurídicos*, destinados a informar todo o ordenamento".[217] Não é diferente, por óbvio, com o princípio da indisponibilidade do interesse público, como se verá a seguir.

O termo "princípio", porém, é um dos mais polissêmicos de toda a ciência jurídica. Apenas para se ter noção da diversidade de sentidos que se atribuem à expressão "princípios jurídicos", vale registrar que Ana Paula de Barcellos, em obra específica sobre a eficácia jurídica dos princípios constitucionais, identificou a existência de pelo menos sete diferentes compreensões para esse termo. Tamanha discordância decorre da diferença dos critérios utilizados pelos autores para classificarem determinada norma jurídica como um princípio. E apenas na pesquisa de Barcellos foram identificados os seguintes critérios: (i) o conteúdo da norma; (ii) a origem e a validade da norma; (iii) o compromisso histórico envolvido em torno da norma; (iv) a função exercida pela

---

[216] MELLO, Celso Antônio Bandeira de. *Curso de Direito Administrativo*. 32. ed. São Paulo: Malheiros, 2015. p. 57.
[217] HACHEM, Daniel Wunder. *Princípio constitucional da supremacia do interesse público*. Belo Horizonte: Fórum, 2011. p. 134.

norma no ordenamento; (v) a estrutura linguística da norma; (vi) o esforço interpretativo exigido para compreensão do alcance e aplicação da norma; (vii) a forma de aplicação da norma.[218]

Dois desses sentidos, porém, são utilizados com muito maior frequência para designar determinada norma jurídica como um princípio e, por tal razão, merecem maior atenção. São os sentidos extraíveis das teorias que classificam uma norma como princípio em razão da *função exercida por ela no ordenamento jurídico* e da *forma de sua aplicação*.

1.2.2.1 Análise a partir da compreensão de princípio como mandamento nuclear de um sistema jurídico

A primeira compreensão, considerada a mais *tradicional*,[219] encara os princípios como as normas fundamentais do sistema, que conferem racionalidade a todo o sistema jurídico e em que todo o ordenamento jurídico se estrutura e baseia. Geraldo Ataliba, por exemplo, um dos nomes mais consagrados do direito tributário brasileiro na segunda metade do século XX, manifesta-se no seguinte sentido: "Os princípios são a chave e essência de todo o direito. Não há direito sem princípios. As simples regras jurídicas de nada valem se não estiverem apoiadas em princípios sólidos".[220]

Celso Antônio Bandeira de Mello, principal desenvolvedor, como visto, da tese de que a supremacia e a indisponibilidade do interesse público ostentam caráter de *verdadeiros princípios jurídicos*, também segue essa linha. Na definição do administrativa, os princípios representam os *mandamentos nucleares do sistema jurídico*. Em passagem que se tornou bastante conhecida, o autor se refere aos princípios jurídicos

---

[218] BARCELLOS, Ana Paula de. *A eficácia jurídica dos princípios constitucionais*: o princípio da dignidade da pessoa humana. 3. ed. rev. e atual. Rio de Janeiro: Renovar, 2011. p. 53-56.

[219] A constatação é feita por Virgílio Afonso da Silva em: SILVA, Virgílio Afonso da. Princípios e regras: mitos e equívocos acerca de uma distinção. *Revista Latino-Americana de Estudos Constitucionais*, Belo Horizonte, n. 1, p. 607-630, jan./jun. 2003. p. 612. É importante registrar que, para além dos autores aqui citados, vários outros doutrinadores afiliam-se a essa corrente, como, por exemplo, José Joaquim Gomes Canotilho e Vital Moreira (CANOTILHO, J. J. Gomes; MOREIRA, Vital. *Fundamentos da constituição*. Coimbra: Coimbra Editora, 1991. p. 49), Cármen Lúcia Antunes Rocha (ROCHA, Cármen Lúcia Antunes. *Princípios constitucionais da Administração Pública*. Belo Horizonte: Del Rey, 1994. p. 23-25), José Afonso da Silva (SILVA, José Afonso da. *Curso de Direito Constitucional Positivo*. 32. ed. São Paulo: Malheiros, 2009. p. 91), entre outros. Daí a razão por esse ser considerado o modelo "tradicional" no direito brasileiro.

[220] ATALIBA, Geraldo. Mudança da Constituição. *Revista de Direito Público*, São Paulo, n. 86, p. 181-186, abr./jun. 1988. p. 181.

como uma "disposição fundamental que se irradia sobre diferentes normas, compondo-lhes o espírito e servindo de critério para exata compreensão e inteligência delas, exatamente porque define a lógica e a racionalidade do sistema normativo, conferindo-lhe a tônica que lhe dá sentido harmônico". E, por essas razões, conclui que "violar um princípio é muito mais grave do que transgredir uma norma".[221]

Tomando essas noções como base, em relação ao grau de fundamentalidade da indisponibilidade do interesse público para o regime jurídico-administrativo, não podem existir quaisquer discussões sobre sua classificação enquanto um princípio jurídico. Não apenas porque é esse o critério utilizado para embasar a noção de princípio jurídico pelo autor que pioneiramente desenvolveu a ideia de indisponibilidade do interesse público, mas também – e principalmente – porque: (i) é uma das normas que trazem a fundamentação axiológica de todo o regime jurídico-administrativo, apontando, como diretiva geral, o caminho republicano e solidário que deve ser percorrido pela Administração Pública de acordo com a Constituição Federal de 1988; (ii) confere o respaldo constitucional exigido para legitimar juridicamente as sujeições a que é submetida a Administração Pública no Brasil; (iii) serve como cânone hermenêutico-interpretativo das demais normas do direito administrativo, imprimindo um tom de homogeneidade a todo esse sistema jurídico.[222]

Assim, não há dúvidas de que, para a corrente que classifica determinada norma jurídica como sendo um princípio a partir do seu grau de fundamentalidade, a indisponibilidade do interesse público é considerada um princípio.

A dúvida, porém, pode surgir quando se tenta verificar se a indisponibilidade do interesse público também poderia ser encaixada como um princípio jurídico quando se analisa a questão tomando por base o critério doutrinário que qualifica normas jurídicas como regra ou princípios a partir de sua forma de aplicação. É o que se analisará a seguir.

---

[221] MELLO, Celso Antônio Bandeira de. *Curso de Direito Administrativo*. 32. ed. São Paulo: Malheiros, 2015. p. 54.
[222] Daniel Wunder Hachem também parte desses critérios para identificar a supremacia do interesse público como princípio jurídico no sentido de norma fundamental do sistema. HACHEM, Daniel Wunder. *Princípio constitucional da supremacia do interesse público*. Belo Horizonte: Fórum, 2011. p. 147.

1.2.2.2 Análise a partir da compreensão de princípio como mandado de otimização

O outro modelo bastante comum de diferenciar os princípios das regras jurídicas é a partir da sua *forma de aplicação*. Essa corrente, que ganhou grande atenção por parte da doutrina brasileira nas últimas décadas, é liderada pelas lições de Ronald Dworkin e Robert Alexy. É importante ressaltar que, apesar de quase sempre serem citados em conjunto, como se tratassem de uma mesma linha de pensamento, as teorias construídas por Dworkin e Alexy possuem alguns pontos de divergência entre si.[223] No entanto, como dito, ambas adotam a estrutura lógico-normativa do comando jurídico em questão como critério para defini-lo como regra ou como princípio jurídico.

Para Dworkin, serão consideradas regras aquelas normas que se aplicam na lógica do "tudo-ou-nada". Isto é, uma vez prevista no ordenamento, se a norma for válida e forem preenchidos os requisitos para sua aplicação, ela incidirá inevitavelmente no caso concreto. Por outro lado, se ela for, por algum motivo, inválida (inconstitucional, por exemplo) ou se, no caso concreto, não tiverem sido preenchidos os requisitos necessários para sua incidência, ela não será aplicada. Não há gradação ou meio-termo. A regra *se aplica* ou *não se aplica*. Os princípios, por sua vez, seriam caracterizados por possuírem uma em sua estrutura uma dimensão de peso, que não permite a sua aplicação na lógica do "tudo-ou-nada". A aplicação de determinado princípio, assim, deve levar em consideração a sua importância naquele caso concreto. Quanto mais importante for aquele princípio no caso concreto (em relação a outros que estiverem com ele colidindo), mais intensa será sua incidência (também em relação a esses outros princípios colidentes). Há, portanto, uma gradação inevitável, que só pode ser identificada conforme as peculiaridades de cada caso concreto.[224]

A visão de Alexy, como dito, é bastante parecida com a de Dworkin, porém se distancia dela em algumas questões pontuais. Em relação às regras, a definição de Alexy praticamente coincide com a de Dworkin, afirmando que "as regras são normas que apenas podem ser cumpridas ou não. Se uma regra é válida, então deve fazer-se exatamente

---

[223] A esse respeito, remete-se novamente ao artigo de Virgílio Afonso da Silva, que traz uma análise aprofundada e detalhada sobre essas diferenças: SILVA, Virgílio Afonso da. Princípios e regras: mitos e equívocos acerca de uma distinção. *Revista Latino-Americana de Estudos Constitucionais*, Belo Horizonte, n. 1, p. 607-630, jan./jun. 2003.

[224] DWORKIN, Ronald. *Levando os direitos a sério*. 3. ed. São Paulo: Martins Fontes, 2010. p. 39-44.

o que ela exige, nem mais nem menos". Uma das diferenças pontuais a que se referiu anteriormente é sentida na definição de princípios, os quais são tidos como "mandados de otimização", "normas que ordenam que algo seja realizado na *maior medida do possível*, dentro das possibilidades fáticas e jurídicas existentes no caso concreto". Diferentemente do que ocorre no caso de conflito de regras – quando se busca alguma cláusula de exceção ou se verifica a invalidade de uma delas e se aplica somente a outra –, na hipótese de colisão de princípios a solução será a restrição de um dos direitos fundamentais em prol do outro, sendo que essa restrição deverá ser adequada, necessária e proporcional para ser considerada válida.[225]

Como dito acima, embora não haja dúvidas de que, para a corrente que encara princípios como sendo mandamentos nucleares do sistema jurídico, a indisponibilidade se classifique como tal, o mesmo não é possível se afirmar com tanta facilidade quando se faz a mesma pergunta tomando por base o critério da forma de aplicação da norma.

Ainda não foi feita pela doutrina qualquer análise nesse sentido em relação à indisponibilidade. O mesmo, entretanto, não se passa com o princípio da supremacia, que, como dito anteriormente, sempre foi objeto de maior atenção pela academia.

Nessa linha, após defender a tese da dupla noção jurídica de interesse público, Daniel Wunder Hachem aponta, em um primeiro momento, que, quando confrontando um interesse público com um interesse privado, a supremacia daquele perante esse seria uma regra, nos termos de Alexy ou Dworkin. Isto é, sempre que o administrador se deparar com uma situação na qual tiver que optar pela satisfação de um interesse público ou de um interesse privado, o ordenamento exigirá o atendimento do interesse tido como público.[226]

Uma crítica que poderia ser direcionada a essa tese (e que é antecipada pelo próprio autor) enfrenta o fato de que, se a supremacia fosse simplesmente uma regra jurídica, que determinasse o atendimento de interesses juridicamente tutelados pelo ordenamento em face de interesses não tutelados ou vedados pelo ordenamento, a norma possuiria pouca ou nenhuma utilidade, visto que se resumiria à mesma função do princípio da legalidade ou juridicidade administrativa.

---

[225] ALEXY, Robert. *Teoría de los derechos fundamentales*. 2. ed. Madrid: Centro de Estudios Políticos y Constitucionales, 2012. p. 64-71.
[226] HACHEM, Daniel Wunder. *Princípio constitucional da supremacia do interesse público*. Belo Horizonte: Fórum, 2011. p. 150.

Assim, em sua visão, a principal contribuição do princípio da supremacia seria a sua aplicação nos casos em que dois interesses públicos entram em conflito. Isto é, quando dois interesses igualmente tutelados pelo ordenamento jurídico se chocam. Isso porque, nesses casos, o princípio da juridicidade administrativa não é suficiente para apontar ao administrador público o caminho que ele deve seguir. Nesses casos, Hachem defende que a supremacia atua como um mandado de otimização. Ou seja, um princípio jurídico não apenas nos termos de Celso Antônio Bandeira de Mello (mandamento nuclear do sistema), mas também nos termos de Robert Alexy. Seu comando, pois, seria o de que os interesses da coletividade ostentariam uma supremacia *prima facie* em relação aos interesses individuais ou coletivos *stricto sensu*. No entanto, "o que determinará, em definitivo se esse interesse prevalecerá ou não serão as circunstâncias do caso concreto, que definirão uma relação de precedência condicionada: diante daquelas condições, estará justificada a preponderância do princípio".[227]

O interessante, nesse ponto, é perceber a possibilidade de o interesse da coletividade ceder a um interesse individual ou coletivo *stricto sensu* – algo que, para os críticos do princípio da supremacia, seria impossível de se pensar. Um exemplo prático dessa hipótese seria, segundo Hachem, o caso de um estabelecimento comercial que, embora possua todas as licenças e demais autorizações administrativas para explorar suas atividades naquele determinado local, sofra ordem de suspendê-las em razão de haver um perigo de desabamento do prédio em que se situa o referido estabelecimento. Haverá, nesse caso, uma preponderância *prima facie* do interesse coletivo de suspensão das atividades comerciais para evitar o desabamento do prédio (e, assim, causar danos a toda a coletividade) em relação ao interesse individual do proprietário do estabelecimento de continuar explorando aquele comércio. Por outro lado, uma vez que a supremacia do interesse público da coletividade sobre o individual se trataria de um mandado de otimização, deveriam se admitir hipóteses em que, diante de determinados fatos evidenciados na situação concreta (como, por exemplo, a inexistência de um perigo imanente que justifique a suspensão das atividades ou a possibilidade de danos desproporcionais serem impostos ao proprietário no caso da

---

[227] HACHEM, Daniel Wunder. *Princípio constitucional da supremacia do interesse público*. Belo Horizonte: Fórum, 2011. p. 151.

suspensão), o interesse individual do proprietário do estabelecimento prevaleceria em relação ao interesse público da coletividade.[228]

Outro exemplo citado pelo autor para desenvolver a tese de que interesses específicos (individuais ou coletivos *stricto sensu*) podem, a depender da situação fático-jurídica do caso concreto, prevalecer em relação a interesses gerais próprios da coletividade é o do aresto *Société civile Sainte-Marie de l'Assomption*, julgado pelo Conselho de Estado Francês.[229] Naquela oportunidade, o órgão máximo da jurisdição administrativa francesa se deparou com a necessidade de averiguar a validade de um ato expropriatório praticado pela Administração Pública com a finalidade de possibilitar a construção de uma obra viária que aprimoraria a mobilidade urbana na cidade de Nice. O problema, porém, é que a obra impactaria de maneira significativamente prejudicial o funcionamento do único hospital psiquiátrico da região. Por essa razão, o Conselho de Estado declarou a nulidade do ato administrativo em questão a fim de evitar os prejuízos que seriam causados aos usuários do hospital.[230]

A lógica é semelhante em relação ao princípio da indisponibilidade do interesse público. Uma vez que os interesses individuais positivados no ordenamento jurídico também ostentam a qualidade de serem classificados como interesses públicos, certamente não é o princípio da indisponibilidade que proíbe a Administração de persegui-los. Pelo contrário, seu comando determina justamente que a atividade administrativa busque incessantemente a concretização desse interesse.

No entanto, do ponto de vista da natureza jurídica da norma, não se entende possível afirmar que a indisponibilidade do interesse público pode ser vista como um princípio nos termos de Alexy, isto é, como um mandado de otimização, que pode ser aplicado em maior ou menor grau, a depender do caso concreto. Afinal, isso poderia levar à conclusão de que, dependendo das situações fáticas e jurídicas do caso concreto, a Administração Pública poderia estar mais ou menos vinculada à realização do interesse público. Admitir-se-ia, nesse sentido,

---

[228] HACHEM, Daniel Wunder. *Princípio constitucional da supremacia do interesse público*. Belo Horizonte: Fórum, 2011. p. 150-151.

[229] HACHEM, Daniel Wunder. *Princípio constitucional da supremacia do interesse público*. Belo Horizonte: Fórum, 2011. p. 203.

[230] A fundamentação integral da decisão está disponível em: https://www.legifrance.gouv.fr/affichJuriAdmin.do?idTexte=CETATEXT000007642995. Acesso em: 10 set. 2018.

que, em alguns casos, a Administração deliberadamente deixasse de atender ao interesse público.

Contudo, não é esse obviamente o conteúdo jurídico extraível do princípio da indisponibilidade, o que, por dedução lógica, inviabilizaria que sua forma jurídica fosse apresentada dessa maneira. Dessa maneira, *a indisponibilidade do interesse público possui a estrutura lógico-normativa de regra no direito administrativo brasileiro.*

Isso, contudo, não impede que interesses individuais ou coletivos *stricto sensu* possam ser perseguidos pela Administração, desde que estejam respaldados pelo ordenamento jurídico e desde que sua concretização corresponda, ainda que indiretamente, à satisfação do interesse público da coletividade em si mesmo considerada. A atividade de fomento estatal, já há muito consolidada na prática administrativa, apresenta-se como um bom exemplo disso, uma vez que, de modo geral, aceita-se sem contestações a sua validade em relação à indisponibilidade do interesse público.

Isso ajuda a compreender por que, no primeiro exemplo citado acima, o interesse individual do proprietário do estabelecimento poderia ser aquele tutelado pela Administração – e não o *suposto* interesse coletivo de suspensão das atividades comerciais – em situações específicas como no caso de que não se verificasse a existência de um perigo imanente de desabamento ou que a suspensão causasse danos desproporcionais ao comerciante.

É que, em ambos os casos, uma análise detida dos fundamentos fáticos e jurídicos envoltos na hipótese em análise demonstrará que *na realidade sequer existia um interesse coletivo* de suspensão das atividades comerciais. Ora, como poderia se afirmar que esse interesse é respaldado pelo ordenamento no caso de sequer existir risco de desabamento? Assim, nessa situação fática o único interesse público que realmente existia era o de manutenção das atividades comerciais do empresário. Não apenas o interesse individual do comerciante (que também é visto como um interesse público, por ser regularmente protegido pelo ordenamento), mas também um interesse da própria coletividade no sentido de que a Administração não seja autorizada a suspender as atividades de estabelecimentos comerciais quando isso não põe em risco qualquer outro bem jurídico (ou ainda que o pusesse, de maneira bastante menos gravosa, o que atenderia ao postulado da proporcionalidade).

O mesmo ocorre no exemplo da construção da rodovia que foi analisada pelo Conselho de Estado Francês no aresto *Société civile Sainte-Marie de l'Assomption*. Como se poderia afirmar que existe um interesse coletivo na construção de obra viária que prejudicaria o funcionamento do único hospital psiquiátrico da região? Por óbvio, mais uma vez o que existia era apenas um *pretenso* interesse público (ou interesse público abstrato) na construção dessa rodovia, o qual deixa de existir assim que se analisam com atenção os impactos fáticos e jurídicos que isso causaria no caso concreto.

Após a análise detida do contexto fático e jurídico em que estavam inseridos, a Administração chegou à correta conclusão de que os interesses públicos abstratos de suspensão das atividades comerciais e de construção da obra viária não eram tutelados pelo ordenamento jurídico naquele caso concreto, de modo que os interesses públicos concretos a serem perseguidos pela Administração resumiam-se à manutenção das atividades comerciais e do hospital.

Assim, em ambos os casos não é correto afirmar que a Administração Pública estaria deixando de atender ao interesse público da coletividade para tutelar o interesse do proprietário do estabelecimento ou o dos usuários do hospital. Nas duas situações, o Poder Público está, sim, atendendo a interesses públicos individuais e coletivos *stricto sensu*, mas essa hipótese só é autorizada pelo ordenamento jurídico porque, em última análise, era essa a postura que o interesse público da coletividade exigia da Administração naquele caso concreto.

Referida constatação se mostrará relevante, principalmente, quando se for analisar a validade de acordos e parcerias firmados pela Administração Pública com particulares tomando como base referencial o princípio da indisponibilidade do interesse público. Isso fica muito claro nos casos em que se discute a validade de acordos firmados pela Fazenda Pública reconhecendo o direito dos indivíduos que estão contra ela litigando na esfera judicial. *A priori*, o interesse da coletividade seria no sentido de que a advocacia pública envidasse todos os esforços necessários para que a entidade pública participante do conflito se sagrasse vencedora. Entretanto, em situações específicas, o acordo com o particular litigante está autorizado. Mais uma vez: não somente para atender ao seu interesse individual, mas principalmente porque, em determinados casos (e serão apenas nesses casos que os acordos serão permitidos), não mais existirá o interesse coletivo de adversariedade da Fazenda Pública.

Diante de tais constatações, uma nota metodológica deve ser feita. Apesar de, segundo o critério da estrutura lógico-normativa, considerar-se a indisponibilidade uma regra jurídica, em razão da maior difusão do termo princípio da indisponibilidade do interesse público no direito administrativo, opta-se por continuar referindo-se à indisponibilidade como princípio. Além de não se tratar de equívoco, vez que, de fato, a indisponibilidade é um princípio de acordo com o critério do seu grau de fundamentalidade, tal postura facilita a compreensão daqueles que já estão acostumados com o termo em comento.

1.2.3 Os fundamentos normativos e os impactos da indisponibilidade do interesse público no direito administrativo brasileiro

1.2.3.1 A indisponibilidade do interesse público no direito positivo brasileiro

Uma vez exposto o que se entende pelo conteúdo e pela natureza jurídica do princípio da indisponibilidade do interesse público, deve-se agora demonstrar que a referida norma de fato *existe* no ordenamento jurídico, não se tratando de mera criação doutrinária. Afinal, é evidente que, para que determinado conceito ou valor seja aceito como norma jurídica, ele deve possuir, explícita ou implicitamente, um fundamento identificável no ordenamento jurídico.[231] Assim, deve-se buscar em que dispositivos jurídico-normativos do direito brasileiro o princípio da indisponibilidade pode fundamentar sua existência enquanto norma jurídica.

Nesse sentido, é muito comum encontrar textos que, na tentativa de demonstrar o amparo constitucional do princípio da indisponibilidade do interesse público, apontam os dispositivos que impõem restrições aos administradores no tocante à venda de bens públicos, à realização de concurso público, à exigência de licitação, às reformas em patrimônio público, entre outros, como prova da *existência* jurídica desse princípio. No entanto, a metodologia empreendida parece estar equivocada por inverter os polos da equação: esses institutos não são a demonstração da existência do princípio da indisponibilidade, senão no máximo consequências dele (isso, se ele de fato for extraível da Constituição). Ou seja, ainda que a conclusão final a que se chegue seja a mesma, discorda-se do caminho percorrido por essa linha argumentativa.

---

[231] Humberto Ávila, nesse sentido, afirma que deve haver um "fundamento de validade no direito positivo, de modo expresso ou implícito" para que determinada disposição seja considerada como uma "norma-princípio". ÁVILA, Humberto. Repensando o "princípio da supremacia do interesse público sobre o particular". *In*: SARMENTO, Daniel (Org.). *Interesses públicos versus interesses privados*: desconstruindo o princípio da supremacia do interesse público. 3. tir. Rio de Janeiro: Lumen Juris, 2010. p. 181.

Além disso, também se reconhece que muitos dos "subprincípios" decorrentes da indisponibilidade do interesse público foram constitucionalizados na Carta de 1988, a qual oferece um grande plexo de garantias aos cidadãos em face do Estado.[232] É o caso, por exemplo, dos princípios da impessoalidade e da publicidade. A identificação desses reflexos do princípio da indisponibilidade é bastante fácil.

O que pouco se fala, entretanto, é sobre quais são os *fundamentos* desse princípio. Isto é, para além daquilo que são considerados como frutos da indisponibilidade, o que de fato pode ser tomado como a base que sustenta a existência desse princípio no direito brasileiro?

Na tentativa de se identificar uma resposta a essa pergunta, o primeiro e mais fácil caminho a ser perseguido é buscar no próprio texto constitucional alguma menção explícita ao princípio da indisponibilidade do interesse público. O esforço, entretanto, seria inócuo. Não há nenhum dispositivo constitucional que expressamente vincule a Administração Pública a um "princípio da indisponibilidade do interesse público" ou a qualquer outro com redação semelhante.

Situação diversa, é interessante citar, se passa com a Constituição Portuguesa de 1976, na qual a Constituição Federal brasileira de 1988 buscou bastante inspiração. Em seu art. 266, a Constituição lusitana elenca, no rol de princípios fundamentais da Administração Pública, a seguinte disposição: "A Administração Pública visa *a prossecução do interesse público*, no respeito pelos direitos e interesses legalmente protegidos dos cidadãos". No art. 237.º há um comando semelhante, segundo o qual "as autarquias locais são pessoas coletivas territoriais dotadas de órgãos representativos, que visam *a prossecução de interesses próprios das populações respectivas*".

Diogo Freitas do Amaral, administrativista português, extrai desses dispositivos o que chama de "princípio da prossecução do interesse público", segundo ele "o princípio motor da Administração". De acordo com esse princípio, "a Administração actua, move-se, funciona para prosseguir o interesse público", sendo, pois, "o interesse público o seu único fim".[233] Ou seja, um princípio, em termos gerais, com conteúdo jurídico idêntico ao que no Brasil se refere como indisponibilidade do interesse público (ressalvadas, obviamente, as peculiaridades próprias de cada ordem jurídica).

---

[232] HACHEM, Daniel Wunder. *Princípio constitucional da supremacia do interesse público*. Belo Horizonte: Fórum, 2011. p. 166.
[233] AMARAL, Diogo de Freitas. *Curso de Direito Administrativo*. v. II. Coimbra: Almedina, 2001. p. 33.

Normativa semelhante é positivada também na Constituição Espanhola de 1978, quando afirma, no art. 103.1, que "a Administração Pública serve com objetividade aos interesses gerais".[234] E, assim como acontece no país vizinho, esse dispositivo também é visto como fundamento pela doutrina administrativa espanhola do dever administrativo de concretização do interesse público.[235]

O fato, entretanto, de não haver dispositivo constitucional semelhante no ordenamento jurídico pátrio de modo algum pode ser visto como um obstáculo definitivo à defesa da existência jurídica do princípio da indisponibilidade do interesse público no direito brasileiro. Nesse sentido, o administrativista espanhol Alejandro Nieto lembra que, se – diferentemente do que ocorre em seu país – não existe previsão expressa de que a Administração deve seguir o interesse público em todas as Constituições, isso se deve simplesmente ao fato de que tal vinculação é uma conclusão óbvia.[236]

É prudente recordar que, na mesma situação do princípio da indisponibilidade do interesse público, estão outros princípios constitucionais de extrema relevância, como a segurança jurídica, a proporcionalidade e a razoabilidade – nenhum deles encontrado de modo explícito em um dispositivo constitucional. Apesar de tal situação, não se faz nenhum grande questionamento a respeito da existência de tais princípios, amplamente reconhecidos pela doutrina e aplicados pela jurisprudência nacional. A razão para isso é que tais normas podem facilmente ser deduzidas do texto constitucional. Idêntica, mais uma vez, é a situação do princípio da indisponibilidade, que, sendo extraível de um amplo

---

[234] No original e em sua integralidade é isso o que dispõe o referido dispositivo: "*Artículo 103.1. La Administración Pública sirve con objetividad los intereses generales y actúa de acuerdo con los principios de eficacia, jerarquía, descentralización, desconcentración y coordinación, con sometimiento pleno a la ley y al Derecho*".

[235] Nesse sentido, ver: MEILAN GIL, José Luis. Intereses generales e interés público desde la perspectiva del derecho público español. *In*: BACELLAR FILHO, Romeu Felipe; HACHEM, Daniel Wunder (Coords.). *Direito Administrativo e interesse público*: estudos em homenagem ao Professor Celso Antônio Bandeira de Mello. Belo Horizonte: Fórum, 2010; NIETO, Alejandro. La administración sirve con objetividad los intereses generales. *In*: BAQUER, Sebastián Martin-Retortillo (Coord.). *Estudios sobre la Constitución española*: Homenaje al profesor Eduardo García de Enterría. v. 3. Madrid: Civitas, 1991.

[236] NIETO, Alejandro. La administración sirve con objetividad los intereses generales. *In*: BAQUER, Sebastián Martin-Retortillo (Coord.). *Estudios sobre la Constitución española*: Homenaje al profesor Eduardo García de Enterría. v. 3. Madrid: Civitas, 1991. p. 2.225. E Nieto de fato está com razão. Daniel Wunder Hachem também classifica como uma "verdadeira obviedade" a constatação de que "um Estado Democrático de Direito (mormente sob os auspícios do princípio republicano) tem por obrigação a promoção do bem de todos". HACHEM, Daniel Wunder. *Princípio constitucional da supremacia do interesse público*. Belo Horizonte: Fórum, 2011. p. 121.

conjunto de normas constitucionais, apresenta-se como um princípio constitucional *implícito* do direito administrativo brasileiro.

Nesse sentido, Mariana de Siqueira concorda que, apesar de não ser "texto expresso nas disposições da Constituição de 1988, nem por isso, todavia, carece de proteção jurídica" o princípio da indisponibilidade do interesse público,[237] e Daniel Wunder Hachem chega a afirmar que "não há dúvidas que a *indisponibilidade dos interesses públicos*, como ideia-síntese das sujeições especiais da Administração Pública em prol do cidadão, pode ser identificada como um princípio implícito no tecido constitucional", sendo que o "dever da Administração de obedecer a todos os seus desdobramentos (...) resulta diretamente da sua submissão à Constituição".[238]

O caminho, então, é buscar no texto constitucional dispositivos que possam servir de base para justificar a existência do princípio da indisponibilidade do interesse público.

Logo no preâmbulo já se encontra a determinação (ainda que não de uma forma vinculativa, mas como uma importante orientação hermenêutica) de que o Estado brasileiro é instituído com o destino de assegurar o bem-estar da população (entre outros valores supremos, como a liberdade, a igualdade e a justiça).[239] Em sentido semelhante – e aí com força vinculante em face da atividade administrativa –, propugna o art. 3º, IV, que se trata de objetivos fundamentais da República a promoção do "bem de todos, sem preconceitos de origem, raça, sexo, cor, idade e quaisquer outras formas de discriminação".[240]

Ora, como ensina Héctor Jorge Escola, na Argentina a persecução do interesse público é considerada um princípio constitucional exatamente por conta da expressão "bem-estar geral" no preâmbulo

---

[237] SIQUEIRA, Mariana de. *Interesse público no direito administrativo brasileiro*: da construção da moldura à composição da pintura. Rio de Janeiro: Lumen Juris, 2016. p. 195.

[238] HACHEM, Daniel Wunder. *Princípio constitucional da supremacia do interesse público*. Belo Horizonte: Fórum, 2011. p. 118.

[239] Constituição da República Federativa do Brasil. Preâmbulo. Nós, representantes do povo brasileiro, reunidos em Assembléia Nacional Constituinte para instituir um Estado Democrático, destinado a assegurar o exercício dos direitos sociais e individuais, a liberdade, a segurança, *o bem-estar*, o desenvolvimento, a igualdade e a justiça como valores supremos de uma sociedade fraterna, pluralista e sem preconceitos, fundada na harmonia social e comprometida, na ordem interna e internacional, com a solução pacífica das controvérsias, promulgamos, sob a proteção de Deus, a seguinte CONSTITUIÇÃO DA REPÚBLICA FEDERATIVA DO BRASIL.

[240] Constituição da República Federativa do Brasil. Art. 3º. Constituem objetivos fundamentais da República Federativa do Brasil: IV - promover o bem de todos, sem preconceitos de origem, raça, sexo, cor, idade e quaisquer outras formas de discriminação.

da Constituição,[241] de modo muito semelhante ao que acontece no Brasil. Em âmbito nacional, Juarez Freitas é um dos autores que adota posição semelhante ao afirmar, baseado no dispositivo constitucional citado acima, que "o princípio do interesse público prescreve que, em caso de colisão, deve preponderar a vontade geral legítima (o 'bem de todos' no dizer do art. 3º da CF) sobre a vontade egoisticamente articulada ou facciosa".[242]

Do mesmo modo, Romeu Felipe Bacellar Filho também parece concordar com a identificação da fundamentação normativa do princípio da indisponibilidade no art. 3º, IV, da Constituição. É o que se deduz quando o administrativista, ao defender que a Administração não pode ter como objetivo central de sua atividade o atingimento de interesses particulares (e, sim, obviamente, o de interesses públicos), afirma que "o princípio geral que domina toda a atividade estatal, exercida através da Administração Pública, é o bem comum".[243]

Além dos dispositivos citados acima, uma interpretação sistemática das normas constitucionais também é capaz de demonstrar a fundamentação implícita do princípio da indisponibilidade no texto constitucional em outras normas de conteúdo semelhante ao preâmbulo e ao art. 3º, IV. Quando a Constituição, em diversos de seus artigos, parágrafos e incisos, prevê um dever do Estado de promover a justiça social, a solidariedade e a harmonia entre os cidadãos, percebe-se que ela está a vincular a atividade administrativa ao combate às desigualdades, à inclusão dos indivíduos marginalizados e à luta contra as opressões de toda espécie. Em resumo, há a "impossibilidade de se permitir a primazia de interesses exclusivamente particulares sobre bens jurídicos tutelados constitucionalmente".[244]

---

[241] ESCOLA, Héctor Jorge. *El interés público*: como fundamento del derecho administrativo. Buenos Aires: Depalma, 1989. p. 31.

[242] FREITAS, Juarez. *O controle dos atos administrativos e os princípios fundamentais*. 4. ed. São Paulo: Malheiros, 2009. p. 54.

[243] "Com efeito, o princípio geral que domina toda a atividade estatal, exercida através da Administração Pública, é o bem comum. Este não representa a soma de todos os bens individuais, mesmo porque os bens individualmente considerados podem conflitar com aquele. Pelo contrário, aqui está o limite negativo: a Administração Pública não pode objetivar interesses particulares. O administrador que transgrida este preceito convulsiona, desarmoniza e desacredita a ação administrativa." BACELLAR FILHO, Romeu Felipe. A Segurança Jurídica e as Alterações no Regime Jurídico do Servidor Público. In: ROCHA, Cármen Lúcia Antunes (Coord.). *Constituição e segurança jurídica*: direito adquirido, ato jurídico perfeito e coisa julgada. 2. ed. 1. reimp. Belo Horizonte: Fórum, 2009. p. 196.

[244] HACHEM, Daniel Wunder. *Princípio constitucional da supremacia do interesse público*. Belo Horizonte: Fórum, 2011. p. 125.

E, assim, tais posicionamentos demonstram que, assim como ocorre na Argentina, a mesma constatação (de que dever administrativo de persecução de interesses públicos decorre da noção de bem-estar geral) pode ser extraída também da Constituição brasileira. É que, como apontado no item 1.1.3, na atual conjuntura política e jurídica do mundo ocidental, a noção de interesse público se encontra atrelada à de bem comum, visto que a ascensão do paradigma do Estado Social de Direito incrustou na categoria jurídica do interesse público o símbolo axiológico do dever estatal de promoção do bem-estar social.

Desse modo, o fato de o preâmbulo e o art. 3º, IV, da Constituição (entre tantos outros que, de maneira menos direta, apontam para o mesmo sentido) determinarem a realização do bem-estar geral como um objetivo basilar da Administração Pública já seria justificativa normativa suficiente para se reconhecer a existência do princípio da indisponibilidade do interesse público no ordenamento jurídico brasileiro.

Há, entretanto, um dispositivo que vincula de maneira ainda mais consistente a atividade administrativa à plena e incessante concretização do interesse público. Trata-se do art. 1º da Constituição Federal, que define o Estado brasileiro como uma *república*.[245] Muito mais do que uma mera "abstrata declaração de intenções a figurar no texto constitucional", essa expressão se constitui como "um comando objetivo aplicável e exigível a toda aplicação do sistema normativo brasileiro, constitucional e infraconstitucional", sendo que "o princípio republicano, aliado à condição de Estado Democrático de Direito, é pois, *impositivo a todas as relações entre o Estado e seu povo*".[246]

Tradicionalmente, a república é enxergada como uma forma de governo que se opõe à monarquia, por constituir um Estado no qual o poder público é exercido por representantes do *povo*, especificamente eleitos para essa função e com diversas limitações em sua atuação – e não por mandatários absolutistas levados ao poder por razões teológicas e hereditárias.[247] Tal diferenciação, entretanto, apesar de sua importância para fins didáticos e de seu valor histórico, não pode ser acatada integralmente na sociedade contemporânea, tendo em vista

---

[245] Constituição da República Federativa do Brasil. Art. 1º. A *República* Federativa do Brasil, formada pela união indissolúvel dos Estados e Municípios e do Distrito Federal, constitui-se em Estado Democrático de Direito e tem como fundamentos.

[246] LIMA, Martonio Mon'Alverne Barreto. Comentários ao art. 1º. *In*: CANOTILHO, J. J. Gomes; MENDES, Gilmar Ferreira; SARLET, Ingo Wolfgang; STRECK, Lenio L. (Coords.). *Comentários à Constituição do Brasil*. São Paulo: Saraiva/Almedina, 2013. p. 108-109.

[247] DALLARI, Dalmo de Abreu. *Elementos de Teoria Geral do Estado*. 31. ed. São Paulo: Saraiva, 2012. p. 225-227.

que a maioria das monarquias no mundo hoje está inserida em regimes democráticos.[248]

Na busca de uma definição para o termo, Ana Paula de Barcellos ressalta que, em que pese existirem inúmeras posições divergentes sobre o real significado do princípio republicano, o que faz ser impossível a tarefa de encontrar "um sentido histórico unívoco e simples", analisando todas essas concepções é possível "identificar uma ideia essencial comum: trata-se da noção, de alguma forma associada à ideia de república, de restrição do poder absoluto, de governo justo e do *exercício do poder político orientado para o bem da coletividade*". Em outro trecho, a constitucionalista reforça que a expressão "república" encontra-se "associada às noções de governo justo, de Estado de Direito, *primazia do interesse público* e, principalmente, controle do poder".[249] A partir daí já é possível começar a se compreender a relação entre o republicanismo e o princípio da indisponibilidade do interesse público.

Em uma república, a atividade dos agentes públicos, enquanto representantes da sociedade e detentores de poderes públicos, deve se pautar por um critério de neutralidade,[250] sem se utilizar das prerrogativas disponibilizadas pela máquina administrativa para privilegiar ou prejudicar pessoas ou grupos sociais em específicos por razões pessoais.[251] Na ordem constitucional brasileira, esse valor foi positivado no art. 37 através do princípio da impessoalidade, mas também é evidente sua relação intrínseca com a concepção de que a Administração deve agir em prol de interesses *públicos* – e não privados –, algo que reforça a tese de que a indisponibilidade do interesse público pela Administração é um princípio jurídico implícito extraível do modelo republicano de Estado expressamente adotado pela Constituição Federal de 1988.

Assim, é possível afirmar que a indisponibilidade do interesse público é um reflexo indiscutível do ideal de republicanismo que permeia a Constituição brasileira. A partir disso, o que se pode discutir são no máximo as consequências práticas do princípio da indisponibilidade,

---

[248] BARCELLOS, Ana Paula de. *Curso de direito constitucional*. Rio de Janeiro: Forense, 2018. p. 118.
[249] BARCELLOS, Ana Paula de. *Curso de direito constitucional*. Rio de Janeiro: Forense, 2018. p. 118-119.
[250] GABARDO, Emerson. *Interesse público e subsidiariedade*: o Estado e a sociedade civil para além do bem e do mal. Belo Horizonte: Fórum, 2009. p. 363.
[251] Nesse sentido, Ana Paula de Barcellos registra que "o ideal republicano impõe a separação entre interesses privados dos agentes públicos e o interesse público que lhes cabe defender ou promover". BARCELLOS, Ana Paula de. *Curso de direito constitucional*. Rio de Janeiro: Forense, 2018. p. 119.

mas o fato de que a Administração Pública de uma república deve perseguir interesses públicos, que digam respeito a toda a coletividade, e não apenas a determinados grupos de indivíduos que os detentores do poder quiserem privilegiar, é indiscutível. Afinal, como ensina Emerson Gabardo, "uma república em que não se tome como ponto de partida que deve ser priorizado o interesse comum em face dos interesses de caráter particular certamente não será uma república verdadeira".[252]

Outro dispositivo constitucional que também fundamenta a existência do princípio da indisponibilidade, ainda que de maneira mais discreta que os anteriores, é o art. 66, §1º, que prescreve que, "se o Presidente da República considerar o projeto, no todo ou em parte, inconstitucional ou *contrário ao interesse público*, vetá-lo-á total ou parcialmente [...]".

A bem da verdade, nesse momento a Constituição parece estar se referindo a um conceito mais político de interesse público, principalmente porque coloca essa hipótese de veto ao lado daquela em que o presidente identifica alguma inconstitucionalidade no projeto legislativo. Ainda assim, tal dispositivo não deixa de servir como mais um indicativo do rumo que a Constituição pretende impor à Administração Pública. Dele se extrai que a vinculação da atividade estatal à realização do interesse público é tamanha que o presidente da República está autorizado a vetar uma lei aprovada regularmente pelos representantes democráticos do povo caso considere que a norma importará afronta ao interesse da coletividade.

O mesmo ocorre com o art. 57, §6º,[253] com o art. 93, VIII,[254] com o art. 95, II,[255] e com o art. 231, §6º.[256] São todos dispositivos constitucionais

---

[252] GABARDO, Emerson. *Interesse público e subsidiariedade*: o Estado e a sociedade civil para além do bem e do mal. Belo Horizonte: Fórum, 2009. p. 363.

[253] Constituição da República Federativa do Brasil. Art. 57. §6º. A convocação extraordinária do Congresso Nacional far-se-á: II - pelo Presidente da República, pelos Presidentes da Câmara dos Deputados e do Senado Federal ou a requerimento da maioria dos membros de ambas as Casas, em caso de urgência ou *interesse público* relevante, em todas as hipóteses deste inciso com a aprovação da maioria absoluta de cada uma das Casas do Congresso Nacional.

[254] Constituição da República Federativa do Brasil. Art. 93. VIII - o ato de remoção, disponibilidade e aposentadoria do magistrado, por *interesse público*, fundar-se-á em decisão por voto da maioria absoluta do respectivo tribunal ou do Conselho Nacional de Justiça, assegurada ampla defesa.

[255] Constituição da República Federativa do Brasil. Art. 95. Os juízes gozam das seguintes garantias: II - inamovibilidade, salvo por motivo de *interesse público*, na forma do art. 93, VII.

[256] Constituição da República Federativa do Brasil. Art. 231. §6º. São nulos e extintos, não produzindo efeitos jurídicos, os atos que tenham por objeto a ocupação, o domínio e a posse das terras a que se refere este artigo, ou a exploração das riquezas naturais do solo, dos rios

que servem de exemplo para comprovar a tese de que, quando verificada a presença de dado interesse público, a Administração Pública está instada a agir de determinado modo através de atos que não poderia praticar caso tal prática não fosse estritamente necessária para a tutela do interesse público.

Uma crítica feita à suposta ausência de respaldo constitucional do princípio da supremacia do interesse público e que certamente também poderia ser direcionada ao da indisponibilidade é a de que não é possível "extrair o 'princípio da supremacia do interesse público' da análise do conjunto normativo constitucional, haja vista a ampla proteção dispensada aos interesses particulares".[257] Sobre essa questão, já se disse anteriormente que o fato de a Constituição assegurar uma série de direitos individuais de modo algum afasta o amparo constitucional à tese de que a Administração Pública está estritamente vinculada à satisfação do interesse público, já que o respeito a esses direitos individuais também será uma questão de interesse público.

A menção a essa crítica se faz relevante não apenas para demonstrar a existência de debate quanto ao amparo jurídico-constitucional do princípio da indisponibilidade e dos fundamentos que sustentam o lado contrário à sua existência, mas, principalmente, para prontamente rebatê-los. Não pode haver dúvidas acerca da possibilidade de compatibilização entre a indisponibilidade do interesse público e a proteção, pela Administração, de direitos individuais de sujeitos particulares.

Embora não diretamente em âmbito constitucional, também é interessante trazer à baila nesse momento o art. 2º, *e*, e parágrafo único, *e*, da Lei nº 4.171/65.[258] Diz-se que apenas não *diretamente* constitucional, pois é bom lembrar que, embora anterior à Constituição atualmente vigente, referida legislação possui, no presente cenário, a função de regulamentar o art. 5º, LXXIII, da Lei Maior.[259] Pois bem. Tal dispositivo

---

e dos lagos nelas existentes, ressalvado relevante *interesse público* da União, segundo o que dispuser lei complementar, não gerando a nulidade e a extinção direito a indenização ou a ações contra a União, salvo, na forma da lei, quanto às benfeitorias derivadas da ocupação de boa fé.

[257] BINENBOJM, Gustavo. *Uma teoria do direito administrativo*: direitos fundamentais, democracia e constitucionalização. 3. ed. rev. e atual. Rio de Janeiro: Renovar, 2014. p. 95.

[258] Lei nº 4.171/65. Art. 2º São nulos os atos lesivos ao patrimônio das entidades mencionadas no artigo anterior, nos casos de: e) desvio de finalidade. Parágrafo único. Para a conceituação dos casos de nulidade observar-se-ão as seguintes normas: e) o desvio de finalidade se verifica quando o agente pratica o ato visando a fim diverso daquele previsto, explícita ou implicitamente, na regra de competência.

[259] Constituição da República Federativa do Brasil. Art. 5º. LXXIII - qualquer cidadão é parte legítima para propor ação popular que vise a anular ato lesivo ao patrimônio público ou

prevê a possibilidade de anulação, através do instrumento da ação popular, de atos administrativos editados com finalidade diversa daquela prescrita em lei para tal competência.

Como visto no item 1.2.1, principalmente antes das teorizações de Celso Antônio Bandeira de Mello a respeito da matéria, o dever da Administração de buscar a concretização do interesse público era veiculado pela doutrina não pelo princípio da "indisponibilidade do interesse público", mas normalmente como algo atrelado ao atributo da finalidade dos atos administrativos. Paradigmática nesse sentido é a já citada lição de José Cretella Júnior ao pontuar que, "se o agente, levado por móveis outros que o interesse público, edita o ato administrativo, este leva um vício grave de origem, informado que foi por finalidade incompatível com aquela que impulsiona o pessoal do Estado".[260]

Desse modo, se, à época, o atributo da finalidade dos atos administrativos era visto como elo principal que vinculava a Administração Pública à satisfação do interesse público, é correto compreender que, ao prescrever no art. 2º, *e*, da Lei de Ação Popular que serão nulos os atos em que se verificar algum tipo de desvio de finalidade, o legislador nesse momento reforçou a antijuridicidade de qualquer atuação da Administração Pública que se distanciasse do atendimento do interesse público.

Esses são, como dito, os principais dispositivos normativos que fundamentam o princípio da indisponibilidade do interesse público no ordenamento jurídico pátrio. Das explicações tecidas sobre eles, percebe-se ser inquestionável a existência jurídica de tal norma no direito administrativo brasileiro. Deve-se agora, então, compreender quais os impactos que a indisponibilidade do interesse público, uma vez devidamente reconhecida como princípio jurídico, traz para o regime jurídico-administrativo.

---

de entidade de que o Estado participe, à moralidade administrativa, ao meio ambiente e ao patrimônio histórico e cultural, ficando o autor, salvo comprovada má-fé, isento de custas judiciais e do ônus da sucumbência.

[260] CRETELLA JÚNIOR, José. *Tratado de Direito Administrativo*: Teoria do ato administrativo. v. 2. Rio de Janeiro: Forense, 1966. p. 240.

1.2.3.2 As repercussões causadas pela indisponibilidade do interesse público ao regime jurídico-administrativo

De acordo com Celso Antônio Bandeira de Mello, as principais consequências jurídicas do princípio da indisponibilidade do interesse público são: (i) o princípio da legalidade e suas decorrências, como a finalidade, a razoabilidade e a proporcionalidade, a motivação e a responsabilidade do Estado; (ii) a obrigatoriedade do desempenho da atividade pública/continuidade dos serviços públicos; (iii) o controle (interno e externo) dos atos administrativos; (iv) o tratamento isonômico dos cidadãos em face da Administração; (v) publicidade; (vi) inalienabilidade dos direitos concernentes a interesses públicos.[261] Passa-se agora a analisar, pois, cada uma dessas características.

(i) Nas palavras de Bandeira de Mello, o *princípio da legalidade administrativa* é "uma decorrência natural da indisponibilidade do interesse público".[262] Ora, uma vez que o interesse público está consagrado na legislação positiva, é lógico que do dever da Administração de promover esse interesse público decorra o dever de respeitar a legislação, subordinando toda sua atividade às normas jurídicas consagradas no ordenamento. O mais interessante desse ponto, então, parece estar naquilo que Celso Antônio considera como as decorrências do princípio da indisponibilidade: (i.1) a finalidade; (i.2) a razoabilidade e a proporcionalidade; (i.3) a motivação; e (i.4) a responsabilidade do Estado.

(i.1) O atributo da *finalidade* dos atos administrativos, como já dito, está intimamente relacionado à noção de indisponibilidade do interesse público. É certo que "não se aplica uma lei corretamente se o ato de aplicação carecer de sintonia com o escopo por ela visado".[263] Assim, o dever de todos os atos jurídicos que correspondam a manifestações de vontade da Administração Pública serem editados objetivando o cumprimento de determinada finalidade prevista em lei (e não qualquer finalidade que deseje, pessoal e subjetivamente, a autoridade pública) é uma decorrência do princípio da indisponibilidade. É esse elo que

---

[261] MELLO, Celso Antônio Bandeira de. *Curso de Direito Administrativo*. 32. ed. São Paulo: Malheiros, 2015. p. 77.
[262] MELLO, Celso Antônio Bandeira de. *Curso de Direito Administrativo*. 32. ed. São Paulo: Malheiros, 2015. p. 78.
[263] MELLO, Celso Antônio Bandeira de. *Curso de Direito Administrativo*. 32. ed. São Paulo: Malheiros, 2015. p. 80.

vincula a atividade administrativa, sob pena de invalidade jurídica, à permanente busca de realização do interesse público.

(i.2) Principalmente nos casos em que a Administração goza de certa margem de discricionariedade para identificar dado interesse público e, assim, tomar a decisão que lhe compete, a indisponibilidade do interesse público exige que essa decisão seja *razoável* e *proporcional* em relação aos direitos e interesses que estão em jogo. Não se poderia considerar como de interesse público um ato administrativo que destoasse dos padrões jurídicos de razoabilidade ou que não fosse adequado, necessário e proporcional ao fim a que ele supostamente se destina.

(i.3) O dever de *motivação* dos atos administrativos não apenas é um requisito essencial para que a categoria jurídica do interesse público possa ser adequadamente aplicada em qualquer caso, como também se mostra como uma consequência do princípio da indisponibilidade. Ora, uma vez que os bens e direitos são *públicos*, e não próprios do administrador, a autoridade deve demonstrar fundamentadamente todas as razões que a levaram a tomar determinada decisão. Apenas assim os cidadãos e os órgãos de controle poderão verificar se o ato administrativo realmente foi editado visando à consecução de uma finalidade pública ou se, por outro lado, ao fazê-lo a Administração destoou do seu dever de realização do interesse público.

(i.4) Apenas em relação ao regime de responsabilidade civil do Estado ousa-se discordar de Bandeira de Mello, por não se vislumbrar tal característica como uma decorrência do princípio da indisponibilidade. Diferentemente do que se passa com os outros fatores analisados acima, a responsabilidade civil não é uma sujeição típica ou extraordinária do regime administrativo. Todas as pessoas, físicas ou jurídicas, públicas ou privadas, estão submetidas a algum sistema de responsabilização civil. Ainda que o regime da responsabilidade civil do Estado destoe daquele que, em regra, é aplicado aos particulares,[264] isso não é capaz de justificar uma relação entre tal característica e o princípio da indisponibilidade.

Atualmente, a modalidade objetiva de responsabilização civil já vem sendo adotada também para particulares que se encontrarem inseridos em determinados contextos. Um exemplo patente disso são empresas privadas cuja atuação de algum modo impacte em temas afetos ao direito ambiental. Nesses casos, as empresas são objetivamente

---

[264] Sobre o regime de responsabilização civil do Estado no Brasil, ver: FARIA, Luzardo. A ineficiência do atual modelo de responsabilização civil do Estado no Brasil e a necessidade de prevenção de danos. *Revista Digital de Direito Administrativo*, São Paulo, v. 4, n. 2, p. 117-136, jul. 2017. p. 118-119.

responsáveis pelos danos que causarem ao meio ambiente. Assim, entende-se que a sujeição ao regime de responsabilização civil na modalidade objetiva é uma opção legislativa que decorre da situação de fato da atividade que determinado ente executar, não sendo algo próprio e exclusivo do regime jurídico-administrativo.

(ii) O dever de *continuidade* de execução das atividades administrativas é uma clara decorrência do princípio da indisponibilidade do interesse público, uma vez que, não sendo proprietário da coisa pública, não pode o administrador dar-se a possibilidade de deliberadamente deixar de cumprir determinada competência administrativa.[265] Como já defendido anteriormente, "no momento que o Estado toma para si a titularidade da prestação de determinado serviço, parece lógico deduzir que dele se espera uma prestação contínua, sob pena de, não satisfazendo as necessidades presentes naquela situação, violar a dignidade dos cidadãos atingidos".[266] O comentário, desenvolvido tendo por base o âmbito dos serviços públicos, nos quais o princípio da continuidade é mais comumente estudado, aplica-se sem grandes diferenciações a qualquer outra atividade administrativa.

(iii) A *submissão da atividade administrativa ao controle externo e interno* é mais uma típica consequência jurídica do princípio da indisponibilidade do interesse público.

O controle da Administração é uma expressão própria do Estado de Direito. Logicamente, no período dos Estados Absolutistas, quando não havia submissão do Estado à ordem jurídica, não haveria como se falar em controle dos atos e das atividades administrativas. O princípio da irresponsabilidade do Estado, portanto, deu suporte à inexistência de controle. Assim, o controle da Administração Pública se mostra como um dos postulados básicos da noção de Estado Democrático de Direito, pois é um dos principais instrumentos jurídicos disponíveis para se efetivar a submissão do Estado à ordem jurídica e garantir a harmonia

---

[265] Nas palavras de Celso Antônio Bandeira de Mello, "uma vez que a administração é curadora de determinados interesses que a lei define como públicos e considerando que a defesa, e prosseguimento deles, é, para ela, obrigatória, verdadeiro dever, a continuidade da atividade administrativa é princípio que se impõe e prevalece em quaisquer circunstâncias". MELLO, Celso Antônio Bandeira de. *Curso de Direito Administrativo*. 32. ed. São Paulo: Malheiros, 2015. p. 84.

[266] FARIA, Luzardo. Suspensão do fornecimento de serviço público essencial por inadimplemento do usuário: o interesse público entre eficiência e dignidade. In: BLANCHET, Luiz Alberto; HACHEM, Daniel Wunder; SANTANO, Ana Claudia (Coords.). *Eficiência e Ética na Administração Pública*. Curitiba: Íthala, 2015. p. 121.

do sistema de *checks and balances* entre os Poderes do Estado.[267] Apesar de ser o mais comumente analisado pela doutrina, o controle jurisdicional não é a única forma de se controlar a Administração Pública. O direito administrativo também submete a Administração Pública ao controle interno (pelo exercício do poder de autotutela da Administração), ao controle pelo Tribunal de Contas e pelo Legislativo, ao controle social e ao controle do Ministério Público. No direito estrangeiro, vale citar, também exerce controle o *ombudsman*, figura inexistente no ordenamento brasileiro.[268]

Sua relação com o princípio da indisponibilidade do interesse público é algo indissolúvel, pois apenas através do controle é que se poderá verificar se os atos editados pela Administração Pública de fato foram expedidos com vistas à realização do interesse público. O controle exerce importância ímpar para possibilitar o pleno atendimento ao princípio da indisponibilidade, pois, sem ele, outras decorrências desse postulado (como a legalidade, a finalidade e a motivação, por exemplo) seriam inócuas. É a possibilidade de controle que permite, através de diversas técnicas, a correção de atos administrativos que destoarem do cumprimento do interesse público, impondo coercitivamente à Administração a obrigação de executar apenas as decisões que derem efetividade a esse mandamento e descartar aquelas que dele se distanciarem.

(iv) O *tratamento isonômico dos cidadãos em face da Administração* e o *princípio da impessoalidade administrativa*, do qual é expressão direta, também possuem amparo na indisponibilidade do interesse público. Essa relação já foi ressaltada quando se demonstrou que o principal dispositivo jurídico que fundamenta no plano normativo a existência do princípio da indisponibilidade no direito administrativo pátrio é o art. 1º da Constituição Federal, ao classificar o Estado brasileiro como sendo uma república. É que, "sendo encarregada de gerir interesses de toda a coletividade, a Administração não tem sobre estes bens disponibilidade que lhe confira o direito de tratar desigualmente àqueles cujos interesses representa".[269] Com efeito, se o administrador é, segundo o

---

[267] LEAL, Rogério Gesta. Controle da administração pública no Brasil: anotações críticas. *A&C - Revista de Direito Administrativo e Constitucional*, Belo Horizonte, ano 5, n. 20, p. 125-143, abr./jun. 2005. p. 125.
[268] TAVEIRA NETO, Francisco. A evolução da Administração Pública e de seus mecanismos de controle na Constituição Federal. *A&C - Revista de Direito Administrativo e Constitucional*, Belo Horizonte, ano 6, n. 23, p. 135-144, jan./mar. 2006. p. 138-143.
[269] MELLO, Celso Antônio Bandeira de. *Curso de Direito Administrativo*. 32. ed. São Paulo: Malheiros, 2015. p. 86.

princípio da indisponibilidade, mero *gestor* da *res publica*,[270] obviamente não pode geri-la de modo a privilegiar ou prejudicar alguém por razões de índole pessoal.

Esse é um importante corolário do princípio da indisponibilidade a ser observado quando da celebração de acordos e parcerias por parte da Administração, pois de modo algum se poderia admitir que o Poder Público estivesse autorizado a, por exemplo, firmar um acordo de leniência com determinado investigado em um processo administrativo e se negar a realizá-lo com outro acusado que se encontrasse exatamente nas mesmas condições.

(v) Por fim, a *inalienabilidade dos direitos concernentes a interesses públicos* é a última das decorrências do princípio da indisponibilidade do interesse público identificada por Celso Antônio Bandeira de Mello. A razão para isso, segundo o administrativista, é a de que, "sendo a administração atividade serviente, desenvolvida em nível infralegal, não pode alienar ou ser despojada dos direitos que a lei consagrou como internos ao setor público".[271] De modo semelhante, Hely Lopes Meirelles defende que a Administração "não pode renunciar a poderes que a lei lhe deu para tal tutela, mesmo porque ela não é titular do interesse público, cujo titular é o Estado".[272]

A posição, entretanto, deve ser encarada com muita cautela. De fato, os bens e direitos da Administração Pública não estão à *"livre"* disposição do administrador. Ocorre, porém, que, em determinadas situações, o ordenamento jurídico poderá *exigir* – caso essa seja a melhor resposta que se ofereça para resolver o conflito verificado no caso concreto – que a Administração disponha de algum bem ou direito em específico. Novamente: isso não passa por uma apreciação livre e subjetiva dos desejos pessoais do administrador, mas, sim, pelos indicativos que forem extraíveis do corpo de normas jurídicas a que ele estiver vinculado.

Verifica-se, assim, que muitas vezes a posição pré-formatada e estanque de indisponibilidade de bens e direitos titularizados pela Administração Pública poderá corresponder, em última análise, a uma violação ao princípio da indisponibilidade. Como destacado no item

---

[270] FARIA, José Eduardo. *Direito e economia na democratização brasileira*. São Paulo: Saraiva, 2013. p. 69.
[271] MELLO, Celso Antônio Bandeira de. *Curso de Direito Administrativo*. 32. ed. São Paulo: Malheiros, 2015. p. 88.
[272] MEIRELLES, Hely Lopes. *Direito Administrativo Brasileiro*. 38. ed. São Paulo: Malheiros, 2012. p. 105.

1.2.2, é comum que *supostos* interesses públicos gerais (devidamente garantidos pelo ordenamento jurídico) percam a sua real qualidade de interesse público em determinadas situações concretas, inclusive possibilitando o atendimento, nesse sentido, de interesses individuais ou coletivos *stricto sensu*. Ou seja, é perfeitamente possível que, diante de um contexto fático e jurídico específico, a Administração esteja autorizada a dispor de parcela de seus bens ou direitos, caso essa se mostre a opção que melhor atenderá ao interesse público identificado naquele caso concreto.

Esse é apenas um dos exemplos aptos a justificar que é chegado o momento de realizar uma releitura do princípio da indisponibilidade a fim de "permitir, conforme a ordem jurídica e à luz das circunstâncias fáticas, a utilização de instrumentos consensuais para a densificação do conceito de interesse público, bem como para a solução de conflitos administrativos".[273] A discussão será retomada, de modo mais aprofundado, no item 2.2.2.

De modo geral, todas essas consequências advindas da incidência do princípio da indisponibilidade do interesse público sobre o regime jurídico-administrativo são "mecanismos hábeis a compelir o administrador pública à satisfação dos interesses da coletividade, afastando comportamentos personalistas ou vinculados a manifestações de sua vontade própria, e direcionando-o à consecução do interesse público".[274] Assim, sua principal função é a de retirar qualquer margem de livre atuação na atividade administrativa. Por óbvio que ficam preservados os espaços de discricionariedade, no entanto esses devem ser explorados pela Administração de uma forma condicionada à realização do interesse público. Isto é, "a Administração não pode *desistir* de agir para a satisfação dos interesses que lhe foram confiados, embora isso não a tolha de *escolher*, nos limites da própria lei e do Direito, como, quando e de que modo fazê-lo".[275]

---

[273] MORETTI, Natalia Pasquini. Uma concepção contemporânea do princípio da indisponibilidade do interesse público. In: MARRARA, Thiago (Org.). *Princípios de direito administrativo*: legalidade, segurança jurídica, impessoalidade, publicidade, motivação, eficiência, moralidade, razoabilidade, interesse público. São Paulo: Atlas, 2012. p. 465-466.
[274] HACHEM, Daniel Wunder. *Princípio constitucional da supremacia do interesse público*. Belo Horizonte: Fórum, 2011. p. 49.
[275] MOREIRA NETO, Diogo de Figueiredo. *Curso de Direito Administrativo*. 14. ed. rev., ampl. e atual. Rio de Janeiro, 2006. p. 90.

CAPÍTULO 2

A CONSENSUALIDADE NO DIREITO ADMINISTRATIVO

O foco deste segundo capítulo será o fenômeno da consensualização da Administração Pública, que cada vez mais nos últimos anos tem vindo à tona nos debates sobre diversos institutos do direito administrativo contemporâneo.

Palavra de ordem em muitos dos trabalhos que se dedicam a estudar as recentes transformações do direito administrativo brasileiro, o consenso parece ser uma realidade cada vez mais presente na prática administrativa. Isso não significa que ele seja benéfico por si próprio e que deva ser sempre aceito sem maiores preocupações, tampouco que represente uma transformação paradigmática apta a "superar" as bases sobre as quais o direito administrativo brasileiro se estruturou nas últimas décadas.

Como importante fenômeno do direito administrativo, é certo que ele deve ser estudado com a devida profundidade científica. É, pois, o que se pretende fazer no tópico 2.1, em que o tema da consensualização será explorado com a finalidade de ilustrar os seus fundamentos e suas consequências – não apenas em uma abordagem descritiva ou de incentivo (como normalmente se faz), mas também buscando identificar, criticamente, as suas limitações.

A consensualização do direito administrativo nutre peculiar relação com o princípio constitucional da indisponibilidade do interesse público, tendo em vista que muitos autores enxergam uma suposta incompatibilidade entre essas duas realidades, como se uma devesse excluir a outra. Por conta disso, no tópico 2.2 pretende-se examinar qual o espaço e o papel do princípio da indisponibilidade nesse novo cenário do direito administrativo.

2.1 Entre autoridade e consenso: os movimentos pendulares do regime jurídico-administrativo

O direito administrativo brasileiro tem sido o palco de grandes transformações nos últimos anos, e uma das mais marcantes é o *fenômeno da consensualização do direito administrativo.*

É possível encontrar diversos termos que representam esse cenário: administração consensual, administração dialógica, administração contratual, administração paritária, administração convencional, etc. Em resumo, todos eles apontam para um sentido comum: uma nova forma de administrar a coisa pública, "baseada em negociação, acordo, cooperação, colaboração e coordenação, em que o processo de operacionalização do interesse público passa a ser desenvolvido a partir de uma perspectiva consensual e dialógica". Substitui-se (supostamente) "um modelo de gestão pública fechado e autoritário para um modelo aberto e democrático, que viabiliza o ótimo desempenho das tarefas pelo Estado contemporâneo, a par da concretização dos objetivos traçados na Constituição Federal, de modo compartilhado com os cidadãos".[276]

A consensualização se tornou palavra de ordem no direito administrativo brasileiro contemporâneo, a ponto de que, atualmente, posicionar-se contra alguma postura consensual da Administração parece ser, para parte da doutrina, o mesmo que encampar a figura de saudosista ultrapassado que se encontra amarrado a dogmas sem fundamento e utilidade do regime jurídico-administrativo.

O próprio regime jurídico-administrativo, aliás, é objeto de diversas críticas por parte de alguns dos autores que se colocam a propagar a consensualização do direito administrativo. Consideram-no autoritário por natureza e, como tal, sugerem o abandono de algumas de suas figuras centrais.

O presente tópico, destinado a analisar esse fenômeno de consensualização do direito administrativo, inicia, porém, rebatendo algumas dessas críticas. Com efeito, no item 2.1.1 será demonstrado que o direito administrativo enquanto ciência jurídica possui uma gênese democrática (não sendo autoritário *por natureza*). Isso não significa, contudo, que as arbitrariedades que inegável e infelizmente fazem parte do cotidiano administrativo tenham que ser esquecidas. Pelo contrário: é necessário

---

[276] MORETTI, Natalia Pasquini. Uma concepção contemporânea do princípio da indisponibilidade do interesse público. *In*: MARRARA, Thiago (Org.). *Princípios de direito administrativo*: legalidade, segurança jurídica, impessoalidade, publicidade, motivação, eficiência, moralidade, razoabilidade, interesse público. São Paulo: Atlas, 2012. p. 463.

um constante processo de democratização da Administração Pública a fim de que essas práticas arbitrárias sejam paulatinamente extintas. A adoção de métodos consensuais pela Administração Pública de fato contribui para essa tarefa. No item 2.1.2, serão analisados os principais fundamentos e as mais impactantes repercussões da consensualização para o direito administrativo no Brasil, ressaltando que os instrumentos consensuais da ação administrativa podem trazer variadas benesses à Administração.

Tal fato, todavia, não autoriza a adoção indiscriminada de tais institutos, tampouco o aceite indiscriminado de toda e qualquer novidade trazida pela consensualização. No item 2.1.3, então, será demonstrada a necessidade de ser realizar uma reflexão crítica sobre os limites que devem existir às parcerias firmadas pela Administração com particulares, além de se ressaltar que, muitas vezes, as transformações alardeadas pelos defensores ferrenhos da consensualidade administrativa não são tão transformadoras assim.

2.1.1 A gênese democrática do direito administrativo e a constante necessidade de superação de práticas autoritárias

2.1.1.1 A "falácia do espantalho" envolvendo o regime jurídico-administrativo: as críticas premeditadas às bases tradicionais do direito administrativo

O direito administrativo é comumente visto como disciplina que nasceu a partir do final do século XVIII com as revoluções burguesas europeias, que puseram fim aos regimes absolutistas do Estado Moderno e, assim, possibilitaram a submissão do Poder Público ao ordenamento jurídico.

As condições históricas específicas desse contexto serão mais bem analisadas no tópico seguinte, que trata especialmente de como o direito administrativo se formou em conjunto com a institucionalização do Estado de Direito. A breve menção àquele que sempre foi considerado o seu nascedouro, entretanto, se faz necessária desde já porque, nos últimos anos, tem sido desenvolvida corrente doutrinária que, buscando defender a "superação" de diversos dos institutos clássicos do regime jurídico-administrativo, propõe, com ares de inovação, que o direito administrativo possui uma origem essencialmente autoritária e que, como consequência, tais institutos seriam fruto de uma cultura jurídica arbitrária.[277]

Como bem nota Maria Sylvia Zanella Di Pietro, as críticas às origens supostamente autoritárias do direito administrativo são desenvolvidas por autores que visavam retirar da noção de interesse público – e, principalmente, do princípio da supremacia – a qualidade de elemento central do regime jurídico-administrativo.[278]

Para obterem sucesso nessa missão, "pintaram" o direito administrativo como um direito que é autoritário por essência. Ora, obviamente que, nos tempos atuais, ninguém com o mínimo apreço pela democracia gostaria de se identificar com um conjunto de normas que, segundo lhe dizem, foi formado apenas para possibilitar a atuação arbitrária do Estado. Assim, transformar a história do direito administrativo em uma história de autoritarismos é uma prática retórica que pode se demonstrar bastante eficiente na luta contra a utilização da noção de interesse público como elemento central do regime jurídico-administrativo.

No estudo da lógica, esse tipo de artifício é conhecido como "falácia do espantalho". Falácias lógicas são truques argumentativos que fazem com que um enunciado ou raciocínio falso pareça apontar para uma conclusão verdadeira. No caso da "falácia do espantalho" (*straw man fallacy*), a técnica consiste em desvirtuar – ou, até mesmo, inventar – o que a parte contrária do debate está afirmando, fazendo com que o argumento de defesa dela se torne algo mais fácil de ser rebatido.[279] É, pois, exatamente o que ocorre nesse caso, em que aqueles

---

[277] Odete Medauar destaca que "na primeira década do século XXI emergiu uma visão sobre a origem do direito administrativo, no sentido da falsidade do seu cunho garantista e no sentido de ser erro histórico associá-la ao advento do Estado de Direito", defendendo que "o surgimento do direito administrativo representaria a reprodução e sobrevivência das práticas administrativas do Antigo Regime". MEDAUAR, Odete. *Direito administrativo em evolução*. 3. ed. Brasília: Gazeta Jurídica, 2017. p. 16.

[278] DI PIETRO, Maria Sylvia Zanella. Origem e formação do Direito Administrativo. *In*: DI PIETRO, Maria Sylvia Zanella; MARTINS JÚNIOR, Wallace Paiva. *Tratado de direito administrativo*: teoria geral e princípios do direito administrativo. v. 1. São Paulo: Revista dos Tribunais, 2014. p. 30. No mesmo sentido, a constatação de Emerson Gabardo e Daniel Wunder Hachem: "A alusão a uma pretensa origem autoritária parece ter como escopo reduzir a força legitimatória de princípios como o do interesse público, ou mais especificamente, da 'supremacia do interesse público' – sem dúvida uma interessante crítica que, por sua vez, merece ser refutada". GABARDO, Emerson; HACHEM, Daniel Wunder. O suposto caráter autoritário da supremacia do interesse público e das origens do Direito Administrativo – uma crítica da crítica. *In*: BACELLAR FILHO, Romeu Felipe; HACHEM, Daniel Wunder (Coords.). *Direito Administrativo e Interesse Público*: Estudos em homenagem ao Professor Celso Antônio Bandeira de Mello. Belo Horizonte: Fórum, 2010. p. 157.

[279] PIRIE, Madsen. *How to Win Every Argument*: The Use and Abuse of Logic. New York: Bloomsbury Academic, 2007. p. 155-157. Também utilizando a "falácia do espantalho" como forma de ilustrar a estratégica retórica de parte dos críticos da noção de interesse público:

que não estão satisfeitos com as bases do regime jurídico adotado pelo direito administrativo brasileiro classificam a origem dessa disciplina como autoritária a fim de ser mais facilmente aceitável a tese de que os institutos desenvolvidos naquele período devam ser abandonados e substituídos pelo "pacote" proposto por esses autores.

Seguindo tal linha doutrinária ao defender uma substituição dos paradigmas que sempre nortearam a disciplina do direito administrativo no país, Gustavo Binenbojm afirma que a teoria tradicional do direito administrativo foi "elaborada tendo em vista a preservação de uma lógica da autoridade, e não a construção de uma lógica cidadã".[280] Para ele, "o surgimento do direito administrativo, e de suas categorias jurídicas peculiares [...], representou antes uma forma de reprodução e sobrevivência das práticas administrativas do Antigo Regime que a sua superação".[281]

Essa forma de encarar as origens do Direito Administrativo possui amparo na doutrina estrangeira. Paulo Otero, administrativista português sempre muito citado por aqueles que se alinham a essa corrente, afirma, em conhecida passagem, que há uma "ilusão garantística da gênese" do direito administrativo, também defendendo que, na realidade, essa disciplina teria sido desenvolvida para garantir a manutenção das práticas autoritárias do antigo regime.[282] No mesmo sentido, o italiano Mario Nigro defende que "a continuidade entre a administração monárquica e a administração do Estado liberal é o elemento de parentesco mais forte que há entre os dois tipos de Estado".[283]

De modo geral, essas críticas partem de dois fatores: (i) as prerrogativas que foram concedidas à Administração Pública e a colocam de certa forma em uma relação de superioridade em relação aos particulares com quem ela se relaciona e (ii) a atuação do contencioso administrativo na França, país onde o direito administrativo brasileiro mais buscou inspiração para seu desenvolvimento inicial.

OLIVEIRA, Larissa Pinha de. A falácia da desconstrução do princípio da supremacia do interesse público sobre o privado. *Revista Brasileira de Direito*, Passo Fundo, v. 9, n. 1, p. 54-77, jan./jun. 2013. p. 57-73.

[280] BINENBOJM, Gustavo. *Uma teoria do direito administrativo*: direitos fundamentais, democracia e constitucionalização. 3. ed. rev. e atual. Rio de Janeiro: Renovar, 2014. p. 3.

[281] BINENBOJM, Gustavo. *Uma teoria do direito administrativo*: direitos fundamentais, democracia e constitucionalização. 3. ed. rev. e atual. Rio de Janeiro: Renovar, 2014. p. 11.

[282] OTERO, Paulo. *Legalidade e Administração Pública*: o sentido da vinculação administrativa à juridicidade. Coimbra: Almedina, 2003. p. 271.

[283] NIGRO, Mario. Silvio Spaventa e la giustizia amministrativa come problema politico. *Rivista Trimestrale di Diritto Pubblico*, Roma, lug./set. 1970. p. 749.

Em relação ao primeiro fator, em que pese um estudo mais aprofundado acerca da vocação emancipatória no regime jurídico-administrativo seja realizado no item 2.1.1.3, desde já vale apontar onde se encontra o erro de quem acredita que, por conta simplesmente das prerrogativas que confere à Administração Pública, o direito administrativo seria intrinsicamente autoritário.

É que o direito administrativo, desde seu desenvolvimento embrionário, foi formulado com base não apenas nas *prerrogativas* do Estado (que conferiam poderes às autoridades administrativas), mas, sim, em um binômio jurídico que tem em seu outro polo a noção de *sujeições*, isto é, de limitações à atividade do Estado como forma de proteger os direitos dos cidadãos.[284] O que tem acontecido, porém, é que esse binômio é analisado, pelos críticos das bases tradicionais do direito administrativo, apenas no tocante ao polo das prerrogativas (ou, para não cometer injustiça, *mais intensamente* nesse polo) e, nessa hipótese, não há dúvida de que haveria um direito autoritário, pois não existiria outra forma de se encarar um ramo da ciência jurídica desenvolvido apenas para conferir poderes exorbitantes àquela que já é a parte mais forte da relação. Mas, como se sabe e será mais bem demonstrado adiante, *o direito administrativo não é, nem nunca foi, um direito apenas de prerrogativas*, constituindo-se, na mesma importância, por prerrogativas e por sujeições do Estado.

Já em relação ao segundo fator (a questão relativa ao contencioso administrativo no direito francês), Binenbojm afirma que "nenhum cunho garantístico de direitos individuais se pode esperar de uma Administração Pública que edita suas próprias normas e julga soberanamente seus litígios com os administrados".[285] Aqui o administrativista está creditando à origem autoritária do direito administrativo o fato de que essa disciplina jurídica (ou melhor, o modelo dessa disciplina que mais impactou o direito administrativo brasileiro em seu início) foi construída na França através, principalmente, de decisões do próprio Conselho de Estado, órgão pertencente à estrutura administrativa, que resolvia os litígios envolvendo o Poder Público e os cidadãos, ao passo que contribuía para a consolidação de diversas teorias e institutos do

---

[284] DI PIETRO, Maria Sylvia Zanella. Origem e formação do Direito Administrativo. *In*: DI PIETRO, Maria Sylvia Zanella; MARTINS JÚNIOR, Wallace Paiva. *Tratado de direito administrativo*: teoria geral e princípios do direito administrativo. v. 1. São Paulo: Revista dos Tribunais, 2014. p. 34.

[285] BINENBOJM, Gustavo. *Uma teoria do direito administrativo*: direitos fundamentais, democracia e constitucionalização. 3. ed. rev. e atual. Rio de Janeiro: Renovar, 2014. p. 12.

direito administrativo. Para ele, a jurisdição administrativa permitiu a formação de um cenário no qual, "na melhor tradição absolutista, além de propriamente administrar, os donos do poder criam o direito que lhes é aplicável e o aplicam às situações litigiosas com caráter de definitividade".[286]

Nessa mesma linha, Vasco Pereira da Silva, outro defensor da tese das origens autoritárias do direito administrativo, chama o modelo do contencioso administrativo de "privilégio de foro", que haveria sido moldado tão somente para "garantir a defesa dos poderes públicos e não para assegurar a protecção dos direitos dos particulares".[287] O mesmo se passa na doutrina de Paulo Otero, que irá dizer que o princípio da separação de poderes foi arquitetado na França com o deliberado intuito de garantir espaços de intangibilidade das decisões administrativas como forma de preservar a possibilidade de práticas autoritárias, afastando o controle jurisdicional.[288]

No entanto, tais críticas também não procedem. Deve-se ter em mente que é exatamente porque esse ramo do direito era ainda novo da França que ele acaba sendo construído jurisprudencialmente pelo Conselho de Estado.[289] Não havia grandes teorizações prévias acerca do direito administrativo. Assim, os conflitos iam sendo gerados, chegavam ao contencioso administrativo e aí as autoridades tinham que resolvê-los. É por isso, então, que, apesar de toda a valorização da ideia de que a limitação do poder deveria ser realizada através da lei formal,[290] nesse período vários institutos do regime jurídico-administrativo foram desenvolvidos pela jurisprudência do Conselho de Estado.

Seria natural se questionar, porém, por qual razão essa tarefa não foi atribuída ao Poder Judiciário, já que isso poderia afastar as críticas de o direito administrativo ser produzido com o intuito de beneficiar a própria Administração Pública. É que, como se sabe, na França pós-1789, os revolucionários possuíam grande desconfiança em relação à atuação do Judiciário, ainda muito ligado ao clero e à nobreza – classes que

---

[286] BINENBOJM, Gustavo. *Uma teoria do direito administrativo*: direitos fundamentais, democracia e constitucionalização. 3. ed. rev. e atual. Rio de Janeiro: Renovar, 2014. p. 15.

[287] SILVA, Vasco Pereira da. *O contencioso administrativo no divã da psicanálise*: ensaio sobre as acções no novo processo administrativo. 2. ed. Coimbra: Almedina, 2009. p. 10.

[288] OTERO, Paulo. *Legalidade e Administração Pública*: o sentido da vinculação administrativa à juridicidade. Coimbra: Almedina, 2003. p. 271.

[289] MELLO, Celso Antônio Bandeira de. *Curso de Direito Administrativo*. 32. ed. São Paulo: Malheiros, 2015. p. 39.

[290] O princípio da legalidade, lembre-se, foi elevado como um dos principais (senão o principal) valores do Estado de Direito e do próprio direito administrativo na França pós-revolucionária.

tinham acabado de perder o domínio político e econômico daquela nação. Assim, manter o poder jurídico de limitação do Estado nas mãos desses grupos poderia – na visão da classe política então ascendente – significar uma grande manutenção das práticas do Antigo Regime.[291]

Na sequência, Binenbojm também critica o fato de que seria possível identificar uma "raiz monárquica de boa parte dos institutos e categorias do Direito Administrativo", citando as noções de discricionariedade, poder de polícia e interesse público.[292]

Aqui, deve-se apenas lembrar que *institutos jurídicos não se criam em um passe de mágica* e que a história do direito não é um conto linear, como frequentemente se propaga. Não existem rupturas imediatas absolutas, sendo que a cultura jurídica de um povo é formada a partir de diversas continuidades históricas. Dessa forma, não se deve admitir críticas que parecem supor que todas as práticas jurídicas, políticas e culturais poderiam ter sido alteradas de um dia para o outro.[293] É evidente que a criação do direito administrativo não operou essa brusca e instantânea mudança que parecia ser esperada por quem critica as origens dessa disciplina, mas isso de modo algum pode significar que tais origens possuem um viés marcado por traços de autoritarismo e arbitrariedade.

A respeito desse debate, Maria Sylvia Zanella Di Pietro afirma que a teoria francesa de adoção da *puissance publique* como critério definidor do âmbito de aplicação das normas do regime jurídico-administrativo pode ter contribuído para essa ideia de que o direito administrativo é originariamente autoritário. É que, segundo essa corrente, desenvolvida na França do século XIX, o direito administrativo deveria ser aplicado

---

[291] MELLO, Celso Antônio Bandeira de. *Curso de Direito Administrativo*. 32. ed. São Paulo: Malheiros, 2015. p. 40.

[292] BINENBOJM, Gustavo. *Uma teoria do direito administrativo*: direitos fundamentais, democracia e constitucionalização. 3. ed. rev. e atual. Rio de Janeiro: Renovar, 2014. p. 2-3.

[293] Odete Medauar segue essa mesma linha de pensamento ao analisar tal questão, afirmando que, muito embora seja "impossível abolir, de imediato, figuras de um passado próximo", não se pode deixar de destacar que "tais figuras foram adquirindo novos matizes ao longo do tempo". MEDAUAR, Odete. *Direito administrativo em evolução*. 3. ed. Brasília: Gazeta Jurídica, 2017. p. 18. E, no mesmo sentido, a doutrina de Emerson Gabardo e Daniel Wunder Hachem: "Não se pode deixar de observar que essa mudança institucional do Estado de Polícia ao Estado de Direito não se realizou do dia para a noite, nem em todos os aspectos de uma só vez. Foram (e continuam sendo) sucessivas etapas, inseridas num longo processo histórico, no caminho do abandono dos princípios autoritários do Absolutismo". GABARDO, Emerson; HACHEM, Daniel Wunder. O suposto caráter autoritário da supremacia do interesse público e das origens do Direito Administrativo – uma crítica da crítica. In: BACELLAR FILHO, Romeu Felipe; HACHEM, Daniel Wunder (Coords.). *Direito Administrativo e Interesse Público*: Estudos em homenagem ao Professor Celso Antônio Bandeira de Mello. Belo Horizonte: Fórum, 2010. p. 187.

às relações jurídicas nas quais se percebesse a existência de prerrogativas ou privilégios do Poder Público em relação aos particulares, que estariam em uma posição de inferioridade.[294] Assim, ao elencar as prerrogativas da Administração Pública como o critério definidor do direito administrativo, estar-se-ia construindo um ramo da ciência jurídica que é pautado em sua essência pela possibilidade legítima de um polo da relação jurídica praticar seus atos com "poderes" infinitamente superiores aos que disporia a parte contrária, situação que daria azo a um contexto de arbitrariedades.

Mas nem mesmo esse fundamento sustentaria a tese do autoritarismo como característica inerente ao regime jurídico-administrativo. É que, logo na sequência, a teoria da *puissance publique* foi substituída pela proposta de Léon Duguit de eleger a noção (amplíssima) de serviço público como critério definidor do direito administrativo. O Estado, para Duguit, poderia ser resumido na prestação de serviços à população. Assim, deveria ser um Estado *serviente à população*, e jamais um Estado superior a ela. Com efeito, Celso Antônio Bandeira de Mello afirma que essa teoria "rejeita a adoção de uma perspectiva autoritária, que assenta a base deste ramo jurídico sobre uma força oriunda do alto e imposta aos administrados, como que hierarquicamente". Pelo contrário, desde então o direito administrativo é muito mais enxergado como um sistema de normas jurídicas que "organizam-se em torno do dever de servir à coletividade, do encargo de atender a necessidades gerais, sendo elas – e só elas – as justificativas para o exercício da autoridade".[295]

2.1.1.2 O marco histórico de instituição do Estado de Direito: o berço democrático do direito administrativo

Como já afirmado, a instituição do Estado de Direito marca o contexto histórico de nascimento do direito administrativo. Compreender bem esse cenário, portanto, é essencial para se poder entender por que, muito diferentemente do que advogam os críticos mencionados

---

[294] DI PIETRO, Maria Sylvia Zanella. Origem e formação do Direito Administrativo. *In*: DI PIETRO, Maria Sylvia Zanella; MARTINS JÚNIOR, Wallace Paiva. *Tratado de direito administrativo*: teoria geral e princípios do direito administrativo. v. 1. São Paulo: Revista dos Tribunais, 2014. p. 31.
[295] MELLO, Celso Antônio Bandeira de. *Curso de Direito Administrativo*. 32. ed. São Paulo: Malheiros, 2015. p. 44-45.

no tópico anterior, o direito administrativo não possui uma origem essencialmente autoritária.

Apesar de ser possível encontrar trabalhos que ainda insistem, nos tópicos introdutórios sobre história, em tratar do direito administrativo na Grécia, em Roma ou na Idade Média, por exemplo, certo é que "nada semelhante àquilo que chamamos de Direito Administrativo existia no período histórico que precede a submissão do Estado à ordem jurídica".[296] Os autores que tentam identificar precursões do direito administrativo antes disso incorrem em uma análise histórica altamente anacrônica.

Por outro lado, é também comum a afirmação de que a Lei do 28 Pluvioso do ano VIII do calendário revolucionário francês (correspondente ao ano de 1800) seria a referência inaugural do direito administrativo, tendo em vista ser a primeira lei produzida na França revolucionária com o intuito de organizar a estrutura do aparato administrativo do Estado.[297] No entanto, é "evidente que o direito administrativo não se formaria de imediato pela só edição da Lei de 1800",[298] constituindo-se, ao revés, como resultado de uma complexa cultura jurídica, fruto de anseios sociais relacionados a diversas questões políticas e econômicas.

O mais importante fato a ser destacado, porém, é que só se percebeu a possibilidade do desenvolvimento de normas destinadas a organizar a estrutura e a delimitar a ação do Poder Público, limitando os espaços de poder das autoridades administrativas, após assente o

---

[296] MELLO, Celso Antônio Bandeira de. *Curso de Direito Administrativo*. 32. ed. São Paulo: Malheiros, 2015. p. 47. Airton Cerqueira-Leite Seelaender também critica esses ensinamentos no sentido de que poderia ser possível se falar de direito público nos períodos da Antiguidade Clássica ou da Idade Média. Segundo ele, "a constituição do que chamamos de 'direito público' é um fenômeno histórico que se verifica sobretudo na Idade Moderna. O direito público não é – como ainda se ensina em alguns cursos jurídicos – uma 'entidade eterna', cuja existência seria natural e perceptível para qualquer ser humano sensato, em qualquer época ou conjuntura". SEELAENDER, Airton Cerqueira-Leite. O contexto do texto: notas introdutórias à história do direito público na idade moderna. *Revista Sequência*, Florianópolis, n. 55, p. 253-286, dez. 2007. p. 254.

[297] Entre tantos outros, é o caso de: ARAÚJO, Edmir Netto de. O Direito Administrativo e sua história. *Revista da Faculdade de Direito da Universidade de São Paulo*, São Paulo, v. 95, p. 147-166, 2000. p. 152; MAFRA FILHO, Francisco de Saltes Almeida. Nascimento e evolução do Direito Administrativo. *Revista de Direito Administrativo*, Rio de Janeiro, v. 238, p. 167-174, out./dez. 2004. p. 167.

[298] MEDAUAR, Odete. *Direito administrativo em evolução*. 3. ed. Brasília: Gazeta Jurídica, 2017. p. 4.

entendimento de que o Estado – assim como qualquer outra pessoa com personalidade jurídica – poderia se submeter ao direito.[299]

Nesse sentido, Eduardo Garcia de Enterría e Tomás-Ramón Fernández propagam expressamente a lição de que "o Direito Administrativo surgiu [...] como uma reação direta contra as técnicas de governo do absolutismo". E ensinam, ainda, que o processo de instituição do Estado de Direito na França após a Revolução de 1789 teve como objetivo central acabar com a ideia de que o direito poderia ser fundamentado a partir de aspectos transcendentais (naturalmente ligados à figura e à pessoa do monarca absolutista). Para os revolucionários, apenas a vontade geral do povo – noção de concretude intangível, mas que pode ser expressa simbolicamente através da lei geral e abstrata – é que poderia legitimar o exercício dos poderes públicos. Assim, "não se tratava apenas de retirar do Rei para o povo a origem do Direito e de reduzir todos os atos singulares de comando à mera particularização de leis gerais". A questão era muito maior: estava-se buscando a afirmação de uma nova forma de se encarar o sistema jurídico, na qual o valor central a ser protegido deveria ser "a liberdade de quem até esse momento encontrava-se na posição de simples súdito passivo, em relação a um poder alheio e transcendente".[300]

Ao fim do século XVIII, a burguesia se organizava para pôr fim ao contexto de comando de poder pelos monarcas, que, além de limitar sua liberdade, impediam que seus negócios comerciais fossem firmados em um ambiente de maior segurança e previsibilidade. Apesar de terem se beneficiado de certa forma da política econômica mercantilista, os burgueses ainda não ocupavam relevantes espaços de poder na arena pública, surgindo dessa situação, portanto, a necessidade de imposição de barreiras jurídicas sólidas à ingerência estatal na vida privada. Pretendia-se, assim, "*domesticar* uma Administração cujas providências concretas, individuais, e logo potencialmente discriminatórias, não se

---

[299] MELLO, Oswaldo Aranha Bandeira de. *Princípios gerais de direito administrativo*. v. 1. 3. ed. São Paulo: Malheiros, 2007. p. 52.
[300] GARCIA DE ENTERRÍA, Eduardo; FERNÁNDEZ, Tomás-Ramón. *Curso de Direito Administrativo*. v. I. Revisor técnico: Carlos Ari Sundfeld. Trad. José Alberto Froes Cal. São Paulo: Revista dos Tribunais, 2014. p. 442. Miguel Reale também afirma que o direito administrativo só pôde ser desenvolvido a partir da Revolução Francesa, pois só após os acontecimentos históricos desse período é que surgiram as condições necessárias para se desenvolver um ramo do Direito destinado a reconhecer e garantir direitos dos cidadãos em face do Estado. REALE, Miguel. *Nova Fase do Direito Moderno*. São Paulo: Saraiva, 1990. p. 79-82.

coadunavam com a calculabilidade, liberdade e igualdade de oportunidades dos agentes económicos".[301]

A solução encontrada para isso, como já afirmado, foi inaugurar uma nova forma de se encarar a relação entre Estado e direito. Deu-se início a um projeto de racionalização da sociedade e do Poder Público. Abandonaram-se concepções teológicas e transcendentais de fundamentação do poder para se adotar a lei, enquanto vontade geral e abstrata da população, como o critério que legitima e delimita a atuação estatal.[302]

Além dessa noção de legalidade administrativa, outro elemento estruturante do paradigma do Estado de Direito é o *princípio da separação de poderes*. Como forma de garantir o respeito às leis que deviam limitar a atuação do Poder Público, criou-se um sistema de controle independente das decisões estatais (jurisdicional ou dentro da própria estrutura da Administração, conforme cada país) "com o objetivo precípuo de evitar o arbítrio, gerado pela concentração de poder, assegurando-se, com isso, a liberdade dos cidadãos".[303]

Muito embora seja considerado um conceito-chave em todo o direito público ocidental, a fórmula do Estado de Direito está longe de possuir um significado uniforme. Desde sua concepção, sempre existiram boas diferenças entre as noções de *Rule of Law* na Inglaterra, de *Rule of Law* nos Estados Unidos (inspirada, obviamente, na noção inglesa, mas com sensíveis diferenças em relação a esta), de *Reechsstaat* na Alemanha, de *État de Droit* na França e de *Stato di Diritto* na Itália (apenas para citar alguns dos sistemas que mais influenciaram a formação do direito administrativo brasileiro). Apesar disso, o jusfilósofo italiano Danilo Zolo, após analisar cada um desses modelos, conclui ser possível assinalar uma identidade teórica básica na noção de Estado de Direito, assim definido como o "Estado moderno no qual ao ordenamento jurídico [...] é atribuída a tarefa de 'garantir' os direitos individuais, refreando a natural tendência do poder político a expandir-se de maneira arbitrária".[304]

---

[301] NOVAIS, Jorge Reis. *Contributo para uma Teoria do Estado de Direito*: do Estado de Direito liberal ao Estado social e democrático de Direito. Coimbra: Almedina, 2006. p. 40.

[302] NOVAIS, Jorge Reis. *Contributo para uma Teoria do Estado de Direito*: do Estado de Direito liberal ao Estado social e democrático de Direito. Coimbra: Almedina, 2006. p. 41-42.

[303] NOBRE JÚNIOR, Edilson Pereira. Uma história do Direito Administrativo: passado, presente e novas tendências. *Revista do Tribunal Regional Federal da 5ª Região*, Recife, n. 59, p. 13-47, jan./mar. 2005. p. 25.

[304] ZOLO, Danilo. Teoria e crítica do Estado de Direito. *In*: COSTA, Pietro; ZOLO, Danilo (Orgs.). *O Estado de Direito*: história, teoria e crítica. São Paulo: Martins Fontes, 2006. p. 11.

Há, desse modo, uma perspectiva formal (*limitação do poder a partir de instrumentos jurídicos*) e uma perspectiva material (*defesa dos direitos fundamentais*) inerentes ao paradigma do Estado de Direito.[305] E o mais relevante: ambas as perspectivas devem estar coligadas, só existindo um Estado formal e materialmente de direito quando os direitos fundamentais puderem ser utilizados como *escudos de proteção contra o arbítrio estatal* e quando os instrumentos jurídicos de limitação do poder tiverem como objetivo a salvaguarda desses direitos fundamentais.

A fórmula do Estado de Direito nada mais é, portanto, que a institucionalização de um meio objetivo para atingir um fim há muito pretendido pelos grupos que tomavam o poder político com as revoluções burguesas. O que se espera do Estado de Direito, pois, é que "ele indique como intervir (através do 'direito') no 'poder' com a finalidade de fortalecer a posição dos sujeitos".[306]

Por certo que "as sociedades de antigo regime não são o reino do arbítrio que uma antiga apologética 'liberal' contrapunha à nova ordem 'racional' dos códigos oitocentistas". Afinal, na prática, a história possui complexidades muito mais profundas que os maniqueísmos comumente presentes na teoria fazem parecer. Assim, não é certo imaginar que, com a institucionalização do Estado de Direito, "se enfrentam não-razão e razão, desordem e ordem", mas o importante é que "entram em contato e se põem em contraste, posicionamentos e valores profundamente diversos".[307]

Dessa forma, ainda que existam tons de continuidade entre os institutos de direito administrativo criados após a Revolução Francesa e algumas práticas administrativas do Antigo Regime, "parece ser inegável a ocorrência de um rompimento com a racionalidade que norteava as relações Estado/indivíduo no Absolutismo". E é exatamente por não ressaltarem essas transformações que os críticos não conseguem perceber que "o Direito Administrativo não possui raízes autoritárias justamente por ser um *contraponto axiológico ao regime anterior*".[308]

---

[305] NOVAIS, Jorge Reis. *Contributo para uma Teoria do Estado de Direito*: do Estado de Direito liberal ao Estado social e democrático de Direito. Coimbra: Almedina, 2006. p. 103-105.

[306] COSTA, Pietro. O Estado de Direito: uma introdução histórica. *In*: COSTA, Pietro; ZOLO, Danilo (Orgs.). *O Estado de Direito*: história, teoria e crítica. São Paulo: Martins Fontes, 2006. p. 96.

[307] COSTA, Pietro. O Estado de Direito: uma introdução histórica. *In*: COSTA, Pietro; ZOLO, Danilo (Orgs.). *O Estado de Direito*: história, teoria e crítica. São Paulo: Martins Fontes, 2006. p. 103.

[308] GABARDO, Emerson; HACHEM, Daniel Wunder. O suposto caráter autoritário da supremacia do interesse público e das origens do Direito Administrativo – uma crítica da crítica. *In*: BACELLAR FILHO, Romeu Felipe; HACHEM, Daniel Wunder (Coords.).

Uma leitura mais cuidadosa dos fenômenos históricos,[309] portanto, é capaz de demonstrar a essência democratizante do direito administrativo, que sempre – respeitadas suas evoluções graduais – se voltou para proteger os cidadãos contra os arbítrios do Estado, conforme será analisado a seguir.

2.1.1.3 A vocação emancipatória do regime jurídico-administrativo

Como dito anteriormente, existem autores que defendem que, por conta de suas origens, o *regime jurídico-administrativo*[310] existente no Brasil hoje está permeado de diversas arbitrariedades, razão pela qual deveria passar por uma profunda revisão de seus conceitos-chave.

Esse conjunto de normas foi concebido, lembre-se novamente, notadamente a partir das revoluções burguesas que destituíram o poder dos monarcas absolutistas na Europa dos séculos XVIII e XIX. Já naquele momento, ficou conhecido como um regime jurídico *exorbitante* – configuração que atualmente dá azo a diversas críticas, segundo as quais essa exorbitância legitimada pelo ordenamento jurídico é o que permitiria a prática de arbitrariedades por parte do Estado.

Na realidade, porém, o direito administrativo é classificado como exorbitante simplesmente porque, até o advento do Estado de Direito, o ordenamento jurídico só regulava relações entre particulares, nas quais não havia qualquer razão para tratamentos diferenciados. Entretanto, a partir do momento em que o direito passa a regular a atividade do Estado, não só para evitar que arbítrios sejam cometidos, mas também para exigir que a Administração Pública cumpra com os

---

Direito Administrativo e Interesse Público: Estudos em homenagem ao Professor Celso Antônio Bandeira de Mello. Belo Horizonte: Fórum, 2010. p. 187.

[309] É o caso do trabalho feito por António Manuel Hespanha. O historiador português classifica o direito administrativo como disciplina fundamentalmente distinta do direito praticado nos Estados Absolutistas "na medida em que enquanto este constituía um conjunto de regulamentos da administração dirigidos a ela mesma, o direito administrativo, sem deixar de contemplar o primeiro aspecto, incorpora também normas relativas às relações da administração com os particulares", limitando a atuação do Estado ao passar a reconhecer direitos e garantias dos particulares nessas relações. HESPANHA, António Manuel. O direito administrativo como emergência de um governo activo (c.1800-c.1790). *Revista de História das Ideias*, Coimbra, v. 26, p. 119-159, 2005. p. 119-120.

[310] De acordo com a definição de Celso Antônio Bandeira de Mello, entende-se por regime jurídico-administrativo o conjunto de normas, princípios e regras que guardam relação lógica de coerência e unidade entre si e que dão identidade ao sistema que se destina a regular a atividade jurídica da Administração Pública. MELLO, Celso Antônio Bandeira de. *Curso de Direito Administrativo*. 32. ed. São Paulo: Malheiros, 2015. p. 53.

objetivos a que está vinculada, é evidente que as normas devem seguir uma lógica diversa.[311] Querer equiparar as relações envolvendo o Estado com relações meramente particulares para ao fim dizer que, por conta de privilégios conferidos pela legislação apenas ao Poder Público, o direito administrativo seria essencialmente autoritário não passa de mais uma tentativa de "fuga para o direito privado".[312] Afinal, com isso parece que a intenção dos críticos, muito mais do que simplesmente combater práticas autoritárias da Administração Pública, é submetê-la ao regime jurídico de direito privado, esgotando suas prerrogativas e contribuindo para uma retenção da atividade estatal.

O problema, então, é que muitas das críticas ao tradicional regime jurídico-administrativo partem de uma falsa oposição entre o regime de prerrogativas e o dever de garantia dos direitos dos cidadãos. É o caso, por exemplo, de José Sérgio da Silva Cristóvam, que afirma que o direito administrativo "tem sua gênese claramente assinalada por um direito de prerrogativas e privilégios especiais da Administração [...] e não como um direito de garantia dos cidadãos".[313] Parece ser essa também a posição de Alexandre Santos de Aragão, na medida em que ressalta que, "de uma disciplina de autoridade, que pressupunha uma relação vertical entre Estado e cidadão ('administrado'), orientada à persecução de objetivos macroeconômicos, se passa a um Direito Administrativo voltado a garantir em prol dos cidadãos a melhor satisfação possível dos seus direitos fundamentais".[314]

Há, de fato, um pretenso paradoxo na noção binomial de que o direito administrativo serve para instituir prerrogativas especiais

---

[311] MELLO, Celso Antônio Bandeira de. *Curso de Direito Administrativo*. 32. ed. São Paulo: Malheiros, 2015. p. 39.

[312] A expressão "fuga para o direito privado" com o sentido aqui ventilado se reporta a um fenômeno que tomou corpo principalmente após a década de 1990, por meio do qual se busca destituir o regime jurídico-administrativo tradicional, aplicando à Administração Pública as normas de direito privado, como se o Estado não possuísse especificidades próprias que não apenas justificam, como também *exigem* um tratamento diferenciado. Antes de influenciar o direito brasileiro, o tema começou a ser debatido principalmente na Espanha e em Portugal. Ver: MARTÍN-RETORTILLO BAQUER, Sebastián. Reflexiones sobre la "huida" del Derecho Administrativo. *Revista de Administración Pública*, Madrid, n. 140, p. 25-68, mayo/ago. 1996; ESTORNINHO, Maria João. *A fuga para o direito privado: contributo para o estudo da actividade de direito privado da Administração Pública* Coimbra: Almedina, 1996.

[313] CRISTÓVAM, José Sérgio da Silva. *Administração pública democrática e supremacia do interesse público: novo regime jurídico-administrativo e seus princípios constitucionais estruturantes*. Curitiba: Juruá, 2015. p. 84-85.

[314] ARAGÃO, Alexandre Santos de. A "Supremacia do Interesse Público" no Advento do Estado de Direito e na Hermenêutica do Direito Público Contemporâneo. *Revista Brasileira de Direito Público – RBDP*, Belo Horizonte, ano 3, n. 8, p. 7-21, jan./mar. 2005. p. 9.

ao Estado e, ao mesmo tempo, garantir direitos dos cidadãos em face dessa mesma organização pública. Diz-se "pretenso", porém, porque, na realidade, esse paradoxo apenas existiria caso as prerrogativas reconhecidas pelo ordenamento jurídico à Administração Pública fossem meras regalias oferecidas para conferir mais vigor à atuação estatal. No entanto, sabe-se muito bem que não é essa a situação real.

Ainda que a Constituição Federal de 1988 não preveja expressamente uma cláusula específica do Estado Social, uma simples leitura dos principais dispositivos do texto constitucional não deixa dúvidas de que o constituinte de 1987/88 fez uma opção por um modelo de Estado intervencionista, cujos maiores objetivos são a redução das desigualdades sociais e regionais, a garantia do desenvolvimento nacional, a promoção do bem de todos e a construção de uma sociedade livre, justa e solidária.

Nesse contexto, o direito administrativo não apenas se destina a restringir o âmbito de atuação estatal ou a reparar os danos que eventualmente venha a causar, mas também a redistribuir as riquezas produzidas na sociedade.[315] Assim, nesse novo cenário passa-se a exigir da Administração Pública funções muito mais numerosas e complexas do que quando vigia o paradigma do Estado liberal.

Desse modo, deve-se compreender que parcelas das prerrogativas conferidas pelo ordenamento jurídico à Administração Pública ainda possuem espaço no contexto atual exatamente porque – até mais do que em períodos anteriores – elas são imprescindíveis para se conferir ao Poder Público os instrumentos necessários para que ele possa concretizar todas essas complexas tarefas que o texto constitucional exige.[316] Nesse sentido, como bem ensina Celso Antônio Bandeira de Mello, "o

---

[315] BALBÍN, Carlos F. Un Derecho Administrativo para la inclusión social. *A&C – Revista de Direito Administrativo & Constitucional*, Belo Horizonte, ano 14, n. 58, p. 33-59, out./dez. 2014. p. 58. Nesse mesmo sentido, Carlos E. Delpiazzo defende que "*el Derecho Administrativo propio del Estado Constitucional de Derecho debe estar centrado en la persona del administrado, tanto en su dimensión individual como social, de las que derivan sus derechos y deberes*". DELPIAZZO, Carlos E. Centralidad del administrado en el actual Derecho Administrativo: impactos del Estado Constitucional de Derecho. *Revista de Investigações Constitucionais*, Curitiba, v. 1, n. 3, p. 7-32, set./dez. 2014. p. 7.

[316] Nesse ponto, é importante ressaltar que se falou em "parcela das prerrogativas" exatamente para não se incorrer em uma indevida generalização das prerrogativas do regime jurídico-administrativo. De modo algum o trabalho pretende afirmar que necessariamente todas as prerrogativas de que atualmente goza a Administração Pública são adequadas ou imprescindíveis. Muito pelo contrário: reconhece-se que algumas delas são desnecessárias e, na prática, frequentemente acabam por servir como instrumento para dificultar a concretização dos direitos dos cidadãos em face do Estado. No entanto, por não ser esse o objeto central do trabalho, permite-se não se aprofundar nesse tema, que demandaria reflexões ainda mais complexas.

Poder, no Direito Público atual, só aparece, só tem lugar, como algo anciliar, rigorosamente instrumental e na medida estrita em que é requerido como via necessária e indispensável para tornar possível o cumprimento do dever de atingir a finalidade legal".[317]

E mais: além dessas prerrogativas, deve-se sempre lembrar das diversas sujeições que o direito impõe à Administração Pública, limitando fortemente sua liberdade de atuação. Tais sujeições, todavia, servem como um contrapeso às "abominadas" prerrogativas, trazendo equilíbrio à balança do "poder-dever" que é o que delineia todo o regime jurídico-administrativo.

Aliás, é em grande parte por conta exatamente dessas sujeições que o direito administrativo é considerado o "direito defensivo do cidadão". Afinal, diante da imposição dessas limitações percebe-se que, longe de servir para impor interesses egoísticos das autoridades e da máquina administrativa à população a quem eles servem, o direito administrativo se constitui, na realidade, como ramo jurídico "que surge exatamente para regular a conduta do Estado e mantê-la afivelada às disposições legais, dentro desse espírito protetor do cidadão contra descomedimentos dos detentores do exercício do Poder estatal".[318]

2.1.1.4 A democratização da Administração Pública enquanto processo: a constante necessidade de combate às práticas administrativas autoritárias

Por óbvio, é exagero imaginar, em uma visão quase que "romântica"[319] do direito e das revoluções liberais dos séculos XVIII e XIX, que o direito administrativo surgiu de um milagre heroico, de um "ventre humanista e libertário"[320] pelas mãos de uma bem intencionada parcela da comunidade francesa, que colocou sua vida em risco em prol da garantia de mais direitos para todos. Ao contrário disso, o mais adequado é se reconhecer que "o direito administrativo é herdeiro de riquíssima

---

[317] MELLO, Celso Antônio Bandeira de. *Curso de Direito Administrativo*. 32. ed. São Paulo: Malheiros, 2015. p. 44.

[318] MELLO, Celso Antônio Bandeira de. *Curso de Direito Administrativo*. 32. ed. São Paulo: Malheiros, 2015. p. 47.

[319] O termo é utilizado em: BINENBOJM, Gustavo. *Uma teoria do direito administrativo*: direitos fundamentais, democracia e constitucionalização. 3. ed. rev. e atual. Rio de Janeiro: Renovar, 2014. p. 18.

[320] Termos utilizados por: CRISTÓVAM, José Sérgio da Silva. *Administração pública democrática e supremacia do interesse público*: novo regime jurídico-administrativo e seus princípios constitucionais estruturantes. Curitiba: Juruá, 2015. p. 79.

bagagem jurídico-política, construída em séculos de cultura jurídica europeia, sobre a qual precisamente se realiza nova construção".[321]

Com efeito, a história demonstra que acontecimentos políticos marcantes, como a Revolução Francesa, são muito mais complexos do que narrativas maniqueístas podem tentar fazer parecer (para bem ou para mal). Afinal, como ensina Pietro Costa, analisando as transformações históricas ocorridas no período de formação dos Estados de Direito na Europa durante os séculos XVIII e XIX, "os 'verdadeiros' direitos dos homens não podem ser decididos, desejados, impostos pelo ato 'instantâneo' de uma assembleia: eles são uma *'inheritance'*, a herança de uma tradição imemoriável, o produto de uma constituição que se faz no tempo e se desenvolve autonomamente".[322]

Certamente, o direito administrativo do começo do século XIX estava muito longe daquilo que hoje pode ser considerado um direito emancipatório e inclusivo. Em que pese delineado para combater o autoritarismo reinante nas monarquias absolutistas que estavam sendo depostas naquela época, sua finalidade era muito mais a garantia do poder político e econômico nas mãos da classe burguesa do que propriamente uma transformação social.[323]

Por outro lado, isso de maneira nenhuma significa que as origens do direito administrativo podem ser consideradas autoritárias *per se*. Nos itens anteriores, demonstrou-se que o regime jurídico-administrativo, desenvolvido em conjunto com a afirmação do paradigma do Estado de Direito, sempre possuiu um viés de limitação e condicionamento do poder estatal.

O que se vislumbra, portanto, é que a história do direito administrativo vem sendo marcada por uma série de percalços no combate ao autoritarismo. Por vezes e em alguns pontos específicos de sua disciplina,

---

[321] LÓPEZ-MUÑIZ, José Luis Martínez. *Introducción al derecho administrativo*. Madri: Editorial Tecnos, 1986. p. 132 *apud* MEDAUAR, Odete. *Direito administrativo em evolução*. 3. ed. Brasília: Gazeta Jurídica, 2017. p. 6.

[322] COSTA, Pietro. O Estado de Direito: uma introdução histórica. *In*: COSTA, Pietro; ZOLO, Danilo (Orgs.). *O Estado de Direito:* história, teoria e crítica. São Paulo: Martins Fontes, 2006. p. 110.

[323] Apesar de se contraporem às críticas às origens supostamente autoritárias do direito administrativo, Gabardo e Hachem reconhecem que "quando assume o controle do poder político essa mesma burguesia olvida-se da universalidade daqueles princípios [de liberdade, igualdade e fraternidade], não os aplicando todos na prática ou defendendo-os apenas de maneira formal". GABARDO, Emerson; HACHEM, Daniel Wunder. O suposto caráter autoritário da supremacia do interesse público e das origens do Direito Administrativo – uma crítica da crítica. *In*: BACELLAR FILHO, Romeu Felipe; HACHEM, Daniel Wunder (Coords.). *Direito Administrativo e Interesse Público:* Estudos em homenagem ao Professor Celso Antônio Bandeira de Mello. Belo Horizonte: Fórum, 2010. p. 165.

ainda é possível sentir alguns sintomas do abuso de poder (causado muito mais por deficiências práticas do sistema administrativo do que por conta da lógica jurídica da disciplina em si) em desfavor dos cidadãos que se relacionam com o Estado. Não é raro, por exemplo, até os dias de hoje se deparar com decisões administrativas sem qualquer motivação, não respondendo os requerimentos dos cidadãos, negando vista de processos administrativos aos interessados, se recusando a executar ordens de pagamento, entre tantas outras situações de ilegalidade.

Mas, ainda assim, é inegável, até mesmo para os mais críticos, que "a evolução histórica revelou um incremento significativo daquilo que se poderia chamar de *vertente garantística*, caracterizada por meios e instrumentos de controle progressivo da atividade administrativa pelos cidadãos".[324] Tal fato é constatável através de uma análise dos temas e valores defendidos por autores do próprio direito administrativo brasileiro ao longo da história.

Já na época do Império, por exemplo, é possível encontrar textos elogiando normas de direito administrativo que, em alguma medida, combatiam o autoritarismo. Prudêncio Veiga Cabral é um desses autores, sendo que, em 1859, já escrevia que "ao jurisconsulto pertence colocar a administração em frente do Direito, e demonstrar quais os meios protetores contra os abusos, e quais as regras para fazer triunfar o regime equitativo contra o arbitrário".[325]

É evidente, no entanto, que o direito administrativo ainda estava longe de corresponder aos padrões de democracia da atualidade. Nesse sentido, Fernando Dias Menezes de Almeida cita alguns autores do período da Primeira República cujos textos "revelam uma prática da administração distanciada das garantias de direitos dos indivíduos" e denunciam, por exemplo, "o arbítrio da administração no exercício do poder disciplinar quanto aos funcionários – assunto que não era jurisdicionalizado". Com isso, constata o administrativista paulista que "há registros da percepção da teoria da época quanto à *edificação*

---

[324] BINENBOJM, Gustavo. *Uma teoria do direito administrativo*: direitos fundamentais, democracia e constitucionalização. 3. ed. rev. e atual. Rio de Janeiro: Renovar, 2014. p. 18. No mesmo sentido: OTERO, Paulo. *Legalidade e Administração Pública*: o sentido da vinculação administrativa à juridicidade. Coimbra: Almedina, 2003. p. 282.

[325] VEIGA CABRAL, Prudêncio Giraldes Tavares. *Direito administrativo brasileiro*. Rio de Janeiro: Typpgraphia Universal de Laemmert, 1859 *apud* ALMEIDA, Fernando Dias Menezes de. *Formação da Teoria do Direito Administrativo no Brasil*. São Paulo: Quartier Latin, 2015. p. 220.

do direito administrativo em um espaço tensionado pelas forças da liberdade e da autoridade".[326]

Percebe-se, também, que, de certa forma, o tom adotado na produção teórica do direito administrativo *segue* o contexto histórico e político em que estão inseridos os respectivos autores. Durante o período do primeiro governo de Getúlio Vargas (1930-1945), por exemplo, havia muitos textos obstinados a enaltecer o governo como forma de trazer mais legitimidade a Getúlio no meio acadêmico e, em se tratando de um governo com variados aspectos ditatoriais, é evidente que esses textos acabavam defendendo algumas práticas autoritárias do Estado.[327]

Desse modo, é lógico que, com a Constituição Federal de 1988, documento político produzido como contraponto ao regime ditatorial instalado no país em 1964 e em um processo constituinte já bastante democratizado,[328] o direito administrativo contemporâneo possui uma feição altamente democrática.

A lição que fica, desse modo, é que, em suas origens, o direito administrativo era de fato *mais autoritário* do que hoje. No entanto, de jeito nenhum isso pode significar que o regime jurídico-administrativo possua ainda atualmente uma essência arbitrária. Estão com a razão, portanto, Emerson Gabardo e Daniel Wunder Hachem quando afirmam que "é um anacronismo imaginar que a experiência autoritária com a qual conviveu o Direito Administrativo em seus primeiros passos realmente o marque como um instrumento normativo essencialmente autoritário".[329]

O direito administrativo tem passado, quando se olham os longos períodos da história, por um processo de democratização, confirmando-se cada vez mais como disciplina jurídica voltada a combater o autoritarismo estatal. E exatamente por essa razão, portanto, que se deve continuar "investindo" na democratização do regime jurídico-administrativo como meio de instrumentalizar aos cidadãos um escudo

---

[326] ALMEIDA, Fernando Dias Menezes de. *Formação da Teoria do Direito Administrativo no Brasil*. São Paulo: Quartier Latin, 2015. p. 236-237.

[327] Sobre o tema, ver: ALMEIDA, Fernando Dias Menezes de. *Formação da Teoria do Direito Administrativo no Brasil*. São Paulo: Quartier Latin, 2015. p. 250 *et seq*.

[328] Sobre o tema, ver: SALGADO, Eneida Desiree. *Constituição e democracia*: tijolo por tijolo em um desenho (quase) lógico: vinte anos de construção do projeto democrático brasileiro. Belo Horizonte: Fórum, 2007.

[329] GABARDO, Emerson; HACHEM, Daniel Wunder. O suposto caráter autoritário da supremacia do interesse público e das origens do Direito Administrativo – uma crítica da crítica. *In*: BACELLAR FILHO, Romeu Felipe; HACHEM, Daniel Wunder (Coords.). *Direito Administrativo e Interesse Público*: Estudos em homenagem ao Professor Celso Antônio Bandeira de Mello. Belo Horizonte: Fórum, 2010. p. 194.

contra os anseios autoritários do Poder Público, não significando isso, porém, uma completa inversão de sua lógica estrutural.

Como bem nota Maria Paula Dallari Bucci, "há um movimento pendular que a Administração faz entre formas peculiares de direito público e os institutos criados pelo direito privado", de modo que "de tempos em tempos, o direito administrativo vai novamente beber nas fontes do direito privado, onde renova seu contato com as formas e procedimentos forjados pela realidade cotidiana das relações privadas".[330]

Em outras palavras: o fenômeno da consensualização do direito administrativo, que será objeto de análise específica no item seguinte, é bem-vindo a contribuir com a democratização da Administração Pública e com o combate às práticas ainda remanescentes no cotidiano da atividade administrativa. O que não se pode, contudo, é imaginar que o regime jurídico-administrativo é um empecilho para essa evolução (por supostamente ser autoritário em sua essência) e, assim, acabar aceitando algumas propostas adjacentes à consensualização que visam à descaracterização do direito administrativo que foi desenhado pela Constituição Federal de 1988 e que deve ter na indisponibilidade do interesse um de seus nortes.

2.1.2 O fenômeno de consensualização do direito administrativo: fundamentos e repercussões

2.1.2.1 Os conceitos estruturais da consensualização do direito administrativo

O direito administrativo brasileiro tem sido palco de grandes transformações nos últimos anos, sendo que muitas delas estão correlacionadas a um mesmo fenômeno: a consensualização da atividade administrativa. Nessa linha, Diogo de Figueiredo Moreira Neto chega a classificar o que chama de "princípio da consensualidade" como uma

---

[330] BUCCI, Maria Paula Dallari. *Direito Administrativo e Políticas Públicas*. São Paulo: Saraiva, 2002. p. 27.

das principais alterações sofridas pelo direito administrativo no campo jurídico[331] nos últimos tempos.[332]

Muitos autores apontam essa transformação como uma decorrência do aprimoramento e da evolução do modelo de Estado Democrático de Direito. Como visto no item anterior, o direito administrativo nasce como ramo jurídico destinado a regular as atividades da Administração Pública com o intuito de submeter também o Poder Público à ordem jurídica. Desse modo e diante da consolidação do modelo de Estado Democrático de Direito, é natural "que um dos vetores da evolução do Direito Administrativo, na democracia, seja a substituição dos mecanismos de imposição unilateral – tradicionalmente ditos de 'império' – por mecanismos de consenso".[333]

É inquestionável, portanto, que o recente processo de democratização da Administração Pública brasileira gerou, como uma de suas principais consequências, um movimento doutrinário pela consensualização do direito administrativo. Tal fenômeno, na leitura de Gustavo Justino de Oliveira, significa "que Administração pública, empresas, organizações não-governamentais e cidadãos natural e mutuamente *cedem* sobre pontos relativos ao objeto em discussão, favorecendo a obtenção de um *equilíbrio de interesses originalmente contrapostos*, os quais permaneceriam contrapostos se não fosse pela ocorrência de trocas e concessões entre as partes".[334]

Nesse contexto, vai-se, aos poucos, afastando a *verticalização* (ainda) presente na relação da administração pública com seus parceiros privados, uma vez que, "em um cenário em que vigora a necessidade da realização de *parcerias*, não há como sustentar uma relação de total subordinação entre a Administração e as entidades parceiras". E, com isso, passa-se a formar um verdadeiro "*Estado contratual*, em que a

---

[331] É importante esclarecer o porquê de se dizer que é uma das principais alterações ocorridas *no campo jurídico*. Afinal, qualquer alteração ocorrida no direito administrativo poderia ser incluída como uma alteração gerada no campo jurídico. É que o autor elenca também mudanças ocorridas no campo político – e aí cita os princípios da subsidiariedade e o aumento da participação popular – e em âmbito técnico – referindo-se, por exemplo, ao fenômeno da profissionalização da função pública.

[332] MOREIRA NETO, Diogo de Figueiredo. *Mutações do Direito Administrativo*. 3. ed. São Paulo: Saraiva, 2007. p. 18-28.

[333] ALMEIDA, Fernando Dias Menezes de. Mecanismos de consenso no Direito Administrativo. *In*: ARAGÃO, Alexandre Santos de; MARQUES NETO, Floriano de Azevedo (Coords.). *Direito administrativo e seus novos paradigmas*. Belo Horizonte: Fórum, 2012. p. 337.

[334] OLIVEIRA, Gustavo Justino de. A arbitragem e as Parcerias Público-Privadas. *Revista Eletrônica de Direito Administrativo Econômico*, Salvador, n. 2, maio/jul. 2005. Disponível em: http://www.direitodoestado.com.br.

crescente utilização de instrumentos negociais firmados entre o Estado e as organizações privadas (...) como modo de atingir os fins públicos, passa a prevalecer sobre antigas práticas que privilegiavam a noção de autoridade e da imposição unilateral das decisões tomadas pelo Estado".[335]

No entanto, a democratização não ocorre em um só passo, senão em um longo e contínuo processo histórico. E é como um dos frutos mais recentes desse processo que se apresenta o fenômeno da consensualização do direito administrativo. Como destaca Vasco Manuel Pascoal Dias Pereira da Silva, "de autoritária e agressiva, a Administração habitua-se a procurar o consenso com os particulares, quer mediante a generalização de formas de actuação contratuais, quer pela participação e concertação com os privados, ainda quando estejam em causa actuação unilaterais".[336] Na mesma linha pontua Mariana de Siqueira que "o caminhar histórico do Direito Administrativo deve se desenvolver no sentido de distanciamento dos abusos e da aproximação da democracia, e a construção da ideia de interesse público não foge dessa máxima".[337]

A internalização da consensualidade no direito administrativo brasileiro ocorreu de maneira lenta e gradual. O tema começa a ser inserido nos debates doutrinários nacionais a partir da influência de autores notadamente italianos e espanhóis. Tal fato não causa nenhuma estranheza. Não apenas porque tais sistemas jurídicos em muito impactam o direito brasileiro (não apenas no tema da consensualidade, tampouco apenas no direito administrativo), mas principalmente porque esses dois países possuem muito mais tradição jurídica na consensualidade administrativa. Algo decorrente, pode-se especular, do fato de que tanto na Itália como na Espanha existem autorizações legislativas genéricas para a Administração Pública realizar acordos com particulares.

É bem verdade que o direito administrativo brasileiro sempre conviveu com instrumentos consensuais. O art. 10 do Decreto-Lei nº 3.365/41 é um bom exemplo disso ao dispor que *"a desapropriação deverá efetivar-se mediante acordo* ou intentar-se judicialmente, dentro de cinco

---

[335] OLIVEIRA, Gustavo Justino de. A arbitragem e as Parcerias Público-Privadas. *Revista Eletrônica de Direito Administrativo Econômico*, Salvador, n. 2, maio/jul. 2005. Disponível em: http://www.direitodoestado.com.br.

[336] SILVA, Vasco Manuel Pascoal Dias Pereira da. *Em busca do acto administrativo perdido.* Coimbra: Almedina, 2016. p. 467.

[337] SIQUEIRA, Mariana de. *Interesse público no direito administrativo brasileiro*: da construção da moldura à composição da pintura. Rio de Janeiro: Lumen Juris, 2016. p. 245.

anos, contados da data da expedição do respectivo decreto e findos os quais este caducará". No entanto, é apenas a partir da década de 1990 que, como dito, com esteio na doutrina administrativista italiana e espanhola (e, posteriormente, também portuguesa), o tema da consensualidade administrativa passa a ser estudado no Brasil de modo mais sintetizado, como um verdadeiro fenômeno a impactar o direito administrativo.[338]

O artigo de Diogo de Figueiredo Moreira Neto intitulado *Novos institutos consensuais da ação administrativa*, publicado em 2003 na *Revista de Direito Administrativo*, é um dos principais pontos de partida da doutrina brasileira para desenvolver o fenômeno da consensualização da Administração Pública. Nesse trabalho, muito citado por outros autores que futuramente se dedicaram ao tema, Moreira Neto propõe com bastante otimismo a utilização de instrumentos consensuais, mas reconhece que, àquela época, o consenso administrativo era "ainda incipientemente utilizado no Brasil, pois quase que restrito às duas modalidades mais familiares, a dos convênios e a dos consórcios".[339]

De todo modo, não se pode negar que, nos últimos anos, "os métodos de ação do poder público têm mudado em direção a uma negociação mais explícita do ato administrativo"[340] e, com isso, o tema da consensualidade vem cada vez mais se tornando objeto de diversas discussões dentro do direito administrativo.

Diante do plexo de funções que são imputadas à Administração Pública contemporaneamente, notadamente pela lógica ativista e intervencionista que rege o Estado Social e também pela exigência de que o cumprimento dessas funções ocorra de modo democrático e com respeito à ordem jurídica vigente (visto estar inserida em um Estado *Democrático de Direito*), a adoção de meios consensuais de solução de conflitos se mostra um meio não apenas viável, mas também *necessário* para que o Poder Público realize todas as suas incumbências.

Conforme anota Onofre Alves Batista Júnior, nesse novo contexto, "mandar não basta, é preciso convencer e fazer convergir as vontades". E a atuação imperativa parece não conseguir atender com a devida eficiência a essa tarefa, uma vez que "o ato unilateral assegura, por certo, a submissão [da Administração Pública à ordem jurídica], mas

---

[338] PALMA, Juliana Bonacorsi de. *Sanção e acordo na Administração Pública*. São Paulo: Malheiros, 2015. p. 238.
[339] MOREIRA NETO, Diogo de Figueiredo. Novos institutos consensuais da ação administrativa. *Revista de Direito Administrativo*, Rio de Janeiro, v. 231, p. 129-156, jan. 2003. p. 145.
[340] CARDOSO, David Pereira. *Os acordos substitutivos de sanção administrativa*. Curitiba, 2016. 173 f. Dissertação (Mestrado em Direito) – Programa de Pós-Graduação em Direito, Universidade Federal do Paraná. p. 32.

é incapaz de assegurar o entusiasmo e o desejo de colaboração" dos particulares que com ela se relacionam.[341] Na mesma linha segue Vasco Manuel Pascoal Dias Pereira da Silva. Afirma o administrativista português que existia "um compromisso entre uma noção liberal de poder político e uma noção autoritária de Administração",[342] o qual era dogmaticamente traduzido através da atribuição ao Estado, como sua função primordial, da tarefa de proteção dos direitos civis e políticos, sendo a Administração chamada para atuar apenas em casos de violação a esses direitos – e, portanto, devendo quase sempre adotar posturas repressivas. Daí o porquê de as manifestações unilaterais de vontade da Administração no Estado Liberal serem, via de regra, autoritárias e verticalizadas.

De fato, a noção de ato administrativo autoritário corresponde a uma característica própria da Administração Pública inserta na lógica de um Estado Liberal.[343] Nesse contexto, em que pese a ordem jurídica restringir fortemente o âmbito de atuação do Estado, quando o Poder Público fosse chamado para atuar (notadamente para proteger a liberdade, a vida e a propriedade dos indivíduos) deveria fazê-lo com veemência. Suas funções, portanto, até podiam ser poucas em comparação ao que se tem atualmente, mas eram de máxima importância para os idealizadores daquela forma de sociedade, razão pela qual se exigia uma intervenção impetuosa do Estado.

Quando, porém, a Administração Pública passa a assumir mais funções prestacionais (e não apenas tanto de defesa) em relação aos direitos dos cidadãos, sua postura também é alterada. São emblemáticas, nesse sentido, as teorizações da Escola do Serviço Público, liderada, entre outros autores, por León Duguit e Gaston Jèze, que transformaram o modo pelo qual o Estado se relacionava com os cidadãos. Ora, se o Estado nada mais é do que um prestador de serviços à coletividade, não faria sentido que se dirigisse a ela por meio de atos autoritários e arbitrários.

---

[341] BATISTA JÚNIOR, Onofre Alves. *Transações administrativas*: um contributo ao estudo do contrato administrativo como mecanismo de prevenção e terminação de litígios e como alternativa à atuação administrativa autoritária, no contexto de uma administração pública mais democrática. São Paulo: Quartier Latin, 2007. p. 463.

[342] SILVA, Vasco Manuel Pascoal Dias Pereira da. *Em busca do acto administrativo perdido.* Coimbra: Almedina, 2016. p. 50.

[343] BATISTA JÚNIOR, Onofre Alves. *Transações administrativas*: um contributo ao estudo do contrato administrativo como mecanismo de prevenção e terminação de litígios e como alternativa à atuação administrativa autoritária, no contexto de uma administração pública mais democrática. São Paulo: Quartier Latin, 2007. p. 243.

Sendo assim, com o fim do modelo do Estado Liberal e, paulatinamente, de todo o aparato jurídico que o concedia sustentação, o conceito de ato administrativo autoritário vai aos poucos perdendo o seu paradigma teórico. Ainda que tenha sobrevivido por algum tempo em razão de ter se imiscuído no cotidiano e na estrutura administrativa, não é mais, "como fora antes, um instrumento jurídico flexível e adequado para a resolução dos novos problemas com que se defronta a moderna Administração".[344]

Diante disso, "embora inicialmente olhada com desconfiança pela doutrina clássica, que não conseguia concatenar a ideia de consenso com um entendimento da Administração como poder, avança a tendência de 'contratualização' da Administração Pública".[345] Com efeito, é inegável que aos poucos vai se percebendo uma nova estruturação da função administrativa, voltada fundamentalmente ao diálogo e "viabilizando, além da participação do administrado, a mais adequada ponderação dos interesses envolvidos, reduzindo o recurso ao Judiciário e facilitando a implementação das decisões".[346]

Apesar do crescimento desse fenômeno, Eurico Bitencourt Neto constata que "a noção de concertação administrativa, embora esteja presente em significativa parte da doutrina jusadministrativista, não tem sido objeto de tratamento sistematizado ou mesmo de uma delimitação conceitual com relativa precisão".[347] É certo, portanto, que o tema da consensualidade exige estudos mais aprofundados por parte da doutrina administrativista.

Nessa linha, Diogo de Figueiredo Moreira Neto propõe o desenvolvimento de estudos sobre o que chamou de "princípio constitucional da consensualidade do direito brasileiro", argumentando que "a sua existência terá o condão de iluminar inúmeras relações entre sociedade e Estado e de facilitar, assim, a aplicação e o aperfeiçoamento dos

---

[344] SILVA, Vasco Manuel Pascoal Dias Pereira da. *Em busca do acto administrativo perdido*. Coimbra: Almedina, 2016. p. 71.
[345] BATISTA JÚNIOR, Onofre Alves. *Transações administrativas*: um contributo ao estudo do contrato administrativo como mecanismo de prevenção e terminação de litígios e como alternativa à atuação administrativa autoritária, no contexto de uma administração pública mais democrática. São Paulo: Quartier Latin, 2007. p. 246.
[346] MORETTI, Natalia Pasquini. Uma concepção contemporânea do princípio da indisponibilidade do interesse público. *In*: MARRARA, Thiago (Org.). *Princípios de direito administrativo*: legalidade, segurança jurídica, impessoalidade, publicidade, motivação, eficiência, moralidade, razoabilidade, interesse público. São Paulo: Atlas, 2012. p. 464.
[347] BITENCOURT NETO, Eurico. *Concertação administrativa interorgânica*: Direito Administrativo e organização no século XXI. Coimbra: Almedina, 2017. p. 195.

institutos consensuais existentes, a criação de novos e de concorrer para a interpretação homogênea de situações indefinidas".[348]

Também como fruto dessa ausência de sistematização adequada do estudo da consensualidade administrativa no Brasil, vê-se que muitas vezes os conceitos de consensualização, consenso e consensualidade são utilizados indistintamente, sem a devida preocupação com o real significado de cada palavra, o que pode comprometer a sua utilidade. Longe de se tratar de mero preciosismo formal, nesse caso, portanto, é importante dedicar esforços para esclarecer o que se entende por consensualidade administrativa.

Pois, bem: (i) *consensualização* é o fenômeno consistente no desenvolvimento de teorias e institutos jurídicos destinados a "viabilizarem o consenso no planejamento e na execução das funções administrativas"; (ii) *consenso* é o resultado que se pretende obter com o processo de consensualização, o consentimento recíproco entre a Administração Pública e alguma outra parte a respeito de determinado assunto; e (iii) *consensualidade*, por sua vez, é fator relativo ao *grau* de existência de consenso no planejamento ou execução de uma função administrativa (de modo que tal função pode ter sido planejada ou executada de maneira mais ou menos consensual).[349]

Os atos administrativos consensuais são aqueles acordos de vontade estabelecidos entre a Administração Pública e um ou mais sujeitos de direito, regulados pelas normas do regime jurídico-administrativo e celebrados no seio de um processo administrativo. As partes estabelecem de comum acordo os termos de constituição, modificação ou extinção de determinada relação jurídica, em relação à qual a Administração tradicionalmente poderia interferir unilateralmente por meio de suas prerrogativas.

Nesses casos, a Administração Pública até poderia fazer uso de suas prerrogativas para impor unilateralmente ao particular a situação jurídica que pretende estabelecer, independentemente de sua concordância com esse fato. No entanto, por diversas razões que serão expostas a seguir, o Poder Público é levado a substituir o exercício unilateral dessa prerrogativa por algum tipo de acordo de vontade com o particular que sofrerá os efeitos da medida em questão. Nas palavras de Fernando

---

[348] MOREIRA NETO, Diogo de Figueiredo. Novos institutos consensuais da ação administrativa. *Revista de Direito Administrativo*, Rio de Janeiro, v. 231, p. 129-156, jan. 2003. p. 156.

[349] MARRARA, Thiago. Acordos de leniência no processo administrativo brasileiro: modalidades, regime jurídico e problemas emergentes. *In*: PONTES FILHO, Valmir; GABARDO, Emerson. *Problemas emergentes da Administração Pública*. Belo Horizonte: Fórum, 2015. p. 259.

Dias Menezes de Almeida, isso se justifica "porque está implícita no poder de decidir unilateralmente e de ofício a opção por se decidir de modo consensual com o destinatário da decisão".[350]

Como se vê, aqui se parte de um sentido mais restrito do que representa o consenso administrativo. Na divisão sistemática desenvolvida por Juliana Bonacorsi de Palma, identifica-se a existência de ao menos três sentidos para esse termo.[351]

(i) Em um *sentido amplíssimo*, pode-se entender como fruto da consensualidade qualquer participação popular na Administração Pública, através, por exemplo, de institutos já tradicionais, como as consultas e audiências públicas.

Trata-se, evidentemente, de conceito pouco útil diante de sua indistinção. Abarca tantas situações vivenciadas pela Administração Pública que acaba não sendo de relevância prática. É evidente que as consultas e audiências públicas possuem diversos pontos em comum, na sua lógica e na sua finalidade, com os instrumentos específicos da ação consensual propriamente dita da Administração Pública. No entanto, tratar todos esses institutos sob o mesmo signo não representa um bom direcionamento para o estudo da consensualidade administrativa.

(ii) Em um *sentido amplo*, entende-se como manifestação da consensualidade administrativa todos os acordos de vontade estabelecidos pela Administração Pública com particulares ou, até mesmo, com outros entes públicos. Aqui se encaixam, por exemplo, desde os contratos administrativos da Lei nº 8.666/93 até os contratos de gestão mencionados no art. 37, §8º, da Constituição Federal.

Apesar de ser bastante difundido esse sentido, repudia-se a tomada dessa concepção de consensualidade, pois ela pode gerar uma indevida assimilação entre os contratos administrativos tradicionais, tipicamente de finalidade comercial, com os acordos administrativos frutos dessa nova onda de consensualização. É indiscutível que, ao firmarem um contrato regido pela Lei nº 8.666/93, a Administração e o particular contratado estão estabelecendo uma relação jurídica consensual.

Ainda assim, por mais paradoxal que isso possa parecer, utilizar esse sentido mais amplo pode acabar restringindo o espectro de temas abarcados pelo fenômeno da consensualização, pois, quando se

---

[350] ALMEIDA, Fernando Dias Menezes de. *Contrato administrativo*. São Paulo: Quartier Latin, 2012. p. 302.
[351] Todos esses sentidos são trabalhados por Juliana Bonacorsi de Palma em: PALMA, Juliana Bonacorsi de. *Sanção e acordo na Administração Pública*. São Paulo: Malheiros, 2015. p. 241-262.

pensasse em consenso administrativo, a regra seria pensar nos contratos administrativos já há muito conhecidos e utilizados pela Administração, deixando-se de lado aquilo que a consensualização realmente tem para contribuir com o aprimoramento da atividade administrativa.

(iii) Em um *sentido estrito*, por fim, são tidos como frutos da consensualidade administrativa os *acordos integrativos*, que servem como preparatórios para a edição de algum ato administrativo, e os *acordos substitutivos*, que irão eles próprios substituir o ato administrativo unilateral que poderia ser editado pela Administração para realizar determinada tarefa pública.

Como ensina Onofre Alves Batista Júnior, o acordo administrativo poderá tanto prever à Administração o dever de praticar determinado ato administrativo (quando, por exemplo, estabelece-se que será editado ato concedendo dado benefício previdenciário a um servidor público) como também o dever de não praticar algum ato (quando, por exemplo, acorda-se, através de termo de ajustamento de conduta ou instrumento afim, a não aplicação de sanção administrativa a um servidor público). No primeiro caso, o contrato firmado pela Administração será *preparatório* à prática de um ato administrativo, enquanto, no segundo caso, será *substitutivo* do ato.[352]

2.1.2.2 Os fundamentos jurídicos da inserção na lógica consensual na atividade administrativa

Os fundamentos para o desenvolvimento do fenômeno da consensualização iniciam-se, principalmente, pela já mencionada democratização da Administração Pública.

Indiscutivelmente, a noção de democracia alterou-se bastante com o passar do tempo, desde a instituição da ideia de Estado Democrático de Direito. Se, anteriormente, a participação popular na formação da democracia era limitada à escolha dos representantes por meio das eleições, com a Constituição Federal de 1988 abriu-se a possibilidade de a população participar ativamente do exercício da atividade

---

[352] BATISTA JÚNIOR, Onofre Alves. *Transações administrativas*: um contributo ao estudo do contrato administrativo como mecanismo de prevenção e terminação de litígios e como alternativa à atuação administrativa autoritária, no contexto de uma administração pública mais democrática. São Paulo: Quartier Latin, 2007. p. 296-297.

administrativa, influenciando, portanto, não apenas no que diz respeito a *quem* governa, senão também no que toca a *como* se governa.[353] Atualmente, é pacífico que o princípio democrático não se restringe a um aspecto formal de permitir à população a escolha de seus representantes por meio do voto. Exige-se também democracia em um sentido material – e é esse o viés de democracia que acaba fundamentando a consensualidade administrativa. Afinal, "não mais bastando o consenso na escolha de pessoas pelo voto formal, trata-se de buscar um consenso mais amplo sobre a escolha de políticas públicas através de outras formas institucionais que possam disciplinar com fidelidade e segurança o processo de formação da vontade participativa".[354]

A tomada de decisão administrativa em consenso com os particulares afetados por ela, dessa forma, torna-se uma exigência cada vez mais latente, ao passo que, desde a Constituição Federal de 1988, há uma tendência de maior concessão, à população, de direitos oponíveis ao Estado e também de maior densificação legislativa no caso daqueles direitos já anunciados pelo texto constitucional. O fenômeno, portanto, é lógico: quanto mais direitos a sociedade possui para se defender e se opor em relação a determinadas atitudes que a Administração Pública deseje tomar, menos a Administração poderá impor sua vontade unilateralmente, sem ao menos ouvir a manifestação daqueles que forem atingidos pelo seu ato.

Mecanismos tradicionais de participação popular na Administração Pública, como as consultas e audiências públicas, não trouxeram a esperada democratização da atividade administrativa. Apesar de formalmente abrir-se espaço à sociedade para apresentar seus anseios e suas demandas, via de regra muito pouco disso acaba sendo realmente levado em consideração pelas autoridades administrativas. Por essa razão, continua presente no direito administrativo reivindicações de uma democratização mais concreta.

É nesse cenário que o fenômeno da consensualização exsurge com força. Pretende-se que "as contribuições apresentadas pelos administrados sejam efetivamente analisadas e consideradas pela Administração para formação do ato", e os novos meios consensuais

---

[353] MOREIRA NETO, Diogo de Figueiredo. *Poder, direito e estado*: o direito administrativo em tempos de globalização. Belo Horizonte: Fórum, 2011. p. 142.
[354] MOREIRA NETO, Diogo de Figueiredo. Novas Tendências da Democracia: Consenso e Direito Público na Virada do Século: o Caso Brasileiro. *Revista Brasileira de Direito Público – RBDP*, Belo Horizonte, n. 3, ano 1, out./dez. 2003. Disponível em: http://www.bidforum.com.br/bid/PDI0006.aspx?pdiCntd=12537.

de ação administrativa possibilitam essa abertura de maneira muito mais eficientes.[355] Como destaca Diogo de Figueiredo Moreira Neto, há casos em que o consenso atua como "coadjuvante da formação da vontade administrativa", que é o que ocorre, por exemplo, nas audiências e consultas públicas, e há casos em que se apresenta "como elemento determinante da formação da vontade administrativa",[356] que é o que se espera que ocorra com o fenômeno da consensualização.[357]

A grande novidade trazida pelos atos administrativos consensuais (em relação a outras práticas democráticas de atuação administrativa), portanto, está no fato de que essa forma alternativa de desempenho da atividade administrativa funda-se justamente na ideia de que a vontade dos particulares pode/deve contribuir diretamente para a formação da decisão administrativa e, assim, para estabelecer os termos das relações jurídicas que esses particulares possuem com a Administração Pública.[358]

Jaime Rodríguez Arana-Muñoz também concorda que a incidência dos princípios e dispositivos constitucionais de índole democrática na atividade administrativa faz com que a Administração Pública tenha que rever o modo como se relaciona com os cidadãos. Em sua visão, nesse novo contexto o direito administrativo fica obrigado a "repensar instituições e categorias próprias de um ramo do Direito Público que esteve por muito tempo vinculado e apegado a uma dimensão unilateral e estática do interesse público, a qual deve ser substituída por uma versão mais participativa e mais transparente".[359]

---

[355] PALMA, Juliana Bonacorsi de. *Sanção e acordo na Administração Pública*. São Paulo: Malheiros, 2015. p. 134.

[356] MOREIRA NETO, Diogo de Figueiredo. Novos institutos consensuais da ação administrativa. *Revista de Direito Administrativo*, Rio de Janeiro, v. 231, p. 129-156, jan. 2003. p. 148-149. Em outro trabalho, Moreira Neto reforça o que entende por atuação coadjuvante e determinante do particular na Administração Pública: "A atuação coadjuvante do particular é aquela em que a Administração ouve os particulares e com eles negocia as melhores soluções, mas se reserva a plenitude da decisão. Na atuação determinante do particular, distintamente, a Administração deve ouvir os particulares podendo com eles negociar as melhores soluções, em termos de atendimento de todos os interesses juridicamente protegidos envolvidos na relação, mas estará vinculada à decisão que vier a prevalecer, em obediência ao processo adotado". MOREIRA NETO, Diogo de Figueiredo. Novas Tendências da Democracia: Consenso e Direito Público na Virada do Século: o Caso Brasileiro. *Revista Brasileira de Direito Público – RBDP*, Belo Horizonte, n. 3, ano 1, out./dez. 2003. Disponível em: http://www.bidforum.com.br/bid/PDI0006.aspx?pdiCntd=12537.

[357] MOREIRA NETO, Diogo de Figueiredo. Novos institutos consensuais da ação administrativa. *Revista de Direito Administrativo*, Rio de Janeiro, v. 231, p. 129-156, jan. 2003. p. 148-149.

[358] PAREJO ALFONSO, Luciano. Los Actos Administrativos Consensuales en el Derecho Español. *A&C – Revista de Direito Administrativo e Constitucional*, Belo Horizonte, ano 1, n. 13, p. 11-43, jul./set. 2003. p. 17.

[359] RODRÍGUEZ-ARANA MUÑOZ, Jaime. El Interés General como Categoría Central de la Actuación de las Administraciones Públicas. *In*: BACELLAR FILHO, Romeu Felipe;

Ademais, o fomento da participação popular na atividade administrativa contribui para que a tomada de decisão sobre a identificação do interesse público seja mais legítima e eficiente, ao passo que, por ser compartilhada com as partes diretamente interessadas, ela poderá corresponder mais adequadamente às expectativas e às necessidades dos cidadãos, bem como será aceita e cumprida com mais facilidade.[360]

Além disso, a consensualização apoia-se fortemente também na ideia de *interdependência público-privada*. Não há espaço para consenso (ou, ainda que espaço haja, ao menos não há necessidade de consenso) na lógica de Administração verticalizada, que enxerga os cidadãos como sujeitos de direito inferiores na relação jurídica tão somente porque não gozam das mesmas prerrogativas que o Poder Público. A Administração que supõe poder impor todas as suas vontades aos destinatários de seus atos por certo não considera convocar os particulares para participar do processo de elaboração dessas decisões.

O cenário atual, todavia, é diametralmente oposto a esse. Há muito já se abandonou essa maneira de encarar a relação entre Administração Pública e "administrado". Hoje se reconhece o cidadão como titular de direitos públicos subjetivos destinados exatamente a fazer frente às prerrogativas administrativas: contra armas especiais da Administração, o direito concedeu escudos especiais aos cidadãos.

Nesse novo modelo de Administração Pública, o cidadão não é nem súdito em posição inferior ao Poder Público, nem usuário meramente passivo dos serviços prestados pelo Estado, "ele assume ou é convocado a assumir um novo papel de actor que partilha com o Estado a missão de realizar o interesse público, (...) que procura e aceita contribuir para a realização do bem comum".[361]

Nesse contexto, portanto, "de uma posição de adversário, o administrado passa a ser considerado cada vez mais como personagem necessário para a adequada prestação da utilidade pública", tanto no momento de formação da decisão administrativa como no

---

HACHEM, Daniel Wunder (Coords.). *Direito Administrativo e interesse público*: estudos em homenagem ao Professor Celso Antônio Bandeira de Mello. Belo Horizonte: Fórum, 2010. p. 30.

[360] MORETTI, Natalia Pasquini. Uma concepção contemporânea do princípio da indisponibilidade do interesse público. In: MARRARA, Thiago (Org.). *Princípios de direito administrativo*: legalidade, segurança jurídica, impessoalidade, publicidade, motivação, eficiência, moralidade, razoabilidade, interesse público. São Paulo: Atlas, 2012. p. 459.

[361] GONÇALVES, Pedro António Pimenta da Costa. *Entidades Privadas com Poderes Públicos*: O Exercício de Poderes Públicos de Autoridade por Entidades Privadas com Funções Administrativas. Coimbra: Almedina, 2008. p. 151.

momento de implementação dessa decisão. De modo geral, a consensualização apoia-se na transformação do papel exercido pelo cidadão frente ao Estado, que deixa de ser visto "como um adversário da Administração Pública que enseja vínculos administrativos verticalizados e relações contratuais sinalagmáticas" para ser encarado como seu efetivo colaborador.[362]

A Administração Pública, nesse cenário de maior consensualidade da atividade administrativa, deve realizar todos os atos que estiverem ao seu alcance para fazer com que "a tutela do interesse público passe a ser compartilhada com a sociedade, sua real titular". Um dos mais propícios instrumentos para isso é o *processo administrativo*. Com a real participação dos interessados na formação da decisão administrativa, garante-se que suas manifestações, com as informações e argumentos relevantes que podem fornecer à Administração, constituam fonte para que a decisão administrativa seja elaborada de modo mais concernente com os anseios sociais, além de, com isso, aumentar o seu grau de aceitabilidade na sociedade. Em resumo, "trata-se de instrumento vocacionado para atenuar a face arbitrária e autoritária da Administração que se refuta por ser incompatível com a nova ordem constitucional".[363]

A processualização da atividade administrativa, desse modo, é outro ponto que está intimamente ligado à consensualização da Administração Pública. A tese não é nova. Desde Celso Antônio Bandeira de Mello reconhece-se que o processo administrativo é instrumento que exerce importante papel no combate a práticas autoritárias do Estado,[364] e isso porque "o emprego de mecanismos participativos acarreta a criação de espaços de efetiva negociação, nos quais as decisões administrativas são tomadas a partir da perspectiva da ponderação ou harmonização dos interesses envolvidos e também sob a óptica da reciprocidade de concessões".[365]

---

[362] PALMA, Juliana Bonacorsi de. *Sanção e acordo na Administração Pública*. São Paulo: Malheiros, 2015. p. 143.

[363] SCHWANKA, Cristiane. A processualidade administrativa como instrumento de densificação da Administração Pública democrática: a conformação da administração pública consensual. *Revista do Tribunal de Contas de Minas Gerais*, Belo Horizonte, v. 80, n. 3, p. 69-95, jul./set. 2011. p. 70-71.

[364] MELLO, Celso Antônio Bandeira de. Procedimento administrativo. In: MELLO, Celso Antônio Bandeira de (Coord.). *Direito Administrativo na Constituição de 1988*. São Paulo: Revista dos Tribunais, 1991. p. 9.

[365] MORETTI, Natalia Pasquini. Uma concepção contemporânea do princípio da indisponibilidade do interesse público. In: MARRARA, Thiago (Org.). *Princípios de direito administrativo*: legalidade, segurança jurídica, impessoalidade, publicidade, motivação, eficiência, moralidade, razoabilidade, interesse público. São Paulo: Atlas, 2012. p. 458.

Ademais, como ensina Maria Paula Dallari Bucci, a processualização traz consigo o aumento da importância da noção de *atividade* administrativa como algo constante e contínuo. Ao fazer isso, "o ato administrativo perde espaço para o contrato e o regulamento", sendo, segundo a autora, "apenas um dos modos de exercício da atividade administrativa, hoje menos relevante, social e juridicamente, que as duas outras".[366]

Não há dúvidas de que a processualidade da atividade administrativa, fenômeno bastante elogiado e incentivado por grande parte da doutrina especializada na área, constitui um importante papel para permitir à Administração Pública a realização da tarefa de arbitramento dos interesses públicos em conflito da melhor maneira possível. Ao passo que permite ao interessado expor à Administração os seus anseios e necessidades, o processo administrativo serve como instrumento para que os cidadãos participem da tomada de decisão administrativa.[367]

Outro fenômeno que Floriano de Azevedo Marques Neto aponta como fundamental para a derrocada do que chama de "paradigma autoritário" é a suposta constatação de incapacidade da esfera pública em corresponder com eficiência a todas as tarefas que lhe são atribuídas pela legislação. Diante disso, o próprio Estado, reconhecendo suas limitações, promoveria parcerias com outros setores da sociedade (iniciativa privada ou organizações do terceiro setor, como OS e OSCIP, por exemplo), repassando a essas entidades a incumbência material de concretizar determinadas atividades de interesse público. Haveria assim, portanto, um redimensionamento da clássica separação entre esfera pública e esfera privada, permitindo uma atuação mútua em prol da coletividade.[368]

Assim, por esse aspecto percebe-se que o fenômeno da consensualização também busca fundamento no princípio da eficiência administrativa.

---

[366] BUCCI, Maria Paula Dallari. *Direito Administrativo e Políticas Públicas*. São Paulo: Saraiva, 2002. p. 18-19.
[367] MARQUES NETO, Floriano de Azevedo. Interesses públicos e privados na atividade estatal de regulação. In: MARRARA, Thiago (Org.). *Princípios de direito administrativo*: legalidade, segurança jurídica, impessoalidade, publicidade, motivação, eficiência, moralidade, razoabilidade, interesse público. São Paulo: Atlas, 2012. p. 430.
[368] MARQUES NETO, Floriano de Azevedo. Interesses públicos e privados na atividade estatal de regulação. In: MARRARA, Thiago (Org.). *Princípios de direito administrativo*: legalidade, segurança jurídica, impessoalidade, publicidade, motivação, eficiência, moralidade, razoabilidade, interesse público. São Paulo: Atlas, 2012. p. 430.

A eficiência, como é notório, foi elencada como princípio constitucional expresso da Administração Pública com a Emenda Constitucional nº 19/98. Essa previsão expressa, porém, talvez até tenha sido desnecessária. Afinal, parece ser inegável que uma estrutura estatal ineficiente não corresponde com os deveres fundamentais do Estado de Direito. Segundo o referido princípio, a atividade administrativa deve objetivar a produção de resultados efetivos, conforme a finalidade prevista em lei, dentro de um prazo razoável, agindo de forma simples e objetiva, sem formalidades exacerbadas, utilizando os meios e os recursos que estiverem à sua disposição de modo otimizado.[369]

E não há dúvidas de que o consenso, enquanto meio à disposição do Poder Público, pode contribuir para a Administração Pública realizar suas tarefas de forma mais eficiente. Aliás, um dos principais efeitos positivos dos acordos administrativos reside exatamente na criação de solução mais eficiente ao problema posto para solução da Administração, mediante aceitação de obrigações e concessões recíprocas entre as partes contratantes.[370] Afinal, uma vez contando com a aceitação da parte que será impactada pela decisão administrativa, por questões lógicas é muito mais provável que a decisão venha a ser cumprida por essa parte, tornando-se, assim, plenamente eficaz, inclusive no plano pragmático.

Para além dessas fundamentações mais teóricas que sustentam o fenômeno da consensualização do direito administrativo, referido movimento também encontra base no texto jurídico-constitucional positivo. Tal fato é capaz de conferir maior objetividade às bases fundamentais da consensualização, o que, sem dúvida, contribui para o aprimoramento desse fenômeno.

Há diversos dispositivos normativos por meio dos quais "a Constituição brasileira demonstra, no âmbito das relações entre a administração e os particulares, o inegável prestígio da Administração concertada, em suas diversas manifestações".[371]

Já em seu Preâmbulo, a Constituição destaca que o Estado brasileiro deve se destinar a assegurar os "valores supremos de uma sociedade fraterna, pluralista e sem preconceitos, fundada na harmonia

---

[369] GABARDO, Emerson; HACHEM, Daniel Wunder. Responsabilidade civil do Estado, *faute du service* e o princípio constitucional da eficiência administrativa. In: GUERRA, Alexandre D. de Mello; PIRES, Luis Manoel Fonseca; BENACCHIO, Marcelo (Coords.). *Responsabilidade civil do Estado*: desafios contemporâneos. São Paulo: Quartier Latin, 2010. p. 242.
[370] PALMA, Juliana Bonacorsi de. *Sanção e acordo na Administração Pública*. São Paulo: Malheiros, 2015. p. 292.
[371] BITENCOURT NETO, Eurico. *Concertação administrativa interorgânica*: Direito Administrativo e organização no século XXI. Coimbra: Almedina, 2017. p. 258.

social e comprometida, na ordem interna e internacional, *com a solução pacífica das controvérsias"*.

Ainda que não se reconheça força jurídico-normativa ao Preâmbulo, não pode haver dúvidas de que menção tão clara e direta à consensualidade impacta na forma de agir do Poder Público. Sobre o tema e a partir da leitura desse trecho do texto constitucional, Onofre Alves Batista Júnior conclui que "é do espírito da CFRB/88 a necessidade de serem buscadas soluções consensuais e pacíficas" e que "é desiderato constitucional busca da paz e o afastamento de controvérsias".[372]

No art. 1º, parágrafo único, da Constituição Federal, estabelece-se que "todo o poder emana do povo", reconhecendo-se expressamente, pois, ser ele o titular da soberania na República. Assim, nada mais coerente com as diretrizes constitucionais do que permitir a participação popular ativa na formação das decisões administrativas.[373] Trata-se, ademais, do princípio democrático que já foi aludido anteriormente neste item como um dos principais fundamentos para o movimento da consensualização administrativa.

Na sequência, os incisos LIV e LV do art. 5º, ao erigirem o devido processo administrativo, com as garantias do contraditório e da ampla defesa, ao patamar de direito fundamental, reforçam a importância desse instrumento para a atividade administrativa e, como visto acima, o processo administrativo é o meio por excelência onde se constrói o consenso.

No *caput* do art. 37, dentre os diversos princípios que regem a Administração, dois se relacionam mais diretamente com o tema da consensualidade: a *publicidade* e a *eficiência*. Quanto à eficiência, acabou-se de relatar as razões pelas quais o consenso contribui para o proferimento de decisões administrativas mais eficientes. Em relação à publicidade, os instrumentos consensuais da ação administrativa, ao permitirem a participação popular na tomada das decisões do Poder Público, contribuem para que a atividade administrativa como um todo seja mais publicizada. Ao se necessitar da participação de particulares no âmbito interno da Administração para possibilitar a formação dos atos

---

[372] BATISTA JÚNIOR, Onofre Alves. *Transações administrativas*: um contributo ao estudo do contrato administrativo como mecanismo de prevenção e terminação de litígios e como alternativa à atuação administrativa autoritária, no contexto de uma administração pública mais democrática. São Paulo: Quartier Latin, 2007. p. 462.

[373] SIQUEIRA, Mariana de. *Interesse público no direito administrativo brasileiro*: da construção da moldura à composição da pintura. Rio de Janeiro: Lumen Juris, 2016. p. 236.

administrativos consensuais, torna-se de mais fácil conhecimento por parte da sociedade civil o que ocorre dentro da Administração Pública. Também nessa linha, o §3º do art. 37 predispõe que "a lei disciplinará as formas de participação do usuário na administração pública direta e indireta, regulando especialmente". Tal dispositivo constitucional reforça a importância da participação popular na Administração Pública – o que, como mencionado, está intrinsicamente ligado à ideia de consensualidade.

Além desses dispositivos mais genéricos, há outras normas constitucionais de âmbito mais restrito que também apontam para a necessidade de instituição de uma Administração Pública democrática e consensual. Vejam-se, nesse sentido, o art. 194, parágrafo único, VII; o art. 198, III; o art. 204, II; o art. 205; e o art. 216-A. Respectivamente no âmbito da seguridade social, da saúde, da assistência social, da educação e da cultura, são diversas as passagens em que a Constituição defende maior participação popular na formação das decisões administrativas.

Aqui foram citados apenas dispositivos do texto constitucional que amparam a consensualização do direito administrativo brasileiro. Em nível infraconstitucional, existe uma infinidade de leis e atos administrativos normativos que apontam para esse mesmo sentido. Não há mais dúvidas de que o consenso é, cada vez mais, uma realidade da Administração Pública brasileira, uma demanda da sociedade civil e uma orientação do aparato jurídico nacional.

2.1.2.3 O impacto do fenômeno da consensualização para o direito administrativo e a necessária cautela com discursos pretensamente disruptivos

O contrato administrativo é um dos mais típicos símbolos da transformação ocorrida com a internalização da ideia de consensualização. Com efeito, é até mesmo possível afirmar que a área do direito administrativo que mais tem sofrido transformações significativas por conta do fortalecimento dos ideais de uma administração pública dialógica é a dos contratos administrativos.

Mesmo no âmbito clássico da contratação administrativa, percebe-se que diversas alterações já foram consolidadas, como a nova prática dirigente. Atualmente é possível identificar: (i) uma mudança no âmbito de detalhamento e definição dos contratos administrativos, antes moldados quase que inteiramente pela legislação em abstrato e agora cada vez mais construídos em conjunto com os particulares em cada caso específico; (ii) utilização, com frequência cada vez maior, de contratos atípicos, fruto da multiplicação de objetos pactuados; (iii) estabelecimento constante de cláusulas de remuneração por desempenho; (iv) maior flexibilidade na alocação de riscos, que não apenas passa a ser feita de modo mais individualizado conforme cada objeto contratado, mas também é delimitada de acordo com matrizes objetivas construídas em conjunto pelo particular e pela Administração, o que acaba por gerar transformações também no regime de responsabilização e de reequilíbrio econômico-financeiro; (v) aumento da utilização de contratos de cooperação.[374]

No entanto, não apenas nesse campo são sentidos os reflexos do fenômeno da consensualização administrativa. Nesse novo contexto que está a surgir, denota-se uma transformação no próprio sentido do termo "contrato administrativo", anteriormente relacionado apenas a acordos de natureza econômica, como a aquisição de bens ou serviços, firmados para possibilitar a realização de determinadas atividades-meio do Estado. Atualmente, como já dito, está muito em voga a atribuição do termo "contrato administrativo" para acordos firmados pela Administração no seio do exercício de seu *poder de polícia* ou em processos administrativos de cunho *sancionatório*, permitindo a substituição ou atenuação de medidas punitivas que podem ser adotadas pelo Estado.

Partindo dessa perspectiva, Onofre Alves Batista Júnior identifica quatro espécies de contratos alternativos possíveis de serem firmados pela Administração Pública: (i) contrato administrativo alternativo celebrado com fundamento em *cláusula setorial autorizativa*; (ii) contrato administrativo alternativo celebrado dentro das *margens de discricionariedade* do administrador público; (iii) contrato administrativo alternativo de *acertamento*; (iv) contrato administrativo alternativo *especificado por lei*.

(i) O primeiro dos casos ocorre quando a legislação prevê de maneira genérica e abstrata uma autorização para o estabelecimento de determinada modalidade de transação caso a autoridade pública competente entenda que, naquele caso concreto, a adoção da via transacional se mostra mais interessante para a resolução do conflito do que a insistência administrativa no litígio.[375]

---

[374] MARQUES NETO, Floriano de Azevedo. Interesses públicos e privados na atividade estatal de regulação. In: MARRARA, Thiago (Org.). *Princípios de direito administrativo*: legalidade, segurança jurídica, impessoalidade, publicidade, motivação, eficiência, moralidade, razoabilidade, interesse público. São Paulo: Atlas, 2012. p. 432.

[375] BATISTA JÚNIOR, Onofre Alves. *Transações administrativas*: um contributo ao estudo do contrato administrativo como mecanismo de prevenção e terminação de litígios e como

É o que ocorre com as normativas internas da Advocacia-Geral da União que autorizam e regulam o procedimento para realização de acordos judiciais e extrajudiciais para evitar ou encerrar conflitos em que a União Federal seja parte. Tais atos são citados e analisados de modo mais específico no tópico 3.1.

Vale lembrar que a autorização setorial para celebração de acordos administrativos não significa uma concessão de liberdade irrestrita para os agentes públicos estabelecerem as transações como bem entenderem. "A permissibilidade genérica da forma contratual não legitima todo e qualquer conteúdo, mesmo que *praeter legem*", sendo que os acordos poderão ser considerados ilegais "por ofensa a norma expressa ou por estatuírem efeitos especificamente administrativos sem fundamento legal que lhes proporcione lastro".[376]

(ii) No segundo caso, não há autorização normativa expressa permitindo o acordo, mas a legislação tampouco veda que ele seja realizado ou impõe que a decisão administrativa se dê exclusivamente através de ato unilateral. Nessa hipótese, o legislador deixa aberta uma margem de discricionariedade para o administrador escolher de que forma irá formalizar a manifestação de vontade da Administração (se através de ato unilateral ou se através de contrato alternativo). A única vinculação do agente público é em relação à finalidade da norma legal que lhe atribui essa competência discricionária. Há, portanto, a possibilidade de escolha pela via concertada – o que deverá ser feito com especial observância aos princípios da motivação e da publicidade – na medida em que esse instrumento for viável para o atendimento do interesse público especificamente previsto para ser atendido naquela situação.

Dessa forma, em relação aos contratos administrativos alternativos firmados no exercício de poder discricionário de agente, Batista Júnior destaca três requisitos para sua validade: (ii.1) devem estar presentes, no caso concreto, todos os pressupostos jurídicos que legitimam o exercício da discricionariedade administrativa de modo geral; (ii.2) a finalidade a ser atendida através do acordo deve ser aquela mesma que seria obtida caso se optasse pela via unilateral; (ii.3) os efeitos programados da transação não devem escapar ao tipo mínimo que teria de

---

alternativa à atuação administrativa autoritária, no contexto de uma administração pública mais democrática. São Paulo: Quartier Latin, 2007. p. 491.
[376] BATISTA JÚNIOR, Onofre Alves. *Transações administrativas*: um contributo ao estudo do contrato administrativo como mecanismo de prevenção e terminação de litígios e como alternativa à atuação administrativa autoritária, no contexto de uma administração pública mais democrática. São Paulo: Quartier Latin, 2007. p. 494.

se conformar o ato unilateral passível de ser editado com essa idêntica situação e com o mesmo objeto.[377]

(iii) A terceira hipótese de transação administrativa identificada por Batista Júnior ocorre nos casos em que a legislação exige que a tomada de decisão administrativa se dê através de ato unilateral, sem a possibilidade de substituição por mecanismo consensual, mas, para a preparação de tal ato, faz-se necessário o recolhimento de elementos fáticos, o que depende da colaboração do administrado. Trata-se, portanto, de acordo que não possui o escopo de pôr fim ao litígio ou mesmo de apresentar-se como hipótese substitutiva ao ato unilateral. Conta com caráter preparatório para possibilitar à Administração melhores condições de instruir o feito e, assim, eventualmente, pode até mesmo contribuir para a prevenção da aplicação de sanções.[378]

(iv) O quarto caso é aquele no qual a legislação prevê de modo específico a possibilidade de realização de transação em uma predeterminada hipótese fática, com os requisitos, limites e contornos do acordo a ser firmado.[379]

É o que se observa, por exemplo, com os atos periodicamente expedidos pela Procuradoria-Geral do Estado do Paraná para regulamentar as chamadas "rodadas de conciliação de precatório" que ocorrem a cada ano na Câmara de Conciliação de Precatórios da PGE-PR.[380] Por meio desses atos, a PGE-PR descreve aos interessados quem pode participar das rodadas de conciliação, quais características deve possuir o precatório que se pretende ser objeto de acordo, estabelece os termos do acordo (porcentagem de deságio padrão oferecido), indica um modelo do requerimento que deve ser apresentado pelo interessado, dos documentos a serem juntados, entre tantos outros fatores mais específicos.

---

[377] BATISTA JÚNIOR, Onofre Alves. *Transações administrativas*: um contributo ao estudo do contrato administrativo como mecanismo de prevenção e terminação de litígios e como alternativa à atuação administrativa autoritária, no contexto de uma administração pública mais democrática. São Paulo: Quartier Latin, 2007. p. 493.

[378] BATISTA JÚNIOR, Onofre Alves. *Transações administrativas*: um contributo ao estudo do contrato administrativo como mecanismo de prevenção e terminação de litígios e como alternativa à atuação administrativa autoritária, no contexto de uma administração pública mais democrática. São Paulo: Quartier Latin, 2007. p. 498-499.

[379] BATISTA JÚNIOR, Onofre Alves. *Transações administrativas*: um contributo ao estudo do contrato administrativo como mecanismo de prevenção e terminação de litígios e como alternativa à atuação administrativa autoritária, no contexto de uma administração pública mais democrática. São Paulo: Quartier Latin, 2007. p. 491.

[380] Veja-se exemplo dessa espécie de regulamentação em: http://www.pge.pr.gov.br/arquivos/File/Passo_a_passo_primeira_rodada_de_conciliacao.pdf.

Como se vê, são variadas as formas pelas quais o consenso pode ser praticado pela Administração Pública no direito administrativo brasileiro atualmente. No capítulo 3, serão analisados alguns instrumentos específicos de consenso (transação, arbitragem, negócio processual, acordo de leniência e acordo em ação de improbidade administrativa). Desde já, porém, serve essa menção para ilustrar, ainda que de modo mais genérico, os impactos que o movimento da consensualização vem gerando para o direito administrativo no Brasil.

Dessa forma, não há dúvidas de que o fenômeno de consensualização da atividade administrativa no Brasil, além de já ter-se tornado realidade na prática da Administração Pública, também encontra amplo embasamento na Constituição Federal para seu desenvolvimento.

Com isso em mente, não adianta se insurgir contra esse fenômeno como se ele pudesse ser extirpado da prática administrativa. É inegável que "a Administração concertada é uma realidade do nosso tempo: a negociação tornou-se um instrumento imprescindível da função administrativa".[381] O que se deve, a partir desse reconhecimento, é buscar adequar essa nova realidade da Administração Pública aos princípios regentes do regime jurídico-administrativo, de modo a garantir que o Estado permaneça vinculado à satisfação do interesse público mesmo quando busca em relações de parceria com agentes privados a realização de suas tarefas.

2.1.3 O "mantra" do consenso e a ode à paridade: reflexão crítica sobre os limites às parcerias no direito administrativo

O movimento de consensualização do direito administrativo, objeto frequente dos estudos mais recentes dessa área, tem muitas vezes sido recepcionado como avanço intocável e isento de análises críticas – algo que é positivo por si só e que invariavelmente deve ser acatado pela Administração.[382]

---

[381] BITENCOURT NETO, Eurico. *Concertação administrativa interorgânica*: Direito Administrativo e organização no século XXI. Coimbra: Almedina, 2017. p. 248.
[382] Nas palavras de Vasco Manoel Pascoal Dias Pereira da Silva, a consensualidade "é em si mesma, positiva, desde que existam – e funcionem – instrumentos destinados a evitar que se caia em 'tentações' de procura das 'soluções mais fáceis' ou do 'baixo-negócio' (v.g. princípio da imparcialidade, princípio da proporcionalidade)". SILVA, Vasco Manoel Pascoal Dias Pereira. *Em busca do acto administrativo perdido*. Lisboa: Almedina, 1996. p. 107.

A falta de visão crítica, porém, jamais é positiva. Como qualquer outro fenômeno jurídico, a consensualização do direito administrativo pode trazer aspectos positivos e aspectos negativos nas transformações que origina. Sobre os benefícios da consensualização, tema rapidamente exposto no item anterior, existe uma infinidade de trabalhos científicos, a ponto de que não se trata mais hoje em dia de nenhuma grande novidade afirmar que o consenso gera efeitos positivos para a administração pública. Contudo, também é papel da doutrina buscar identificar o que de não tão positivo pode acabar sendo "imposto" àqueles que aceitam o "pacote da consensualização".

É que a consensualidade vem frequentemente oferecida como transformação ao direito administrativo em conjunto com diversos outros fatores. Juliana Bonacorsi de Palma ressalta sobre isso que "a consensualidade encontra-se em um panorama maior de conjuntura, que envolve dentre outros elementos, parcerias público-privadas, participação administrativa, regulação, governança pública e eficiência e implosão da dicotomia público-privado".[383]

A bem da verdade, não há nada que una por vínculo lógico e indissociável a consensualidade com esses outros elementos e teorias do direito administrativo. Na prática, entretanto, a consensualidade acaba sendo vista como um reflexo necessário de uma *privatização da Administração Pública* – tanto por quem defende esse fato quanto por quem o critica.

Esse, no entanto, não é o caminho mais correto a se seguir. Atuar consensualmente não significa à Administração ter que se despir do regime jurídico-administrativo tradicional, de suas prerrogativas ou de outros tantos institutos próprios do direito público. Reconhecer amigavelmente a procedência da pretensão de um cidadão que se coloca em oposição ao Estado de modo algum faz com que a Administração tenha que agir como se fosse um sujeito privado.

Ademais, também não se pode aceitar a premissa de que a consensualidade deve ser incorporada à atividade administrativa por se tratar de realidade *intrinsicamente* benéfica, que, por sua própria essência, irá invariavelmente contribuir para a persecução das tarefas públicas.

Ora, é evidente que os acordos substitutivos não podem ser vistos como mais eficientes por si só no atingimento das finalidades legais do que a persecução administrativa unilateral tradicional. Isso

---

[383] PALMA, Juliana Bonacorsi de. *Sanção e acordo na Administração Pública*. São Paulo: Malheiros, 2015. p. 295.

dependerá "do desenho do acordo substantivo definido pelas normas que o disciplinam, da capacidade institucional do ente administrativo que maneje a prerrogativa imperativa e das peculiaridades do caso concreto".[384] E é por essa razão que pensar – criticamente – o desenho do acordo é ponto de partida imprescindível ao bom desenvolvimento da consensualização.

Corroborando com a impressão já anunciada acima, Silvio Luís Ferreira da Rocha também identifica uma relação entre a tendência de consensualização da Administração Pública com o fenômeno que ficou conhecido, notadamente após a obra de Maria João Estorninho, como *fuga para o direito privado*.[385] Trata-se de movimento ocorrido principalmente a partir da década de 1990, caracterizado pela perda de influência do regime jurídico-administrativo como matriz a partir da qual toda atividade da Administração Pública deveria se basear.[386] Analisando esse cenário, Estorninho alerta que a fuga ao direito privado põe em perigo a unidade da Administração Pública, cujo corpo, segundo as palavras da autora, está "voltando à imagem da esquizofrenia, está hoje indiscutivelmente fragmentado, rasgado, disperso".[387]

Como demonstrado no item 2.1.1, no percurso histórico de evolução do direito administrativo, é natural que o pêndulo se aproxime, por ora, mais do polo relativo à *autoridade* e, por ora, vá ao encontro do polo concernente à *liberdade*. De todo modo, o ideal é que seja buscada uma posição intermediária de equilíbrio entre os dois extremos.[388] Afinal, se autoridade em excesso é algo obviamente deplorável, que deve ser prontamente rejeitado em um Estado Democrático de Direito, a ausência de poderes estatais, como forma de privilegiar desproporcionalmente

---

[384] PALMA, Juliana Bonacorsi de. *Sanção e acordo na Administração Pública*. São Paulo: Malheiros, 2015. p. 285.
[385] ROCHA, Silvio Luís Ferreira da. A administração pública e a mediação. In: PONTES FILHO, Valmir; MOTTA, Fabrício; GABARDO, Emerson (Coords.). *Administração Pública*: novos desafios para a transparência, probidade e desenvolvimento. Belo Horizonte: Fórum, 2017. p. 352.
[386] RODRÍGUEZ-ARANA MUÑOZ, Jaime. El Interés General como Categoría Central de la Actuación de las Administraciones Públicas. In: BACELLAR FILHO, Romeu Felipe; HACHEM, Daniel Wunder (Coords.). *Direito Administrativo e interesse público*: estudos em homenagem ao Professor Celso Antônio Bandeira de Mello. Belo Horizonte: Fórum, 2010. p. 45.
[387] ESTORNINHO, Maria João. *A fuga para o direito privado*: contributo para o estudo da actividade de direito privado da Administração Pública Coimbra: Almedina, 1996. p. 80.
[388] PIETRO, Maria Sylvia Zanella Di. O princípio da supremacia do interesse público: sobrevivência diante dos ideais do neoliberalismo. In: BACELLAR FILHO, Romeu Felipe; HACHEM, Daniel Wunder (Coords.). *Direito Administrativo e interesse público*: estudos em homenagem ao Professor Celso Antônio Bandeira de Mello. Belo Horizonte: Fórum, 2010. p. 216.

às liberdades individuais, acarreta a impossibilidade de concretização dos objetivos sociais extraíveis da Constituição.

Ciente disso, Maria Sylvia Zanella Di Pietro critica algumas das motivações daqueles que defendem de maneira quase que intransigente a consensualização do direito administrativo. Para a administrativista, "a doutrina que se considera inovadora compõe, sob certo aspecto, uma ala retrógrada, porque prega a volta de princípios próprios no liberalismo, quando se protegia apenas uma classe social e inexistia a preocupação com o bem comum, com o interesse público. Ela representa a volta aos ideais de fins do século XVIII".[389] Isso sem dizer que, ao se anunciar a contraposição de um *velho* e um *novo* direito administrativo, como costuma-se fazer ao defender a consensualidade como prática que teria vindo a *substituir* o regime jurídico-administrativo tradicional, deixa-se "intocada a complexidade dos fenômenos históricos, que não conservam a linearidade suposta à afirmação".[390]

Além disso, para Di Pietro "as consequências funestas do liberalismo recomendam cautela na adoção dessas ideias, até porque se opõem aos ideais maiores que constam do preâmbulo e do título inicial da Constituição".[391] De fato, como se demonstrou no item 1.1.3, o regime jurídico-administrativo da Constituição Federal de 1988, calcado na ideia de indisponibilidade e de supremacia do interesse público, está intimamente relacionado com o perfil de Estado Social e com uma Administração Pública inclusiva.

Eis, portanto, mais uma das razões pelas quais o avanço do consensualismo no direito administrativo brasileiro deve ser sempre encarado com muita cautela, sob pena de se acabar privilegiando interesses particulares em prol daqueles interesses que o ordenamento jurídico qualifica como públicos.

Certamente, "não é qualquer desejo individual objeto viável para figurar como interesse público legítimo". O administrador, quando se

---

[389] PIETRO, Maria Sylvia Zanella Di. O princípio da supremacia do interesse público: sobrevivência diante dos ideais do neoliberalismo. In: BACELLAR FILHO, Romeu Felipe; HACHEM, Daniel Wunder (Coords.). *Direito Administrativo e interesse público*: estudos em homenagem ao Professor Celso Antônio Bandeira de Mello. Belo Horizonte: Fórum, 2010. p. 218.

[390] HAEBERLIN, Mártin. *Uma teoria do interesse público*: fundamentos do Estado Meritocrático de Direito. Porto Alegre: Livraria do Advogado, 2017. p. 167.

[391] PIETRO, Maria Sylvia Zanella Di. O princípio da supremacia do interesse público: sobrevivência diante dos ideais do neoliberalismo. In: BACELLAR FILHO, Romeu Felipe; HACHEM, Daniel Wunder (Coords.). *Direito Administrativo e interesse público*: estudos em homenagem ao Professor Celso Antônio Bandeira de Mello. Belo Horizonte: Fórum, 2010. p. 218.

deparar diante de uma situação em que necessite verificar a validade, oportunidade e conveniência da realização de determinada parceria com o setor privado, deve sempre investigar se o atendimento do interesse individual está em consonância com o interesse geral a que a Administração está incessantemente vinculada. O parâmetro a ser observado para a tomada de tal é, obviamente, a legislação positiva. Com efeito, é "a Constituição, a lei infraconstitucional disciplinadora do caso e demais normas pertinentes que viabilizam a compreensão dos limites e possibilidades desse encaixe entre o público e o privado".[392]

É indiscutível, portanto, que "muitas vezes a Administração precisa estabelecer fronteiras de atuação dos particulares para que o bem comum prevaleça em face dos interesses individuais", o que deve ser realizado "a partir da força legal concedida pelo seu estruturado e legítimo regime jurídico".[393]

Apesar de ser certa a afirmação de que os interesses individuais *compõem* o interesse público, isso não é o mesmo do que dizer, como fazem alguns autores, que tais interesses são indissociáveis entre si.[394] Ainda que protegidos pelo ordenamento jurídico, é perfeitamente possível que, em determinadas situações concretas, interesses individuais conflitem com o interesse público. A explicação para isso "deriva do fato de que algumas das necessidades humanas podem ser alcançadas através do livre jogo das iniciativas privadas, mas há algumas – das mais essenciais – que não podem ser realizadas por esse meio". Isso pode ocorrer em duas situações: (i) quando tais necessidades dizem respeito a toda a coletividade, excedendo a esfera individual dos cidadãos, como ocorre com matérias de segurança nacional, por exemplo; e (ii) quando tais necessidades não sejam fonte de lucro para a iniciativa privada, que, em um cenário como esse, não teria qualquer interesse em ofertar à sociedade meios de satisfazê-las.[395] Ou seja, não há nada que evite um

---

[392] SIQUEIRA, Mariana de. *Interesse público no direito administrativo brasileiro*: da construção da moldura à composição da pintura. Rio de Janeiro: Lumen Juris, 2016. p. 198.

[393] FRANÇA, Phillip Gil. *Ato administrativo e interesse público*: gestão pública, controle judicial e consequencialismo administrativo. 2. ed. rev., atual. e ampl. São Paulo: Revista dos Tribunais, 2014. p. 63.

[394] Paulo Schier, por exemplo, afirma que tais interesses "não se contradizem, não se negam, não se excluem. Tais interesses, antes, harmonizam-se. A realização de um importa na realização do outro". SCHIER, Paulo Ricardo. Ensaio sobre a supremacia do interesse público sobre o privado e o regime jurídico dos direitos fundamentais. *In*: SARMENTO, Daniel (Org.). *Interesses públicos versus interesses privados*: desconstruindo o princípio de supremacia do interesse público. 3. tir. Rio de Janeiro: Lumen Juris, 2010. p. 83-84.

[395] HACHEM, Daniel Wunder. *Princípio constitucional da supremacia do interesse público*. Belo Horizonte: Fórum, 2011. p. 296.

interesse individual em coincidir com o interesse público, desde que sua satisfação importe na concretização dos objetivos legais e constitucionais da Administração Pública. Isto é, que esteja relacionado, direta ou indiretamente, com a garantia do bem-estar geral da população.[396]

Ter isso em mente é essencial para se reconhecerem os limites que devem ser identificados à adoção de parcerias no direito administrativo.[397] Que fique claro: concorda-se integralmente com o entendimento de que "a vocação do Direito Administrativo moderno consiste em assegurar a realização dos interesses coletivos, sem ceder por isso um passo na defesa até agora montada dos interesses individuais".[398]

Daniel Wunder Hachem, apoiando-se na teoria que enxerga o *personalismo solidário* como o modelo mais adequado de se encararem as relações entre Estado e indivíduo na sociedade contemporânea,[399] também constata a "necessidade de conciliar os interesses da coletividade enquanto tal (dimensão *social* e *política* da pessoa), com a proteção das individualidades (em respeito à *dignidade* de cada ser humano, singularmente considerado)".[400]

No entanto, essa defesa dos interesses individuais não pode ser feita indistintamente, sem se atentar aos parâmetros jurídicos que regem o ordenamento jusadministrativo. Nesse sentido, embora seja um declarado entusiasta do movimento de consensualização do direito administrativo, Onofre Alves Batista Júnior também reconhece, de maneira bastante prudente, que é imprescindível "demarcar as margens negociais que a realidade reclama", uma vez que, "por baixo

---

[396] RODRÍGUEZ-ARANA MUÑOZ, Jaime. El Interés General como Categoría Central de la Actuación de las Administraciones Públicas. *In*: BACELLAR FILHO, Romeu Felipe; HACHEM, Daniel Wunder (Coords.). *Direito Administrativo e interesse público*: estudos em homenagem ao Professor Celso Antônio Bandeira de Mello. Belo Horizonte: Fórum, 2010. p. 108.

[397] "Obviamente, à vista do princípio da indisponibilidade do interesse público, quando envolve direitos e interesses difusos e coletivos, o manejo dos instrumentos de solução negociada (TAC, TCC e transação) deve ser feito com redobradas cautelas, a partir de uma política delineada claramente e efetivos mecanismos de controle (check and balances)." BADIN, Arthur Sanchez. Conselho Administrativo de Defesa Econômica (Cade): A transação judicial como instrumento de concretização do interesse público. *Revista de Direito Administrativo*, Rio de Janeiro, v. 252, p. 189-217, 2009. p. 196.

[398] NIETO, Alejandro. La vocación del Derecho Administrativo de nuestro tiempo. *Revista de Administración Pública*, Madrid, n. 76, p. 9-30, ene./abr. 1975. p. 27.

[399] A posição do autor é tomada a partir dos conceitos definidos em: SANTIAGO, Alfonso. *Bien común y derecho constitucional*: el personalismo solidario como techo ideológico del sistema político. Buenos Aires: Editorial Ábaco de Rodolfo Depalma, 2002. p. 50-68.

[400] HACHEM, Daniel Wunder. *Princípio constitucional da supremacia do interesse público*. Belo Horizonte: Fórum, 2011. p. 318.

dos aspectos habitualmente idealizados, existe enorme risco de ruptura com a objetividade e com a igualdade".[401]

Com efeito, há substanciais diferenças na forma e na finalidade de atuação da Administração Pública e de agentes particulares – e isso não pode ser desconsiderado na hora de realização de acordos. Ruy Cirne Lima, nessa linha, explica que, enquanto na iniciativa privada a "vontade" dos particulares é o valor que predomina em suas relações jurídicas, na Administração Pública esse papel é exercido pelo dever e pela finalidade a que a atividade administrativa está juridicamente adstrita,[402] ou seja, em um sentido amplo, *pelo interesse público*. No mesmo sentido, José Cretella Jr. conclui que, "no direito privado, predomina a ideia da disponibilidade e no direito administrativo, prevalece a ideia da indisponibilidade".[403]

Na realidade, portanto, a "liberdade" para a Administração estabelecer esses tipos de acordo é bastante condicionada. Não se trata, de modo algum, da mesma liberdade que os particulares gozam, através do exercício da autonomia de vontade, para estabelecerem suas relações jurídicas através de contratos. No caso da Administração Pública, a manifestação de sua vontade está invariavelmente limitada pelos espectros legais. Não se trata de vontade pura e simples, como no caso dos particulares, mas de vontade normativa.[404] Isto é, de vontade que deve ser exercida apenas e tão somente para dar cumprimento àquilo que a lei classificou como de interesse público.

---

[401] BATISTA JÚNIOR, Onofre Alves. *Transações administrativas*: um contributo ao estudo do contrato administrativo como mecanismo de prevenção e terminação de litígios e como alternativa à atuação administrativa autoritária, no contexto de uma administração pública mais democrática. São Paulo: Quartier Latin, 2007. p. 546.

[402] LIMA, Ruy Cirne. *Princípios de direito administrativo*. São Paulo: Revista dos Tribunais, 1987. p. 51-52.

[403] CRETELLA JÚNIOR, José. Fundamentos do Direito Administrativo. *Revista da Faculdade de Direito da Universidade de São Paulo*, São Paulo, v. 72, n. 1, p. 299-317, jan. 1977. p. 309.

[404] Afirma Onofre Alves Batista Júnior: "Nas balizas legais, a Administração Pública conta com o poder de valorar a melhor alternativa para o bem comum. Ao administrador não é dado poder perseguir a finalidade que lhe convier ou perseguir as consequências jurídicas que bem entender. O que existe é margem para que o administrador valore a situação, conforme juízo aberto de conveniência e oportunidade, mas tudo para que possa anteder ao bem comum da melhor maneira possível. O que se manifesta, assim, é uma vontade normativa, expressa por meio de um feixe de interesses públicos a serem perseguidos; enfim, a vontade administrativa que orienta a atuação administrativa é vontade normativa". BATISTA JÚNIOR, Onofre Alves. *Transações administrativas*: um contributo ao estudo do contrato administrativo como mecanismo de prevenção e terminação de litígios e como alternativa à atuação administrativa autoritária, no contexto de uma administração pública mais democrática. São Paulo: Quartier Latin, 2007. p. 471.

Os acordos firmados pela Administração Pública devem, evidentemente, submeter-se ao regime jurídico de direito público, observando os princípios reitores do direito administrativo. Dentre eles, destaca-se o da indisponibilidade do interesse público, do qual se extrai a conclusão de que "a validade dos contratos celebrados pela Administração Pública, de maneira geral, bem como sua vinculabilidade, está subordinada à compatibilidade com o interesse público", de modo que acordos estabelecidos com interesses estranhos à finalidade pública descrita pela legislação para aquele determinado caso concreto serão considerados inválidos e não vincularão as partes contratantes.[405]

Na tarefa de identificação dos necessários limites à atuação consensual do Poder Público, deve-se também atentar com bastante consideração aos *desequilíbrios de poder* no processo de formação da decisão administrativa consensual. Como alerta Owen M. Fiss, esse cenário de *disparidade de forças* pode resultar em distorções dos efeitos benéficos que se aguarda das transações. O jurista americano exemplifica essa preocupação citando as hipóteses de: (i) haver assimetria de informações entre as partes, caso em que um dos polos da relação gozaria de uma posição privilegiada para estabelecer os termos do acordo; (ii) haver excepcional urgência de uma das partes em resolver prematuramente o litígio, situação que se verifica, por exemplo, quando o litígio possui repercussão econômica e uma das partes é financeiramente hipossuficiente, sendo pressionada, pelo cenário fático, a acatar propostas irrisórias de acordo; (iii) uma das partes não gozar dos recursos (financeiros e técnicos) exigidos na tramitação de um processo judicial, sendo por esse motivo "coagida" a aceitar acordos não tão vantajosos pelo simples receio de não conseguir defender satisfatoriamente seus interesses em juízo.[406]

Acrescente-se a esses receios o fato, previsto especificamente nos acordos administrativos de substituição de sanção, de o particular estar negociando com ente que, além de ser, em regra, mais poderoso em questões financeiras, técnicas e informacionais, é quem, caso não seja estabelecida a transação, irá diretamente sancionar esse cidadão,

---

[405] BATISTA JÚNIOR, Onofre Alves. *Transações administrativas*: um contributo ao estudo do contrato administrativo como mecanismo de prevenção e terminação de litígios e como alternativa à atuação administrativa autoritária, no contexto de uma administração pública mais democrática. São Paulo: Quartier Latin, 2007. p. 536.
[406] FISS, Owen M. Against Settlement. *Yale Law Journal*, New Haven, v. 93, n. 6, p. 1.073-1.090. 1984. p. 1.076.

definindo não apenas *se* será aplicada alguma pena, mas também *como* e *em que medida*.

Outro importante ponto a ser observado diz respeito à cautela redobrada que deve ser tomada na formação dessas parcerias em razão de vícios de corrupção e desvio de finalidade, que podem macular o ato administrativo consensual.

Não é tarefa fácil, entretanto, distinguir as cooperações administrativas que visam ao atendimento mais eficiente de objetivos que de fato reclamam atenção do Estado daquelas outras em que o acordo se apresenta como uma forma de "legitimar" a proteção privilegiada por parte da Administração aos interesses de determinado particular.

Nesse sentido, David Pereira Cardoso alerta para o fato de que, "se é vantajoso criar estímulos à atitude consensual, diante dos seus benefícios sociais, de outro lado, é necessário atentar para o poder econômico dos agentes do mercado, devendo a administração atuar no sentido da sua diluição",[407] exatamente porque esse fator pode corromper os benefícios pretendidos com a atuação administrativa consensual. Do mesmo modo, Fabrício Motta alerta para o fato de que "o incremento das diversas formas de parceria com instituições da sociedade – seja no campo social, seja no campo econômico –, característica de diversos Estados atuais, configura potencial emergente para que fatores externos influenciem as decisões públicas em razão, sobretudo de questões econômicas".[408]

Para além desses receios e limitações que devem incidir sobre o fenômeno de consensualização do direito administrativo, também é interessante ressaltar – como ponto quase que anticlimático à defesa "apaixonada" que comumente se faz desse movimento – que as transformações geradas pela consensualização não são tão grandes a ponto de representarem uma verdadeira ruptura na estrutura e no regime jurídico da Administração Pública, como normalmente se anuncia.

Como se sabe, uma das mais alardeadas transformações supostamente trazidas pelo movimento da consensualização seria a substituição da atuação administrativa baseada em atos unilaterais pela via contratual. A crítica, no entanto, não prospera.

---

[407] CARDOSO, David Pereira. *Os acordos substitutivos de sanção administrativa*. Curitiba, 2016. 173 f. Dissertação (Mestrado em Direito) – Programa de Pós-Graduação em Direito, Universidade Federal do Paraná. p. 76.

[408] MOTTA, Fabrício; BELÉM, Bruno. Persecução do interesse público em um cenário de múltiplos interesses: recomendações da OCDE e os conflitos regulados pela Lei nº 12.813/2013. *Revista de Direito Administrativo*, Rio de Janeiro, v. 277, n. 2, p. 149-175, ago. 2018. p. 157.

É evidente que, até mesmo dentro de processos de consenso, o *ato administrativo* continua sendo figura imprescindível para a atuação da Administração Pública. O processo, afinal, nada mais é do que uma série concatenada de atos administrativos destinados em conjunto a um fim comum, e até mesmo esse "fim", isto é, a decisão final do processo, é formalmente um ato administrativo.

Assim, quando se fala da "crise do ato administrativo", não pode se pensar que o que está ocorrendo é um abandono do uso dessa figura pela Administração Pública. O nome empreendido para qualificar esse fenômeno é infeliz. O ato administrativo em si não está em crise, continua sendo editado tanto quanto sempre foi. O que pode estar em crise – e, ainda assim, é de se discutir bastante se poderia realmente se falar em "crise" – é a tomada de decisões administrativas que impactem diretamente a esfera jurídica de terceiros que com ela se relacionam através de atos administrativos unilaterais, tanto porque diversas outras decisões de alcance puramente interno na estrutura administrativa continuam e continuarão sendo tomadas unilateralmente como porque a própria decisão consensual tomada entre a Administração Pública e um parceiro privado é também um ato administrativo (porém não unilateral).

O mais importante desse novo fenômeno, então, é acentuar a compreensão de que a decisão final de dado processo administrativo é apenas um "momento" da atuação administrativa, sendo tão relevantes quanto ele as etapas que o antecederam, notadamente aquelas nas quais se possibilitou a participação ativa do particular envolvido no caso. Com isso, a tal crise do ato administrativo unilateral, ao apontar uma tendência de adoção de meios consensuais por parte da Administração Pública, consagra a ideia de que "o papel dos administrados não se restringe a destinatários dos atos, mas a co-participantes da atuação administrativa, bem como autônomos sujeitos de um verdadeiro relacionamento jurídico com a Administração".[409]

Assim, não é que o ato administrativo tenha deixado ou até mesmo vá deixar de existir. O que ocorre, apenas, é que "o ato administrativo dotado de imperatividade perdeu sua posição de *exclusividade* no âmbito das relações administrativas, deixando de ser a *manifestação*

---

[409] BATISTA JÚNIOR, Onofre Alves. *Transações administrativas*: um contributo ao estudo do contrato administrativo como mecanismo de prevenção e terminação de litígios e como alternativa à atuação administrativa autoritária, no contexto de uma administração pública mais democrática. São Paulo: Quartier Latin, 2007. p. 251.

por *excelência* do poder administrativo, para se tornar *apenas uma das formas* de atuação da Administração".[410] Desse modo, apesar de se defender a necessidade de harmonização do método unilateral com a consensualidade, visto que ambos são meios legítimos da ação da Administração Pública, é importante pontuar que "a hierarquia e a ação unilateral continuam a ser modos relevantes de atuação administrativa".[411]

Conclusão semelhante se extrai das lições de Luciano Parejo Alfonso, para quem os métodos consensuais de ação administrativa são simplesmente "uma forma alternativa de desenvolvimento da atividade administrativa unilateral, possuindo objeto e conteúdo idênticos a esta", razão pela qual o que tais acordos veiculam não é nada mais do que uma forma concertada de exercício das prerrogativas administrativas. O espanhol não deixa de retratar, entretanto, que existe, sim, um tom de novidade nessa modalidade de ação da Administração Pública, consistente na maior contribuição da vontade pessoal dos cidadãos no estabelecimento dos termos e condições das relações administrativas concretas, elevando seus interesses ao primeiro escalão de importância no processo de tomada da decisão administrativa.[412]

Essa dependência da atuação consensual em relação à atividade administrativa fica muito evidente no campo do direito administrativo sancionador. Apesar de todas as recentes transformações ocorridas nesse campo e da larga defesa doutrinária pela inserção do fenômeno da consensualização do direito administrativo também na seara sancionadora, é certo que as sanções administrativas continuam sendo marcadas precipuamente por atos administrativos unilaterais.[413]

Concorda-se, portanto, com Fábio Medina Osório quando afirma o autor que "as normas consensuais, premiais e sancionadoras são faces de uma realidade unitária", uma vez que, muito embora "estejamos em tempos de consensualismo e negociação, com um direito administrativo

---

[410] BATISTA JÚNIOR, Onofre Alves. *Transações administrativas*: um contributo ao estudo do contrato administrativo como mecanismo de prevenção e terminação de litígios e como alternativa à atuação administrativa autoritária, no contexto de uma administração pública mais democrática. São Paulo: Quartier Latin, 2007. p. 249.
[411] BITENCOURT NETO, Eurico. *Concertação administrativa interorgânica*: Direito Administrativo e organização no século XXI. Coimbra: Almedina, 2017. p. 248-249.
[412] PAREJO ALFONSO, Luciano; JIMÉNEZ-BLANCO, Antonio; ORTEGA ALVAREZ, Luis Felipe. *Manual de Derecho Administrativo*. Barcelona: Ariel, 1994. p. 752.
[413] CARDOSO, David Pereira. *Os acordos substitutivos de sanção administrativa*. Curitiba, 2016. 173 f. Dissertação (Mestrado em Direito) – Programa de Pós-Graduação em Direito, Universidade Federal do Paraná. p. 30.

cada vez mais dialogante e aberto aos acordos, não se pode ignorar que não é possível abdicar dos instrumentos de coerção e repressão".[414]

Afinal, como alertam Eduardo Garcia de Enterría e Tomás-Ramón Fernández, "detrás da concertação, em princípio voluntária, esconde-se a coação de uma forma apenas velada".[415] Os fatores que justificam essa afirmação serão explorados no tópico 3.4, quando se analisará a racionalidade que rege os sistemas de leniência no direito administrativo. Em resumo, é ponto pacífico entre os estudiosos do tema que, no âmbito da leniência, os acordos só irão se tornar realidade caso estejam inseridos em um sistema jurídico-administrativo de postura repressiva, a fim de tornar a realização do acordo algo vantajoso para o infrator.

Além disso, também defendendo que a leniência é prova de que "técnicas de administração consensual e unilateral podem conviver", Thiago Marrara ressalta que "o acordo subsidia a formação de um ato administrativo final no processo punitivo",[416] demonstrando, mais uma vez, a complementariedade entre acordos e atos unilaterais.

Desse modo, além de se demonstrar ser imprescindível a realização de análises críticas sobre o movimento da consensualização, direcionadas a identificar os necessários limites que devem ser traçados à atividade administrativa consensual, também se verifica que a alardeada "revolução" que esse fenômeno supostamente teria causado na estrutura lógica do Direito Administrativo brasileiro na realidade não representa ruptura paradigmática.

2.2 O espaço e o papel do princípio da indisponibilidade do interesse público na Administração Pública consensual

Como visto no tópico anterior, o fenômeno da consensualização da atividade administrativa é uma das principais novidades que estão recepcionadas pelo direito administrativo brasileiro nos últimos anos. A

---

[414] OSÓRIO, Fábio Medina. *Teoria da Improbidade Administrativa*. 2. ed. São Paulo: Revista dos Tribunais, 2010, p. 24.
[415] GARCIA DE ENTERRÍA, Eduardo; FERNÁNDEZ, Tomás-Ramón. *Curso de Direito Administrativo*. vol. I. Revisor técnico: Carlos Ari Sundfeld. Trad. José Alberto Froes Cal. São Paulo: Revista dos Tribunais, 2014. p. 71.
[416] MARRARA, Thiago. Acordos de leniência no processo administrativo brasileiro: modalidades, regime jurídico e problemas emergentes. *In*: PONTES FILHO, Valmir; GABARDO, Emerson. *Problemas emergentes da Administração Pública*. Belo Horizonte: Fórum, 2015. p. 262.

internalização da lógica consensual na Administração Pública, porém, não é processo simples.

Há um reconhecimento na doutrina atualmente de que a discussão sobre o princípio da indisponibilidade do interesse público nas tentativas de resolução consensual dos conflitos envolvendo a Administração Pública é "uma importante questão que está na ordem do dia da atualidade brasileira".[417] Contudo, conforme lembra Floriano de Azevedo Marques Neto, existe uma "herança, forte entre nós, de desconfiar sempre do envolvimento dos particulares em qualquer atividade que promova as necessidades coletivas",[418] sendo que frequentemente o princípio da indisponibilidade do interesse público é trazido à baila como fundamento para essa cautela.

Nesse sentido, há defesas de que, "segundo o princípio da indisponibilidade do interesse público, à Administração Pública seria defeso adotar instrumentos consensuais para satisfação das finalidades públicas". Inclusive "nos textos que versam sobre a consensualidade é comum verificar um item destinado à análise do princípio da indisponibilidade, quando não o artigo inteiro se volta ao estudo do referido princípio à luz da consensualidade".[419]

Sendo assim, o presente tópico se destina a analisar os impactos da incidência do princípio da indisponibilidade do interesse público nas relações consensuais da Administração Pública.

Para tanto, (2.2.1) inicialmente serão expostas as críticas que mais comumente se realizam nessa discussão – tanto aquelas que, baseadas na indisponibilidade, defendem posturas refratárias à consensualização como aquelas que, em prol do consenso, advogam pelo abandono da noção de indisponibilidade, por considerá-la incompatível com esse novo momento do direito administrativo. Com isso, será possível demonstrar que ambas partem de equivocadas compreensões de interesse público (além de, em alguns casos, pura aversão ao consensualismo ou à indisponibilidade), razão pela qual não merecem prosperar.

---

[417] GABARDO, Emerson; VALLE, Vivian Cristina Lima López; REZENDE, Maurício Corrêa de Moura. Il diritto amministrativo brasiliano: aspetti attuali del controllo della pubblica amministrazione. *Revista Eurolatinoamericana de Derecho Administrativo*, Santa Fe, v. 4, n. 1, p. 57-66, ene./jun. 2017. p. 64.

[418] MARQUES NETO, Floriano de Azevedo. Interesses públicos e privados na atividade estatal de regulação. In: MARRARA, Thiago (Org.). *Princípios de direito administrativo*: legalidade, segurança jurídica, impessoalidade, publicidade, motivação, eficiência, moralidade, razoabilidade, interesse público. São Paulo: Atlas, 2012. p. 428.

[419] PALMA, Juliana Bonacorsi de. *Sanção e acordo na Administração Pública*. São Paulo: Malheiros, 2015. p. 174-175.

Na sequência, (2.2.2) será demonstrado como é possível harmonizar o princípio da indisponibilidade do interesse público com a lógica consensual dos atos administrativos negociais, buscando apontar alguns parâmetros que devem ser observados para que as decisões administrativas consensuais possam ser consideradas válidas à luz da indisponibilidade.

Todas essas dilações, porém, seriam inúteis se não houvesse a possibilidade de controle dos atos administrativos consensuais, notadamente para atestar a sua validade diante de tais parâmetros. Tal controle, porém, deve ser realizado com cautela redobrada. No item 2.2.3, pretende-se demonstrar a importância da adoção de posturas deferentes dos órgãos de controle para com as decisões administrativas baseadas no consenso com particulares, sob pena de se inviabilizar o adequado desenvolvimento do fenômeno da consensualização.

2.2.1 As críticas em relação à incidência do princípio da indisponibilidade do interesse público nos atos administrativos consensuais e seus equívocos conceituais

Como foi demonstrado no item 1.2.2, o princípio da indisponibilidade do interesse público constitui-se como norma fundamental do regime jurídico-administrativo, por força de diversas disposições da Constituição Federal de 1988. Por força de tal princípio, a vinculação da atividade administrativa ao interesse público é perene, o que faz com que as únicas margens de tomada de decisão que o ordenamento confere aos agentes públicos devam ser utilizadas somente como ferramenta para possibilitar a escolha, no caso concreto, da medida que melhor irá concretizar o interesse público em comento.

É comum, contudo, encontrar leituras mais "rasas" da indisponibilidade, que supostamente impediriam a Administração Pública de realizar acordos com particulares. Entende-se, nesse sentido, que o administrador é mero *gestor* do interesse público e que, portanto, não lhe sendo próprio o interesse, não pode dele se apropriar, renunciar ou desviar.[420]

A partir dessa interpretação, diversas críticas relacionadas à incidência do princípio da indisponibilidade nas relações consensuais

---

[420] FARIA, José Eduardo. *Direito e economia na democratização brasileira*. São Paulo: Saraiva, 2013. p. 69.

da Administração Pública são desenvolvidas. Para a corrente mais "tradicional", a indisponibilidade, enquanto princípio cogente do direito administrativo brasileiro, impediria boa parte dos acordos firmados pela Administração Pública com particulares atualmente. Para a corrente crítica à noção de interesse público, por outro lado, o princípio da indisponibilidade, por não encontrar fundamento no ordenamento jurídico pátrio e por não possuir conteúdo próprio ou utilidade jurídica, não poderia ser levantado como barreira à realização de tais acordos, devendo-se, portanto, afastá-lo dessa discussão.

No presente item, pretende-se demonstrar que essas duas visões de pensamento se encontram equivocadas e que isso ocorre, substancialmente, porque partem de uma errônea concepção de interesse público e de sua indisponibilidade pela Administração.

2.2.1.1 A indisponibilidade do interesse público como valor central do regime jurídico-administrativo e a repulsa à consensualidade

A respeito das opostas posições doutrinárias sobre a suposta incompatibilidade entre o princípio da indisponibilidade e a consensualidade do direito administrativo, o que se percebe é que as críticas de que o princípio da indisponibilidade realmente impediria a realização de acordos por parte da Administração parecem no fundo se utilizar dessa última visão de relação entre interesses públicos e privados. Apesar de não ser a mais difundida no Brasil, é a (falsa) compreensão de que a Administração não pode atender interesses individuais que leva à (igualmente falsa) conclusão de que a indisponibilidade do interesse público seria barreira intransponível à realização de acordos administrativos.

Essa forma de encarar a relação entre a noção de indisponibilidade e o fenômeno da consensualização é quase que um *senso comum* no direito administrativo brasileiro. É difícil encontrar trabalhos acadêmicos que se destinem de maneira mais aprofundada a estudar esses temas e que concluam por essa vedação.

Há, evidentemente, exceções. Mesmo em textos científicos bem elaborados, é possível identificar posicionamentos no sentido de que permitir a ocorrência dos atos administrativos consensuais é arriscar ver a *"res publica* ser progressivamente substituída pelas formas difusas de uma cidadania privada".[421] É, em sentido geral, a linha também seguida por Ricardo Marcondes Martins, que, analisando especificamente a questão da possibilidade de resolução de conflitos decorrentes de contratos administrativos pela via arbitral, afirma que "a teoria que sustenta a possibilidade da utilização da arbitragem pela Administração para os interesses disponíveis desta deve ser rechaçada porque a Administração, conceitualmente, não possui interesses disponíveis".[422]

O que mais se observa, porém, são defesas expressas não tanto pela inviabilidade de realização de acordos administrativos, mas pela obrigatoriedade de atuação unilateral da Administração Pública (o, que em última análise, significa igualmente um repúdio ao fenômeno da consensualização).

Um dos grandes clássicos do direito administrativo brasileiro, Oswaldo Aranha Bandeira de Mello já ensinava que "a manifestação da vontade do Estado, internamente, se faz, de regra, de forma unilateral, tendo em vista o interesse estatal, como expressão do interesse do todo social".[423] O autor reconhece que o interesse a ser perseguido pela Administração Pública deve ser o interesse do "todo social", algo muito semelhante ao que até atualmente se entende por interesse público. No entanto, é claro seu posicionamento pela atuação unilateral como regra para satisfação desse interesse.

E esse entendimento parece ter ajudado a construir aquela que – pelo menos até os últimos anos – representava a linha de entendimento dominante a respeito dessa matéria. Veja-se, por exemplo, que Silvio Luís Ferreira da Rocha defende que, mesmo no cenário atual, "a atuação da Administração Pública continua a ser preferencialmente unilateral, especialmente quando ela for determinante para preservar os interesses públicos acolhidos pelo ordenamento jurídico", sendo que a "consensualidade no âmbito da Administração Pública constitui exceção".[424]

---

[421] GAUDIN, Jean-Pierre. *Gouverner par contrat*. Paris: Presses de Sciences Po, 1999. p. 216-217 *apud* ALMEIDA, Fernando Dias Menezes de. Mecanismos de consenso no Direito Administrativo. *In*: ARAGÃO, Alexandre Santos de; MARQUES NETO, Floriano de Azevedo (Coords.). *Direito administrativo e seus novos paradigmas*. Belo Horizonte: Fórum, 2012. p. 349.

[422] MARTINS, Ricardo Marcondes. Arbitragem e Administração Pública: contribuição para o sepultamento do tema. *Interesse Público – IP*, Porto Alegre, ano 12, n. 63, nov./dez. 2010. p. 5. Disponível em: http://www.bidforum.com.br/bidLogin.aspx?ReturnUrl=%2fbid%2fPDI0006.aspx%3fpdiCntd%3d70916&pdiCntd=70916. Acesso em: 09 out. 2016.

[423] MELLO, Oswaldo Aranha Bandeira de. Conceito do direito administrativo. *Revista de Direito Administrativo*, Rio de Janeiro, v. 74, p. 33-44, jun. 1963. p. 38.

[424] ROCHA, Silvio Luís Ferreira da. A administração pública e a mediação. *In*: PONTES FILHO, Valmir; MOTTA, Fabrício; GABARDO, Emerson (Coords.). *Administração Pública*: novos

Entretanto, muito mais do que em defesas doutrinárias, a repercussão desse pensamento é sentida principalmente na prática administrativa.

Tanto em processos administrativos como em processos judiciais, é absolutamente corriqueiro deparar-se com manifestações de que a Administração não pode reconhecer amigavelmente a procedência da pretensão que contra ela é veiculada em razão da incidência do princípio da indisponibilidade do interesse público.

Prova disso é o fato de que o art. 334 do Código de Processo Civil – o qual prevê, de maneira original em relação às legislações anteriores, a necessidade de realização de uma audiência prévia de conciliação ou mediação, antes mesmo da apresentação de contestação por parte do réu[425] – tornou-se letra-morta nas ações judiciais envolvendo a Fazenda Pública. A regra geral para o Poder Público é inversa. Ao receber a petição inicial de alguma ação movida contra o Estado, o mais comum é que o magistrado responsável pela causa expressamente reconheça que deixa de aplicar tal disposição por ele ser incabível nas ações envolvendo a Fazenda Pública, vez que "o interesse público é indisponível".

Mesmo em sede administrativa, é muito difícil obter posturas consensuais da Administração Pública. Infelizmente, "o pensamento dominante acerca da função da advocacia pública em (...) situações de cometimento de ilícito pelo Poder Público é de que este não deve ser reconhecido, de modo que praticamente proíbe-se a conciliação e busca-se a todo custo evitar que o Estado seja condenado, ainda que merecesse sê-lo".[426]

Ainda que não haja pesquisa empírica nesse sentido, diversas são as constatações em âmbito doutrinário do fato de que, na prática, o princípio da indisponibilidade acaba frequentemente sendo utilizado como empecilho à realização de acordos pela Administração.

Juliana Bonacorsi de Palma afirma que "corriqueiramente o princípio [da indisponibilidade do interesse público] é apresentado

---

desafios para a transparência, probidade e desenvolvimento. Belo Horizonte: Fórum, 2017. p. 352.

[425] *Código de Processo Civil. Art. 334.* Se a petição inicial preencher os requisitos essenciais e não for o caso de improcedência liminar do pedido, o juiz designará audiência de conciliação ou de mediação com antecedência mínima de 30 (trinta) dias, devendo ser citado o réu com pelo menos 20 (vinte) dias de antecedência.

[426] SOUZA, Luciane Moessa de. O papel da advocacia pública no Estado Democrático de Direito: da necessidade de sua contribuição para o acesso à justiça e o desenvolvimento institucional. *A&C – Revista de Direito Administrativo & Constitucional*, n. 34, Belo Horizonte, Fórum, p. 141-174, out./dez. 2008. p. 143.

como óbice à celebração de acordos administrativos pela Administração Pública".[427] Odete Medauar também conclui que "muitas vezes se alega a 'indisponibilidade' como barreira para às práticas consensuais na Administração".[428] A mesma anotação é feita por Onofre Alves Batista Júnior, que reconhece que, "pelo menos sob ponto de vista mais tradicional, as formas consensuais são vistas como alternativas inadequadas à atuação estatal a ser desenvolvida por mecanismos autoritários, uma vez que os interesses públicos são indisponíveis".[429] Nessa mesma linha, Diogo de Figueiredo Moreira Neto critica o fato de que a indisponibilidade do interesse público, "mais do que uma noção orientadora de uma das modalidades de atuação do Poder Público no cumprimento de sua destinação administrativa, consolidou-se (...) em um intransponível obstáculo à admissibilidade de qualquer negociação entre Poder Público e cidadãos".[430]

2.2.1.2 A consensualidade como nova realidade do direito administrativo e a aversão ao princípio da indisponibilidade do interesse público

Por outro lado, há quem, a partir do reconhecimento dessas opiniões críticas à realização de acordos baseadas no princípio da indisponibilidade, opte por tomar o caminho de abandonar a utilização do referido princípio, tido como um "conservadorismo dogmático".[431]

No entendimento de Odete Medauar,[432] o princípio da indisponibilidade "constitui *fórmula vaga*, com ausência de sentido preciso", além do que seria "tautológico afirmar que na atividade administrativa os bens e os interesses não estão à livre disposição dos agentes públicos".

---

[427] PALMA, Juliana Bonacorsi de. *Sanção e Acordo na Administração Pública*. São Paulo: Malheiros, 2015. p. 59.

[428] MEDAUAR, Odete. *Direito administrativo em evolução*. 3. ed. Brasília: Gazeta Jurídica, 2017. p. 378.

[429] BATISTA JÚNIOR, Onofre Alves. *Transações administrativas*: um contributo ao estudo do contrato administrativo como mecanismo de prevenção e terminação de litígios e como alternativa à atuação administrativa autoritária, no contexto de uma administração pública mais democrática. São Paulo: Quartier Latin, 2007. p. 509.

[430] MOREIRA NETO, Diogo de Figueiredo. Novos institutos consensuais da ação administrativa. *Revista de Direito Administrativo*, Rio de Janeiro, v. 231, p. 129-156, jan. 2003. p. 138.

[431] BRANDÃO, Marcella Araújo da Nova. *A consensualidade e a Administração Pública em juízo*. Rio de Janeiro, 2009. 106 f. Dissertação (Mestrado) – Mestrado Profissional em Poder Judiciário, Fundação Getúlio Vargas. p. 66.

[432] MEDAUAR, Odete. *Direito administrativo em evolução*. 3. ed. Brasília: Gazeta Jurídica, 2017. p. 378-379.

Por essa razão, na visão da autora, o princípio da indisponibilidade, além de não ser encontrado na doutrina estrangeira, "vem contestado em boa parte da doutrina brasileira afinada às atuais concepções do Direito Administrativo", como se fosse, portanto, algo ultrapassado, uma vez que a administrativista parece fazer uma correlação lógica entre a doutrina "afinada às atuais concepções do Direito Administrativo" e a recusa ao referido princípio.

Para Medauar, alegar a indisponibilidade como uma barreira às práticas consensuais da Administração Pública representa "negação da realidade e visão desatualizada", de modo que o fato de que "hoje reinam várias práticas consensuais na atividade administrativa (acordos, negociação, conciliação, mediação, arbitragem, etc.) até mesmo na esfera sancionadora (termo de ajustamento de conduta, compromisso de cessação, etc.)" é visto como um indicativo de que inexiste no direito administrativo brasileiro um princípio que demande a indisponibilidade do interesse público.

Também segue essa corrente de negação do princípio da indisponibilidade diante do avanço das práticas consensuais da Administração a autora Juliana Bonacorsi de Palma, em obra altamente citada por aqueles que se destinam a estudar o fenômeno da consensualização.

Deixando clara sua posição de contrariedade ao princípio de indisponibilidade, Palma expõe que "restringir a celebração de acordos administrativos pela invocação da indisponibilidade do interesse público mostra-se, assim, um *descompasso*", sendo que "o principal fundamento para tanto consiste na ausência de previsão normativa do princípio, seja para dispor sobre sua conceituação jurídica, seja para obrigar a Administração Pública a se vincular ao princípio da indisponibilidade".[433] Na sequência, a autora mais uma vez registra que "a *imprecisão conceitual* do princípio reforça a dificuldade prática em ser aplicado, corroborando a impossibilidade de o princípio em comento ser colocado como um impeditivo à atuação administrativa consensual".[434] Para Palma, portanto, "a indisponibilidade do interesse público não constitui óbice à celebração de acordos substitutivos de

---

[433] PALMA, Juliana Bonacorsi de. *Sanção e acordo na Administração Pública*. São Paulo: Malheiros, 2015. p. 177.
[434] PALMA, Juliana Bonacorsi de. *Sanção e acordo na Administração Pública*. São Paulo: Malheiros, 2015. p. 178.

sanção porque também este princípio corresponde a uma *construção teórica sem adequada metodologia de aplicação*".[435] Em outro trecho, afirma a autora que a indisponibilidade do interesse público é um "princípio de *difícil intelecção* e, principalmente, de *rasa tradução prática*", visto que "seu conteúdo jurídico não se apresenta uniforme".[436] Também ao escrever em coautoria com Vitor Rhein Schirato, Palma manifesta o entendimento de que "o atual substrato desse princípio da indisponibilidade do interesse público *não é algo claramente identificável*", fato que, na visão dos autores, afastaria a possibilidade de tal norma funcionar como um impeditivo à realização de acordos administrativos.[437]

Carlos Aberto de Salles, estudando o tema da arbitragem envolvendo a Administração Pública, é outro autor que critica o que chama de "expansão indiscriminada da indisponibilidade do interesse público" a todas as relações jurídicas estabelecidas pela Administração Pública e, principalmente, como isso passa a ser visto enquanto uma suposta barreira à realização de acordos por parte do Poder Público.[438]

Critica-se, ademais, o suposto fato de que a indisponibilidade "leva, necessariamente, a um *engessamento da atuação administrativa*, ao impedir que ela alcance as finalidades públicas e corresponda aos anseios dos cidadãos".[439] Desse modo, defende-se que ao menos a indisponibilidade deve ser *mitigada* – quando não completamente abandonada – a fim de que os acordos administrativos possam ser realizados de modo válido.[440]

---

[435] PALMA, Juliana Bonacorsi de. *Sanção e acordo na Administração Pública*. São Paulo: Malheiros, 2015. p. 278.

[436] PALMA, Juliana Bonacorsi de. *Sanção e Acordo na Administração Pública*. São Paulo: Malheiros, 2015. p. 58.

[437] SCHIRATO, Vitor Rhein; PALMA, Juliana Bonacorsi de. Consenso e legalidade: vinculação da atividade administrativa consensual ao direito. *Revista Brasileira de Direito Público – RBDP*, Belo Horizonte, ano 7, n. 27, out./dez. 2009. Disponível em: http://www.bidforum.com.br/bi/PDI0006.aspx?pdiCntd=64611.

[438] SALLES, Carlos Alberto de. *A arbitragem na solução de controvérsias contratuais da administração pública*. São Paulo, 2010. 458 f. Tese (Livre Docência) – Faculdade de Direito, Universidade de São Paulo. p. 410.

[439] BRANDÃO, Marcella Araújo da Nova. *A consensualidade e a Administração Pública em juízo*. Rio de Janeiro, 2009. 106 f. Dissertação (Mestrado) – Mestrado Profissional em Poder Judiciário, Fundação Getúlio Vargas. p. 71.

[440] "Mas devemos atentar para um detalhe importante: a indisponibilidade do bem público não foi deixada de lado com tais medidas, somente mitigada em parte para possibilitar à administração pública a redução de suas demandas ou, ainda, a diminuição de seus gastos por um melhor controle de suas contas, evitando-se o prolongamento de demandas que somente representarão maiores ônus para o ente e, conseqüentemente, para toda a sociedade." ESTEVES, Mauricio Cramer. Da Possibilidade e dos Limites da Transação

Por fim, também se poderia citar como representativa dessa corrente a opinião de Marçal Justen Filho. O administrativista entende que, assim como a supremacia, o princípio da indisponibilidade do interesse público "não permite resolver de modo satisfatório os conflitos, nem fornece um fundamento consistente para as decisões administrativas" e, por essa razão, defende que a indisponibilidade não seja mais utilizada como critério para averiguar a validade dos atos administrativos.[441]

2.2.1.3 Os equívocos conceituais frequentemente cometidos pelos dois lados do debate

Com a devida vênia aos respeitados professores citados anteriormente, entende-se que ambas as linhas de crítica apresentadas acima fundamentam-se em algumas concepções equivocadas. Opiniões contrárias à indisponibilidade do interesse público por sua suposta ausência de conteúdo e fundamentação jurídica já foram afastadas no tópico 1.2, de modo que não serão novamente objeto de análise. Nesse momento, cumpre examinar com maior destaque o fato de que as críticas – tanto daqueles que defendem o princípio da indisponibilidade e assim repudiam a consensualização como daqueles que desconsideram a indisponibilidade em nome da consensualização – parecem partir de um equivocado conceito de interesse público (e, consequentemente, de sua indisponibilidade pela Administração).

Assiste razão, nesse sentido, a Romeu Felipe Bacellar Filho quando reconhece o administrativista que o problema exposto acima decorre, na prática, muitas vezes de uma questão conceitual. É que, apegados a uma "visão cega e apoucada da acepção jurídica de 'interesse público', alguns pensam que, por meio de atos administrativos consensuais, a Administração estaria concretizando um interesse privado, quando na realidade é o próprio interesse público que está a preponderar".[442]

---

em Processos Judiciais por Parte do Poder Público Municipal. *Interesse Público – IP*, Belo Horizonte, n. 38, ano 8, jul./ago. 2006. Disponível em: http://www.bidforum.com.br/PDI0006. aspx?pdiCntd=49054. Em sentido semelhante: ARAGÃO, Alexandre Santos de. *Agências Reguladoras e a Evolução do Direito Administrativo Econômico*. Rio de Janeiro: Forense, 2004. p. 111.

[441] JUSTEN FILHO, Marçal. *Curso de Direito Administrativo*. 9. ed. rev., atual. e ampl. São Paulo: Revista dos Tribunais, 2013. p. 154.

[442] BACELLAR FILHO, Romeu Felipe. A noção jurídica de interesse público no Direito Administrativo brasileiro. *In*: BACELLAR FILHO, Romeu Felipe; HACHEM, Daniel Wunder

Celso Antônio Bandeira de Mello, responsável, como já visto, pela mais difundida teoria do interesse público no direito administrativo brasileiro, reconhece em sua obra que é quase instintivo que, ao se pensar em interesse público, contraponha-se a essa noção a categoria de interesse individual. No entanto, essa visão deve ser superada. Ocorre, nesse ponto, "um falso antagonismo entre o interesse das partes e o interesse do todo, propiciando-se a errônea suposição de que se trata de um interesse a *se stante*, autônomo, desvinculado dos interesses de cada uma das partes que compõem o todo".[443]

Ora, quando se adota uma concepção rasa de "interesse público", afastando (ainda que instintivamente) desse conceito a proteção dos interesses individuais e aproximando-o indiscriminadamente dos interesses do Estado, inverte-se a lógica que rege o princípio da indisponibilidade. Afinal, pode-se, a partir desse pensamento, pressupor-se o dever da Administração de perseguir um interesse que, apesar de ser ostentado pelo Estado, não necessariamente é de dimensão pública em detrimento de um interesse que, embora titularizado por um indivíduo particular, corresponda ao interesse juridicamente definido como da coletividade.[444]

Duas objeções são capazes de afastar essa errônea percepção.

(i) A primeira é a de que, como já explicado no tópico 1.1, *interesses individuais juridicamente tutelados no ordenamento também compõem o interesse público*, de modo que "a proteção do interesse privado, nos termos em que estiver disposto no sistema normativo, é também um interesse público a ser fielmente resguardado".[445] Também nesse sentido, Augusto Duran Martínez leciona que o interesse geral (o que aqui foi tomado como sinônimo de interesse público) corresponde à união dos interesses coletivos com os interesses individuais, retratando, portanto, o que a filosofia política chama de "bem comum".[446]

(Coords.). *Direito Administrativo e interesse público*: estudos em homenagem ao Professor Celso Antônio Bandeira de Mello. Belo Horizonte: Fórum, 2010. p. 112.

[443] MELLO, Celso Antônio Bandeira de. *Curso de Direito Administrativo*. 32. ed. São Paulo: Malheiros, 2015. p. 59-60.

[444] MELLO, Celso Antônio Bandeira de. *Curso de Direito Administrativo*. 32. ed. São Paulo: Malheiros, 2015. p. 69.

[445] MORETTI, Natalia Pasquini. Uma concepção contemporânea do princípio da indisponibilidade do interesse público. In: MARRARA, Thiago (Org.). *Princípios de direito administrativo*: legalidade, segurança jurídica, impessoalidade, publicidade, motivação, eficiência, moralidade, razoabilidade, interesse público. São Paulo: Atlas, 2012. p. 454.

[446] DURÁN MARTÍNEZ, Augusto. Derechos prestacionales y interés Público. In: BACELLAR FILHO, Romeu Felipe; HACHEM, Daniel Wunder (Coords.). *Direito Administrativo e*

É por essa razão, inclusive, que Daniel Wunder Hachem defende que há uma "necessidade de a máquina estatal harmonizar os variados interesses particulares, reduzindo-se então a distância que no modelo liberal se reconhecia entre os interesses privados e o interesse geral".[447] No direito administrativo contemporâneo, não há mais espaço para concepções de que a Administração Pública não poderia tutelar interesses individuais.[448] Deve-se ter em mente que "não há interesse público que não reflita interesse privado", do mesmo modo que "não há interesse privado, juridicamente protegido, que não seja público". No fundo, "ambos têm a mesma natureza elementar",[449] que é a sua previsão no ordenamento jurídico positivo.

Há, desse modo, uma indiscutível inter-relação entre o interesse público a ser tutelado pela Administração, os interesses gerais da sociedade e os interesses individuais de particulares.[450] Em análise do ponto de vista filosófico, a teoria de Hegel dá suporte a essa visão. Afirma, nesse sentido, o filósofo alemão que nem o interesse geral "tem valor e é realizado sem o interesse, a consciência e a vontade particulares, nem os indivíduos vivem como pessoas privadas unicamente orientadas pelo seu interesse e sem relação com a vontade universal".[451]

---

interesse público: estudos em homenagem ao Professor Celso Antônio Bandeira de Mello. Belo Horizonte: Fórum, 2010. p. 149.

[447] HACHEM, Daniel Wunder. *Princípio constitucional da supremacia do interesse público*. Belo Horizonte: Fórum, 2011. p. 101.

[448] Apurando ser impossível que dado interesse tido como público se choque com os interesses de todos os membros da sociedade – ainda que, por outro lado, seja possível a contraposição daquele a algum determinado interesse individual –, Celso Antônio Bandeira de Mello conclui que existe "uma relação íntima, indissolúvel, entre o chamado interesse público e os interesses ditos individuais". Segundo Bandeira de Mello, essa constatação "enseja mais facilmente desmascarar o mito de que interesses qualificados como públicos são insuscetíveis de serem defendidos por particulares". MELLO, Celso Antônio Bandeira de. *Curso de Direito Administrativo*. 32. ed. São Paulo: Malheiros, 2015. p. 60. Por outro ponto de vista, também é possível afirmar que, a partir dessa lógica, o Estado também está autorizado a consagrar interesses defendidos por particulares, visto que, em muitas situações, eles corresponderão ao que o ordenamento jurídica considera ser o interesse da própria coletividade (sendo apenas nessas situações, obviamente, que a Administração estaria autorizada a perseguir os interesses individuais).

[449] HAEBERLIN, Mártin. *Uma teoria do interesse público*: fundamentos do Estado Meritocrático de Direito. Porto Alegre: Livraria do Advogado, 2017. p. 204.

[450] Mariana de Siqueira também concorda que "há, portanto, clara zona de interseção entre o público e o privado no que diz respeito à ideia de interesse jurídico, sendo o interesse privado, parte integrante do conceito de interesse público". SIQUEIRA, Mariana de. *Interesse público no direito administrativo brasileiro*: da construção da moldura à composição da pintura. Rio de Janeiro: Lumen Juris, 2016. p. 163.

[451] HEGEL, J. W. F. *Princípios da Filosofia do Direito*. Trad. Orlando Vitorino. São Paulo: Martins Fontes, 1997. p. 225-226, §260.

Isso fica ainda mais claro no cenário atual pelo qual está passando o direito administrativo brasileiro – e o direito como um todo, a bem da verdade. Neste contexto social em que o interesse público não é mais aferível como uma unicidade, havendo, na sociedade contemporânea, diversos interesses públicos heterogêneos e conflitantes entre si, a Administração Pública também deixa de ser a responsável exclusiva por sua perseguição. Dada a pluralidade de interesses públicos existentes, a sociedade civil é chamada para compartilhar com a Administração Pública a tarefa de garantir a concretização de tais objetivos.[452] O papel da Administração ainda deve ser prioritário, pois é a ela que a Constituição atribui como dever precípuo a realização de tarefas de interesse público.[453]

No entanto, isso não descarta a participação da iniciativa privada ou de entidades do terceiro setor como auxiliares nessa empreitada. Seria um grave equívoco supor que a simples participação do particular na formação da decisão administrativa representaria a substituição do atendimento, por essa decisão, do interesse público pelo interesse privado.[454]

O objetivo natural das atividades empreendidas pela iniciativa privada é, em regra, a busca de lucro. Também há situações em que particulares desempenham determinadas atividades não intencionando o ganho de um lucro econômico propriamente dito, mas ainda assim movidos pela busca de algum tipo de ganho pessoal, algo que os realize enquanto indivíduos ou que concretize seus ideais de vida. Em ambos os casos, é possível que haja uma identificação entre o fim "egoístico" perseguido pelos particulares e o interesse geral da coletividade. Isso, por óbvio, não extingue a característica *individualista* da atividade particular, mas permite que a Administração Pública, muito embora seja ente que atue sempre e necessariamente em prol do bem *comum*, opera em parceria com aquele para que, juntos, ambos possam atingir de maneira mais eficiente a finalidade que objetivam.

---

[452] MEDAUAR, Odete. *Direito administrativo em evolução*. 3. ed. Brasília: Gazeta Jurídica, 2017. p. 235.

[453] Floriano de Azevedo Marques Neto afirma que, "diante do colapso da noção singular e monolítica de interesse público, a função de composição e conciliação entre s diversos interesses caberá sempre à esfera pública". MARQUES NETO, Floriano Peixoto de Azevedo. *Regulação estatal e interesses públicos*. São Paulo: Malheiros, 2002. p. 165.

[454] CARDOSO, David Pereira. *Os acordos substitutivos de sanção administrativa*. Curitiba, 2016. 173 f. Dissertação (Mestrado em Direito) – Programa de Pós-Graduação em Direito, Universidade Federal do Paraná. p. 72.

Nessa perspectiva, José Manuel Rodríguez Muñoz sustenta que "o interesse público consiste em apoiar o desenvolvimento de certas atividades que os particulares empreendem em seu próprio interesse (mediante subvenções, créditos e outras medidas de fomento) (...) ou em colaborar com a iniciativa privada para fins de interesse comum (mediante convênios ou parcerias para dar outro exemplo)".[455] Assim, do mesmo modo como já se tornou consenso o fato de que interesse público e interesse do Estado não se confundem, deve-se também compreender que não existe qualquer tipo de contradição *a priori* entre interesse público e o interesse dos particulares.[456] Simplesmente "o que importa, para fins de interesse público, é que a necessidade que o preenche seja protegida pelo Direito, independentemente de se referir a um sujeito singular ou a uma coletividade de sujeitos".[457]

É certo, portanto, que o Estado não é o único titular do interesse público. Existem outros sujeitos, inclusive os particulares, que podem ostentar interesses tidos como públicos. E aqui não se está se referindo apenas a casos de delegação de atividades públicas à iniciativa privada,[458] mas a interesses propriamente individuais, titularizados por agentes privados, que, entretanto, possuem uma dimensão pública, coincidindo com o interesse geral da coletividade.

Tal constatação, contudo, não é inovadora. Desde as lições de Hely Lopes Meirelles, já se sabe que "nada impede que o interesse público coincida com o interesse privado, como ocorre normalmente nos atos administrativos negociais e nos contratos de direito público, casos em que é lícito conjugar a pretensão do particular com a finalidade da Administração".[459] Com efeito, é indubitável que a proteção aos interesses individuais deve ser encarada como fundamento inquestionável

---

[455] RODRÍGUEZ MUÑOZ, José Manuel. De la noción de interés general como faro y guía de la Administración, y como proemio a la Sección "Cuestiones de la acción pública en Extremadura" de esta Revista. *Revista de Derecho de Extremadura*, Cáceres, n. 6, p. 557-565, set./dic. 2009. p. 561 *apud* HACHEM, Daniel Wunder. *Princípio constitucional da supremacia do interesse público*. Belo Horizonte: Fórum, 2011. p. 102.

[456] MIRAGEM, Bruno. *A nova Administração Pública e o Direito Administrativo*. 2. ed. São Paulo: Editora Revista dos Tribunais, 2013. p. 295.

[457] SIQUEIRA, Mariana de. *Interesse público no direito administrativo brasileiro*: da construção da moldura à composição da pintura. Rio de Janeiro: Lumen Juris, 2016. p. 198.

[458] MUÑOZ, Guillermo Andrés. El Interés Público es como el Amor. *In*: BACELLAR FILHO, Romeu Felipe; HACHEM, Daniel Wunder (Coords.). *Direito Administrativo e interesse público*: estudos em homenagem ao Professor Celso Antônio Bandeira de Mello. Belo Horizonte: Fórum, 2010. p. 29.

[459] MEIRELLES, Hely Lopes. *Direito Administrativo Brasileiro*. 2. ed. rev. e ampl. São Paulo: Revista dos Tribunais, 1966. p. 58.

de todo aparato administrativo que trace como seu objetivo principal a consecução do interesse público.[460]

(ii) A segunda objeção capaz de afastar as equivocadas críticas dirigidas à incidência da indisponibilidade do interesse público aos atos administrativos consensuais é a de que *o interesse público a ser tutelado pela Administração Pública não se confunde com o interesse próprio e individual do Estado enquanto pessoa jurídica.*

Essa constatação já é há muito conhecida e difundida na doutrina, explicada principalmente a partir da teoria de Renato Alessi sobre os interesses primários e secundários da Administração. Nas clássicas lições de Celso Antônio Bandeira de Mello, já é possível encontrar a ressalva explícita de que, embora o Estado, enquanto pessoa jurídica, também ostente interesses que lhe são particulares, isso não significa que tais interesses sejam necessariamente coincidentes com o interesse público juridicamente normatizado. Diz-se, assim, que esses interesses próprios da entidade estatal "*não são interesses públicos,* mas interesses individuais do Estado, similares, pois (sob o prisma extrajurídico) aos interesses de qualquer outro sujeito".[461]

De acordo com a teoria de Alessi, calcada – é importante pontuar – em lições desenvolvidas por Francesco Carnelutti e Nicola Picardi no âmbito do direito processual civil, "o interesse público não é nada mais do que o interesse coletivo primário" (em outras palavras, o interesse da coletividade em si mesmo considerada), que deve ser "objeto de direta tutela da ação administrativa". Por outro lado, os interesses da Administração Pública enquanto sujeito jurídico "não representam nada além de interesses secundários existentes no grupo social". Dentre tais interesses secundários, portanto, encontram-se hipóteses que *não devem ser tuteladas pelo Estado,* como o possível interesse ostentado pela Administração em pagar o menos possível aos servidores públicos ou ao aumentar o máximo possível os tributos cobrados da população.[462]

Nesses casos, em que a estrutura administrativa é direcionada pelos agentes públicos para a realização de interesses individuais do Estado, a Administração Pública "estará agindo contra o Direito, divorciada do interesse público, do interesse primário que lhe cumpre

---

[460] LOPEZ CALERA, Nicolas. El interés público: entre la ideología y el derecho. *Anales de la Cátedra Francisco Suarez,* Granada, v. 44, p. 123-148, 2010. p. 127.
[461] MELLO, Celso Antônio Bandeira de. *Curso de Direito Administrativo.* 32. ed. São Paulo: Malheiros, 2015. p. 65-66.
[462] ALESSI, Renato. *Sistema istituzionale del diritto amministrativo italiano.* Milano: Giuffrè, 1953. p. 152-153.

assistir". Apesar de, infelizmente, na prática ser comum verificar hipóteses em que isso ocorre, essa postura, como já dito, "é fruto de uma falsa compreensão do dever administrativo ou resultado de ignorância jurídica".[463] Sendo assim, os interesses próprios da máquina estatal "só poderão ser perseguidos pela Administração Pública nas hipóteses em que coincidirem com o *interesse primário*, que representa o *interesse público*, da coletividade, dotado de supremacia sobre os interesses privados (*interesses secundários*, sejam do Estado, sejam dos particulares)".[464]

Que fique claro: é evidente que o Estado, enquanto pessoa jurídica que é, pode ostentar determinados interesses jurídicos que não necessariamente se identifiquem como aquilo que é consagrado no direito como sendo de interesse *público*. O mais correto, inclusive, é tratá-los como sendo *interesses individuais do Estado*. Ocorre, porém, que, diferentemente do que ocorre com os particulares, o Poder Público não goza de autonomia para perseguir a consagração dos interesses que bem entender. Por força do princípio da indisponibilidade, sua atuação está estritamente vinculada à realização do interesse público. Nesse sentido, ao Estado só será permitida a busca dos seus interesses individuais única e exclusivamente nas hipóteses em que esses forem coincidentes com o interesse público, pois, em última análise, nesses casos estaria sendo este último o interesse intentado pela Administração.[465]

Em que pese esse amplo reconhecimento teórico acerca da diferença entre os interesses primários (legítimos interesses públicos) e os interesses secundários ("privados") ostentados pelo Estado, "a Administração Pública continua reiteradamente negando direitos titularizados pelos cidadãos, de sorte que na realidade prática a tutela do interesse público, em cujo núcleo central se alojam os direitos fundamentais, frequentemente não é perseguida". E, como bem constata Daniel Wunder Hachem, essa postura constituiu "forma de proteger interesses secundários (fazendários) da pessoa jurídica estatal, colidentes

---

[463] MELLO, Celso Antônio Bandeira de. *Atos administrativos e Direitos dos Administrados*. São Paulo: Editora Revista dos Tribunais, 1981. p. 16-17.
[464] HACHEM, Daniel Wunder. *Tutela administrativa efetiva dos direitos fundamentais sociais*: por uma implementação espontânea, integral e igualitária. Curitiba, 2014. 614 f. Tese (Doutorado) – Programa de Pós-Graduação em Direito, Universidade Federal do Paraná. p. 310.
[465] MELLO, Celso Antônio Bandeira de. *Curso de Direito Administrativo*. 32. ed. São Paulo: Malheiros, 2015. p. 66.

com os interesses primários, da coletividade, estampados no Direito Constitucional positivo".[466]

Com base em todas essas lições, é certo que o princípio da indisponibilidade do interesse público não pode ser encarado como barreira à realização de acordos pela Administração Pública. Os acordos, na realidade, servem como instrumento para a Administração melhor alcançar o interesse público (daí porque não haveria qualquer problema em relação à indisponibilidade). E isso por três principais motivos: (i) não há, *a priori*, uma diferença estabelecida de conteúdo ou finalidade dos acordos e dos atos administrativos unilaterais, tratando-se, isso sim, de uma diferença procedimental, de meios para a realização de determinado fim; (ii) os acordos tendem a ser mais eficientes, visto que há uma diminuição da probabilidade de descumprimento de seus termos por parte do particular envolvido na avença do que em relação a decisões administrativas tomadas unilateralmente; (iii) os acordos administrativos são frutos da valorização de direitos e valores consagrados constitucionalmente, como o devido processo legal e a proporcionalidade das decisões da Administração Pública, que representam, junto de outras disposições, o conteúdo do interesse público.[467]

O tema será objeto de análise específica no item seguinte, em que se pretende demonstrar a possibilidade teórica e abstrata de conciliação entre o princípio da indisponibilidade do interesse público com as atuações consensuais da Administração. O que se intencionou comprovar aqui antes disso foi que a solução para tão intenso conflito não parece estar em nenhum dos lados extremos do debate.

Há que se aceitar o fenômeno da consensualização como nova realidade do direito administrativo, principalmente em razão do perfil democrático da Administração Pública pós-88 – obviamente não sem antes realizar uma análise crítica sobre os limites que devem existir quanto a essas parcerias. No entanto, ao mesmo tempo, há que se defender a aplicabilidade do princípio da indisponibilidade do interesse público, por traduzir noção fundamental para a construção de uma Administração Pública inclusiva, que se volte incessantemente à instituição de uma sociedade livre, justa e solidária.

---

[466] HACHEM, Daniel Wunder. *Tutela administrativa efetiva dos direitos fundamentais sociais*: por uma implementação espontânea, integral e igualitária. Curitiba, 2014. 614 f. Tese (Doutorado) – Programa de Pós-Graduação em Direito, Universidade Federal do Paraná. p. 315.

[467] SCHIRATO, Vitor Rhein; PALMA, Juliana Bonacorsi de. Consenso e legalidade: vinculação da atividade administrativa consensual ao direito. *Revista Brasileira de Direito Público – RBDP*, Belo Horizonte, ano 7, n. 37, out./dez. 2009. Disponível em: http://www.bidforum.com.br/bi/PDI0006.aspx?pdiCntd=64611.

Nesse sentido, bem pontua Vivian Lima López Valle que "não se pode admitir uma simples substituição do paradigma da unilateralidade pelo paradigma do consenso, especialmente pela necessidade de compatibilização com o Estado Democrático de Direito, com o regime jurídico-administrativo e com o interesse público".[468] Romeu Felipe Bacellar Filho, também seguindo uma linha que parece tentar harmonizar a consensualidade com o princípio da indisponibilidade, afirma que a negação, por parte da doutrina, da possibilidade de a Administração Pública realizar acordos com particulares decorre "de uma interpretação mecanicista e, apartada da realidade, do princípio da indisponibilidade do interesse público". E, além disso, baseia-se em uma visão que se respalda "num conceito de monolítico de Administração Pública, oráculo de um 'interesse público' absoluto e homogêneo, que recusa interpretações dissidentes".[469]

Desse modo, deve-se reconhecer que "o Direito Administrativo contemporâneo reclama, realmente, uma releitura de seus institutos à luz dos postulados democráticos vigentes nas Constituições atuais, permeadas pelas exigências do modelo social do Estado de Direito" e que isso requer a readequação de alguns de seus institutos clássicos. Isso não significa, porém, que se deva abandonar toda a base do regime jurídico-administrativo tido como "tradicional". O que se deve fazer, em suma, é buscar "compreender o fenômeno jurídico e as instituições políticas de acordo com a realidade hodierna e os anseios sociais atuais, sem que para isso seja necessário rejeitar as conquistas do passado por observá-las com as lentes do presente".[470]

---

[468] VALLE, Vivian Lima López. Autoridade e consenso nos contratos administrativos: um reposicionamento do regime jurídico contratual brasileiro à luz da doutrina europeia dos contratos administrativos. In: HACHEM, Daniel Wunder; GABARDO, Emerson; SALGADO, Eneida Desiree (Coords.). *Direito Administrativo e suas transformações atuais*: homenagem ao Professor Romeu Felipe Bacellar Filho. Curitiba: Íthala, 2016. p. 452.

[469] BACELLAR FILHO, Romeu Felipe. *O Direito Administrativo e o novo Código Civil*. Belo Horizonte: Fórum, 2007. p. 193.

[470] GABARDO, Emerson; HACHEM, Daniel Wunder. O suposto caráter autoritário da supremacia do interesse público e das origens do Direito Administrativo – uma crítica da crítica. In: BACELLAR FILHO, Romeu Felipe; HACHEM, Daniel Wunder (Coords.). *Direito Administrativo e Interesse Público*: Estudos em homenagem ao Professor Celso Antônio Bandeira de Mello. Belo Horizonte: Fórum, 2010. p. 196.

2.2.2 A possibilidade de harmonização da indisponibilidade do interesse público com a consensualização do direito administrativo

Como visto no item anterior, as críticas daqueles que afirmam existir uma incompatibilidade entre o princípio da indisponibilidade e a consensualização do direito administrativo não prosperam. Baseiam-se em uma insatisfação pura e simples com o próprio princípio da indisponibilidade ou em equivocadas compreensões da noção de interesse público.

No entanto, é certo que "o problema não está na indisponibilidade. Não se contesta que o interesse público, em seu núcleo essencial, é indisponível. A verdadeira questão reside em identificar quando há interesse público no caso concreto – ou até, muitas vezes: 'de que lado está' o interesse público".[471]

Nesse espaço, além de se demonstrar *por que* o interesse público pode ser atingido através de pactos consensuais da Administração Pública com particulares (e assim restar observado o princípio da indisponibilidade), pretende-se também examinar *como* essas relações devem ser firmadas para que sejam válidas de acordo com o referido princípio.

2.2.2.1 As justificativas teóricas para a harmonização entre indisponibilidade do interesse público e consensualidade

No Estado Social e Democrático de Direito, o Poder Público está juridicamente obrigado a perseguir a consecução dos interesses públicos. No entanto, não necessariamente de maneira unilateral, como se fosse o único titular ou único ente capaz de definir o que é matéria de interesse público. Deve, nesse sentido, permitir e fomentar a participação popular da sociedade civil como forma de colaborar na tomada de decisões administrativas.[472]

---

[471] TALAMINI, Eduardo. A (in)disponibilidade do interesse público: consequências processuais (composições em juízo, prerrogativas processuais, arbitragem, negócios processuais e ação monitória) – versão atualizada para o CPC/2015. *Revista de Processo*, São Paulo, ano 42, n. 264, p. 83-107, fev. 2017. p. 106.

[472] MEILAN GIL, José Luis. Intereses generales e interés público desde la perspectiva del derecho público español. *In*: BACELLAR FILHO, Romeu Felipe; HACHEM, Daniel Wunder (Coords.). *Direito Administrativo e interesse público*: estudos em homenagem ao Professor Celso Antônio Bandeira de Mello. Belo Horizonte: Fórum, 2010. p. 86.

Como ensina Luciano Parejo Alfonso, nos acordos administrativos a finalidade comum perseguida pelas partes não pode ser outra que não a finalidade já previamente estipulada pela legislação para aquela situação concreta, a qual, em um sentido mais amplo, remete sempre ao interesse público. De acordo com o administrativista espanhol, se toda atividade administrativa deve se direcionar à satisfação do interesse público (por força do que a doutrina brasileira chama de princípio da indisponibilidade) e se os atos consensuais são simplesmente um instrumento a mais à disposição da Administração para persecução dessas atividades, os atos administrativos consensuais que destoarem da busca pela concretização do interesse público conterão desvio de finalidade, devendo, por essa razão, ser considerados nulos de pleno direito.[473]

Fernando Dias Menezes de Almeida também entende que "a celebração de acordos em nada afeta o princípio da indisponibilidade do interesse público". Isso porque a decisão sobre o meio (unilateral ou consensual) a ser adotado pela Administração para a realização de determinada tarefa pública em nada diz respeito com o interesse público almejado pelo direito naquele caso (salvo nas excepcionais situações em que a legislação expressamente exige a adoção de um ou outro procedimento, sob pena de invalidade do ato decisório). Por essa razão, Almeida também afirma que "o atentado ao interesse público há de se verificar pelo conteúdo da decisão, seja ela decorrente do exercício de poder unilateral da Administração, seja decorrente de acordo".[474]

Assim, é incontestável que a consensualidade "não implica uma disponibilidade do interesse público, mas uma determinação do meio mais apto para alcançar os objetivos da lei".[475] Em célebre passagem, muito replicada por autores que se propõem a defender a consensualização do direito administrativo em face das críticas que o movimento às vezes recebe com suposta base no princípio da indisponibilidade,

---

[473] PAREJO ALFONSO, Luciano. Los Actos Administrativos Consensuales en el Derecho Español. *A&C – Revista de Direito Administrativo e Constitucional*, Belo Horizonte, ano 1, n. 13, p. 11-43, jul./set. 2003. p. 26-27.

[474] ALMEIDA, Fernando Dias Menezes de. *Contrato administrativo*. São Paulo: Quartier Latin, 2012. p. 302.

[475] ARAGÃO, Alexandre Santos de. A consensualidade no Direito Administrativo: acordos regulatórios e contratos administrativos. *Revista de Informação Legislativa*, Brasília, a. 42, n. 167, p. 293-310, jul./set. 2005. p. 293. Na mesma linha, defende David Pereira Cardoso que "o ato consensual, dessa forma, não significa abrir mão do interesse público, vez que as prerrogativas públicas correspondem a faculdades meramente instrumentais, conferidas ao administrador para fortalecer a realização das finalidades que lhe são conferidas pelo ordenamento". CARDOSO, David Pereira. *Os acordos substitutivos de sanção administrativa*. Curitiba, 2016. 173 f. Dissertação (Mestrado em Direito) – Programa de Pós-Graduação em Direito, Universidade Federal do Paraná. p. 73.

Diogo de Figueiredo Moreira Neto afirma com contundência que "a Administração Pública, no âmbito do Direito Administrativo, jamais cogita de negociar o interesse público, mas, sim, de negociar os modos de atingi-lo com maior eficiência".[476]

Nesse sentido, além de aumentar a "qualidade" das decisões administrativas, ao permitir à Administração a consideração de um maior número de interesses públicos em abstrato para definir qual é o interesse público em específico a preponderar naquele caso concreto, a participação de agentes privados nos processos administrativos decisórios gera um aumento da "aceitabilidade" dessas decisões, visto que os destinatários delas terão sido responsáveis (ainda que parcialmente) pela sua formação.[477]

Onofre Alves Batista Júnior também reconhece que a adoção de uma postura mais consensual pode ser uma estratégia eficaz para a Administração Pública no que diz respeito ao seu dever de concretização do interesse público, notadamente na sociedade contemporânea, em que, em razão da complexidade das relações sociais, existe uma série de diferentes (e muitas vezes até conflitantes) interesses públicos a serem perseguidos pela Administração. Para o aludido professor, "a persecução coordenada de diferentes interesses públicos atrai a necessidade de decisões administrativas programáticas, o que realça, por sua vez, a importância do papel do procedimento administrativo enquanto instrumento de composição de interesses antagônicos".[478]

Na sociedade contemporânea, a organização de grupos e setoriais sociais com variadas aspirações, bem como a diversificação do corpo social, contribui para a existência de interesses públicos cada vez mais

---

[476] MOREIRA NETO, Diogo de Figueiredo. Novas Tendências da Democracia: Consenso e Direito Público na Virada do Século: o Caso Brasileiro. *Revista Brasileira de Direito Público – RBDP*, Belo Horizonte, n. 3, ano 1, out./dez. 2003. Disponível em: http://www.bidforum.com.br/bid/PDI0006.aspx?pdiCntd=12537.

[477] SILVA, Vasco Manuel Pascoal Dias Pereira da. *Em busca do acto administrativo perdido*. Coimbra: Almedina, 2016. p. 402. Também nessa linha, Alexandre Santos de Aragão ensina que, "em regra, a adoção de uma medida por consenso é mais eficiente que se adotada unilateral e coercitivamente, já que tem maiores chances de ser efetivada na prática e gera menos riscos de externalidades ('efeitos colaterais') negativas". ARAGÃO, Alexandre Santos de. A consensualidade no Direito Administrativo: acordos regulatórios e contratos administrativos. *Revista de Informação Legislativa*, Brasília, a. 42, n. 167, p. 293-310, jul./set. 2005. p. 294.

[478] BATISTA JÚNIOR, Onofre Alves. *Transações administrativas*: um contributo ao estudo do contrato administrativo como mecanismo de prevenção e terminação de litígios e como alternativa à atuação administrativa autoritária, no contexto de uma administração pública mais democrática. São Paulo: Quartier Latin, 2007. p. 251.

diversos, complexos e sofisticados.⁴⁷⁹ Nesse cenário, é praticamente impossível haver um caso concreto em que seja possível identificar a presença de apenas um único interesse público. A regra geral é que os conflitos contemporâneos são impulsionados por interesses, de ambos os lados, protegidos pelo ordenamento jurídico. Isto é, um conflito de interesses públicos.

Nesse contexto, há uma crescente dificuldade de o Estado conseguir, de modo abstrato e unilateral, em um primeiro momento, definir e, na sequência, realizar o interesse público. Por conta disso, a Administração Pública passa a se utilizar de diversos instrumentos consensuais de colaboração com grupos sociais e com a iniciativa privada como forma de efetuar tais tarefas com mais objetividade e de uma forma que atenda melhor os anseios da população.⁴⁸⁰

Ocorre que, nos casos de conflitos de interesses públicos, muitas vezes não haverá no sistema jurídico positivo uma resposta exata indicando a solução a ser adotada pela Administração naquela situação. É possível também que não haja sequer precedentes administrativos ou judiciais específicos para aquela hipótese concreta. Nesses casos, "deverá a Administração buscar construir argumentativamente, com muito rigor e prudência, a melhor solução apta para resolvê-los".⁴⁸¹

E é aqui que os instrumentos consensuais da ação administrativa podem começar a contribuir com a tutela do interesse público.⁴⁸² Não há dúvidas de que a "participação cidadã poderia assumir papel de relevo em hipóteses envolvendo conflitos de interesses simultaneamente públicos". Afinal, "as categorias em colisão de interesses, nos espaços destinados ao diálogo e participação, através da dialeticidade ali exercida, poderiam auxiliar a Administração na escolha da decisão em concreto".⁴⁸³

---

⁴⁷⁹ MARQUES NETO, Floriano de Azevedo. Interesses públicos e privados na atividade estatal de regulação. *In*: MARRARA, Thiago (Org.). *Princípios de direito administrativo*: legalidade, segurança jurídica, impessoalidade, publicidade, motivação, eficiência, moralidade, razoabilidade, interesse público. São Paulo: Atlas, 2012. p. 429.

⁴⁸⁰ PAREJO ALFONSO, Luciano. *Crisis y renovación en el Derecho público*. Lima: Palestra ed., 2008. p. 61.

⁴⁸¹ SIQUEIRA, Mariana de. *Interesse público no direito administrativo brasileiro*: da construção da moldura à composição da pintura. Rio de Janeiro: Lumen Juris, 2016. p. 256-257.

⁴⁸² Eurico Bitencourt Neto chega a afirmar que "a concertação, no campo do Direito Público, remete a um processo decisório próprio do Estado de Direito democrático e social, num cenário de pluralismo e conflitos de interesses". BITENCOURT NETO, Eurico. *Concertação administrativa interorgânica*: Direito Administrativo e organização no século XXI. Coimbra: Almedina, 2017. p. 191.

⁴⁸³ SIQUEIRA, Mariana de. *Interesse público no direito administrativo brasileiro*: da construção da moldura à composição da pintura. Rio de Janeiro: Lumen Juris, 2016. p. 240. Lembre-se,

Ademais, é certo que determinado interesse jurídico, para ser qualificado como *público*, deve, ao menos em certa medida, refletir algum tipo de consenso social. Via de regra, as decisões de consenso social são tidas como aquelas positivadas no ordenamento jurídico, aprovadas pela maioria dos representantes democraticamente eleitos pela população. No entanto, nos casos em que a legislação não conferir a resposta exata para os casos conflituosos com os quais a Administração se deparar, "expedientes em que há interlocução comunitária direta, como ocorre, por exemplo, em audiências públicas", podem auxiliar o administrador na tarefa de identificação e densificação do interesse público.[484]

Como dito, na grande maioria das situações relacionadas a instrumentos consensuais da ação administrativa, a Administração Pública se verá diante de um *conflito de interesses públicos abstratos*. Normalmente de um interesse geral da coletividade em si mesmo considerada e de um interesse individual de um particular. Estando ambos protegidos pelo ordenamento jurídico, são ambos interesses públicos.

Diz-se, no entanto, que são interesses públicos *abstratos*, pois sua qualificação como interesse público decorre, nesse primeiro momento, única e exclusivamente do fato de serem interesses protegidos pela norma jurídica geral e abstrata. É muito frequente, porém, que, em situações concretas, essa proteção jurídica deixe de existir, cedendo a proteção desse interesse à tutela efetiva de outro interesse igualmente público (esse que também poderá ser considerado um *interesse público concreto* por ser aquele arbitrado pela Administração no conflito concreto).

É o que ocorre, por exemplo, quando um particular, movendo ação de fornecimento de medicamento em face do Estado, propõe à Fazenda Pública a realização de um acordo para o recebimento do fármaco. O interesse individual do particular em receber o medicamento está albergado pelo direito fundamental à saúde e, por essa razão, deve ser considerado um interesse público abstrato. Por outro lado, há também um interesse geral abstrato de que a Administração

---

ademais, que, pela lógica da consensualidade administrativa, "o particular não pode ser considerado um adversário do estado, mas sim um colaborador na realização das suas funções, especialmente na identificação dos interesses que merecem tutela do poder público". CARDOSO, David Pereira. *Os acordos substitutivos de sanção administrativa*. Curitiba, 2016. 173 f. Dissertação (Mestrado em Direito) – Programa de Pós-Graduação em Direito, Universidade Federal do Paraná. p. 73.

[484] NOHARA, Irene Patrícia. Reflexões Críticas acerca da Tentativa de Desconstrução do Sentido da Supremacia do Interesse Público no Direito Administrativo. *In*: PIETRO, Maria Sylvia Zanella Di; RIBEIRO, Carlos Vinícius Alves (Coords.). *Supremacia do interesse público e outros temas relevantes do direito administrativo*. São Paulo: Atlas, 2010. p. 142.

se utilize das ferramentas processuais que o ordenamento jurídico lhe confere para salvaguardar os interesses da coletividade em si mesmo considerada (contestar a ação, requerer instrução processual, recorrer de decisões contrárias, etc.).

Se o medicamento objeto da solicitação estiver integrado na lista da Relação Nacional de Medicamentos Essenciais (Rename) do Ministério da Saúde ou se já houver pacífica jurisprudência formada naquele tribunal no sentido de concessão do fármaco, não há dúvidas de que o interesse público no caso concreto é o de atender a solicitação do particular. Situação semelhante se passa quando uma empresa que possui com o Poder Público contrato para construção de determinada, movendo ação judicial em face do Estado, propõe à Fazenda Pública a realização de um acordo para viabilizar a readequação do equilíbrio econômico-financeiro da avença. O interesse individual da empresa em ter o contrato reequilibrado está devidamente tutelado pelo ordenamento jurídico (art. 37, XII, da CF e art. 65, II, "d", da Lei nº 8.666/93) e, por essa razão, deve ser considerado um interesse público abstrato. Por outro lado, há também um interesse geral abstrato de que a Administração se utilize das ferramentas processuais que o ordenamento jurídico lhe confere para salvaguardar os interesses da coletividade em si mesmo considerada (contestar a ação, requerer instrução processual, recorrer de decisões contrárias, etc.).

Se o suporte fático e jurídico do caso levar à conclusão de que fatos imprevisíveis alteraram as condições efetivas da proposta no decorrer da execução contratual, não pode haver dúvidas de que o interesse público no caso concreto é o de atender a solicitação do particular e de promover o reequilíbrio econômico-financeiro.

Nessas situações específicas, a utilização das ferramentas processuais pela Fazenda Pública (abstratamente consideradas de interesse público por serem devidamente previstas no ordenamento jurídico) corresponderia a uma defesa dos interesses meramente secundários do Estado, que estaria negando a tutela de um direito legitimamente titularizado pelo particular requerente com a ilegítima finalidade de evitar gastos financeiros da máquina pública.

Em diversos outros casos, porém, essa análise não é tão simples. Tome-se o exemplo dos acordos de leniência. Como saber até que ponto a Administração Pública pode reduzir as sanções administrativas que seriam impostas ao particular infrator em troca das informações que ele fornece sobre o esquema delituoso? A partir de que momento o atendimento do interesse individual de redução das sanções deixa de coincidir com o interesse geral de aprimoramento da persecução sancionatória administrativa para representar indevido atendimento de interesse privado? Para essas situações, evidentemente não existe uma resposta objetiva. O ordenamento jurídico não traz uma resposta específica para a solução desses conflitos entre interesses públicos. Nesse caso, o administrador, no exercício de sua discricionariedade, deve se utilizar dos métodos hermenêuticos necessários para aferir qual interesse, naquele caso concreto, deve ser atendido pela Administração, de acordo com as normativas constitucionais e legais a que está vinculado. É por essa razão que se diz que, nessas hipóteses, "o uso da argumentação e a racionalidade da motivação da decisão tomada são necessidades e requisitos essenciais de sua validade".[485]

2.2.2.2 A decisão administrativa consensual sob o prisma da proporcionalidade

Para auxiliar na tarefa de identificação do interesse público concreto em casos envolvendo a consensualidade administrativa, sugere-se, aqui, a utilização do método da proporcionalidade. Como se sabe, essas são as três etapas de análise do método de avaliação da proporcionalidade de determinada medida desenvolvida por Robert Alexy: adequação, necessidade e proporcionalidade em sentido estrito.

No exame da *adequação*, exige-se que o intérprete verifique se a medida que se quer adotar é capaz de atingir, ou de pelo menos fomentar, um fim constitucionalmente legítimo.

De modo geral, a doutrina afirma que a "medida é adequada se o meio escolhido está apto para alcançar o resultado pretendido".[486] No entanto, Virgílio Afonso da Silva, fazendo correta leitura diretamente da obra de Alexy, bem lembra que, segundo a teoria do filósofo alemão, "uma medida somente pode ser considerada inválida se sua utilização não contribuir *em nada* para fomentar a realização do objetivo pretendido".[487]

---

[485] SIQUEIRA, Mariana de. *Interesse público no direito administrativo brasileiro*: da construção da moldura à composição da pintura. Rio de Janeiro: Lumen Juris, 2016. p. 197-198.
[486] ÁVILA, Humberto Bergmann. A distinção entre princípios e regras e a redefinição do dever de proporcionalidade. *Revista de Direito Administrativo*, Rio de Janeiro, n. 215, p. 151-179, jan./mar. 1999. p. 172.
[487] SILVA, Virgílio Afonso da. O proporcional e o razoável. *Revista dos Tribunais*, São Paulo, v. 91, n. 798, abr. 2002. p. 37.

Com essa compreensão, é praticamente impossível, na prática, que uma medida restritiva seja considerada desproporcional por já não conseguir passar pela etapa da adequação. Não é diferente no caso da adoção de atos administrativos unilaterais (não consensuais). Pode-se até debater a validade dessas medidas por conta de outros fatores, mas, via de regra, eles são minimamente aptos à realização das finalidades administrativas a que estão adstritos.

Na etapa da *necessidade*, verifica-se se o objetivo perseguido não poderia ser atingido com a mesma intensidade por outro ato que limitasse menos o direito restringido do que a medida analisada. Caso não haja, a medida será considerada necessária.

Não há dúvidas de que – ao menos em uma análise teórica – os meios de atuação administrativa unilateral restringem com maior intensidade os direitos dos particulares por eles afetados do que as decisões consensuais, tomadas pela Administração em parceria com o interessado.

Diante disso, poderia haver um problema maior caso se constasse que a tomada de decisão administrativa unilateralmente conseguisse atingir a finalidade pretendida pelo ordenamento jurídico mais eficácia que as decisões consensuais. No entanto, não é esse o caso. Não há nada que aponte para a conclusão de que os atos unilaterais são mais eficazes. Pelo contrário. Como visto, há vasta contribuição doutrinária no sentido de que as práticas consensuais contribuem significativamente para o incremento da eficiência administrativa.

Sendo assim, já nessa etapa poderia se considerar inválida a pretensão administrativa de renegar a adoção de um instrumento consensual em prol de uma decisão unilateral, posto que a via unilateral não se mostra necessária quando se apresenta ao administrador a possibilidade de atingir a mesma finalidade legal pela via consensual, causando menos restrição à esfera jurídica dos particulares afetados pela decisão. E ainda que se considerasse, em algum caso concreto, que a medida unilateral atendesse com maior intensidade ao interesse público perseguida pela Administração, mesmo assim a adoção da via consensual poderia ser uma exigência em razão da *proporcionalidade em sentido estrito* (também chamada de *sopesamento* ou *ponderação*), a terceira e última etapa do método desenvolvido por Alexy.

A razão de essa etapa existir é óbvia. Se houvesse apenas as duas etapas anteriores, uma medida altamente restritiva a um direito fundamental poderia ser considerada constitucional, caso ela fosse considerada aquela que consegue atingir o fim pretendido (adequação) com maior intensidade (necessidade). Para ilustrar a questão, pense-se no exemplo de uma lei que, para proteger a privacidade das pessoas, proíbe os jornais de realizarem qualquer reportagem sem prévia autorização dos noticiados. Com certeza essa é uma medida muito eficiente para garantir a proteção ao direito à privacidade. No entanto, é visível que essa medida viola desproporcionalmente o direito fundamental à liberdade de imprensa.

O objetivo dessa etapa, portanto, é avaliar se a restrição que se impõe ao direito fundamental "D" é justificável pelo atendimento do objetivo "O". Nas palavras de Virgílio Afonso da Silva, o exame da proporcionalidade em sentido estrito consiste no "sopesamento entre a intensidade da restrição ao direito fundamental atingido e a importância da realização do direito fundamental que com ele colide e que fundamenta a adoção da medida restritiva".[488]

Nesse sentido, para que uma medida restritiva seja considerada desproporcional em sentido estrito, "não é necessário que ela implique a não-realização de um direito fundamental" ou que "atinja o chamado núcleo essencial de algum direito fundamental". Simplesmente é necessário que "os motivos que fundamentam a adoção da medida não tenham peso suficiente para justificar a restrição ao direito fundamental atingido".[489]

Desse modo, na prática, ainda que hipoteticamente se considerasse a edição de uma decisão pela via unilateral necessária em contraposição ao estabelecimento de um acordo entre a Administração e o particular interessado, certamente em muitas oportunidades essa medida poderia ser considerada inválida por, no exame de sua proporcionalidade, não restar justificada a restrição de direitos que causa a esse terceiro. Afinal, como bem nota Onofre Alves Batista Júnior, "a comodidade, a praticidade, ou mesmo a possibilidade de satisfazer de forma mais célere determinado interesse público são fatores geralmente ponderáveis no caso concreto e que levam, muitas vezes, o administrador a buscar a solução concertada".[490]

Em casos de conflito, é evidente que deve haver uma preocupação geral de "não sacrificabilidade *a priori* dos interesses em confronto". Isto

---

[488] SILVA, Virgílio Afonso da. O proporcional e o razoável. *Revista dos Tribunais*, São Paulo, v. 91, n. 798, abr. 2002. p. 40.
[489] SILVA, Virgílio Afonso da. O proporcional e o razoável. *Revista dos Tribunais*, São Paulo, v. 91, n. 798, abr. 2002. p. 41.
[490] BATISTA JÚNIOR, Onofre Alves. *Transações administrativas*: um contributo ao estudo do contrato administrativo como mecanismo de prevenção e terminação de litígios e como alternativa à atuação administrativa autoritária, no contexto de uma administração pública mais democrática. São Paulo: Quartier Latin, 2007. p. 377.

é, a Administração, ao buscar arbitrar os interesses colidentes e eleger aquele que deverá ser privilegiado, deve fazê-lo tentando ao máximo compatibilizar tais interesses. Somente assim poderá se atingir um patamar mínimo de restrição ao interesse que porventura vier a ser, em determinada situação concreta, desfavorecido em alguma medida.[491]

Por força do princípio da indisponibilidade, então, das diversas soluções que se apresentarem em casos de conflitos de interesses públicos, a Administração deve buscar aquela que mais técnica e objetivamente possa garantir o interesse geral.[492] Como afirma Natalia Pasquini Moretti, "no atual contexto de consensualização, cabe à Administração considerar os interesses e direitos envolvidos, ponderando-os e, se possível, harmonizá-los". No entanto, se a harmonização não se mostrar possível, "a Administração deve decidir por aquele que seja mais relevante, apresentando os elementos motivadores dos atos e o fim colimado".[493]

Há alguns casos, porém, em que o próprio legislador já realizou a ponderação entre os interesses públicos gerais e os interesses públicos individuais possivelmente conflitantes, optando pelo dever da Administração de atender àqueles primeiros.[494]

É o caso, por exemplo, das restrições impostas à venda de bens públicos. O art. 101 do Código Civil estipula que "os bens públicos dominicais podem ser alienados, observadas as exigências da lei". No caso, uma das exigências previstas em lei para a concretização dessa transação é a realização de prévia licitação para escolha da melhor proposta adquirente. Há uma seção específica na Lei nº 8.666/93 (art. 17 e seguintes) para regulamentar o procedimento de alienação de bens públicos.

Diante dessas opções legislativas, não pode o administrador, sob o pretexto de realizar algum tipo de parceria ou acordo com agentes

---

[491] PIVA, Giorgio. L'amministratore pubblico nella società pluralista. *In: Scritti in onore di Massimo Severo Giannini*. vol. 2. Milano: Giufré, 1988. p. 501.

[492] RODRÍGUEZ-ARANA MUÑOZ, Jaime. El Interés General como Categoría Central de la Actuación de las Administraciones Públicas. *In:* BACELLAR FILHO, Romeu Felipe; HACHEM, Daniel Wunder (Coords.). *Direito Administrativo e interesse público:* estudos em homenagem ao Professor Celso Antônio Bandeira de Mello. Belo Horizonte: Fórum, 2010. p. 60.

[493] MORETTI, Natalia Pasquini. Uma concepção contemporânea do princípio da indisponibilidade do interesse público. *In:* MARRARA, Thiago (Org.). *Princípios de direito administrativo:* legalidade, segurança jurídica, impessoalidade, publicidade, motivação, eficiência, moralidade, razoabilidade, interesse público. São Paulo: Atlas, 2012. p. 459.

[494] SIQUEIRA, Mariana de. *Interesse público no direito administrativo brasileiro:* da construção da moldura à composição da pintura. Rio de Janeiro: Lumen Juris, 2016. p. 197.

privados, afastar a aplicação de tais dispositivos restritivos e dispor do bem público sem todo o prévio procedimento previsto na legislação.

2.2.2.3 Os fatores que devem ser observados pelas decisões administrativas: critérios de validade da consensualidade

Toda essa discussão sobre o arbitramento de interesses públicos em conflito pela Administração (a fim de identificar qual é o interesse público *em específico* que deve preponderar naquele caso concreto e, portanto, ser objeto da tutela administrativa) relaciona-se com o primeiro dos fatores que deve ser observado pelas decisões administrativas consensuais.

No total, são cinco os aspectos principais que servem como critério para aferir a legalidade das decisões administrativas consensuais tendo o princípio da indisponibilidade do interesse público como parâmetro: (i) a submissão da atividade administrativa à *legalidade* e as condicionantes que isso impõe à realização de acordos; (ii) a necessidade de *tratamento isonômico dos particulares* com quem a Administração realiza esses acordos; (iii) o respeito aos princípios da *publicidade* e da *motivação* dos atos administrativos; (iv) a *moralidade* na atuação dos agentes públicos envolvidos na negociação dos acordos; e (v) a observância ao postulado da *segurança jurídica*.

(i) Como se sabe, o *princípio da legalidade administrativa* foi historicamente desenvolvido como instrumento de amarra à atuação da Administração Pública, notadamente em um contexto econômico e social no qual o ordenamento jurídico era construído a partir de uma ideia de contenção do Estado, que só deveria atuar positivamente quando direitos individuais fossem (ou estivessem para ser) violados. É por isso, portanto, que se decide por vincular a atividade do administrador público aos estritos limites daquilo que lhe fosse permitido pelo Parlamento, diminuindo, assim, as probabilidades de intervenções invasivas do Poder Público na esfera privada dos particulares.

Por essa razão, sabendo que o princípio da legalidade administrativa é, antes de tudo, uma garantia dos cidadãos contra arbitrariedades que possam ser praticadas pelo Estado, não faz sentido, sob o ponto de vista teleológico, que ele seja utilizado como suposto empecilho à adoção de práticas consensuais pela Administração Pública.[495] Seria, com efeito, um completo contrassenso afirmar que a legalidade administrativa exige que a Administração, quando diante de uma situação em que se apresentem como meios resolutivos para dado conflito tanto a via litigiosa como a via consensual, deva obrigatoriamente optar pela primeira.

Há países como Espanha e Itália, por exemplo, que há anos ostentam em sua legislação sobre processo administrativo uma autorização genérica reconhecendo expressamente a possibilidade de a Administração firmar essa espécie de acordo. No Brasil, até pouco tempo havia consenso na doutrina de que inexistia autorização semelhante.[496] O cenário alterou-se, porém, com a recém-promulgada Lei nº 13.655/18. Referida lei foi editada para alterar o Decreto-Lei nº 4.657/42, também conhecido como Lei de Introdução às Normas do Direito Brasileiro (LINDB). De acordo com os defensores do novo diploma, tais alterações "destinam-se preponderantemente a reduzir certas práticas que resultam em insegurança jurídica no desenvolvimento da atividade estatal",[497] sendo que tais mudanças foram pensadas a partir do reconhecimento de que "a forma como o direito brasileiro vem sendo interpretado e aplicado – principalmente, mas não exclusivamente, pelos controladores – tem gerado ineficiências gerenciais importantes".[498]

---

[495] VOLPI, Elon Kaleb Ribas. Conciliação na Justiça Federal. A indisponibilidade do interesse público e a questão da isonomia. *Revista da Procuradoria-Geral da Fazenda Nacional*, Brasília, ano I, n. 2, 2011. p. 157.

[496] Sobre essa questão, Juarez Freitas defende que "a Lei de Processo Administrativo Federal precisa ser adaptada, o mais cedo possível, para contemplar o processo cooperativo e não adversarial". FREITAS, Juarez. Direito administrativo não adversarial: a prioritária solução consensual de conflitos. *RDA – Revista de Direito Administrativo*, Rio de Janeiro, v. 275, p. 25-46, maio/ago. 2017. p. 38. Por outro lado, tratando dessa questão sob o ponto de vista dos acordos de leniência, Thiago Marrara afirma que "a leniência está em 'fase de testes' e seria extremamente arriscado consagrá-la na Lei de Processo Administrativo como norma geral", muito embora reconheça que "a fragmentação e a dispersão normativa que marca a disciplina deste acordo deflagra inúmeros problemas". MARRARA, Thiago. Acordos de leniência no processo administrativo brasileiro: modalidades, regime jurídico e problemas emergentes. *In*: PONTES FILHO, Valmir; GABARDO, Emerson. *Problemas emergentes da Administração Pública*. Belo Horizonte: Fórum, 2015. p. 272.

[497] JUSTEN FILHO, Marçal. Art. 20 da LINDB – Dever de transparência, concretude e proporcionalidade nas decisões públicas. *Revista de Direito Administrativo*, Rio de Janeiro, p. 13-41, nov. 2018. p. 15.

[498] JORDÃO, Eduardo. Art. 22 da LINDB - Acabou o romance: reforço do pragmatismo no direito público brasileiro. *Revista de Direito Administrativo*, Rio de Janeiro, p. 63-92, nov. 2018. p. 65. Em sentido semelhante, Floriano de Azevedo Marques Neto afirma que "as alterações introduzidas pela Lei nº 13.655/18 na Lei de Introdução às Normas do Direito Brasileiro (LINDB – Decreto-Lei nº 4.657/42) representam a positivação de um longo acúmulo das reflexões da doutrina sobre as novas conformidades da hermenêutica em geral e do direito público brasileiro em especial. Partem da premissa de que as chaves interpretativas

Dentre as diversas modificações causadas na LINDB pela Lei nº 13.655/18, a que deve ser destacada no presente caso é a inserção do novo art. 26, que possui a seguinte redação: "Para eliminar irregularidade, incerteza jurídica ou situação contenciosa na aplicação do direito público, inclusive no caso de expedição de licença, a autoridade administrativa poderá, após oitiva do órgão jurídico e, quando for o caso, após realização de consulta pública, e presentes razões de relevante interesse geral, celebrar compromisso com os interessados, observada a legislação aplicável, o qual só produzirá efeitos a partir de sua publicação oficial".

Tal dispositivo, portanto, funciona como um *permissivo genérico de realização de acordos pela Administração Pública*.[499] Não se pode extrair dele outra interpretação, tendo em vista que está previsto em *norma genérica*, aplicável a toda atividade administrativa, e que expressamente menciona que, "para eliminar (...) situação contenciosa na aplicação do direito público, (...) a autoridade administrativa poderá (...) celebrar compromisso com os interessados".

A situação é bastante diferente da que se verifica no art. 5º, §6º, da Lei da Ação Civil Pública, o qual dispõe que "os órgãos públicos legitimados poderão tomar dos interessados compromisso de ajustamento de sua conduta às exigências legais, mediante cominações, que terá eficácia de título executivo extrajudicial". Apesar de ser, sim, uma cláusula de autorização para a realização de acordos por parte de entidades públicas, tal dispositivo não poderia ser encarado como uma autorização genérica. Seu âmbito de aplicação, muito claramente, restringia-se ao campo das ações civis públicas. É indiscutível, pois, que, antes da entrada em vigor do art. 26 da LINDB, o direito brasileiro não contava com cláusulas genéricas de autorização para a realização de acordos administrativos.

Ao comentarem tal dispositivo, Sérgio Guerra e Juliana Bonacorsi de Palma concordam que, na esteira do que já ocorre em outros países, "a Lei nº 13.655/18 expressamente confere competência consensual de

---

da LINDB original (editada nos anos quarenta do século passado para uma configuração do Direito ainda de molde oitocentista) não são mais suficientes para os desafios nem do Direito contemporâneo, nem de sua aplicação". MARQUES NETO, Floriano de Azevedo. Art. 23 da LINDB - O equilíbrio entre mudança e previsibilidade na hermenêutica jurídica. *Revista de Direito Administrativo*, Rio de Janeiro, p. 93-112, nov. 2018. p. 95.

[499] FARIA, Luzardo. O art. 26 da LINDB e a legalidade dos acordos firmados pela Administração Pública: uma análise a partir do princípio da indisponibilidade do interesse público. *In*: VALIATI, Thiago Priess; HUNGARO, Luis Alberto; CASTELLA, Gabriel Morettini e (Orgs.). *A Lei de Introdução e o Direito Administrativo Brasileiro*. Rio de Janeiro: Lumen Juris, 2019. p. 141-169.

ordem geral ao Poder Público brasileiro", o que, na visão dos autores, representa "que qualquer órgão ou ente administrativo encontra-se imediatamente autorizado a celebrar compromisso".[500]

É interessante ressaltar que o tom de generalidade que caracteriza o art. 26 da LINDB possibilita não só que qualquer ente da Administração Pública possa realizar acordos, mas também sobre (em princípio) qualquer objeto e a qualquer momento. Assim, a Administração está autorizada a firmar acordos tanto em processos administrativos como em processos judiciais e tanto com cunho preparatório para a edição de algum ato administrativo posterior como também para diretamente substituir determinado ato administrativo unilateral que poderia ser editado pela Administração.

Trata-se de dispositivo bastante recente e que ainda deve suscitar muitos debates na área do direito administrativo. Porém, ainda que alguém se recuse a enxergar o art. 26 da LINDB como a cláusula genérica de autorização de realização de acordos por parte da Administração Pública, o fato é que, indiscutivelmente, não existe, por outro lado, qualquer vedação legal para tanto.[501] Por esse motivo, a existência de autorização legal específica não é uma exigência para a realização de acordos administrativos.

Fundamentalmente, o que importa é a competência do administrador para poder decidir pela substituição da via unilateral por mecanismos de consenso na tomada de decisão. Nesse sentido, afirma Onofre Alves Batista Júnior que "o ponto central para demarcar a 'autonomia pública de contratar' está em verificar se o administrador tem competência para escolher a via concertada em substituição à via impositiva".[502]

Fernando Dias Menezes de Almeida, explicando as razões pelas quais entende desnecessária a autorização legislativa específica para a realização de acordos administrativos, também afirma que "está implícita no poder de decidir unilateralmente e de ofício a opção da

---

[500] GUERRA, Sérgio; PALMA, Juliana Bonacorsi de. Art. 26 da LINDB - Novo regime jurídico de negociação com a Administração Pública. *Revista de Direito Administrativo*, Rio de Janeiro, p. 135-169, nov. 2018. p. 146.
[501] ALMEIDA, Fernando Dias Menezes de. *Contrato administrativo*. São Paulo: Quartier Latin, 2012. p. 301.
[502] BATISTA JÚNIOR, Onofre Alves. *Transações administrativas*: um contributo ao estudo do contrato administrativo como mecanismo de prevenção e terminação de litígios e como alternativa à atuação administrativa autoritária, no contexto de uma administração pública mais democrática. São Paulo: Quartier Latin, 2007. p. 480.

Administração por impor a si própria certos condicionantes de sua ação, importando obrigação para com o destinatário da decisão".[503] Também defendendo a prescindibilidade de autorização legislativa específica para a realização de acordos administrativos, Juliana Bonacorsi de Palma afirma que "basta a determinação da *regra de competência* para transacionar as prerrogativas públicas para que o Poder Público se encontre legitimado a terminar consensualmente o processo administrativo, em detrimento da atuação administrativa típica".[504]

Assim, deve-se aceitar que "a opção pela substituição do ato imperativo pelo consenso está, via de regra, na esfera de liberdade decisória da administração, não se revelando nem forma excepcional, nem forma preferencial de ação estatal".[505] Não se trata de atuação excepcional, que exigiria autorização legislativa específica. O consenso não é nada mais do que um instrumento de ação administrativa, à plena disposição do Poder Público – e o art. 26 da LINDB veio apenas para confirmar isso.

Do ponto de vista formal (uma vez que o aspecto material dependerá sempre das situações concretas), portanto, pode-se afirmar que sempre que o agente administrativo for competente para a tomada de determinada decisão através de um ato administrativo, ele o será igualmente para fazê-la por meio de um contrato administrativo com a parte interessada e diretamente afetada por essa decisão. O acordo a ser firmado, nessas hipóteses, não será nada mais do que a manifestação exteriorizada do exercício de uma típica função administrativa, não havendo, portanto, razões para entender que o ato não poderia ser substituído por um contrato como a forma jurídica da decisão.[506]

Desse modo, mesmo quando não haja previsão legal específica para tanto, não há qualquer violação à noção de indisponibilidade nos casos em que a resolução de determinado conflito pela via consensual, em detrimento da imposição unilateral, mostre-se um meio mais eficaz para a realização do interesse público a ser concretizado naquela hipótese.

---

[503] MENEZES DE ALMEIDA, Fernando Dias. *Contrato Administrativo*. São Paulo: Quartier Latin, 2012. p. 302.
[504] PALMA, Juliana Bonacorsi de. *Sanção e acordo na Administração Pública*. São Paulo: Malheiros, 2015. p. 273.
[505] CARDOSO, David Pereira. *Os acordos substitutivos de sanção administrativa*. Curitiba, 2016. 173 f. Dissertação (Mestrado em Direito) – Programa de Pós-Graduação em Direito, Universidade Federal do Paraná. p. 112-113.
[506] BATISTA JÚNIOR, Onofre Alves. *Transações administrativas*: um contributo ao estudo do contrato administrativo como mecanismo de prevenção e terminação de litígios e como alternativa à atuação administrativa autoritária, no contexto de uma administração pública mais democrática. São Paulo: Quartier Latin, 2007. p. 294-295.

Pelo contrário. Como corretamente propugna Rodrigo Mendes de Sá, "na verdade, a adoção de soluções consensuadas sob tais circunstâncias acaba por confirmar a indisponibilidade do interesse público, pois a opção feita pelo administrador público foi aquela que atendia da melhor forma a este interesse".[507]

Não se pode adotar, pois, visão reducionista do princípio da legalidade administrativa como se a Administração estivesse vinculada unicamente aos comandos da lei formal. Trata-se de concepção típica do modelo de Estado Liberal, que não mais possui cabimento no cenário atual. Com a Constituição Federal de 1988, a doutrina passou a reconhecer um alargamento do sentido de legalidade,[508] de modo que a Administração submete-se não apenas aos comandos da lei formal propriamente dita, mas também àquilo que o próprio texto constitucional e outras normas jurídicas veiculem.

Mencionada transformação inclusive faz com que muitos autores optem por se referir ao princípio da *juridicidade* – e não apenas da legalidade – para se evitarem os riscos de reduzir o âmbito de aplicação dessa norma. A Lei nº 9.784/99 já encampou essa tese, consignando, em seu art. 2º, parágrafo único, I, que "nos processos administrativos serão observados, entre outros, os critérios de: atuação conforme a lei e o *Direito*".

Assim, ainda que se considerasse a legalidade administrativa como uma real barreira à realização de acordos por parte da Administração Pública em casos nos quais não houvesse específica autorização legal, o argumento não procederia porque essa lógica de legalidade estrita há muito já não é mais aquela que rege o direito administrativo pátrio. Atualmente, a juridicidade permite que a Administração atue com o objetivo de atender diretamente preceitos constitucionais – e a ausência de lei formal específica não é capaz de impedir isso.

A atividade administrativa continua a ser realizada de acordo com as disposições legais (*secundum legem*), ressaltando que tal dever de observância fica condicionado à constitucionalidade dessas normas. Por outro lado, a Administração também pode agir para além do que

---

[507] SÁ, Rodrigo Mendes de. Os meios consensuais de solução de conflitos na esfera judicial e o Poder Público: análise do artigo 4º da Lei nº 9.469/97 à luz da sistemática dos recursos repetitivos no STF e no STJ. *Publicações da Escola da AGU*, Brasília, p. 261-285. p. 272.
[508] Sobre o tema, cf. GUSSOLI, Felipe Klein. *Impactos dos tratados internacionais de direitos humanos no Direito Administrativo brasileiro*. Curitiba, 2018. 320 f. Dissertação (Mestrado) – Programa de Pós-Graduação em Direito, Pontifícia Universidade Católica do Paraná. p. 8 e ss.

prevê a lei formal, com fundamento direto na Constituição, em atuação considerada como *praeter legem*.[509]

Como já explicado anteriormente, por força do princípio da indisponibilidade, a vinculação da atividade administrativa ao interesse público é perene, o que faz com que as margens de tomada de decisão que o ordenamento confere aos agentes públicos devam ser utilizadas somente como ferramenta para possibilitar a escolha, no caso concreto, da medida que melhor irá concretizar o interesse público em comento.

Nesse sentido, a indisponibilidade do interesse público autoriza que a Administração Pública atue *praeter legem* para realizar acordos que se mostrem como instrumentos viáveis à tutela do interesse público.

É evidente que, nessas hipóteses, o dever de motivação dos atos administrativos surge com ainda mais veemência como forma de possibilitar um melhor controle da atividade administrativa. De todo modo, não é mais admissível que a Administração se negue a realizar determinada conduta que encontra amparo na Constituição Federal simplesmente por não haver legislação específica impondo-lhe essa determinada conduta.

No caso dos acordos administrativos, como visto, eles podem ser um profícuo instrumento à disposição da Administração para satisfação dos interesses públicos,[510] possibilitando um atendimento mais eficiente, transparente e seguro das tarefas administrativas. Dessa forma, não apenas por conta da cláusula genérica do art. 26 da LINDB, mas também por conta da possibilidade de atuação *praeter legem*, a Administração prescinde de autorização legislativa específica para utilização desses acordos, desde que demonstre justificadamente que a adoção de tal via corresponde a um melhor caminho para a tutela do interesse público.

Juarez Freitas parece concordar com a tese ora exposta ao afirmar que a crítica à suposta ausência de autorização legal para a consensualidade administrativa "esquece a vinculação cogente a princípios constitucionais nas relações administrativas, liame confortado pela boa

---

[509] BINENBOJM, Gustavo. *Uma teoria do direito administrativo*: direitos fundamentais, democracia e constitucionalização. 3. ed. rev. e atual. Rio de Janeiro: Renovar, 2014. p. 142.

[510] Inclusive, na visão de Juliana Bonacorsi de Palma, a consensualidade representa uma "técnica de gestão administrativa", fator que salienta a característica de *instrumentalidade* dos acordos administrativos. Os acordos são "um dos meios para satisfação das finalidades públicas que a Administração tem a seu dispor (...) dado o enfoque no fim de interesse público que a Administração deve perseguir". PALMA, Juliana Bonacorsi de. *Sanção e acordo na Administração Pública*. São Paulo: Malheiros, 2015. p. 112.

transação".⁵¹¹ Posição semelhante pode ser extraída da tese defendida por Mariana de Siqueira, para quem, "se a Administração sempre deve caminhar na trilha da juridicidade, o respeito ao interesse público em abstrato e, em consequência, a sua indisponibilidade nesse plano serão absolutos". Em outro trecho, a autora volta a manifestar esse posicionamento, afirmando que, "como a juridicidade sempre deve se fazer presente nas condutas da Administração, sempre restará preservada com o seu respeito a tutela da indisponibilidade do interesse público sobre o privado em perspectiva abstrata".⁵¹²

Não havendo expressa vinculação legal, a Administração goza de discricionariedade para a escolha do caminho que adotará, sendo, entretanto, sempre vinculada à realização do interesse público. Assim, esse é o norte que deve pautar todas as suas decisões, inclusive e principalmente aquelas tomadas no exercício de poder discricionário. Por essa razão, quando a adoção de determinada modalidade consensual de ação administrativa se mostrar mais eficiente ao cumprimento das finalidades pretendidas pelo ordenamento jurídico naquele caso concreto, não há qualquer óbice (no que diz respeito ao embasamento normativo) à realização do acordo.

Como já explicado, uma vez que a legislação, no Brasil, ainda não trata com detalhes do tema dos acordos administrativos, "em sede regulamentar o Poder Público detém ampla discricionariedade para delimitar o modelo de consensualidade que considere ser o mais eficiente para satisfação das finalidades ínsitas ao setor por meio da celebração de acordos".⁵¹³ Esse fator reclama atenção dobrada no momento de controle dos atos administrativos consensuais, conforme será exposto no item seguinte.

Em geral, portanto, entende-se que o Poder Público só não poderá adotar a via consensual quando a lei expressamente o proibir (ressalvada a hipótese de tal proibição se mostrar, por algum motivo, inconstitucional). Essa conclusão também se extrai do art. 26 da LINDB, quando referido dispositivo autoriza a realização de compromissos por parte da Administração Pública com os interessados para eliminar situação contenciosa na aplicação do direito público, mas expressamente ressalta

---

⁵¹¹ FREITAS, Juarez. Direito administrativo não adversarial: a prioritária solução consensual de conflitos. *RDA – Revista de Direito Administrativo*, Rio de Janeiro, v. 275, p. 25-46, maio/ago. 2017. p. 40.

⁵¹² SIQUEIRA, Mariana de. *Interesse público no direito administrativo brasileiro*: da construção da moldura à composição da pintura. Rio de Janeiro: Lumen Juris, 2016. p. 196-197.

⁵¹³ PALMA, Juliana Bonacorsi de. *Sanção e Acordo na Administração Pública*. São Paulo: Malheiros, 2015. p. 277.

que a validade de tais avenças exige que seja "observada a legislação aplicável" ao caso.

É a situação que, de modo absolutamente excepcional, ocorria até pouco tempo na Lei de Improbidade Administrativa, com o seu art. 17, §1º. O dispositivo, porém, foi reformado pela Lei nº 13.964/19, momento a partir do qual passou a se prever expressamente a possibilidade de realização dos chamados *acordos de não persecução cível*. O tema guarda intrínseca relação com o princípio da indisponibilidade do interesse público e, diante disso, será objeto de estudo específico no tópico 3.5.

(ii) Em relação à *isonomia*, é indiscutível que, no manejo de instrumentos consensuais, "se a Administração adota uma solução para um caso e não adota para outro, diante de situações absolutamente similares, ofendido restaria o princípio da isonomia".[514]

Isso significa que a Administração não pode, por exemplo, aceitar fazer acordo com um particular que contra ela ajuíza ação de indenização por danos materiais decorrentes de falha na prestação de determinado serviço público e negar a mesma hipótese de acordo quando outro particular, nessa mesma situação, requer a realização da avença. Além do que não negar, o mais correto é que, uma vez realizado um acordo com um particular que se encontra em uma situação X, a própria Administração ofereça a transação, nesses mesmos termos, a outros particulares que também se encontrarem nessa situação X e moverem algum tipo de pretensão contra o Estado.

Como explicado no item 1.2.3, o tratamento isonômico dos cidadãos pela Administração é dever diretamente decorrente do princípio da indisponibilidade do interesse público, notadamente em razão da lógica republicana de Estado em que tal princípio está fundado. Como ensina Celso Antônio Bandeira de Mello, "sendo encarregada de gerir interesses de toda a coletividade, a Administração não tem sobre estes bens disponibilidade que lhe confira o direito de tratar desigualmente àqueles cujos interesses representa".[515]

(iii) Existe um receio – bastante compreensível, diga-se de passagem – de que os acordos firmados pela Administração possam ser utilizados como subterfúgios legalizados para a prática de atitudes

---

[514] BATISTA JÚNIOR, Onofre Alves. *Transações administrativas*: um contributo ao estudo do contrato administrativo como mecanismo de prevenção e terminação de litígios e como alternativa à atuação administrativa autoritária, no contexto de uma administração pública mais democrática. São Paulo: Quartier Latin, 2007. p. 469.

[515] MELLO, Celso Antônio Bandeira de. *Curso de Direito Administrativo*. 32. ed. São Paulo: Malheiros, 2015. p. 86.

ilícitas como conluios existentes entre agentes públicos e particulares, destinados a privilegiar a pretensão destes.

Quanto a isso, em primeiro lugar deve-se ter em mente que esse tipo de situação também pode ocorrer (e ocorre) quando a Administração pratica seus atos de forma unilateral. Muitas vezes, a decisão aparentemente "exclusiva" do Poder Público é fruto de uma série de tratativas antirrepublicanas travadas às escuras antes da edição de tal decisão. Trata-se, de um jeito ou de outro, de desvio de função e de abuso de poder, práticas absolutamente abomináveis, mas infelizmente recorrentes na prática administrativa brasileira.

A adoção da prática consensual ainda possui, nesse ponto, o benefício de dar maior transparência ao processo de formação da decisão, contribuindo, ainda que minimamente, para aumentar as possibilidades de identificação das ilicitudes mencionadas acima. De todo modo, esse cenário serve para ilustrar a importância de se respeitarem a *publicidade* e a *motivação* nos atos frutos de atividade consensual da Administração Pública.

Afinal, é apenas através de decisão motivada e pública que poderá ser realizado o devido controle da atividade administrativa consensual. Caso não se exija que a Administração fundamente motivadamente as razões que a levam a realizar determinada avença e que tais razões sejam disponibilizadas publicamente para acesso de toda a sociedade, de nada (ou muito pouco) adiantariam todos os limites e condicionantes que são impostos ao fenômeno da consensualização.

Ademais, também deve-se lembrar que, na maior parte dos casos, os acordos administrativos são firmados em situações em que inexiste disciplina legislativa específica para direcionar com exatidão a postura a ser adotada pelo administrador público. Esse fato redobra a necessidade de motivação e publicidade dos atos consensuais. Nos acordos administrativos, com efeito, quanto maior a discricionariedade, maior o dever de motivação, pois "será a motivação – expressa no próprio acordo substitutivo ou nos atos e manifestações que lhe sirvam de fundamento – o instrumento de controle e de legitimação do acordo".[516]

(iv) O princípio constitucional da *moralidade administrativa* é ponto de imprescindível observância para a validade dos acordos firmados pela Administração Pública.

---

[516] SUNDFELD, Carlos Ari; CÂMARA, Jacintho Arruda. Acordos substitutivos nas sanções regulatórias. *Revista de Direito Público da Economia – RDPE*, Belo Horizonte, ano 9, n. 34, abr./jun. 2011. Disponível em: http://www.bidforum.com.br/bid/PDI0006.aspx?pdiCntd=73323.

Como se sabe, "o Estado define o desempenho da função administrativa segundo uma ordem ética acordada com os valores sociais prevalentes e voltada à realização de seus fins".[517] É por essa razão que o tema da moralidade tanto importa ao direito administrativo. Já há muito foram ultrapassadas as concepções teóricas que defendiam a separação absoluta entre direito e moral. Atualmente, é inegável que esses dois campos se entrelaçam na aplicação das normas jurídicas. No campo do direito administrativo, como dito, a questão ganha ainda mais relevância.

É que, enquanto autoridades munidas de prerrogativas especiais para exercer finalidades de interesse público, espera-se que os agentes públicos desempenhem suas funções de maneira moral, ética e proba. Desse modo, é certo que "o princípio da moralidade administrativa é fator de orientação do comportamento do agente público, que deve primar pela honestidade das funções nas quais foi investido".[518]

Sua juridicidade e, consequentemente, sua incidência no âmbito dos acordos administrativos são inegáveis. Além de estar exposto no *caput* do art. 37 da Constituição Federal, a Lei nº 9.784/99 exige que, nos processos administrativos, sejam observados os critérios de "atuação segundo padrões éticos de probidade, decoro e boa-fé" (art. 2º, parágrafo único, IV). Isso sem mencionar a Lei de Improbidade Administrativa, cujo foco principal é (ao menos em teoria) sancionar agentes públicos que pratiquem atos em desatenção aos postulados de moralidade jurídica aguardados para a função.

No campo dos acordos administrativos, o princípio da moralidade possui especial relevância por dois principais motivos: o primeiro é o de que, constituindo-se como o ato final resultado de um processo administrativo, os acordos devem observar a moralidade assim como qualquer outra manifestação de vontade exteriorizada pela Administração; o segundo – e isso é o que realmente chama a atenção – é o fato de que os acordos firmados pela Administração Pública, via de regra, são produzidos em ambiente de desigualdade de poder e de assimetria de informações.

Notadamente no âmbito do direito administrativo sancionador, infelizmente já se tornou bastante comum verificar situações em que

---

[517] ROCHA, Cármen Lúcia Antunes. *Princípios constitucionais da Administração Pública*. Belo Horizonte: Del Rey, 1994. p. 192.
[518] MARTINS JÚNIOR, Wallace Paiva. Princípio da moralidade. *In*: PIETRO, Maria Sylvia Zanella Di; MARTINS JÚNIOR, Wallace Paiva. *Tratado de direito administrativo*: teoria geral e princípios do direito administrativo. v. 1. São Paulo: Revista dos Tribunais, 2014. p. 351.

acordos são oferecidos e negociados de maneira imoral por agentes públicos. Está-se falando, por exemplo, de casos em que, mesmo que o Poder Público não disponha de indícios reais de que tal pessoa tenha cometido um ilícito administrativo, acordos de leniência são "forçados" por parte da Administração com a ameaça de punição ao possível infrator ou quando investigados são fortemente constrangidos a acusar colegas – tudo com o intuito de satisfazer a sanha punitivista que cada vez mais toma conta da sociedade e das autoridades públicas brasileiras. Como se verá no tópico 3.4, o acordo de leniência é instrumento jurídico pensado a partir da lógica existente por trás do famoso "dilema do prisioneiro". E é exatamente aí que se identifica o início do risco à moralidade administrativa na realização desses acordos, pois não se pode admitir que agentes públicos se utilizem de suas funções para ameaçar investigados de maneira antiética, fazendo das prerrogativas inerentes à aplicação de sanções administrativa um instrumento para a obtenção de confissões e delações que não podem ser provadas juridicamente ou que muitas vezes sequer correspondem à realidade.

Por óbvio que, quando a negociação de acordos administrativos se encaminha para esse cenário, os atos praticados pelos agentes públicos serão inválidos perante a indisponibilidade do interesse público, pois não se pode aceitar que sejam compatíveis com tal postulado acordos que são firmados em desrespeito aos padrões éticos de probidade que devem reger toda a Administração Pública.

Aplicações dos princípios da moralidade também podem ser sentidas em outras espécies de acordos administrativos. Em transações relacionadas a pretensões movidas por particulares em face do Poder Público em âmbito judicial, o princípio da moralidade impede que, nas hipóteses em que a Administração reconheça a procedência do pedido do particular, utilize "parcela" desse direito como barganha para obter um acordo que seja financeiramente menos oneroso à Fazenda Pública. O interesse público a ser tutelado no caso obviamente estaria sendo disposto pela Administração em detrimento de interesses meramente secundários.

Também se denota a incidência do princípio da moralidade na celebração de negócios processuais. Afinal, não poderiam ser aceitos negócios formulados com intenções desonestas ou ímprobas, que desnaturassem a própria finalidade desse instituto (como, por exemplo, acordos elaborados para protelar ao máximo um processo judicial apenas para beneficiar ao particular litigante).

(v) Outro ponto importantíssimo a ser observado pela Administração na realização de acordos com particulares é a *segurança jurídica*. Como regra, "em relação jurídica concertada contínua entre a Administração e o particular, as partes têm obrigação de boa-fé e de coerência com os comportamentos que tiverem adotado ao longo do tempo", de modo que "uma não pode pleitear da outra, no futuro, aquilo que, por ter dado a entender como não devido na ocasião adequada, tenha sido relevante na decisão de a outra se manter vinculada".[519]

Também como decorrência da segurança jurídica, conclui-se que "os atos administrativos bilaterais, ao contrário do que se verifica com a generalidade dos contratos administrativos no Brasil, não estão sujeitos à revogação unilateral por interesse público a qualquer tempo pela Administração Pública".[520] Com efeito, se o ato foi formado através de consenso entre as partes, é somente através de procedimento igualmente consensual que poderá ser revogado. É importante destacar que aqui está se falando apenas da *revogação* do ato. Por evidente que o ato, ainda que consensual, pode ser extinto através de *anulação* por parte da Administração, quando verificar a existência de alguma ilegalidade que macule sua validade, ou como caráter de *punição* diante de infração cometida pelo particular a algum dos termos da avença celebrada.

Aliás, a própria decisão da Administração em adotar a via consensual para resolução de determinado litígio já pode significar um apreço ao dever de promoção de segurança jurídica. Com efeito, a substituição do poder administrativo unilateral por um acordo se mostra como uma das mais importantes relações contratuais firmadas pela Administração com o objetivo de garantir a segurança jurídica. De antemão porque os contratos – e isso não apenas na esfera administrativa – possuem, por si só, uma solidez maior em termos de segurança jurídica do que previsões abstratas da legislação. Mas, mais do que isso, quando se analisa a possibilidade de a Administração utilizar-se de contratos como um instrumento de substituição à sua atuação unilateral, verifica-se – ainda que em tese, obviamente – um aumento ainda maior da garantia da segurança jurídica. Isso porque essa modalidade de acordo administrativo "já pressupõe em si mesma a aplicação do

---

[519] SUNDFELD, Carlos Ari. Segurança jurídica nas relações administrativas concertadas. In: MOTTA, Fabrício; GABARDO, Emerson (Coords.). *Crise e reformas legislativas na agenda do Direito Administrativo*. Belo Horizonte: Fórum, 2018. p. 45.

[520] SCHIRATO, Vitor Rhein; PALMA, Juliana Bonacorsi de. Consenso e legalidade: vinculação da atividade administrativa consensual ao direito. *Revista Brasileira de Direito Público – RBDP*, Belo Horizonte, ano 7, n. 37, out./dez. 2009. Disponível em: http://www.bidforum.com.br/bi/PDI0006.aspx?pdiCntd=64611.

direito ao caso concreto: a execução está a cargo da administração e a administração, ao executar, conveniona como fazê-lo".[521]

O tema, como se vê, é de suma importância. Se tais cuidados não forem observados pelos órgãos controladores, corre-se o risco de inviabilizar as consequências benéficas que a lógica da consensualidade pode trazer para o aprimoramento da Administração Pública brasileira. Esses são parâmetros genéricos, cuja incidência se verifica em todas as formas de atuação consensual da Administração. Por outro lado, é evidente que, em cada espécie de acordo, as regras de verificação de validade do ato se adaptarão ao caso concreto, conforme poderá ser percebido no capítulo 3.

2.2.3 O controle dos atos administrativos consensuais: a deferência como fator imprescindível ao adequado desenvolvimento da consensualização

Questão essencial relacionada à incidência do princípio da indisponibilidade do interesse público em relações consensuais da Administração Pública diz respeito ao controle de tais atos administrativos.

O controle da Administração Pública é uma expressão típica do Estado de Direito. Logicamente, no período dos Estados Absolutistas, quando não havia submissão do Estado à ordem jurídica, não haveria como se falar em controle dos atos e das atividades administrativas. O princípio da irresponsabilidade do Estado deu suporte à inexistência de controle.[522] Assim, o controle jurisdicional da Administração Pública se mostra como um dos postulados básicos da noção de Estado Democrático de Direito, pois é um dos principais instrumentos jurídicos disponíveis para se efetivar a submissão do Estado à ordem jurídica e garantir a harmonia do sistema de *checks and balances* entre os Poderes do Estado.[523]

Apesar de ser aquele mais debatido, o controle jurisdicional não é a única forma de se controlar a Administração Pública. Pode haver controle interno (pelo exercício do poder de autotutela da Administração),

---

[521] ALMEIDA, Fernando Dias Menezes de. *Contrato administrativo*. São Paulo: Quartier Latin, 2012. p. 420.
[522] CARVALHO NETO, Tarcísio Vieira de. Controle jurisdicional da Administração Pública: algumas ideias. *Revista de Informação Legislativa*, Brasília, ano 50, n. 199, p. 121-141, jul./set. 2013. p. 130.
[523] LEAL, Rogério Gesta. Controle da Administração Pública no Brasil: anotações críticas. *A&C – Revista de Direito Administrativo e Constitucional*, Belo Horizonte, ano 5, n. 20, p. 125-143, abr./jun. 2005. p. 125-126.

controle pelo Tribunal de Contas e pelo Poder Legislativo, controle social, controle do Ministério Público, entre outros.

A Constituição Federal de 1988, em clara tentativa de democratizar o controle da Administração Pública, estendeu a legitimidade ativa para postular em juízo contra o Poder Público a pessoas físicas e jurídicas, a associações, sindicatos, partidos políticos e ao Ministério Público – o que pode ser realizado através dos instrumentos judiciais disponíveis no ordenamento (mandado de segurança, ação popular, mandado de injunção, ação civil pública, *habeas data*, etc.), a depender da configuração do caso concreto.

Um ponto interessante do tema do controle jurisdicional da Administração Pública diz respeito à pretensa impossibilidade de controle do mérito do ato administrativo ou das decisões tomadas no espaço de discricionariedade do administrador – ideia que vem principalmente embasada na teoria da separação dos poderes. Atualmente, porém, com a ampliação do sentido do princípio da legalidade, entende-se que, até mesmo nesses espaços, o ato administrativo pode sofrer controle jurisdicional (com a devida moderação) quando se comprovar desvio de finalidade ou violação a preceitos constitucionais.

Todos esses fatores contribuíram para que o direito administrativo caminhasse a um cenário em que a preocupação não é mais a necessidade de controle em si, mas, sim, os limites desse controle. O ativismo judicial que impacta todas as áreas do direito possui especial relevância no direito administrativo, visto que frequentemente magistrados, membros do Ministério Público e de tribunais de contas substituem-se ao administrador, fazendo valer a sua vontade ou entendimento pessoal a respeito de determinado tema, usurpando competências próprias do Poder Executivo.

Nos últimos anos, é inegável que tem aumentado a ingerência dos órgãos de controle sobre a atividade administrativa. Diante do alargamento do conceito de legalidade administrativa,[524] tornou-se comum a revisão de decisões administrativas com base em normas-princípios de caráter aberto, como a proporcionalidade e a razoabilidade,

---

[524] Além disso, dilatação da noção de legalidade administrativa, hoje entendida não apenas como uma vinculação do administrador à lei formal, mas ao direito como um todo, também gerou uma consequente redução do conceito de mérito administrativo, âmbito que anteriormente se reputava imune à intervenção dos órgãos de controle. Essa transformação, então, faz com que "a premissa de diferenciar análise de mérito e análise de legalidade se mostra, portanto, pouco útil para lidar como atual modelo de atuação administrativa", notadamente quando se está a analisar atos administrativos de natureza concertada. PALMA, Juliana Bonacorsi de. *Sanção e Acordo na Administração Pública*. São Paulo: Malheiros, 2015. p. 287.

abrindo margem para o controlador impor a sua visão de oportunidade e conveniência à Administração. Trata-se da "euforia principiológica" a que se refere Maria Paula Dallari Bucci.[525]

É claro que essas normas, uma vez que são parte relevante do sistema jurídico-constitucional brasileiro, não necessariamente devem deixar de ser aplicadas no exercício do controle dos atos administrativos. Isto é, não se pode defender o retorno ao cenário em que, apesar de desproporcional ou irrazoável, se não contrariasse diretamente algum dispositivo específico de lei, o ato administrativo não poderia ser considerado inválido por conta do "intangível mérito administrativo".

No entanto, assiste razão a Carlos Ari Sundfeld quando o autor, criticando a utilização excessiva de princípios como parâmetros para tomada dessas decisões, afirma que o ônus argumentativo do controlador aumenta nas hipóteses em que pretende se utilizar de alguma dessas normas de significado aberto para invalidar alguma decisão administrativa.[526]

Os limites ao controle da Administração se trata, então, de problema bastante sensível e que começa, cada vez mais, a ser objeto de ricos debates no direito administrativo brasileiro. Via de regra, os argumentos mais comuns, de ordem político-institucional, que se desenvolvem para defender essas limitações são: (i) o princípio da separação de poderes, insculpido no art. 2º da Constituição Federal; (ii) o déficit democrático do Poder Judiciário; (iii) as limitações técnicas do Poder Judiciário para apreciar as decisões administrativas que não envolvem exclusivamente temas jurídicos; (iv) a discricionariedade administrativa.[527]

A complexidade que o envolve não permite que a questão seja tratada nesse espaço com toda a profundidade que a discussão exige. Ainda assim, não se pode deixar de mencionar um aspecto essencial do tema do controle da Administração Pública no que diz respeito ao fenômeno da consensualização: *o dever de deferência dos órgãos controladores para com as decisões administrativas consensuais.*

---

[525] BUCCI, Maria Paula Dallari. Controle judicial de políticas públicas: possibilidades e limites. *Fórum Administrativo – FA*, Belo Horizonte, ano 9, n. 103, set. 2009. Disponível em: http://www.bidforum.com.br/PDI0006.aspx?pdiCntd=62501.
[526] SUNDFELD, Carlos Ari. *Direito Administrativo para Céticos*. São Paulo: Malheiros, 2012. p. 60-84.
[527] BUCCI, Maria Paula Dallari. Controle judicial de políticas públicas: possibilidades e limites. *Fórum Administrativo – FA*, Belo Horizonte, ano 9, n. 103, set. 2009. Disponível em: http://www.bidforum.com.br/PDI0006.aspx?pdiCntd=62501.

Como ensina Eduardo Jordão, a deferência se caracteriza por uma *"postura autorrestritiva no controle* que [os tribunais] operam sobre as decisões administrativas". Considera-se, nesse sentido, deferente a postura adotada pelo controlador de limitar sua análise aos aspectos de legalidade do ato (quando muito, à sua razoabilidade), evitando que o próprio órgão controlador ofereça *sua própria solução* à questão posta sob sua análise.[528]

Um dos mais importantes marcos para a teoria da deferência às decisões administrativas é o caso *Chevron*, julgado pela Suprema Corte dos Estados Unidos em 1984. A Suprema Corte, nesse julgamento, adotou clara postura de autorrestrição ao consignar o entendimento de que o tribunal, ao analisar a validade de interpretação realizada por determinada agência governamental acerca de algum dispositivo normativo de sentido dúbio, não deve simplesmente impor como sendo válida apenas a sua própria interpretação daquela norma jurídica, mas, sim, verificar se a interpretação realizada pela Administração era razoável. E, em sendo razoável a interpretação realizada, deve-se prestigiar o posicionamento adotado pela agência.[529]

A *Chevron doctrine* tem sido muito citada no direito administrativo brasileiro por aqueles que se dedicam a identificar os limites ao controle da Administração Pública, buscando parâmetros para subsidiar a deferência que os órgãos controles devem guardar para com as decisões legitimamente tomadas pelas autoridades públicas. Nesse sentido, seguindo lógica semelhante à esposada pela *Chevron doctrine* nos Estados Unidos, Alexandre Santos do Aragão defende que, sendo a decisão administrativa razoável e havendo, portanto, dúvidas do órgão controlador quanto à validade do ato praticado, deve-se privilegiar a manutenção da decisão tomada pela Administração Pública.[530]

Eduardo Jordão, analisando experiências estrangeiras sobre controle da atividade administrativa, constata que, como regra em países de jurisdição una (isto é, onde ao Judiciário é conferida da última palavra a respeito da validade dos atos expedidos pela Administração), há uma tendência de as cortes adotarem posições mais autorrestritivas a fim

---

[528] JORDÃO, Eduardo. *Controle judicial de uma Administração Pública complexa*: a experiência estrangeira na adaptação da intensidade do controle. São Paulo: Malheiros, 2016. p. 50.
[529] JORDÃO, Eduardo. *Controle judicial de uma Administração Pública complexa*: a experiência estrangeira na adaptação da intensidade do controle. São Paulo: Malheiros, 2016. p. 598.
[530] ARAGÃO, Alexandre Santos de. *Agências Reguladoras e a Evolução do Direito Administrativo Econômico*. 3. ed. Rio de Janeiro: Forense, 2013. p. 350-351.

de, por respeito ao princípio da separação de poderes, privilegiarem os entendimentos exarados pelos próprios órgãos administrativos.[531] Ademais, diferentemente do que ocorre na maior parte dos países que contam com jurisdição administrativa, nos países de jurisdição una os agentes controladores da atividade administrativa não possuem o conhecimento multidisciplinar necessário para compreender todos os fatores que são envolvidos nas tomadas de decisões administrativas. Afinal, não apenas questões jurídicas envolvem esses atos, mas também questões de economia, ciências contábeis, ciência política, etc. Sendo assim, os juízes, enquanto autoridades públicas *experts* na área do direito, deveriam se sentir mais tendentes a respeitar as decisões da Administração quando outras áreas do conhecimento estão envolvidas, pois o controle pode acabar exigindo atribuições que extrapolam suas competências legítimas.[532]

E ainda que um ou outro magistrado, com excepcional formação multidisciplinar, se sentisse confortável para apreciar o mérito dessas decisões administrativas, isso não poderia servir de base para justificar postura de controle ativista. Como bem ressalta Eduardo Jordão, "a maior dificuldade para que se promova um controle judicial não deferente sobre questões administrativas tecnicamente complexas é a incapacitação *institucional* dos tribunais, e não eventual incapacidade técnica pessoal do magistrado envolvido na questão". Afinal, do ponto de vista institucional, não há dúvidas de que "a autoridade administrativa está mais bem adaptada para tomar decisões de natureza política, quase política ou complexa tecnicamente".[533]

Ademais, Jordão também observa que a constatação de que o direito não é um sistema fechado e absolutamente coerente (do qual é facilmente extraível, em posição de neutralidade, "a resposta correta" para cada caso concreto) contribuiu para o avanço da doutrina deferencial. É que, uma vez admitido que as soluções jurídicas para os problemas concretos da vida em sociedade não são de identificação objetiva como em equações matemáticas (se cometeu o fato X, incide a consequência Y), reconhece-se que concepções pessoais do julgador – não apenas sobre correntes teóricas jurídicas, mas também sobre aspectos

---

[531] JORDÃO, Eduardo. *Controle judicial de uma Administração Pública complexa*: a experiência estrangeira na adaptação da intensidade do controle. São Paulo: Malheiros, 2016. p. 620 e ss.

[532] JORDÃO, Eduardo. *Controle judicial de uma Administração Pública complexa*: a experiência estrangeira na adaptação da intensidade do controle. São Paulo: Malheiros, 2016. p. 624-625.

[533] JORDÃO, Eduardo. *Controle judicial de uma Administração Pública complexa*: a experiência estrangeira na adaptação da intensidade do controle. São Paulo: Malheiros, 2016. p. 627.

morais e políticos, por exemplo – podem influir nesse processo. Sendo assim, fomenta-se a deferência para evitar que uma instituição politicamente menos legítima (tribunais) imponha a sua visão de mundo sobre instituições politicamente mais legítimas (Administração Pública), sob o falso pretexto de que a sua é a visão correta de acordo com os parâmetros jurídicos.[534]

Todas essas questões se tornam ainda mais delicadas quando o objeto do controle são atos administrativos consensuais.[535] Os acordos, por si só, já contribuem para a redução dos riscos de judicialização das demandas envolvendo a Administração Pública, já que "a consensualidade determina o cumprimento espontâneo da avença pelos compromissários, sem questionamento em juízo, a princípio, das decisões tomadas pelo Poder Público".[536] No entanto, problemas podem surgir quando órgãos externos, que não participaram diretamente do acordo, insurgem-se contra sua validade em alguma esfera controladora.

É evidente que o controle sobre tais atos é requisito primordial para garantir a adequação da atividade administrativa às normas jurídicas que incidem como limitações e condicionantes do movimento da consensualização (dentre elas, com especial destaque o princípio da indisponibilidade do interesse público e os parâmetros dele derivados).

Não se pode, todavia, negar que "recorrentes questionamentos sobre os acordos celebrados pela Administração Pública podem comprometer a efetividade da medida concertada e, no extremo, levar à inutilidade desse instrumento", uma vez que não seria possível o desenvolvimento de um ambiente estável em que os particulares se sentissem seguros para realização de acordos com o Poder Público.[537]

Ademais, o controle repressivo dos atos administrativos consensuais, tanto pelo Poder Judiciário ou pelos tribunais de contas como também pela própria Administração, contraria a lógica, inerente ao

---

[534] JORDÃO, Eduardo. *Controle judicial de uma Administração Pública complexa*: a experiência estrangeira na adaptação da intensidade do controle. São Paulo: Malheiros, 2016. p. 636.

[535] Nesse sentido, merece registro a seguinte observação de Juliana Bonacorsi de Palma: "Considerando a natureza consensual dos acordos administrativos e, por decorrência, o valor da fase de negociação para o acordo de vontades, é imprescindível que essa postura de maior deferência à decisão administrativa final seja observada também no controle judicial da consensualidade administrativa". PALMA, Juliana Bonacorsi de. A consensualidade na Administração Pública e seu controle judicial. In: GABBAY, Daniela Monteiro et al. (Coords.). *Justiça Federal*: inovações nos mecanismos consensuais de solução de conflitos. Brasília: Gazeta Jurídica, 2014. p. 174.

[536] PALMA, Juliana Bonacorsi de. *Sanção e Acordo na Administração Pública*. São Paulo: Malheiros, 2015. p. 284.

[537] PALMA, Juliana Bonacorsi de. *Sanção e Acordo na Administração Pública*. São Paulo: Malheiros, 2015. p. 286.

fenômeno de consensualização, de redução da litigiosidade e do tempo para resolução desses conflitos. É por essa razão, inclusive, que boa parte dos acordos prevê como cláusula de rescisão contratual o questionamento em juízo de alguns dos termos envolvidos na avença.[538]

Uma atuação excessivamente repressiva dos órgãos de controle em relação aos atos administrativos consensuais pode representar, nesse sentido, uma perda da eficácia desses termos negociais. Afinal, se um dos principais efeitos positivos dos acordos administrativos reside na criação de solução mais eficiente ao problema posto para solução da Administração, mediante aceitação de obrigações e concessões recíprocas entre as partes contratantes, "a revisão judicial pode significar perda de eficiência, na medida em que o compromissário mais se vincula à cominação pactuada", sendo, assim, "*incentivo negativo à consensualidade* na Administração Pública".[539]

Além disso, não se pode esquecer que os atos administrativos consensuais na maioria das vezes são editados em espaços de discricionariedade deixados em aberto pela legislação ao administrador. Dentro dessa margem, é no exercício de sua competência legítima que o agente público decide, respeitados determinados parâmetros já indicados neste trabalho, pela conveniência e oportunidade da celebração da avença.

As decisões administrativas consensuais também frequentemente envolvem questões de alta tecnicidade, fator que, como defende Gustavo Binenbojm, deve servir como mais um indicativo a fomentar a adoção de posturas restritivas pelo órgão controlador, visto que muitas vezes as matérias envolvidas no acordo fogem do objeto ordinário de trabalho daquele órgão.[540]

Por óbvio não se está defendendo a impossibilidade de controle dos atos administrativos consensuais. Diante da disposição do art. 5º, XXXV, da Constituição Federal, qualquer posicionamento nesse sentido deve ser peremptoriamente rechaçado. Além disso, não apenas por ser uma exigência constitucional, mas também porque, quando bem executado, pode contribuir para o aprimoramento dos acordos firmados pela Administração, é que se deve defender essa espécie de controle – não, contudo, sem discutir profundamente quais os limites e as condições para tanto.

---

[538] PALMA, Juliana Bonacorsi de. *Sanção e Acordo na Administração Pública*. São Paulo: Malheiros, 2015. p. 286.

[539] PALMA, Juliana Bonacorsi de. *Sanção e Acordo na Administração Pública*. São Paulo: Malheiros, 2015. p. 292.

[540] BINENBOJM, Gustavo. *Uma teoria do direito administrativo*: direitos fundamentais, democracia e constitucionalização. 3. ed. rev. e atual. Rio de Janeiro: Renovar, 2014. p. 235-236.

Nesse sentido, Juliana Bonacorsi de Palma ressalta que o desafio a ser enfrentado nesse âmbito é o de procurar a definição de *"um formato diferente de controle* dos acordos administrativos, para concomitante garantia da titularidade e da efetividade da atuação administrativa consensual", buscando identificar "qual é a medida do controle dos acordos que não comprometa sua eficácia".[541]

Um dos principais focos da análise dos órgãos de controle no que diz respeito aos atos administrativos consensuais deve se voltar à *motivação* da decisão administrativa:[542] verificar, através desse parâmetro, se a autoridade pública desincumbiu-se do seu ônus constitucional de demonstrar publicamente as razões pelas quais dispôs de determinada prerrogativa administrativa em prol da realização de um acordo com particulares.

Outro relevante papel a ser desempenhado pelo controlador nesse âmbito é o de garantir a *regularidade do processo administrativo* que resulta na decisão consensual entre as partes, assegurando "o devido processo legal na celebração dos acordos administrativos, de forma a que sejam observados todos os ritos processuais e demais exigências normativas na atuação administrativa consensual". Assim, "caso se verifique que determinados requisitos normativos não foram atendidos, a exemplo da ausência de cláusulas obrigatórias, ou que a forma empregada é defesa em norma, o juiz pode invalidar o acordo", remetendo-o ao órgão competente para sanar a irregularidade em questão.[543]

A consensualidade, desse modo, é mais um dos *standards* do controle da Administração Pública e, como tal, deve ser encarada como fator redutor da possibilidade de interferência na atividade administrativa. Afinal, a decisão consensual "decorre da valorização da negociação do exercício das prerrogativas públicas no processo administrativo e, nessa medida, do próprio instrumento do acordo administrativo na satisfação das finalidades públicas pela via concertada", de modo que o controlador deve adotar postura de autorrestrição nesses casos, sob pena de substituir-se ao administrador na apreciação da decisão mais oportuna e conveniente àquela hipótese específica.[544]

---

[541] PALMA, Juliana Bonacorsi de. *Sanção e Acordo na Administração Pública*. São Paulo: Malheiros, 2015. p. 286.

[542] MARQUES NETO, Floriano de Azevedo. Discricionariedade administrativa e controle judicial da Administração. *FA – Fórum Administrativo*, Belo Horizonte, ano 2, n. 14, abr. 2002. Disponível em: http://www.bidforum.com.br/PDI0006.aspx?pdiCntd=1607.

[543] PALMA, Juliana Bonacorsi de. *Sanção e Acordo na Administração Pública*. São Paulo: Malheiros, 2015. p. 294-295.

[544] PALMA, Juliana Bonacorsi de. *Sanção e Acordo na Administração Pública*. São Paulo: Malheiros, 2015. p. 293-294.

CAPÍTULO 3

ANÁLISE DA COMPATIBILIDADE DE INSTITUTOS CONSENSUAIS DA AÇÃO ADMINISTRATIVA COM O PRINCÍPIO DA INDISPONIBILIDADE DO INTERESSE PÚBLICO

Como visto no decorrer do trabalho, o princípio da indisponibilidade do interesse público e a consensualização da Administração Pública são dois temas fundamentais do direito administrativo contemporâneo e que estão altamente relacionados entre si.

No tópico 2.2, viu-se que existem diversas críticas quando se analisa a incidência do princípio da indisponibilidade sobre as relações administrativas consensuais. No entanto, também se demonstrou que essas críticas não são procedentes. Em abstrato, há compatibilidade entre os dois conceitos.

Agora, então, cumpre realizar uma análise específica da compatibilidade de alguns institutos consensuais da ação administrativa, como o princípio da indisponibilidade do interesse público. Afinal, em exames mais concretos, surgem diversas condicionantes e limitações específicas, o que exige um estudo diferenciado para cada um desses instrumentos.

Metodologicamente, optou-se por fazer uma divisão entre (3.1) acordos administrativos que versem sobre matéria patrimonial e/ou processual e (3.2) acordos relacionados a sanções administrativas. Em cada um desses tópicos, foram escolhidos para análise institutos que pareciam, ao mesmo tempo, ser frutos do fenômeno da consensualização, se relacionar com o princípio da indisponibilidade, ser objetos de polêmicos debates a partir desses conceitos e, também, ser considerados bastante impactantes para a prática administrativa.

Diante disso, nas próximas páginas será estudada a compatibilidade com o princípio da indisponibilidade do interesse público dos seguintes institutos: (3.1.1) transação, (3.1.2) arbitragem, (3.1.3) negócios processuais, (3.2.1) acordo de leniência e (3.3.2.5) acordo de não persecução cível.

3.1 Acordos administrativos em matéria patrimonial e processual

3.1.1 A incidência do princípio da indisponibilidade do interesse público nas transações judiciais envolvendo a Administração Pública

3.1.1.1 As transações judiciais envolvendo a Administração Pública e a consensualização do Direito Administrativo

Com suposto esteio no princípio da indisponibilidade do interesse público, por muito tempo a doutrina e a jurisprudência se mostravam contrárias à possibilidade de o Poder Público celebrar transações com o intuito de pôr fim a um litígio que travasse com algum administrado ou mesmo de evitá-lo consensualmente. Entendia-se que, em regra, apenas uma decisão judicial transitada em julgado possuía o condão de reconhecer a ilicitude do ato ou da omissão administrativa em discussão e tão somente após esse reconhecimento é que a Administração estaria autorizada a atender o pleito do particular (nos limites da decisão judicial, evidentemente).[545] O cenário, contudo, já se alterou bastante.

Além dos dispositivos normativos citados no item 2.1.2, que fundamentam de modo geral o movimento de consensualização que vem impactando o direito administrativo nas últimas décadas, normas mais específicas a respeito de transações administrativas também apontam para esse mesmo caminho.

A tendência da utilização de métodos consensuais para resolução de litígios, inclusive, destacou-se como um dos principais nortes do Código de Processo Civil de 2015. Em seu art. 334, o CPC prevê, de maneira original em relação às legislações anteriores, a necessidade

---

[545] SOUZA, Luciane Moessa de. *Meios consensuais de solução de conflitos envolvendo entes públicos*: negociação, mediação e conciliação na esfera administrativa e judicial. Belo Horizonte: Fórum, 2012. p. 131.

de realização de uma audiência prévia de conciliação ou mediação, antes mesmo da apresentação de contestação por parte do réu.[546] Trata-se de norma geral, que independe de requerimento das partes. Inclusive, mesmo no caso de uma das partes manifestar desinteresse na composição amigável do litígio, ainda assim o Código demanda a realização da referida audiência, prevendo até mesmo a aplicação de multa de 2% do valor da causa ou do proveito econômico pretendido em face daquele que se fizer ausente, por considerar essa postura ato atentatório à dignidade da justiça (art. 334, §8º).[547] [548]

Logo em seu primeiro capítulo, destinado a expor as normas fundamentais do processo civil, o CPC determina, no art. 3º, §2º, que "o Estado promoverá, sempre que possível, a solução consensual dos conflitos". Ao contrário do que se poderia pensar inicialmente, esse dispositivo não se direciona apenas ao Estado-Jurisdição, como se demandasse do Poder Judiciário e dos demais órgãos públicos envolvidos nesse campo a tarefa de promover a solução consensual dos conflitos, mediante políticas públicas e incentivos às partes litigantes. Com essa finalidade, foi previsto o §3º do art. 3º, que dispõe que "a conciliação, a mediação e outros métodos de solução consensual de conflitos deverão ser estimulados por juízes, advogados, defensores públicos e membros do Ministério Público, inclusive no curso do processo judicial".

Assim, não restam dúvidas de que a solução consensual de conflitos é uma meta a ser buscada, por força da disposição legal acima transcrita, também e especialmente pelo Estado enquanto pessoa jurídica litigante em processos judiciais, ou seja, pelo chamado Estado-Administração. É de conhecimento geral que o Poder Público, em suas três esferas federativas, é um dos principais litigantes em processos

---

[546] Código de Processo Civil. Art. 334. Se a petição inicial preencher os requisitos essenciais e não for o caso de improcedência liminar do pedido, o juiz designará audiência de conciliação ou de mediação com antecedência mínima de 30 (trinta) dias, devendo ser citado o réu com pelo menos 20 (vinte) dias de antecedência.

[547] Código de Processo Civil. Art. 334. §8º. O não comparecimento injustificado do autor ou do réu à audiência de conciliação é considerado ato atentatório à dignidade da justiça e será sancionado com multa de até dois por cento da vantagem econômica pretendida ou do valor da causa, revertida em favor da União ou do Estado.

[548] CAMBI, Eduardo; SOUZA, Fernando Machado de. A disponibilidade do interesse público no Novo Código de Processo Civil e o princípio da eficiência na Administração. *Revista da AJURIS*, Porto Alegre, v. 44, n. 142, p. 129-153, jun. 2017. p. 134.

judiciais no país,[549] sendo, em razão disso, bastante oportuna a previsão do art. 3º, §2º, do CPC.

Discorrendo sobre esse grave problema da jurisdição brasileira, Kaline Ferreira Davi afirma que "a maior causa de aumento do contencioso administrativo se dá pela completa ausência de proximidade entre a Administração e os cidadãos, além da falta de meios para concretização da pacificação dos conflitos no âmbito interno". E para evitar esse tipo de problema, Davi propõe a criação de uma regulamentação em âmbito nacional do direito fundamental de petição, assegurado pela Constituição Federal a todos os cidadãos no art. 5º, XXXIV, "a",[550] com o estabelecimento de diretrizes e distribuição de competências para que a Administração, "diante de provas inequívocas, promova tanto a reparação de danos causados aos particulares como também a declaração

---

[549] Nesse sentido, expõe Daniel Wunder Hachem: "Em pesquisa realizada pelo Conselho Nacional de Justiça em 2011, cujos resultados foram divulgados no relatório intitulado '100 Maiores Litigantes', foram analisados os processos nos quais figuraram os cem maiores litigantes da justiça brasileira naquele ano. Do total de ações investigadas, 51% envolvem o Poder Público federal (38%), estadual (8%) e municipal (5%). Somando os percentuais das três esferas federativas, o Estado se encontra no polo passivo em 31,35% das demandas, e no polo ativo em 19,65%. Na categoria 'setor público' não foram incluídas as demandas em que litigam as instituições financeiras públicas; se o fossem, à soma se agregariam os processos da Caixa Econômica Federal (8,5%) e do Banco do Brasil (5,61%), chegando-se a um total de 65,11%. Dentre esses 100 maiores litigantes do país em 2011, os 6 primeiros colocados são entes públicos: (i) INSS - Instituto Nacional do Seguro Social, com 22,33% das ações; (ii) CEF - Caixa Econômica Federal, com 8,5%; (iii) Fazenda Nacional, com 7,45%; (iv) União Federal, com 6,97%; (v) Banco do Brasil S/A, com 4,24%; e (vi) Estado do Rio Grande do Sul, com 4,24%. Dos processos em que figuram respectivamente como parte, o INSS está no polo passivo em 81%, a União em 76% e a Caixa Econômica Federal em 73%. Os dados revelam que a Administração Pública no Brasil continua negando reiteradamente direitos titularizados pelos cidadãos, de sorte que na realidade prática a tutela do interesse público, em cujo núcleo central se alojam os direitos fundamentais, frequentemente não é perseguida. A rejeição, por parte do Poder Público, de requerimentos administrativos e postulações judiciais dos particulares nessa matéria constitui forma de proteger interesses secundários (muitas vezes fazendários) da pessoa jurídica estatal, colidentes com os interesses primários, da coletividade, estampados no Direito Constitucional positivo. Portanto, as estatísticas levam a crer que as teorizações a respeito de qual deve ser o comportamento dos agentes públicos quando se deparam com a colisão entre interesses primários (da coletividade) e secundários (da máquina estatal) não têm sido observadas no mundo dos fatos. Daí porque se mostra relevante reconhecer, no ordenamento jurídico pátrio, a existência de um direito fundamental à tutela administrativa efetiva". HACHEM, Daniel Wunder. Crise do Poder Judiciário e a venda do sofá. O que a Administração e a Advocacia Pública têm a ver com isso? *Crise econômica e soluções jurídicas*, n. 301, abr. 2016. Disponível em: https://revistadostribunais. com.br/maf/app/widget/document?docguid=I66ec0460090c11e682c1010000000000.

[550] Constituição da República Federativa do Brasil. Art. 5º. XXXIV - são a todos assegurados, independentemente do pagamento de taxas: a) o direito de petição aos Poderes Públicos em defesa de direitos ou contra ilegalidade ou abuso de poder.

de direitos no âmbito interno".⁵⁵¹ A utilização de métodos consensuais, portanto, é frequentemente vista como uma das principais ferramentas para frear a alta litigiosidade da Administração Pública brasileira.

No mesmo sentido, Luciane Moessa de Souza constata que, "na esfera da reparação de danos, inexiste, na maioria dos entes federativos ou outros órgãos públicos, a previsão de procedimento próprio para apurar a procedência de pedidos de indenização formulados por cidadãos".⁵⁵² Talvez seja por essa, entre outras razões, que se judicialize tanto demandas indenizatórias em face do Poder Público no Brasil. É fato que não existe uma cultura na sociedade brasileira de se requerer esse tipo de indenização administrativamente. E não poderia ser diferente, uma vez que, em regra, os agentes públicos continuam a pensar que não é interessante para o interesse público o reconhecimento amigável de algum ilícito praticado pela Administração, exigindo que os particulares se socorram do Poder Judiciário para verem satisfeitas suas pretensões.

Veja-se, por exemplo, o caso das ações que têm por objeto o pedido de concessão de medicamento em face do Poder Público. Como se sabe, a judicialização da saúde se tornou uma das grandes complicações no tema do controle judicial da Administração Pública.⁵⁵³ Ainda assim, recentemente, o Superior Tribunal de Justiça, no julgamento do Recurso Especial Repetitivo nº 1.657.156/RJ, ao pacificar a questão sobre os requisitos necessários para a concessão judicial de medicamentos demandados em face do Estado, não estabeleceu a necessidade de prévio requerimento administrativo como condição necessária ao ajuizamento dessas ações.⁵⁵⁴ Com isso, perdeu-se a oportunidade de fomentar o hábito de buscar a via administrativa como meio de evitar a judicialização de demandas em face do Poder Público.

---

[551] DAVI, Kaline Ferreira. Composição de litígios pela Administração Pública sem intervenção do Judiciário. *Revista da AGU*, Brasília, ano 7, n. 16, p. 183-196, abr./jun. 2008. p. 195.

[552] SOUZA, Luciane Moessa de. *Meios consensuais de solução de conflitos envolvendo entes públicos*: negociação, mediação e conciliação na esfera administrativa e judicial. Belo Horizonte: Fórum, 2012. p. 227.

[553] Sobre o tema, remete-se a trabalho anterior, em que essa problemática já foi explorada: FARIA, Luzardo. Direito fundamental à saúde: regime jurídico-constitucional e exigibilidade judicial. *Revista Thesis Juris*, São Paulo, v. 3, n. 2, p. 307-337, jul./dez. 2014. p. 324-332.

[554] Foram três os requisitos determinados pelo Superior Tribunal de Justiça: (i) comprovação, por meio de laudo médico fundamentado e circunstanciado expedido por médico que assiste o paciente, da imprescindibilidade ou necessidade do medicamento, assim como da ineficácia, para o tratamento da moléstia, dos fármacos fornecidos pelo SUS; (ii) incapacidade financeira de arcar com o custo do medicamento prescrito; (iii) existência de registro na ANVISA do medicamento. Cf. BRASIL. Superior Tribunal de Justiça. REsp nº 1.657.156/RJ, Rel. Ministro Benedito Gonçalves, Primeira Seção, julgado em 25.04.2018, DJe 04.05.2018.

Também é interessante citar que o CPC prevê como incumbência dos magistrados, no art. 136, V, a busca pela realização da autocomposição dos litígios pelos quais são responsáveis, tarefa que pode ser promovida a qualquer tempo durante a tramitação processual. Além de se tratar de mais um dispositivo demonstrando a forte tendência de consensualização que tomou conta do processo civil brasileiro, inclusive nos feitos que envolvem a Fazenda Pública, essa norma também ressalta que a propositura da ação e a infrutífera tentativa de transação em um primeiro momento não trazem qualquer empecilho para a posterior realização do acordo. Com efeito, mesmo após a instauração do conflito no âmbito judicial, a Administração dispõe dos mesmos deveres e possibilidades de transacionar como quando na via administrativa. Defender o contrário, como ensina Eduardo Talamini, "significaria imaginar que a litispendência imuniza a Administração de seu dever maior de submeter-se à legalidade".[555]

A bem da verdade, já faz alguns anos que as práticas conciliatórias vêm sendo objeto de políticas públicas visando à sua promoção e proliferação por todo o território nacional. Nesse sentido, desde 2010, com a edição da Resolução nº 125/10 do Conselho Nacional de Justiça, a conciliação integra a Política Judiciário Nacional de tratamento de conflitos de interesse. Ademais, periodicamente são realizadas campanhas de incentivo à conciliação, como a conhecida Semana Nacional de Conciliação, em que tribunais de todo o país voltam esforços para estimular o encerramento amigável dos conflitos judiciais.[556]

No âmbito federal, existem diversos atos normativos, desde leis formais até regulamentos e atos administrativos, autorizando e detalhando os procedimentos de transação envolvendo a União, suas autarquias e fundações, bem como as empresas públicas e sociedades de economia mista vinculadas à Administração Pública federal.[557]

Um dos marcos iniciais desse complexo de normas relacionadas à transação pública é a Lei nº 9.469/97, que disciplina os procedimentos

---

[555] TALAMINI, Eduardo. A (in)disponibilidade do interesse público: consequências processuais (composições em juízo, prerrogativas processuais, arbitragem, negócios processuais e ação monitória) – versão atualizada para o CPC/2015. *Revista de Processo*, São Paulo, ano 42, n. 264, p. 83-107, fev. 2017. p. 91.

[556] CAMBI, Eduardo; SOUZA, Fernando Machado de. A disponibilidade do interesse público no Novo Código de Processo Civil e o princípio da eficiência na Administração. *Revista da AJURIS*, Porto Alegre, v. 44, n. 142, p. 129-153, jun. 2017. p. 136.

[557] Nesse sentido, ver: LIMA, Carlos Eduardo Dantas de Oliveira. A evolução da conciliação na Procuradoria-Geral da União. *Revista da AGU*, Brasília, ano XIII, n. 40, p. 119-148, abr./jun. 2014.

por meio dos quais "o Advogado-Geral da União, diretamente ou mediante delegação, e os dirigentes máximos das empresas públicas federais, em conjunto com o dirigente estatutário da área afeta ao assunto, poderão autorizar a realização de acordos ou transações para prevenir ou terminar litígios, inclusive os judiciais" (art. 1º). Referida lei foi regulamentada pelo Decreto nº 2.346/97, pela Portaria nº 990/09 da AGU, pela Ordem de Serviço nº 13/09 e pela Portaria nº 915/09, ambas da Procuradoria-Geral Federal, e pela Portaria nº 283/08 do Ministério da Fazenda.

Esse cenário demonstra a existência de "um movimento claro, nos últimos anos, de busca de maior eficiência no que diz respeito à gestão dos litígios judiciais em que se vê envolvida a União e outros entes federais",[558] adotando-se a possibilidade de a Administração firmar acordos com os particulares contra quem está litigando como uma das principais ferramentas para a concretização desse objetivo.

No âmbito dos juizados especiais federais, a Advocacia-Geral da União expediu a Portaria nº 109/07 para disciplinar, entre outras questões, as hipóteses em que o advogado público que estiver representando uma entidade federal no processo poderá transacionar ou decidir pela não interposição ou desistência de um recurso contra decisão que tenha sido desfavorável à União e suas entidades.

No art. 3º, a referida portaria prevê que poderão ser objeto desses atos as ações em que (i) se reconhecer a existência de erro administrativo que tenha gerado prejuízo ao autor do pleito e também nas ações em que (ii) inexistir controvérsia quanto ao fato e ao direito aplicado.

No entanto, no §3º desse mesmo dispositivo são tratadas hipóteses nas quais a AGU veda a realização de transação, bem como exige a interposição (e manutenção) de recurso: (i) quando se discute penalidade a ser aplicada a servidor público federal; (ii) em casos de responsabilização civil por dano moral; (iii) quando o litígio que estiver fundado exclusivamente em matéria de direito e houver a respeito súmula, parecer ou orientação interna adotada pelo advogado-geral da União contrário à pretensão.[559]

---

[558] SOUZA, Luciane Moessa de. *Meios consensuais de solução de conflitos envolvendo entes públicos*: negociação, mediação e conciliação na esfera administrativa e judicial. Belo Horizonte: Fórum, 2012. p. 144.

[559] Em sentido semelhante, vale citar que, pela Portaria nº 915/09, a Procuradoria-Geral Federal firmou que também não será não será objeto de transação ou acordo o litígio que estiver fundado exclusivamente em matéria de direito e houver a respeito súmula vinculante do Supremo Tribunal Federal, bem como parecer ou qualquer outra orientação proveniente das procuradorias federais contrárias à pretensão.

A menção a tais critérios, além de servir como um exemplo didático de como a AGU se organiza internamente no que diz respeito às hipóteses de transação, importa para chamar atenção ao fato de que a previsão detalhada de critérios e procedimentos para a transação envolvendo a Administração Pública é fator imprescindível para a adequada e bem-sucedida realização desses acordos. Como bem lembra Luciane Moessa de Souza, "se não houver uma determinação clara deste comando, as situações em que é conveniente e devida a realização da transação não serão identificadas e prosseguirá a pouca utilização do instrumento, em prejuízo da eficiência administrativa".[560]

Que fique claro: não se está defendendo que a previsão, em ato legal ou mesmo a nível administrativo, seja fator imprescindível para a realização de acordos. É evidente que, diante da complexidade das situações e dos litígios em que se vê envolvida a Administração Pública, nunca um ato normativo conseguirá predeterminar com a adequada exatidão todas as hipóteses em que a transação se mostra mais benéfica ao interesse público. No entanto, esse tipo de previsão se mostra bem-vindo no sentido de trazer maior segurança jurídica tanto ao advogado público que deverá decidir pela adoção da via transacional como ao particular que litiga contra o Poder Público, pois muitas vezes poderão saber de antemão que seu caso encontra-se albergado entre os cenários nos quais já se reconhece a legalidade da transação.

3.1.1.2 A indisponibilidade do interesse público como suposto óbice à realização de transações judiciais por parte da Administração Pública

Apesar da existência de tantas normas embasando a possibilidade de transações administrativas e judiciais, é muito comum que o princípio da indisponibilidade do interesse público seja visto por alguns autores e agentes públicos (defensores públicos, membros do Ministério Público e magistrados) como uma barreira intransponível para a validade dessas práticas, como se a transição realizada pela Administração Pública significasse renúncia ao interesse público ou como se a Administração estivesse proibida de atender interesses de

---

[560] SOUZA, Luciane Moessa de. *Meios consensuais de solução de conflitos envolvendo entes públicos*: negociação, mediação e conciliação na esfera administrativa e judicial. Belo Horizonte: Fórum, 2012. p. 162.

particulares.[561] Ainda que não haja pesquisas acadêmicas de metodologia empírica que comprovem essa afirmação, Daniel Ferreira e Ana Paula Pellegrinello também ressaltam que "um dos primeiros argumentos usados pelos advogados públicos para a não firmação de acordos, especialmente de efeitos patrimoniais, é o da indisponibilidade dos interesses públicos".[562]

Nesse sentido, para reconhecer a validade de uma transação firmada pela Administração Pública de determinado município com servidores integrantes do seu próprio quadro funcional no que tocava ao reconhecimento da ilegalidade de um ato administrativo que negou pedido de concessão de benefício remuneratório formulado pelos servidores, o Supremo Tribunal Federal, através de voto da ministra relatora Ellen Gracie, afirmou que, "em regra, os bens e o interesse público são indisponíveis, porque pertencem à coletividade", mas que "há casos em que o princípio da indisponibilidade do interesse público deve ser atenuado". Vê-se, com isso, que, para a Suprema Corte, o princípio da indisponibilidade seria um empecilho ao reconhecimento espontâneo, por parte da Administração, da procedência de pedidos contra ela formulados. A equivocada interpretação empreendida pelo Supremo, entretanto, fica clara quando, na sequência desse mesmo voto, a ministra Ellen Gracie consignou que a mitigação do princípio da indisponibilidade em casos de transação envolvendo a Administração Pública deve se dar "mormente quando se tem em vista que a solução adotada pela Administração é a que melhor atenderá à ultimação deste interesse".[563]

No âmbito doutrinário, Silvio Luís Ferreira da Rocha, apesar de reconhecer que as autorizações legislativas recentemente editadas têm enfraquecido essa objeção teórica, também compartilha do entendimento de que, "em regra, a ideia de indisponibilidade afasta a possibilidade de qualquer transação, perdão, renúncia ou inércia do poder público em relação ao objeto jurídico caracterizador do interesse público".[564]

---

[561] SOUZA, Luciane Moessa de. *Meios consensuais de solução de conflitos envolvendo entes públicos*: negociação, mediação e conciliação na esfera administrativa e judicial. Belo Horizonte: Fórum, 2012. p. 170.

[562] FERREIRA, Daniel; PELLEGRINELLO, Ana Paula. O regime jurídico-administrativo como falsa-barreira à conciliação pelas estatais no âmbito da Justiça do Trabalho. *In*: PONTES FILHO, Valmir; MOTTA, Fabrício; GABARDO, Emerson (Coords.). *Administração Pública*: novos desafios para a transparência, probidade e desenvolvimento. Belo Horizonte: Fórum, 2017. p. 71.

[563] BRASIL. Supremo Tribunal Federal. RE nº 253.885, Relator(a): Min. Ellen Gracie, Primeira Turma, julgado em 04.06.2002, DJ 21-06-2002 PP-00118 EMENT VOL-02074-04 PP-00796.

[564] ROCHA, Silvio Luís Ferreira da. A administração pública e a mediação. *In*: PONTES FILHO, Valmir; MOTTA, Fabrício; GABARDO, Emerson (Coords.). *Administração Pública*: novos

O mesmo se passa com Eduardo Cambi e Fernando Machado de Souza. Realizando uma leitura do princípio da indisponibilidade a partir das inovações normativas trazidas pelo Código de Processo Civil de 2015, os autores assentam que, por força do referido princípio, "falta ao gestor público capacidade para transigir, posto que a titularidade dos interesses públicos é do povo, o que torna os bens públicos indisponíveis, pois, como corolário do direito de propriedade, somente o proprietário poderia dispor desse direito". Ainda assim, entendem que não se trata de princípio absoluto e que, como tal, "pode ser mitigado, nos limites expressos em lei, para possibilitar a aplicação dos métodos alternativos de solução de controvérsias".[565]

Na mesma linha, Mário Sérgio de Albuquerque Schirmer afirma que, "como os recursos materiais incluem-se no patrimônio público, é evidente que o princípio da indisponibilidade também atinge os bens e recursos pertencentes à Administração Pública, razão pela qual não é correto falar que bens públicos de caráter patrimonial são disponíveis".[566] Nessa lógica, por não serem disponíveis, não poderiam ser objeto de transação por parte do Estado.

É, ainda que algumas diferenciações, o que também defende Cristiane Schwanka ao afirmar que "indisponibilidade pressupõe a inegociabilidade". A autora, porém, reconhece que tal mandamento "comporta relativização que somente pode ocorrer por vias políticas e na forma legal".[567]

Esse dogma de que a Administração Pública não poderia se submeter a processos conciliatórios ou de mediação, entretanto, decorre de uma "falsa compreensão do que realmente significa violação ao princípio da indisponibilidade do interesse público, por se baralhar o

---

desafios para a transparência, probidade e desenvolvimento. Belo Horizonte: Fórum, 2017. p. 350.

[565] CAMBI, Eduardo; SOUZA, Fernando Machado de. A disponibilidade do interesse público no Novo Código de Processo Civil e o princípio da eficiência na Administração. *Revista da AJURIS*, Porto Alegre, v. 44, n. 142, p. 129-153, jun. 2017. p. 134-150.

[566] SCHIRMER, Mário Sérgio de Albuquerque. Impossibilidade de realização de acordos no âmbito do Direito Administrativo sem a existência de lei expressamente autorizando a avença. *Repositório do Centro de Apoio Operacional das Promotorias de Justiça de Proteção ao Patrimônio Público e à Ordem Tributária*. Curitiba: CAOP-MPPR, 2013. Disponível em: http://www.patrimoniopublico.mppr.mp.br/arquivos/File/Artigos_Testes_Estudos/Tese_Acordo_Fazenda.pdf.

[567] SCHWANKA, Cristiane. *Administração Pública Consensual*: a transação como método alternativo de solução de conflitos nos contratos administrativos. Curitiba, 2009. 167 f. Dissertação (Mestrado) – Programa de Mestrado em Direito, UniBrasil. p. 43.

interesse geral com sua expressão patrimonial".⁵⁶⁸ Como visto anteriormente, os interesses secundários da Administração, normalmente relacionados à defesa do patrimônio público, não necessariamente correspondem ao interesse público, que deve, de fato, ser objeto das ações administrativas. Em diversos momentos, o ordenamento jurídico, que é a sede por excelência de definição do interesse público, impõe à Administração Pública a concretização de outros deveres que não apenas aqueles que diriam respeito aos seus interesses meramente patrimoniais.

É inquestionável que o interesse fazendário também deve ser levado em consideração no processo de valoração, por parte do administrador público, dos interesses juridicamente tutelados que se encontram em conflito no caso concreto. No entanto, é apenas um ramo dentre os vários advindos do feixe de interesses públicos conflitantes e, nessa qualidade, absolutamente não deve ser encarado como interesse aprioristicamente mais relevante que qualquer outro que o Estado deve perseguir, de modo que não goza de "uma supralegalidade formal e material, que justifique que o Estado não possa, quando haja litígio sobre as pretensões das partes, transacionar".⁵⁶⁹

Aliás, a possibilidade de a Administração transacionar com particulares muitas vezes pode, em última análise, corresponder ao interesse fazendário de redução de gastos públicos. Como se verá adiante, notadamente os casos em que a Administração é capaz de reconhecer a ilicitude de sua postura e a consequente procedência nos pleitos do particular com quem litiga, o encerramento prematuro do conflito através de acordo firmado entre as partes pode significar um menor dispêndio de recursos públicos.

Essa questão será objeto de reflexão mais aprofundada na sequência, quando se demonstrar que, além de não ser incompatível com o princípio da indisponibilidade do interesse público, as transações envolvendo a Administração podem até mesmo indicar mais um instrumento de concretização desse princípio. Por ora, porém, importa afastar os falaciosos dogmas historicamente criados com base no princípio

---

⁵⁶⁸ FERREIRA, Daniel; PELLEGRINELLO, Ana Paula. O regime jurídico-administrativo como falsa-barreira à conciliação pelas estatais no âmbito da Justiça do Trabalho. *In*: PONTES FILHO, Valmir; MOTTA, Fabrício; GABARDO, Emerson (Coords.). *Administração Pública*: novos desafios para a transparência, probidade e desenvolvimento. Belo Horizonte: Fórum, 2017. p. 71.

⁵⁶⁹ CATARINO, João Ricardo; ROSSINI, Guilherme de Mello. A transação tributária e o mito da (in)disponibilidade dos interesses fazendários. *Revista da AGU*, Brasília, v. 15, n. 02, p. 155-186, abr./jun. 2016. p. 172.

da indisponibilidade para tentar proibir a Administração de realizar acordos dessa natureza com particulares.

3.1.1.3 A "disponibilidade" do direito como critério para permitir a transação judicial

Outra suposta barreira às transações administrativas advindas do princípio da indisponibilidade seria o fato de que tal princípio imprimiria nos direitos e bens da Administração Pública uma qualidade de indisponibilidade, impedindo que fossem objetos de transação.

Para alguns autores, por força do princípio da indisponibilidade todos os direitos titularizados pela Administração Pública seriam indisponíveis,[570] o que vedaria por completo qualquer tentativa de transação envolvendo entes públicos.

Essa, no entanto, não é posição majoritária na doutrina. O entendimento dominante é o de que o princípio da indisponibilidade impõe algumas limitações à utilização de procedimentos transacionais por parte do Poder Público, sem, todavia, extingui-los por completo.

Para compreender esse debate, faz-se necessário esclarecer o que significa, do ponto de vista jurídico, o termo "disponibilidade" de direitos. De modo geral, entende-se como disponível o direito que as partes podem constituir, modificar ou extinguir mediante acordo de vontades,[571] ou seja, aquilo que está ao alcance das partes, algo sobre o que elas podem tratar. Desse modo, para poder estabelecer uma transação com um particular litigante, a Administração deve poder *dispor* do direito em questão. Do contrário, não estaria autorizada a firmar qualquer acordo que tivesse como intento o encerramento de disputa sobre esse direito.

---

[570] Parece ser esta a posição de Ricardo Marcondes Martins, pelo o que se extrai do seguinte trecho de seu trabalho: "O interesse público é indisponível porque é um interesse alheio, não é um interesse do agente público, que representa o Estado, nem, propriamente, da pessoa jurídica estatal, é um interesse do povo, dos administrados. Ora, ninguém pode dispor de interesse alheio e justamente por isso o interesse público é indisponível, porque é o interesse dos particulares enquanto partícipes da sociedade. O patrimônio estatal, o dinheiro público, por óbvio, não é do agente, nem propriamente do Estado enquanto pessoa autônoma; é, em última análise, do povo, dos administrados". MARTINS, Ricardo Marcondes. Arbitragem e Administração Pública: contribuição para o sepultamento do tema. *Interesse Público – IP*, Porto Alegre, ano 12, n. 63, nov./dez. 2010. Disponível em: http://www.bidforum.com.br/bidLogin.aspx?ReturnUrl=%2fbid%2fPDI0006.aspx%3fpdiCntd%3d70916&pdiCntd=70916.

[571] PARADA, André Luiz Nascimento. *Arbitragem nos contratos administrativos*: análise crítica dos obstáculos jurídicos suscitados para afastar sua utilização. Curitiba: Juruá, 2015. p. 108.

Também a partir dessa definição é lógico deduzir que existem direitos sobre os quais as partes não possuem esse poder de disposição, isto é, direitos que as partes não podem constituir, modificar ou extinguir autonomamente. São direitos advindos de imposição legislativa, a qual já os concebe por completo, inclusive em relação à sua extensão e ao seu exercício, e cujos debates sobre eles gerados não podem ser travados de maneira independente pelas partes, exigindo intervenção jurisdicional.

Desse modo, seria até mesmo natural imaginar que, a partir do direito positivo, fosse possível definir quais direitos titularizados pela Administração Pública podem ser considerados disponíveis – e, portanto, passíveis de serem transacionados – e quais, por outro lado, estão fora do âmbito de disposição do administrador, sendo, nesse sentido, considerados indisponíveis.

No entanto, a verdade, como bem nota Dinorá Musetti Grotti, é que não existe (e nem é possível existir) um critério legal capaz de identificar, com tons de abstração e generalidade, os direitos da Administração Pública que podem ser considerados *indisponíveis*, devendo-se, portanto, realizar essa verificação caso a caso.[572] No mesmo sentido, Vivian Lima López Valle defende que a definição acerca da disponibilidade dos direitos da Administração, uma vez não tendo sido acabada em sede legislativa, resta para ser concluída pelo próprio administrador público no exercício de sua discricionariedade. Porém, alerta a autora ser imprescindível o reconhecimento de que, com a concessão dessa competência discricionária, aumentam-se as responsabilidades do agente público, que deverá justificar a sua decisão (sobre o caráter disponível ou não do direito em questão) de modo publicizado e adequadamente motivado, a fim de evitar desvios de finalidade e abusos de poder.[573]

Diante disso, cabe em grande parte à doutrina auxiliar o Poder Público com o desenvolvimento de conceitos que possam ser aplicados no cotidiano administrativo com o objetivo de facilitar a identificação da qualidade de (in)disponibilidade dos direitos da Administração.

Nessa linha, uma das principais classificações referentes ao critério de disponibilidade de determinado direito é construída a partir de

---

[572] GROTTI, Dinorá Adelaide Musetti. A arbitragem nos contratos da administração pública. *In*: PONTES FILHO, Valmir; MOTTA, Fabrício; GABARDO, Emerson (Coords.). *Administração Pública*: novos desafios para a transparência, probidade e desenvolvimento. Belo Horizonte: Fórum, 2017. p. 92.

[573] VALLE, Vivian Lima López. *Contratos administrativos e um novo regime jurídico de prerrogativas contratuais na Administração Pública contemporânea*: da unilateralidade ao consenso e do consenso à unilateralidade na relação contratual administrativa. Belo Horizonte: Fórum, 2018. p. 197.

seu conteúdo, considerando-se como disponíveis os direitos de cunho eminentemente patrimonial, como aqueles que se encontram em disputa em conflitos de natureza tributária, em ações de responsabilidade civil do Estado ou em boa parte das relações contratuais da Administração com parceiros privados. Por outro lado, direitos cujo conteúdo não pode ser imediatamente identificado em termos monetários, como aqueles presentes no exercício das funções de polícia e de serviço público, por exemplo, seriam tidos como indisponíveis.[574]

Tal proposição, entretanto, não se mostra muito útil. Afinal, muitos dos direitos presentes no exercício de funções tipicamente administrativas são frequentemente convertidos em termos monetários. O emprego desproporcional do poder de polícia por parte da Administração Pública, por exemplo, gera ao particular prejudicado direito de indenização por danos morais e materiais que eventualmente tenha sofrido. O mesmo ocorre com falhas ocorridas na prestação de determinado serviço público, que também podem vir a gerar pretensões indenizatórias em face do Poder Público. Assim, muitas vezes o que, em um primeiro momento, não é pensado em termos monetários muitas vezes acaba se desenvolvendo em pretensão pecuniária em razão de algum ato ou omissão do Estado, tornando inócua a diferenciação apresentada acima.

Outra classificação bastante comum de ser encontrada nessa seara parte da teoria de Renato Alessi sobre os interesses primários e secundários da Administração Pública. Frequentemente afirma-se que apenas os interesses primários, por serem os reais interesses públicos, seriam considerados indisponíveis, sendo que os interesses secundários poderiam ser objeto de disposição. Adotando essa linha, Diogo de Figueiredo Moreira Neto defende que "os primeiros são indisponíveis e o regime público é indispensável, ao passo que os segundos têm natureza instrumental, existindo para que os primeiros sejam satisfeitos, e resolvem-se em relações patrimoniais e, por isso, tomaram-se disponíveis na forma da lei, não importando sob que regime".[575]

A classificação com base na teoria de Alessi, contudo, também não é adequada. Além de, em última análise, também estar fundada no já criticado critério de patrimonialidade dos direitos, os autores que a ela se filiam parecem não notar que existem interesses indiscutivelmente

---

[574] SOUZA, Luciane Moessa de. *Meios consensuais de solução de conflitos envolvendo entes públicos*: negociação, mediação e conciliação na esfera administrativa e judicial. Belo Horizonte: Fórum, 2012. p. 133-134.
[575] MOREIRA NETO, Diogo de Figueiredo, Arbitragem nos Contratos Administrativos. *Revista de Direito Administrativo*, Rio de Janeiro, v. 209, p. 81-90, jul./set. 1997. p. 84.

primários que já são objeto de acordos administrativos autorizados pelo ordenamento jurídico. É o que se verifica nos compromissos de ajustamento de conduta que, por força do art. 5º, §6º, da Lei nº 7.347/85,[576] podem ser firmados para evitar o ajuizamento de ações civis públicas.

Ao mesmo tempo, existem interesses tipicamente secundários que, por expressa previsão legislativa, são retirados do âmbito de disposição próprio da Administração Pública. É o que ocorre no art. 171 do Código Tributário Nacional.[577] O recolhimento de tributos é matéria essencialmente relativa aos interesses fazendários do Estado e, ainda assim, tal dispositivo prevê que, apenas com autorização legislativa, pode o Estado celebrar transação para extinguir crédito tributário mediante concessões mútuas com o devedor, considerando não estar dentro do âmbito de disponibilidade do administrador público a apreciação sobre essa matéria.[578]

Também é comum encontrar defesa no sentido de que a análise sobre a disponibilidade dos direitos da Administração deveria se dar a partir da distinção existente entre os atos administrativos de gestão e de império.[579] Trata-se, porém, de divisão criada na França com base no regime jurídico aplicável a cada ato administrativo para definir a competência do Conselho de Estado para apreciar ou não aquela questão. Assim, os simples fatos de essa classificação ter sido criada no direito estrangeiro e para uma finalidade completamente diversa daquela à qual ora se pretende que seja utilizada já seriam suficientes para afastar essa tese.[580] Além disso, ainda deve-se lembrar que, no Brasil, tal teoria chegou a ser adotada para o estabelecimento de critérios

---

[576] Lei nº 7.347/85. Art. 5º. §6º. Os órgãos públicos legitimados poderão tomar dos interessados compromisso de ajustamento de sua conduta às exigências legais, mediante cominações, que terá eficácia de título executivo extrajudicial.

[577] Código Tributário Nacional. Art. 171. A lei pode facultar, nas condições que estabeleça, aos sujeitos ativo e passivo da obrigação tributária celebrar transação que, mediante concessões mútuas, importe em determinação de litígio e conseqüente extinção de crédito tributário. Parágrafo único. A lei indicará a autoridade competente para autorizar a transação em cada caso.

[578] BERGAMASCHI, André Luís. *A resolução de conflitos envolvendo a Administração Pública por meio de mecanismos consensuais*. São Paulo, 2015. 290 f. Dissertação (Mestrado) – Programa de Pós-Graduação em Direito da Universidade de São Paulo. p. 89-90.

[579] Nesse sentido, apesar de repudiar a utilização desse critério isoladamente, Eugenia Cristina Cleto Marola defende que "é preciso analisar, primeiramente, a atuação da Administração para verificar se ela se deu com o uso de prerrogativas, o que pode ser efeito por meio do critério que distingue os atos de império dos atos de gestão". MAROLA, Eugenia Cristina Cleto. *Arbitragem e os contratos da Administração Pública*. São Paulo, 2015. 203 f. Tese (Doutorado em Direito) – Faculdade de Direito, Pontifícia Universidade Católica de São Paulo. p. 147.

[580] PALMA, Juliana Bonacorsi de. *Sanção e acordo na Administração Pública*. São Paulo: Malheiros, 2015. p. 183-184.

de responsabilização civil do Estado (afastando-se os atos de império dessa espécie de controle),[581] mas que "esta velha distinção está em desuso desde o final do século passado por imprecisa, inexata e haver perdido sua função primordial".[582]

Verifica-se, assim, a incapacidade das diferenciações dicotômicas desenvolvidas pela doutrina para tentar identificar a (in)disponibilidade dos direitos titularizados pela Administração. Diante desse cenário, entende-se que o mais correto seria *reconhecer como regra geral a possibilidade de adoção de procedimentos transacionais para a Administração buscar o atendimento do interesse público*, devendo-se identificar, nas situações específicas, as vedações, limitações e condicionantes próprias que podem alterar esse cenário.[583] Por essa linha, *indisponível seria o direito que, no caso concreto, se mostre indispensável à Administração Pública para a persecução do interesse público* (esse sim, sempre indisponível). Isso porque, em muitas situações, a renúncia ou a transação sobre determinado direito pode se mostrar um meio mais eficiente para a Administração Pública atender ao interesse público a que está vinculada naqueles casos.

Lembre-se, pois, que o interesse público indisponível é aquele que, acima de tudo, demanda a atuação do Estado em prol dos objetivos cogentes do sistema legal e constitucional. E é natural e frequente que, para atender a sua concretização, a Administração Pública deva, em específicas situações, dispor de determinado bem ou direito, prezando por uma solução mais consensual para algum litígio em que se veja inserida.[584] Desse modo, a indisponibilidade do interesse público não pode levar necessariamente à impossibilidade de transação dos direitos da Administração.[585]

---

[581] BACELLAR FILHO, Romeu Felipe. *Direito Administrativo e o novo Código Civil*. Belo Horizonte: Fórum, 2007. p. 209.

[582] MELLO, Celso Antônio Bandeira de. *Curso de Direito Administrativo*. 32. ed. São Paulo: Malheiros, 2015. p. 437.

[583] BERGAMASCHI, André Luís. *A resolução de conflitos envolvendo a Administração Pública por meio de mecanismos consensuais*. São Paulo, 2015. 290 f. Dissertação (Mestrado) – Programa de Pós-Graduação em Direito da Universidade de São Paulo. p. 91.

[584] MENDONÇA, Priscila Faricelli de. *Transação e arbitragem nas controvérsias tributárias*. São Paulo, 2013. 212 f. Dissertação (Mestrado) – Programa de Pós-Graduação em Direito, Universidade de São Paulo. p. 38.

[585] "No Direito Administrativo, há o entendimento de que o interesse público é algo indisponível, o que impediria a busca de solução consensual de conflitos de interesses que envolvam a Fazenda Pública. No entanto, o que se percebe é que, em muitos casos, a forma de se alcançar o interesse público é exatamente pela solução pacífica dos conflitos. A chamada Administração Pública Consensual é fruto da transformação do Estado, diante da sua sensibilidade às mudanças na sociedade, com a abertura ao diálogo e da participação popular. (...) Assim, o surgimento da audiência de conciliação no procedimento ordinário não é incompatível com o interesse público, mas, sim, vem ao encontro do interesse público para uma solução

Há, portanto, uma diferenciação entre "disponibilidade", "renúncia" e "transação" que deve ser bem compreendida para que se possa avançar na análise do tema ora posto em exame. Apesar de inexistir definição expressa nesse sentido, a única conclusão que se pode extrair de uma leitura sistemática das normas legais que tratam do tema é a de que disposição é um gênero, no qual se compreendem como espécies a renúncia e a transação. A disposição, nessa linha, significaria o titular abrir mão de um direito que ostenta, sendo que, no caso da transação, a disposição seria bilateral (com o recebimento de algum benefício jurídico em troca) e, no caso da renúncia, unilateral, sem qualquer contrapartida da outra parte.

O primeiro passo para essa compreensão está na Lei de Arbitragem (Lei nº 9.307/96), a qual dispõe em seu art. 1º, §1º (após a alteração empreendida pela Lei nº 13.129/15), que "a administração pública direta e indireta poderá utilizar-se da arbitragem para dirimir conflitos relativos a direitos patrimoniais disponíveis". Com isso se depreende que, segundo o ordenamento jurídico brasileiro, a Administração Pública possui tanto direitos de caráter disponível como de caráter indisponível. Afinal, se todos os direitos fossem disponíveis, a previsão acima seria completamente desnecessária. Por outro lado, se todos os direitos fossem indisponíveis, a norma em questão seria inócua, sem qualquer aplicabilidade.

Outro imprescindível diploma normativo para o esclarecimento das dúvidas hoje existentes a respeito da (in)disponibilidade dos direitos da Administração é a Lei de Mediação (Lei nº 13.140/15). Em seu art. 3º, a lei prevê que "pode ser objeto de mediação o conflito que verse sobre direitos disponíveis ou sobre direitos indisponíveis que admitam transação". Nesse dispositivo, a lei confirma a diferenciação entre disponibilidade e transação ao afirmar existirem direitos que, em que pese serem indisponíveis, admitem transação. Esse ponto é reafirmado pelo §2º do art. 3º, o qual prevê que "o consenso das partes envolvendo *direitos indisponíveis, mas transigíveis*, deve ser homologado em juízo, exigida a oitiva do Ministério Público".

Assim, é certo que a marca de indisponibilidade gravada a determinado direito não leva, necessariamente, à conclusão de que seu conteúdo é intransigível. E isso não apenas no direito administrativo. No direito de família, por exemplo, não há dúvidas de que o direito à

---

rápida do conflito, sem representar disposição daquele interesse." NEVES, Rodrigo Santos. Audiências de conciliação e a Fazenda Pública: o dogma da indisponibilidade do interesse público em juízo. *Revista dos Tribunais*, São Paulo, v. 990, p. 289-306, abr. 2018. p. 304.

percepção de alimentos se trata de um direito de caráter indisponível. No entanto, é absolutamente comum que as partes envolvidas no litígio transijam sobre, entre outras coisas, o valor e o modo de pagamento dos alimentos. Situação semelhante se passa no direito do trabalho, em que os direitos trabalhistas, qualificados pelo art. 7º da Constituição Federal como direitos fundamentais sociais, também são frequentemente objeto de acordos entre empregados e empregadores.[586]

Como já dito, disponível é o bem ou direito que não se faça necessário para a satisfação do interesse público no caso concreto. A definição sobre a disponibilidade de algum bem ou direito titularizado pela Administração Pública, portanto, depende da valoração do agente público no caso concreto, quem, diante das circunstâncias fáticas e jurídicas postas à sua frente, poderá decidir se a disposição desse bem ou direito é ou não meio adequado à realização do interesse público.

Nesse sentido, não há correlação imediata entre o princípio da indisponibilidade do interesse público e a indisponibilidade dos direitos titularizados pela Administração. Como bem ensina Rafael Munhoz de Mello, compreendendo-se adequadamente o referido princípio, "é fácil concluir que não há qualquer incompatibilidade entre ele e a ideia de direitos disponíveis de titularidade da Administração Pública". O que existe é apenas "uma confusão causada pela proximidade terminológica dos conceitos – indisponibilidade do interesse público, disponibilidade de direitos –, que, contudo, não torna um o oposto do outro".[587]

Em alguns casos excepcionais, o ordenamento jurídico exige que essa valoração seja feita pelo parlamento, como ocorre com os casos de alienação de bem imóvel público (conforme art. 101 do Código Civil),[588] ou mesmo veda de absoluto a transação envolvendo determinados bens jurídicos, como faz a Constituição Federal em seu art. 225, §5º, ao dispor que "são indisponíveis as terras devolutas ou arrecadadas pelos Estados, por ações discriminatórias, necessárias à proteção dos ecossistemas naturais".

Tanto é assim que o art. 32, §4º, da Lei de Mediação prevê que "não se incluem na competência dos órgãos mencionados no *caput* deste artigo as controvérsias que somente possam ser resolvidas por atos ou

---

[586] SOUZA, Luciane Moessa de. *Meios consensuais de solução de conflitos envolvendo entes públicos*: negociação, mediação e conciliação na esfera administrativa e judicial. Belo Horizonte: Fórum, 2012. p. 134.
[587] MELLO, Rafael Munhoz. Arbitragem e Administração Pública. *Revista Direito do Estado em Debate*, Curitiba, n. 6, p. 47-81, 2015. p. 56.
[588] Código Civil. Art. 101. Os bens públicos dominicais podem ser alienados, observadas as exigências da lei.

concessão de direitos sujeitos a autorização do Poder Legislativo". Ou seja, os direitos cuja resolução está sujeita à autorização legislativa, como ocorre, como visto, com a alienação de bens públicos, evidentemente não podem ser objeto de mediação, confirmando a tese de que, por serem indisponíveis, esses direitos não podem ser transacionados pelos administradores públicos.

3.1.1.4 Os impactos advindos do princípio da indisponibilidade do interesse público para as transações judiciais realizadas pela Administração Pública

Quando a solução de um litígio é atingida diretamente pelas partes nele envolvidas, sem a necessidade de arbitramento por parte do Poder Judiciário, diz-se que que a disputa foi resolvida pela realização de *autocomposição* entre as partes. Dentro desse termo, inserem-se as seguintes hipóteses: (i) autocomposição por *desistência*, em que a parte autora renuncia à sua pretensão; (ii) autocomposição por *submissão*, em que a parte requerida concorda integralmente com os pleitos da parte autora; e (iii) autocomposição por *transação*, em que existem concessões recíprocas de ambas as partes para pôr fim ao litígio.

O requisito de haver concessões recíprocas é imprescindível para a caracterização de uma transação. Como afirma Onofre Alves Batista Júnior, "sem que cada uma das partes ceda um pouco na sua pretensão, para que o conflito seja resolvido, ocorre liberalidade (desistência ou submissão), mas não transação".[589] Com isso em mente, compreende-se que a diferença entre indisponibilidade e transigibilidade residiria no fato de que "transigibilidade não abrange, como a primeira, a possibilidade de *renúncia*, mas sim, pura e simplesmente, *troca*, muitas vezes, aliás, com vantagens para o interesse público".[590]

No sistema jurídico brasileiro, os principais meios de realização de transação são através de procedimentos de mediação ou conciliação. A principal diferença entre a mediação e a conciliação reside no fato

---

[589] BATISTA JÚNIOR, Onofre Alves. *Transações administrativas*: um contributo ao estudo do contrato administrativo como mecanismo de prevenção e terminação de litígios e como alternativa à atuação administrativa autoritária, no contexto de uma administração pública mais democrática. São Paulo: Quartier Latin, 2007. p. 305.

[590] SOUZA, Luciane Moessa de. *Meios consensuais de solução de conflitos envolvendo entes públicos*: negociação, mediação e conciliação na esfera administrativa e judicial. Belo Horizonte: Fórum, 2012. p. 171.

de que o conciliador adota uma postura mais ativa na condução da tentativa de encerrar o litígio, enquanto o mediador exerce notoriamente a função de facilitar o diálogo entre as partes, visando a que elas próprias, autonomamente, cheguem a um ponto em comum.[591] Nesse sentido, o art. 165 do Código de Processo Civil chega a prever, em seu §2º, que o conciliador "poderá sugerir soluções para o litígio", sendo que, no §3º, estipula que o mediador "auxiliará aos interessados a compreender as questões e os interesses em conflito, de modo que eles possam, pelo restabelecimento da comunicação, identificar, por si próprios, soluções consensuais que gerem benefícios mútuos". Como visto anteriormente, ambos os procedimentos são fortemente instigados pelo novo Código de Processo Civil, que teve como um dos principais objetivos de sua edição a diminuição da litigiosidade judicial no Brasil, inclusive em relação à Fazenda Pública.

Todo contrato, como ato jurídico bilateral, importa na criação, modificação ou extinção de direitos e obrigações entre as partes que através dele se vinculam. O contrato administrativo de transação não é diferente, mas tem sua especialidade no fato de que sua função precípua, muito além de simplesmente criar, modificar ou extinguir algum direito ou obrigação, é fazê-lo para evitar ou encerrar controvérsias judiciais ou extrajudiciais sobre aquela matéria.[592]

Para se comprovar a validade dessas transações, o primeiro passo é reconhecer que o art. 26 da Lei de Introdução às Normas do Direito Brasileiro funciona como um permissivo genérico à realização de acordos pela Administração Pública. Além disso, é importante relembrar que, como concluído no item 2.2.2, tanto por conta desse dispositivo quanto em razão da possibilidade de atuação *praeter legem* da Administração Pública, não se faz necessária uma autorização específica para a Administração submeter-se a transações. Afinal, no caso das transações para evitar ou pôr fim a litígios instaurados por particulares em face da Fazenda Pública, o acordo pode se mostrar como uma interessante ferramenta para diminuir o dispêndio desnecessário de recursos públicos, além de agilizar o reconhecimento de direitos dos

---

[591] SOUZA, Luciane Moessa de. *Meios consensuais de solução de conflitos envolvendo entes públicos*: negociação, mediação e conciliação na esfera administrativa e judicial. Belo Horizonte: Fórum, 2012. p. 72.
[592] BATISTA JÚNIOR, Onofre Alves. *Transações administrativas*: um contributo ao estudo do contrato administrativo como mecanismo de prevenção e terminação de litígios e como alternativa à atuação administrativa autoritária, no contexto de uma administração pública mais democrática. São Paulo: Quartier Latin, 2007. p. 328.

cidadãos (se for o caso, evidentemente), algo que, por óbvio, se mostra como uma matéria de interesse público.

Desse modo, concorda-se com Onofre Alves Batista Junior quando este afirma que "a invocação da legalidade, por si só, não serve como razão para inviabilizar a celebração de contratos administrativos alternativos",[593] como frequentemente se afirma. Até porque, se a transação fosse possível apenas em casos expressa e especificamente previstos na legislação, ela teria cabimento apenas em feitos de grande impacto econômico e financeiro. Lembre-se, nesse sentido, que leis específicas já foram editadas no Brasil para autorizar a Administração Pública a se submeter a determinados procedimentos transacionais, mas exatamente com o intuito de evitar conflitos de grande impacto econômico para os cofres públicos. É o caso da Lei nº 6.134/74, que autorizou o Poder Executivo a "efetuar transação com o Governo da Grã-Bretanha para saldar débitos provenientes de encampação e desapropriação de Companhias estrangeiras", e da Lei nº 7.168/83, que veiculou autorização para a Administração Pública "celebrar transação com a Fundação Abrigo do Cristo Redentor, para pôr fim ao litígio que especifica, e dá outras providências".[594] Logicamente não se pode esperar o mesmo para litígios ordinários, de particulares que se veem lesados isoladamente pelos mais diversos atos praticados pela Administração Pública, sem, todavia, representarem grande impacto quando analisada a sua situação em relação à condição macroeconômica do Poder Executivo.

Um possível problema à realização de transações administrativas advindo dessas questões relacionadas às disposições legislativas existentes sobre o tema é o art. 841 do Código Civil. Referido dispositivo determina que "só quanto a direitos patrimoniais de caráter privado se permite a transação". *A contrario sensu*, alguém poderia supor que a transação quanto a direitos patrimoniais de caráter público estaria vedada definitivamente. Afinal, com uma disposição legal nesse sentido, poderia se pensar que o legislador, no exercício de sua competência

---

[593] BATISTA JÚNIOR, Onofre Alves. *Transações administrativas*: um contributo ao estudo do contrato administrativo como mecanismo de prevenção e terminação de litígios e como alternativa à atuação administrativa autoritária, no contexto de uma administração pública mais democrática. São Paulo: Quartier Latin, 2007. p. 464.

[594] A menção a tais legislações é feita por Onofre Alves Batista Junior em: BATISTA JÚNIOR, Onofre Alves. *Transações administrativas*: um contributo ao estudo do contrato administrativo como mecanismo de prevenção e terminação de litígios e como alternativa à atuação administrativa autoritária, no contexto de uma administração pública mais democrática. São Paulo: Quartier Latin, 2007. p. 506.

própria, reputou não ser de interesse público a possibilidade de a Administração Pública se submeter a procedimentos transacionais. Essa não é, todavia, a leitura mais adequada do referido dispositivo. Para Luciane Moessa de Souza, a única interpretação possível de tal norma é a de que essa vedação aplica-se ao Poder Público apenas no que diz respeito às relações jurídicas de direito privado, firmadas no âmbito civil e, portanto, submissas a tal legislação.[595] Onofre Alves Batista Júnior segue a mesma linha de pensamento ao afirmar que tal proibição não impede a realização de acordos envolvendo direitos públicos, limitando-se apenas em proibir que eles sejam realizados no âmbito do direito civil. Em suas palavras, "se houver fundamento jurídico nas leis administrativas para que se celebre o acordo, é possível haver transação envolvendo interesses públicos", a despeito do que preceitua o dispositivo do Código Civil.[596]

Além disso, o art. 26 da LINDB, recém-introduzido no sistema jurídico brasileiro, parece ter revogado tacitamente o art. 841 do Código Civil, visto que aquele dispositivo funciona como uma cláusula legal de autorização genérica para a realização de acordos pela Administração Pública, sem nenhuma condicionante conceitual a respeito da natureza do direito negociado.

Na realidade, se bem compreendido o princípio da legalidade, a conclusão a que se chega é que a transação é, em muitos casos, um dever por parte da Administração Pública. Uma vez que essa norma demanda do Poder Público nada mais do que respeito a direito positivo vigente, "não é possível falar em um 'dever de litigar' da Administração quando reconhece o direito do administrado, mesmo já estando a questão judicializada".[597] Assiste completa razão, portanto, a Rodrigo Bernardes Dias ao afirmar que, "quando a pretensão da pessoa privada encontra amparo no ordenamento jurídico, somos forçados a concluir que a mesma se coaduna com o interesse público",[598] uma vez que o

---

[595] SOUZA, Luciane Moessa de. *Meios consensuais de solução de conflitos envolvendo entes públicos*: negociação, mediação e conciliação na esfera administrativa e judicial. Belo Horizonte: Fórum, 2012. p. 170.
[596] BATISTA JÚNIOR, Onofre Alves. *Transações administrativas*: um contributo ao estudo do contrato administrativo como mecanismo de prevenção e terminação de litígios e como alternativa à atuação administrativa autoritária, no contexto de uma administração pública mais democrática. São Paulo: Quartier Latin, 2007. p. 511.
[597] BERGAMASCHI, André Luís. *A resolução de conflitos envolvendo a Administração Pública por meio de mecanismos consensuais*. São Paulo, 2015. 290 f. Dissertação (Mestrado) – Programa de Pós-Graduação em Direito da Universidade de São Paulo. p. 98.
[598] DIAS, Rodrigo Bernardes. A conciliação nos juizados especiais federais. *In*: GUEDES, Jefferson Carús (Org.). *Juizados especiais federais*. Rio de Janeiro: Forense, 2005. p. 511.

interesse a ser buscado pela Administração não pode ser outro senão aquele respaldado pelo direito, inclusive nas hipóteses em que isso significa a tutela de interesses individuais.

Ademais, é interessante destacar que, ao reconhecer e dar cumprimento a direito de particulares, "a Administração não está dispondo, abrindo mão, do interesse público", e isso pela simples razão de que, *uma vez reconhecido o direito alheio e a inexistência de direito do Poder Público naquele conflito, não há o que se falar em interesse público na manutenção do litígio em desfavor do particular*. Pelo contrário, "cumprir deveres e reconhecer e respeitar direitos do administrado é atender ao interesse público".[599]

Como lembra Daniel Wunder Hachem, "quando a lei atribui uma competência a uma autoridade administrativa, ela o faz com a finalidade de realizar um determinado interesse público, pelo que lhe é defeso aplicá-la com outros objetivos". Assim, as previsões normativas que permitem à Fazenda Pública contestar ou interpor recursos em processos judiciais obviamente não são exigências, mas instrumentos que devem ser utilizados apenas caso sejam necessários ao atendimento do interesse público. Afinal, "se o fim perseguido não foi aquele inscrito na lei, o interesse buscado pelo agente não pode ser considerado como público",[600] razão pela qual a recusa deliberada ao reconhecimento expresso de que a pretensão do particular encontra amparo na legislação vai de encontro ao princípio da indisponibilidade.

Dessa forma, o administrador deve ter em mente que não se trata de favor ou de mera liberalidade, muito menos de atitude violadora de princípios como os da legalidade e da impessoalidade, realizar acordos judiciais "sob o falso pretexto de que não lhe é dado dispor do interesse público". Ao fazê-lo, a Administração está apenas a "protelar o efetivo cumprimento da lei", uma vez que o interesse público encontra-se, "precisa e justamente, no reconhecimento de legítimos interesses dos administrados".[601]

Além da legalidade, também o princípio da *eficiência* é norma de valor constitucional que fomenta a realização de transação por parte

---

[599] TALAMINI, Eduardo. A (in)disponibilidade do interesse público: consequências processuais (composições em juízo, prerrogativas processuais, arbitragem, negócios processuais e ação monitória) – versão atualizada para o CPC/2015. *Revista de Processo*, São Paulo, ano 42, n. 264, p. 83-107, fev. 2017. p. 86.

[600] HACHEM, Daniel Wunder. *Princípio constitucional da supremacia do interesse público*. Belo Horizonte: Fórum, 2011. p. 170-171.

[601] CARVALHO NETO, Tarcísio Vieira de. Por uma Administração Pública comprometida com o justo. *Correio Braziliense*, Brasília, Direito&Justiça, 19 mar. 2012. p. 3.

da Fazenda Pública quando constatado o direito do requerente ou, ao menos, a alta probabilidade de sucesso de sua pretensão na via judicial. Com efeito, quando estiver evidenciada a plausibilidade jurídica do pedido formulado pelo autor, tanto em razão de as questões fáticas do caso estarem devidamente esclarecidas como em razão de existir entendimento jurídico consolidado favorável à pretensão do particular, é dever da Administração tentar buscar o consenso. Isso porque, em casos como esse, o encerramento prematuro do litígio evitaria o que Evandro Costa Gama chamou de "duplo prejuízo ao interesse público". Isto é, evita-se que a Administração tenha que despender recursos (financeiros e de tempo dos profissionais envolvidos no feito) de maneira inútil[602] e evita-se, também, que o particular tenha postergado o reconhecimento do seu direito.[603]

Tome-se novamente o exemplo das ações de concessão de medicamento ajuizadas em face do Poder Público. É muito comum que nessa temática exista jurisprudência vasta e pacífica atestando o dever do Estado em conceder aos cidadãos acometidos com determinada moléstia o medicamento correspondente para seu tratamento. Apenas a título ilustrativo, vale citar pesquisa realizada em oportunidade anterior, através da qual se demonstrou que cerca de 80% das ações judiciais individuais ajuizadas no Tribunal Regional Federal da 4ª Região com pedido de concessão de medicamento para tratamento de hepatite C foram julgadas procedentes.[604] Casos como esses são exemplos claros

---

[602] Nesse ponto, vale citar a lembrança feita por Vítor Campos, Carla Silva e Mariana Silva de que, com as transações, evita-se "a majoração dos consectários da condenação decorrentes do adiamento da solução da lide", como o pagamento de honorários advocatícios, e de que "a demora no pagamento causada pelo prolongamento do processo faz aumentar o valor da dívida, principalmente no que se refere aos juros devidos". CAMPOS, Vítor Pierantoni; SILVA, Carla Cristina Guimarães Trovão; SILVA, Mariana Moreira e. Transação: matéria de fato e matéria de direito nos Juizados especiais federais. In: GUEDES, Jefferson Carús (Org.). Juizados especiais federais. Rio de Janeiro: Forense, 2005. p. 70. Através da metodologia da análise econômica do direito, é também essa a conclusão a que chega Igor Fonseca Rodrigues: RODRIGUES, Igor Fonseca. Análise econômica da conciliação previdenciária. Revista da AGU, Brasília, n. 26, p. 185-202. p. 201.

[603] GAMA, Evandro Costa. Conciliação e transação nas causas de natureza tributária nos juizados especiais federais. In: GUEDES, Jefferson Carús (Org.). Juizados especiais federais. Rio de Janeiro: Forense, 2005. p. 247.

[604] FARIA, Luzardo. Da judicialização dos direitos sociais à necessidade de respeito administrativo aos precedentes judiciais: uma análise empírica da jurisprudência do TRF4 sobre direito à saúde. Revista Digital de Direito Administrativo, Ribeirão Preto, v. 2, n. 1, p. 341-366, dez. 2014.

de que a transação seria o melhor caminho para o atendimento do interesse público.[605] Corroborando essa tese, existem estudos empíricos demonstrando que a criação de uma instância administrativa para gestão de processos de conciliação em conflitos de ordem previdenciária, ainda que, em uma primeira análise, aumentasse os gastos do INSS com a concessão de benefícios, na contagem total reduziria de maneira bastante vantajosa os custos despendidos pela autarquia com condenações e custas judiciais. Segundo esse mesmo estudo, realizado por Adler Anaximandro de Cruz e Alves, apesar de quase metade dos benefícios previdenciários requeridos pela população na via administrativa ser indeferida, em âmbito judicial o INSS é vencido ou celebra acordo em dois terços das ações em que é parte.[606] Tais dados demonstram com veemência como a adoção de práticas consensuais pela Administração Pública poderia representar um grande ganho de eficiência tanto em matéria financeira como na questão do tempo despendido para gerenciamento dessas ações (além, claro, de possibilitar uma tutela mais ágil do direito dos requerentes).

Do mesmo modo, Luciane Moessa de Souza entende que, quando presentes dois requisitos fundamentais – quais sejam, (i) a inexistência de dúvidas sobre a matéria fática e (ii) a existência de entendimento jurídico consolidado favorável ao autor –, a advocacia pública possui o dever de promover a transação – e não uma mera faculdade. A faculdade ocorre, ainda segundo Souza, quando for elaborado, mediante a devida fundamentação, um juízo de alta probabilidade em relação às chances de derrota da Administração no feito, permitindo, assim, o encerramento do litígio pela via conciliatória, considerando-se que a insistência na ação poderia trazer prejuízos mais gravosos ao Poder Público.[607]

Outro importante princípio que impacta esse tema é o da boa-fé. A partir dele, pode-se constatar que, se a Administração concluir, em

---

[605] Para uma análise mais aprofundada sobre o tema da conciliação em matéria de judicialização da saúde, ver: CARDOZO, Raquel Nery; CARDOZO, José Carlos. A utilização dos meios alternativos de resolução de conflitos no fornecimento de medicamentos pela Administração Pública brasileira. *Revista de Formas Consensuais de Solução de Conflito*, Brasília, v. 2, n. 1, p. 81-99, jan./jun. 2016.

[606] ALVES, Adler Anaximandro de Cruz e. A atuação cidadã da AGU na redução da litigiosidade envolvendo o Instituto Nacional do Seguro Social: considerações acerca de instrumentos de ação da AGU capazes de promover o amplo reconhecimento de direitos sociais. *Revista da AGU*, Brasília, ano 09, n. 23, p. 7-46, jan./mar. 2010.

[607] SOUZA, Luciane Moessa de. *Meios consensuais de solução de conflitos envolvendo entes públicos*: negociação, mediação e conciliação na esfera administrativa e judicial. Belo Horizonte: Fórum, 2012. p. 152-153.

análise interna, após valoração dos fatores indicados acima, que o particular de fato possui direito em sua pretensão, deve reconhecer a totalidade do pleito formulado. Utilizar "parcela" do direito do requerente como barganha para conseguir um acordo financeiramente melhor para a Fazenda Pública, mesmo sabendo-se da adequação da posição ostentada por aquele, violaria frontalmente a boa-fé que deve nortear a atividade administrativa.[608]

Em paradigmática decisão no Superior Tribunal de Justiça, o ministro Luiz Fux, em voto acompanhado por unanimidade pelos demais julgadores da Primeira Seção, consagrou o entendimento de que, quando reconhecida a prática de um ilícito por parte da Administração Pública, se o Estado "visa a evadir-se de sua responsabilidade no afã de minimizar os seus prejuízos patrimoniais, persegue nítido interesse secundário, subjetivamente pertinente ao aparelho estatal em subtrair-se de despesas, engendrando locupletamento à custa do dano alheio".[609]

Assim, é certo que, ao contrário do que poderia supor o senso comum, é "a recusa à transação que pode representar a verdadeira ofensa à indisponibilidade do interesse público, pois gerará maiores despesas ao erário, sobrecarregará o Judiciário e atingirá, de modo indevido, interesses legítimos dos particulares".[610]

Outra importante questão a ser observada no tocante à validade das transações estabelecidas por entidades públicas diz respeito à definitividade desses acordos, notadamente quando são firmados na via administrativa (e não no seio de um processo judicial, em uma audiência de conciliação ou mediação, por exemplo). A questão é polêmica, pois, por força do art. 5º, XXXV, da Constituição Federal,[611] a inafastabilidade da jurisdição é tida no ordenamento jurídico pátrio como garantia fundamental dos cidadãos. A partir dela, portanto, questiona-se se as questões acordadas mediante os contratos administrativos de transação poderiam vir a ser rediscutidas no Poder Judiciário, caso assim desejasse a Administração Pública ou o próprio particular.

---

[608] GAMA, Evandro Costa. Conciliação e transação nas causas de natureza tributária nos juizados especiais federais. *In*: GUEDES, Jefferson Carús (Org.). *Juizados especiais federais*. Rio de Janeiro: Forense, 2005. p. 245.
[609] BRASIL. Superior Tribunal de Justiça. MS nº 11.308/DF, Rel. Ministro Luiz Fux, Primeira Seção, julgado em 09.04.2008, DJe 19.05.2008.
[610] SÁ, Rodrigo Mendes de. Os meios consensuais de solução de conflitos na esfera judicial e o Poder Público: análise do artigo 4º da Lei nº 9.469/97 à luz da sistemática dos recursos repetitivos no STF e no STJ. *Publicações da Escola da AGU*, Brasília, p. 261-285. p. 274.
[611] Constituição da República Federativa do Brasil. Art. 5º. XXXV - a lei não excluirá da apreciação do Poder Judiciário lesão ou ameaça a direito.

O Supremo Tribunal Federal ainda não enfrentou especificamente a discussão relativa à definitividade das transações firmadas pela Administração Pública. Há, no entanto, precedente que pode servir de norte para o debate, que é o julgado AgRg na SE nº 5.206, no qual a Suprema Corte se posicionou pela constitucionalidade da Lei nº 9.307/96, que instituiu a arbitragem no Brasil no que toca à exclusão, do âmbito de apreciação jurisdicional, do mérito das decisões proferidas em processos arbitrais.[612] Naquela oportunidade, o principal fundamento para tanto foi a tutela da liberdade dos atores envolvidos no conflito arbitral, que autonomamente decidem por não levarem o seu litígio ao Poder Judiciário, uma vez que em nenhuma hipótese alguém é *obrigado* a optar pela via arbitral como meio de solução do seu conflito.[613]

O argumento, porém, não pode ser aplicado diretamente para o caso das transações. Ainda que nenhum particular tampouco possa ser obrigado a se submeter a contratos administrativos transacionais, é sempre complicado se falar em liberdade no agir administrativo. Como já visto, a Administração Pública não goza de liberdade propriamente dita, assim como os particulares. Exatamente por força do princípio da indisponibilidade do interesse público, que atrela sua atuação inexoravelmente à concretização de determinados preceitos positivados no ordenamento jurídico, o exercício das margens de discricionariedade (e não *liberdade*) de que dispõem os agentes públicos está sempre condicionado ao atendimento do interesse público.

Ainda assim, é possível extrair do julgado AgRg na SE nº 5.206 conclusão interessante e apropriada ao tema das transações administrativas. É que, muito embora o acesso à justiça seja garantia fundamental protegida com máximo resguardo pela Constituição, o estabelecimento dessa espécie de acordo retira do particular e da própria Administração Pública o *interesse de agir* na propositura de ação judicial para revisitar os temas definidos na transação. Assim, careceria ao autor da demanda uma das condições essenciais da ação, a qual deveria ser liminarmente rejeitada, nos termos dos arts. 17 e 485, VI, do Código de Processo Civil.[614]

---

[612] BRASIL. Supremo Tribunal Federal, SE 5206 AgR, Relator(a): Min. Sepúlveda Pertence, Tribunal Pleno, julgado em 12.12.2001, DJ 30-04-2004.
[613] SOUZA, Luciane Moessa de. *Meios consensuais de solução de conflitos envolvendo entes públicos*: negociação, mediação e conciliação na esfera administrativa e judicial. Belo Horizonte: Fórum, 2012. p. 256.
[614] Código de Processo Civil. Art. 17. Para postular em juízo é necessário ter interesse e legitimidade; Art. 485. O juiz não resolverá o mérito quando: VI - verificar ausência de legitimidade ou de interesse processual.

A definitividade da transação é questão de suma importância. Sem a segurança de que o acordo firmado será definitivamente válido entre as partes, nem a Administração Pública, nem os particulares que com ela se relacionam irão se sentir em posições confortáveis para realizar esse tipo de acordo. De fato, restariam inócuos os diversos incentivos aos métodos consensuais de resolução de conflitos hoje existentes no ordenamento jurídico se as partes litigantes soubessem que os acordos entre elas estabelecidos pudessem ser revistos a qualquer tempo pelo Poder Judiciário.

Tecidas todas essas observações sobre as transações envolvendo a Administração Pública, resta claro que o estabelecimento dessa espécie de contratação administrativa consensual não encontra óbice no princípio da indisponibilidade do interesse público, o qual será devidamente atendido nas hipóteses em que se verificar que o reconhecimento e procedência das alegações do particular litigante significarão, em última análise, postura condizente com os princípios que norteiam a atuação da Administração Pública no Brasil, como (entre outros) legalidade, eficiência, motivação, publicidade e boa-fé.

Assim, concorda-se plenamente com Onofre Alves Batista Júnior quando o autor afirma, em acertada leitura acerca do conteúdo jurídico do princípio da indisponibilidade e de sua incidência nas relações consensuais da Administração Pública, que tal normativa "não retira a possibilidade de a Administração Pública transacionar, embora a solução concertada apenas possa ocorrer quando 'o melhor interesse público possível' apontar para a alternativa consensual, como a mais eficiente para satisfazer o bem comum".[615] Afinal, como ensina Eros Grau, é plenamente possível "dispor de direitos patrimoniais, sem que com isso se esteja a dispor do interesse público, porque a realização deste último é alcançada mediante a disposição daqueles".[616]

---

[615] BATISTA JÚNIOR, Onofre Alves. *Transações administrativas*: um contributo ao estudo do contrato administrativo como mecanismo de prevenção e terminação de litígios e como alternativa à atuação administrativa autoritária, no contexto de uma administração pública mais democrática. São Paulo: Quartier Latin, 2007. p. 510.
[616] GRAU, Eros Roberto. Arbitragem e Contrato Administrativo. *Revista da Faculdade de Direito da UFRGS*, Porto Alegre, n. 21, p. 141-148, mar. 2002. p. 148.

3.1.1.5 O cenário prático das transações judiciais envolvendo a Administração Pública no Brasil

Apesar de todo o exposto até aqui e das demonstradas validade e vantajosidade desses acordos para ambas as partes (quando respeitados os requisitos antes mencionados, obviamente), o que se vê atualmente é que a transação envolvendo a Administração Pública ainda é rarissimamente praticada. Em que pese o avanço doutrinário em sentido oposto, o senso comum da maioria dos agentes públicos envolvidos nesses feitos ainda é o de que ações em face da Fazenda Pública não comportam composição, o que já encerra de pronto qualquer mínima possibilidade que poderia haver de se chegar a um consenso com o particular conflitante. Por óbvio, não se defende que a Administração Pública passe a realizar esses acordos indiscriminadamente. Como já se disse anteriormente, o consenso não é um fim em si mesmo, tampouco é válido por si só. Trata-se de interessante instrumento que, se bem utilizado, pode auxiliar a Administração Pública a atingir com mais eficiência a perseguição do interesse público.

Dessa forma, o que se propõe é que, nos pleitos judiciais movidos em face da Fazenda Pública, ao contrário da atual prática de já se iniciar o processo (tanto os advogados públicos como os magistrados) com os olhos fechados a qualquer possibilidade de transação, que ao menos "seja efetivamente realizada uma análise fática e jurídica da pretensão do cidadão ou ente privado, a fim de identificar, de forma responsável e criteriosa, as situações em que é conivente ou mesmo obrigatório transigir".[617]

Desse modo, ainda que, evidentemente, não se possa falar em uma obrigatoriedade de a Administração buscar o consenso em todo e qualquer caso, o que deve, sim, existir é um dever do advogado público de avaliar a *possibilidade* de transação, para a qual deverá ser realizada uma análise criteriosa (i) dos fatos, provas e documentos existentes no processo, a fim de elucidar as questões fáticas trazidas pelo autor; (ii) do posicionamento doutrinário e, principalmente, jurisprudencial já existente sobre o tema em questão; e (iii) dos riscos e benefícios existentes na continuação do processo.[618]

---

[617] SOUZA, Luciane Moessa de. *Meios consensuais de solução de conflitos envolvendo entes públicos*: negociação, mediação e conciliação na esfera administrativa e judicial. Belo Horizonte: Fórum, 2012. p. 175.

[618] SOUZA, Luciane Moessa de. *Meios consensuais de solução de conflitos envolvendo entes públicos*: negociação, mediação e conciliação na esfera administrativa e judicial. Belo Horizonte: Fórum, 2012. p. 176.

É certo, pois, que os advogados públicos, para comprimirem com a missão institucional dos órgãos que representam, devem "recusar o conforto das negativas prontas, duvidar delas e esgotar as possibilidades de atuação dentro da legalidade antes de negar um caminho proposto".[619]

Trata-se, portanto, de uma mudança comportamental dos atores que participam dos processos judiciais envolvendo a Fazenda Pública, a qual, apesar de, à primeira vista, poder parecer inócua, certamente corresponderia a uma transformação da postura da Administração Pública, que assim poderia abandonar o papel de inflexível litigante que atualmente exerce. Se os magistrados aplicassem devidamente o art. 334 do Código de Processo Civil que demanda a realização de audiência prévia de conciliação ou mediação também nos casos em que seja parte a Fazenda Pública e se os advogados públicos fossem despidos de qualquer preconceito dogmático em relação à possibilidade jurídica de transação a partir dessas audiências, certamente boa parte dessas ações seria encerrada precocemente, trazendo benefícios para ambas as partes do processo.

A mesma lógica evidentemente também deve ser aplicada aos processos administrativos. Por óbvio, não se deve esperar que os cidadãos prejudicados por algum ato ou omissão da Administração Pública tenham que ingressar em juízo para tentar alguma espécie de acordo com o Poder Público. Cada vez mais o reconhecimento dessas ilicitudes deve ocorrer já na via administrativa, evitando-se o ajuizamento desenfreado de ações "desnecessárias" (no sentido de que poderiam ser resolvidas mediante autocomposição entre as partes, sem a necessidade de intervenção jurisdicional), que atualmente abarrotam o Poder Judiciário brasileiro, prejudicando todos os interessados nesses conflitos.

3.1.2 O cabimento da arbitragem no direito administrativo: o interesse público exige intervenção jurisdicional?

3.1.2.1 A arbitragem e a consensualização do direito administrativo

A arbitragem se trata de meio alternativo e facultativo de solução de controvérsias, pelo qual as partes, no exercício de sua autonomia de

---

[619] BUCCI, Maria Paula Dallari. Um decálogo para a advocacia pública. *Fórum Administrativo – FA*, Belo Horizonte, ano 10, n. 107, jan. 2010. Disponível em: http://www.bidforum.com.br/PDI0006.aspx?pdiCntd=65012.

vontade, pactuam pela contratação de um ou mais particulares para atuarem como os árbitros que irão resolver o litígio, através de decisão que se equipara, para tantas finalidades, a uma decisão judicial, inclusive sendo protegida com a garantia de coisa julgada material (art. 5º, XXXVI, da CF)[620] e ostentando a qualidade de título executivo judicial (art. 31 da Lei nº 9.307/96 e art. 515, VII, do CPC).[621] [622]

De início, é importante diferenciar a arbitragem dos métodos autocompositivos de solução de litígio, como mediação e conciliação. A semelhança que guarda com eles reside no fato de serem todos meios alternativos à jurisdição, mas, na arbitragem, a resolução do conflito não se dá de modo amigável. O consenso necessário entre partes limita-se à escolha de levar o litígio para a via arbitral e dos procedimentos disso decorrentes.

Tampouco há, na arbitragem, qualquer disposição de bens ou direitos materiais pelas partes. Exatamente por ser um ambiente litigioso, nenhuma das partes no processo arbitral irá renunciar ou transigir. Como ensina Eduardo Talamini, "ao se submeter uma pretensão ao juízo arbitral não se está renunciando a ela, não se está abrindo mão do direito material que eventualmente existe. Apenas se está abdicando do direito de obter do Judiciário a solução para a questão".[623]

Assim, é a decisão do tribunal arbitral, com força de título executivo judicial, que irá definir quem está com a razão no entrave estabelecido, razão pela qual a única renúncia realizada pelas partes em um processo arbitral é simplesmente em relação à obtenção de uma decisão estatal sobre o conflito (direito estritamente processual). Fora isso, o processo arbitral se comporta como um processo judicial, em que um terceiro imparcial é que deliberará sobre os direitos das partes (e não elas próprias definirão isso mediante renúncia ou concessões recíprocas, como ocorre na mediação e na conciliação).

---

[620] Constituição da República Federativa do Brasil. Art. 5º. XXXV - a lei não excluirá da apreciação do Poder Judiciário lesão ou ameaça a direito.

[621] Lei nº 9.307/96. Art. 31. A sentença arbitral produz, entre as partes e seus sucessores, os mesmos efeitos da sentença proferida pelos órgãos do Poder Judiciário e, sendo condenatória, constitui título executivo.
Código de Processo Civil. Art. 515. São títulos executivos judiciais, cujo cumprimento dar-se-á de acordo com os artigos previstos neste Título: VII - a sentença arbitral.

[622] AMARAL, Paulo Osternack. *Arbitragem e Administração Pública*: aspectos processuais, medidas de urgência e instrumentos de controle. Belo Horizonte: Fórum, 2012. p. 33.

[623] TALAMINI, Eduardo. A (in)disponibilidade do interesse público: consequências processuais (composições em juízo, prerrogativas processuais, arbitragem, negócios processuais e ação monitória) – versão atualizada para o CPC/2015. *Revista de Processo*, São Paulo, ano 42, n. 264, p. 83-107, fev. 2017. p. 98.

Inicialmente pensada mais para a resolução de litígios entre privados (não sem, no começo, também suscitar debates quanto à sua constitucionalidade nesse âmbito),[624] nos últimos anos têm crescido cada vez mais as defesas pela utilização da arbitragem também nos conflitos em que seja parte algum ente público.

Esse cenário de intenso fomento à arbitragem administrativa está intimamente relacionado com o fenômeno da consensualização do direito administrativo, sendo a arbitragem mais um dos exemplos da era de parcerias que se nota hodiernamente. Assim, é certo que, "no âmbito do próprio Direito Público, a arbitragem converge ainda para uma das mais fortes tendências do direito administrativo contemporâneo, que é o estímulo e a valorização da consensualidade na lida com o administrado".[625]

De fato, trata-se, como afirma Vivian Lima López Valle, de uma mudança paradigmática no modo de relacionamento da Administração Pública com seus parceiros privados, bastante estimulada por esse contexto de maior consensualidade. Segundo a autora, "com a substituição de uma administração de agressão e autoridade e a adoção de modelo paritário, consensual e cooperativo, surge um novo espaço para a utilização da arbitragem nas relações jurídico-administrativas".[626]

3.1.2.2 A arbitralidade subjetiva e objetiva nos conflitos envolvendo a Administração Pública: o critério da "disponibilidade" do direito

O cabimento da arbitragem em conflitos que envolvem a Administração Pública é tema que suscita diversos debates.[627] Para

---

[624] ACCIOLY, João Pedro. Arbitragem e Administração Pública: um panorama global. *Revista Digital de Direito Administrativo*, Ribeirão Preto, v. 5, n. 1, p. 1-31, 2018. p. 2.

[625] ARAGÃO, Alexandre Santos de. A arbitragem no Direito Administrativo. *Revista da AGU*, Brasília, v. 16, n. 03, p. 19-58, jul./set. 2017. p. 23.

[626] VALLE, Vivian Lima López. *Contratos administrativos e um novo regime jurídico de prerrogativas contratuais na Administração Pública contemporânea*: da unilateralidade ao consenso e do consenso à unilateralidade na relação contratual administrativa. Belo Horizonte: Fórum, 2018. p. 185.

[627] Muitos deles travados exatamente a partir do princípio da indisponibilidade do interesse público, fazendo com que Carlos Ari Sundfeld e Jacintho Arruda Câmara chegassem a qualificar os argumentos desenvolvidos com base nesse princípio contra a arbitragem como um "lugar comum". SUNDFELD, Carlos Ari; CÂMARA, Jacintho Arruda. O Cabimento da Arbitragem nos Contratos Administrativos. *Revista de Direito Administrativo*, Rio de Janeiro, n. 248, p. 117-126, 2008. p. 118. Também nessa linha, Alexandre Santos de Aragão defende que a incidência do princípio da indisponibilidade do interesse público nos debates

entendê-los, deve-se antes compreender os conceitos de arbitralidade subjetiva e objetiva que são tratados pela própria Lei nº 9.307/96, norma de abrangência nacional responsável por regulamentar essa via alternativa de solução de litígios.

A *arbitralidade subjetiva* diz respeito ao *sujeito* que está submetendo à arbitragem, ou seja, a *quem pode fazer parte de uma arbitragem*. A questão é bastante simples: o art. 1º da referida lei prevê que "as pessoas capazes de contratar poderão valer-se da arbitragem (...)". Assim, o critério para aferição da arbitralidade subjetiva coincide com o da capacidade civil.

A partir disso, poderia parecer inquestionável o cumprimento do requisito da arbitralidade subjetiva por parte do Poder Público. Afinal, de acordo com os arts. 1º e 41 do Código Civil,[628] a União, estados, Distrito Federal, municípios, bem como as entidades da Administração Pública indireta, são pessoas jurídicas que podem contrair direitos e obrigações através de relações civis. Sendo assim, não haveria por que se pensar em óbices, nesse ponto, à realização de arbitragem envolvendo esses entes.

No entanto, anteriormente era comum que se defendesse a necessidade de lei específica autorizando a participação da Administração Pública em litígios arbitrais. Autores de renome, como Luís Roberto Barroso e Ricardo Marcondes Martins, por exemplo, sustentavam essa posição.[629] Também vale citar o específico trabalho de Demerval Ferreira de Arruda Júnior sobre o tema, que, por entender que a arbitragem só poderia ser utilizada por aqueles que tomassem essa decisão no exercício de sua *autonomia de vontade* (algo estranho à esfera do Estado, que deve se manifestar nas estritas formas da lei), afirmava que "o administrador público que concede a um particular – o árbitro – o poder de dirimir

---

acerca do cabimento de procedimentos arbitrais nos litígios administrativos "só exaspera o nó dogmático que embaraça o tratamento do tema, pois alguns autores, com base nele, sustentam a indisponibilidade e, portanto, a inarbitrabilidade de todos os direitos de que a Administração é titular". ARAGÃO, Alexandre Santos de. A arbitragem no Direito Administrativo. *Revista da AGU*, Brasília, v. 16, n. 03, p. 19-58, jul./set. 2017. p. 27.

[628] Código Civil. Art. 1º. Toda pessoa é capaz de direitos e deveres na ordem civil. Art. 41. São pessoas jurídicas de direito público interno: I - a União; II - os Estados, o Distrito Federal e os Territórios; III - os Municípios; IV - as autarquias, inclusive as associações públicas; V - as demais entidades de caráter público criadas por lei.

[629] BARROSO, Luís Roberto. Sociedade de economia mista prestadora de serviço público. Cláusula arbitral inserida em contrato administrativo sem prévia autorização legal. Invalidade. *Revista de Direito Bancário, do Mercado de Capitais e da Arbitragem*, São Paulo, n. 19, p. 433, jan./mar. 2003; MARTINS, Ricardo Marcondes. Arbitragem e Administração Pública: contribuição para o sepultamento do tema. *Interesse Público – IP*, Porto Alegre, ano 12, n. 63, nov./dez. 2010. Disponível em: http://www.bidforum.com.br/bidLogin. aspx?ReturnUrl=%2fbid%2fPDI0006.aspx%3fpdiCntd%3d70916&pdiCntd=70916.

uma controvérsia concernente ao Estado nada mais faz que renunciar à legalidade".[630]

A bem da verdade, a doutrina e a jurisprudência já eram amplamente favoráveis à realização de arbitragens envolvendo entidades públicas, sendo, portanto, difícil se falar que existia um grande debate sobre isso. De todo modo, a promulgação da Lei nº 13.129/15 encerrou de vez qualquer possível objeção nesse sentido. Referida lei inseriu, entre outros dispositivos, o §1º ao já citado art. 1º, esclarecendo, com isso, que "a administração pública direta e indireta poderá utilizar-se da arbitragem (...)".

A mais intensa controvérsia a respeito do tema da arbitragem no direito administrativo, então, reside no requisito da *arbitralidade objetiva*, que se relaciona às *matérias que podem ser objeto de arbitragem*. É que, assim como ocorre com as pessoas privadas, o simples fato de o Estado *poder* realizar arbitragens (arbitralidade subjetiva) não significa que toda e qualquer litígio em que seja parte possa ser *objeto* de arbitragem (arbitralidade objetiva).

A Lei nº 13.129/15, apesar de editada especialmente para disciplinar o cabimento da arbitragem na Administração Pública, não trouxe nenhuma contribuição para o tema da arbitralidade objetiva. Como afirma Rafael Véras de Freitas, é inconteste que "o novel diploma perdeu uma grande oportunidade de avançar no tema da arbitrabilidade objetiva, isto é, em estipular, pelo menos, uma lista exemplificativa de quais matérias poderão ser submetidas ao juízo arbitral quando se tratar de arbitragem que envolva o Poder Público".[631]

A referida lei repetiu no §1º do art. 1º o termo que já vinha descrito no *caput* desse dispositivo desde a promulgação da Lei nº 9.307/96. Com isso, continua-se sabendo apenas que podem ser submetidos à via arbitral litígios que discorram sobre *direitos patrimoniais disponíveis* (tanto nos conflitos entre privados como naqueles em que alguma entidade pública seja parte).

A questão a ser resolvida, então, para tentar entender o âmbito de utilização da arbitragem pela Administração Pública é identificar o conceito desse termo "direitos patrimoniais disponíveis", tendo

---

[630] ARRUDA JÚNIOR, Demerval Ferreira de. O Estado, a jurisdição e a arbitragem: para começo de conversa. *Revista da Procuradoria-Geral do Estado de São Paulo*, São Paulo, n. 75, p. 21-31, jan./jun. 2012. p. 28.

[631] FREITAS, Rafael Véras de. Novos desafios da arbitralidade objetiva nas concessões. *Revista de Direito Público da Economia – RDPE*, Belo Horizonte, ano 14, n. 53, p. 199-227, jan./mar. 2016. p. 200.

em vista que a legislação não traz nenhuma resposta direta para esse questionamento. E é nesse ponto que o tema da arbitragem começa a se interligar mais intimamente com o princípio da indisponibilidade do interesse público.

Conforme reconhece Vivian Lima López Valle, esse problema (da falta de conceituação adequada do termo "direitos patrimoniais disponíveis") está entre os principais "desafios a serem enfrentados para garantir a eficácia da arbitragem e para evitar desvios de finalidade, pessoalidade no trato dos conflitos durante a execução do contrato e até interferências econômicas e políticas na solução dos casos concretos, com claro prejuízo ao interesse público".[632]

Em relação à qualidade de patrimonialidade, não existem maiores dúvidas. Patrimoniais são os direitos cujo conteúdo ou cujo reflexo podem ser exprimidos em valores monetários. É interessante ressaltar que não apenas os direitos cujo conteúdo jurídico propriamente dito possua natureza patrimonial é que podem ser objeto de arbitragem. Quanto a eles, a identificação da patrimonialidade é imediata. Pense-se, por exemplo, no direito ao reequilíbrio econômico-financeiro de uma empresa contratada pelo Poder Público para realização de uma obra no caso de superveniência de fato excepcional que aumente os custos desproporcionalmente os custos da contratada (art. 57, §1º, II, da Lei nº 8.666/93).[633]

No entanto, em muitos casos, mesmo que esse conteúdo não seja diretamente expresso em termos pecuniários, reflexos dele podem ser. É o que ocorre no caso de violação a um termo de privacidade que a Administração tenha estabelecido com parceiro privado. Nessa hipótese, a infração jurídica a esse dever pode ser convertida em perdas e danos, gerando à parte lesada direito ao recebimento de indenização por eventuais danos morais e/ou materiais que tenha sofrido. Assim, ainda que inicialmente o direito em discussão não ostentasse imediato caráter patrimonial, não há dúvidas de que os reflexos dele advindos

---

[632] VALLE, Vivian Lima López. *Contratos administrativos e um novo regime jurídico de prerrogativas contratuais na Administração Pública contemporânea*: da unilateralidade ao consenso e do consenso à unilateralidade na relação contratual administrativa. Belo Horizonte: Fórum, 2018. p. 190.

[633] Lei nº 8.666/93. Art. 57. §1º. Os prazos de início de etapas de execução, de conclusão e de entrega admitem prorrogação, mantidas as demais cláusulas do contrato e assegurada a manutenção de seu equilíbrio econômico-financeiro, desde que ocorra algum dos seguintes motivos, devidamente autuados em processo: II - superveniência de fato excepcional ou imprevisível, estranho à vontade das partes, que altere fundamentalmente as condições de execução do contrato.

ostentam, sendo, pois, plenamente cabível a arbitragem para dirimir controvérsia a esse respeito.

Desse modo, se a patrimonialidade é característica facilmente identificável nos direitos existentes nas relações jurídico-administrativas, logicamente é a *disponibilidade* desses direitos a questão que suscita as maiores polêmicas no que tange à arbitralidade objetiva dos litígios envolvendo a Administração Pública.

O tema já foi enfrentado no item anterior como forma de demonstrar a possibilidade de a Administração Pública realizar contratos transacionais com o objetivo de evitar ou encerrar litígios de que seja parte. Já se expôs, portanto, que o princípio da indisponibilidade não cria óbice intransponível à realização desses acordos, mas somente impõe determinadas condições em suas celebrações para que eles sejam válidos. Assim, também como ocorre nas transações analisadas anteriormente, na arbitragem é igualmente possível considerar como direitos disponíveis da Administração "todos aqueles que podem ser transacionados sem prejuízo para o interesse público ou para a adoção da solução ótima na tomada da decisão administrativa".[634]

Aplicando essa conceituação ao campo da arbitragem (a qual, em última análise, é um acordo bilateral de vontades, assim como os contratos transacionais), tem-se que podem ser objeto de disputa arbitral os direitos titularizados pela Administração que também poderiam por ela ser dispostos através de contratação com particulares. Isto é, se o ordenamento jurídico reconhece que a Administração Pública possui competência e legitimidade para dispor de parcela do patrimônio público para, por exemplo, remunerar um parceiro privado pela construção de uma obra pública, não faria sentido considerar que controvérsias a respeito dessa relação não fossem igualmente disponíveis e, portanto, arbitráveis.

São certeiras, nesse sentido, as palavras de Alexandre Santos de Aragão ao pontuar que "não faz sentido entender que os direitos são 'disponíveis' para poderem ser estabelecidos mediante um acordo de vontades (contrato) e, de outro lado, entender que são 'indisponíveis' para vedar que as controvérsias dele oriundas possam ser submetidas à

---

[634] VALLE, Vivian Lima López. *Contratos administrativos e um novo regime jurídico de prerrogativas contratuais na Administração Pública contemporânea*: da unilateralidade ao consenso e do consenso à unilateralidade na relação contratual administrativa. Belo Horizonte: Fórum, 2018. p. 192.

arbitragem".[635] Desse modo, o mais correto é entender que, ao pontuar que podem ser objeto de arbitragem apenas os direitos patrimoniais disponíveis, "a Lei de Arbitragem afastou de seu âmbito de aplicação apenas os temas que não admitissem contratação pelas partes".[636] Como demonstrado no tópico anterior, a regra nas relações de direito público é a desnecessidade de intervenção jurisdicional. Há exceções, como a que ocorre em relação à persecução penal, por exemplo. O acusado pode até reconhecer ser o responsável pelo crime e apresentar-se ao Estado para receber a punição cabível, mas ainda assim é indispensável o processamento do feito perante o Poder Judiciário. Até mesmo no âmbito do direito privado existem exemplos nesse mesmo sentido, como o que se passa com a separação de casais na qual esteja envolvido filho menor de idade.[637]

Portanto, ao contrário do que apontam algumas interpretações mais apressadas sobre o tema,[638] a mais adequada leitura do princípio da indisponibilidade do interese público não impede que a Administração reconheça autonomamente direitos dos particulares com quem, por algum motivo, se encontre em litígio. Trata-se de imposição decorrente, entre outros, dos princípios constitucionais da legalidade (visto que seria ilegal a busca pela Administração da negativa de direitos legitimamente titularizados pelos cidadãos), da eficiência (visto que o acordo para evitar ou encerrar prematuramente esses conflitos diminui os custos com os quais o Poder Público deve arcar por conta do litígio) e da boa-fé (visto que não poderia ser considerado ética ou moral a postura da Administração Pública em deliberadamente tentar protelar a tutela do direito do particular).

---

[635] ARAGÃO, Alexandre Santos de. *Empresas Estatais*: O Regime Jurídico das Empresas Públicas e Sociedades de Economia Mista. Rio de Janeiro: Forense, 2017. p. 403.

[636] SUNDFELD, Carlos Ari; CÂMARA, Jacintho Arruda. O Cabimento da Arbitragem nos Contratos Administrativos. *Revista de Direito Administrativo*, Rio de Janeiro, n. 248, p. 117-126, 2008. p. 120.

[637] TALAMINI, Eduardo. A (in)disponibilidade do interesse público: consequências processuais (composições em juízo, prerrogativas processuais, arbitragem, negócios processuais e ação monitória) – versão atualizada para o CPC/2015. *Revista de Processo*, São Paulo, ano 42, n. 264, p. 83-107, fev. 2017. p. 87.

[638] Veja-se, por exemplo, a opinião de Ricardo Marcondes Martins defendendo o descabimento da arbitragem no direito administrativo por conta do princípio da indisponibilidade do interesse público: "A teoria que sustenta a possibilidade da utilização da arbitragem pela Administração para os interesses disponíveis desta deve ser rechaçada porque a Administração, conceitualmente, não possui interesses disponíveis". MARTINS, Ricardo Marcondes. Arbitragem e Administração Pública: contribuição para o sepultamento do tema. *Interesse Público – IP*, Belo Horizonte, ano 12, n. 63, nov./dez. 2010. Disponível em: http://www.bidforum.com.br/bid/PDI0006.aspx?pdiCntd=70916.

É por essas razões que Eduardo Talamini, na perquirição de um critério mais concreto para a definição da arbitralidade objetiva no direito administrativo, conclui que "cabe arbitragem toda vez que a matéria envolvida for do tipo que possa ser resolvida pelas próprias partes, independentemente de ingresso em juízo".[639]

A proposta é interessante principalmente por acentuar que não se pode pensar, quando se está falando de arbitragem administrativa, apenas nos direitos que são objeto de contratos com conteúdo comercial. Além deles, também podem ser submetidos à arbitragem aqueles direitos que podem ser objeto de renúncia ou transação por parte da Administração – isto é, direitos sobre os quais a Administração está autorizada a reconhecer como legítimos dos particulares que os reivindicam, sem necessidade de haver uma decisão judicial para tanto.

3.1.2.3 A suposta inconstitucionalidade da utilização da via arbitral pela Administração Pública

Seguindo, é importante mencionar alguns outros pontos que, muito embora não diretamente relacionados à questão da arbitralidade objetiva, são frequentemente levantados como supostas barreiras à realização de arbitragem por parte do Poder Público. Mesmo com autorização legislativa para tanto, há quem entenda, pelos motivos a seguir expostos, ser inconstitucional a resolução de conflitos públicos pela via arbitral.

Cita-se, em primeiro lugar, a crítica desferida por Celso Antônio Bandeira de Mello a essa via alternativa de solução de controvérsias públicas. O autor – é imprescindível que se ressalte – desenvolve sua análise pensando principalmente nos casos relacionados a concessões de serviços públicos, tendo em vista que, muito antes de a Lei nº 13.129/15 estipular aquela cláusula autorizativa geral de arbitragem no direito público, o art. 23-A da Lei nº 8.987/98[640] e o art. 11, III, da Lei nº

---

[639] TALAMINI, Eduardo. A (in)disponibilidade do interesse público: consequências processuais (composições em juízo, prerrogativas processuais, arbitragem, negócios processuais e ação monitória) – versão atualizada para o CPC/2015. *Revista de Processo*, São Paulo, ano 42, n. 264, p. 83-107, fev. 2017. p. 99.
[640] Lei nº 8.987/98. Art. 23-A. O contrato de concessão poderá prever o emprego de mecanismos privados para resolução de disputas decorrentes ou relacionadas ao contrato, inclusive a arbitragem, a ser realizada no Brasil e em língua portuguesa, nos termos da Lei nº 9.307, de 23 de setembro de 1996.

11.079/04[641] já previam a possibilidade de utilização de arbitragem para resolução dos conflitos gerados a partir de contratos administrativos de concessão comum, administrativa ou patrocinada de serviços públicos. Pois bem. Segundo Bandeira de Mello, não é admissível do ponto de vista constitucional que particulares (os árbitros) sejam elevados à posição de decidir um conflito em que se discutam interesses relacionados a serviços públicos, porque estes "não se constituem em bens disponíveis, mas indisponíveis, coisas *extra commercium*". Percebe-se nas palavras do administrativista uma grande descrença no procedimento arbitral e, principalmente, no fato de serem particulares os responsáveis por seu trâmite: "Permitir que *simples* árbitros disponham sobre matéria litigiosa que circunde um serviço público e que esteja, destarte com ele imbricada, *ofenderia* o papel constitucional do serviço público e a própria *dignidade* que o envolve".[642]

Além da desconfiança subjetiva do autor em relação ao instituto da arbitragem por si próprio (a qual não comporta maiores discussões), parece claro que a objeção com base na teoria do serviço público não procede. Ora, a titularidade dos serviços públicos é de fato irrenunciável, tendo em vista as disposições constitucionais vinculantes existentes a esse respeito. Esse ponto do regime jurídico dos serviços públicos está, portanto, indiscutivelmente fora do alcance das matérias passíveis de serem submetidas à arbitragem ou a qualquer método de negociação.

No entanto, também não se discute que a execução material desses serviços pode ser delegada a particulares (afinal, trata-se, tanto quanto a questão da titularidade, de disposição constitucional), a qual se concretiza através de contratação formalizada entre a Administração Pública e o particular concessionário. Assim, são os direitos oriundos dessa contratação que podem ser objeto de disputa em uma arbitragem, como, por exemplo, discussões atinentes aos preços das tarifas, às condições de pagamento, ao cronograma de investimento, aos financiamentos públicos no empreendimento, etc.[643] Assim, como bem explica

---

[641] Lei nº 11.079/04. Art. 11. O instrumento convocatório conterá minuta do contrato, indicará expressamente a submissão da licitação às normas desta Lei e observará, no que couber, os §§3º e 4º do art. 15, os arts. 18, 19 e 21 da Lei nº 8.987, de 13 de fevereiro de 1995, podendo ainda prever: III – o emprego dos mecanismos privados de resolução de disputas, inclusive a arbitragem, a ser realizada no Brasil e em língua portuguesa, nos termos da Lei nº 9.307, de 23 de setembro de 1996, para dirimir conflitos decorrentes ou relacionados ao contrato.

[642] MELLO, Celso Antônio Bandeira de. *Curso de Direito Administrativo*. 32. ed. São Paulo: Malheiros, 2015. p. 812.

[643] SUNDFELD, Carlos Ari; CÂMARA, Jacintho Arruda. O Cabimento da Arbitragem nos Contratos Administrativos. *Revista de Direito Administrativo*, Rio de Janeiro, n. 248, p. 117-126, 2008. p. 125.

Paulo Osternack Amaral, "a opção pela via arbitral não significa a abdicação, transferência ou transação acerca desses serviços", uma vez que se trata "apenas da submissão a uma via diversa do Poder Judiciário de um litígio que ostente as características de patrimonialidade e disponibilidade".[644]

Por sua vez, Lúcia Valle Figueiredo entende como inconstitucional a realização de processo arbitral tendo entes públicos como partes por conta da previsão constitucional das regras de *competência jurisdicional* das ações envolvendo a União, suas entidades autárquicas e empresas públicas (art. 109, I).[645] Para a autora, tal determinação constitucional exclui qualquer possibilidade de que tais conflitos sejam julgados em outro *locus* que não a Justiça Federal,[646] ou seja, uma vez que tais ações, por força constitucional, sequer poderiam ser apreciadas pela Justiça Estadual, quanto mais por um processo não estatal de resolução de controvérsias.

Tal crítica assemelha-se, de certo modo, àquela feita por Ricardo Marcondes Martins, para quem o legislador ordinário não pode "atribuir a outrem que não o magistrado a prerrogativa de dizer a última palavra sobre o interesse público". Em seu entendimento, por força do princípio da supremacia do interesse público (e não tanto da indisponibilidade, o qual deixa de ser um óbice a partir da existência de autorização legislativa), não existe "razão justificável para retirar do agente considerado o oráculo do Direito, do agente habilitado e qualificado pelo sistema para dar a última palavra sobre o jurídico, a competência para o exame das questões afetas ao interesse público".[647]

A resposta para ambos os questionamentos é muito simples: o ordenamento jurídico não *exige* que Poder Público obrigatoriamente tenha que resolver todos os seus conflitos pela via jurisdicional. A inafastabilidade da jurisdição (art. 5º, XXXV, da CF) é uma garantia, um meio oferecido pela Constituição para viabilizar a proteção dos outros direitos que o próprio texto constitucional e a legislação infraconstitucional

---

[644] AMARAL, Paulo Osternack. *Arbitragem e Administração Pública*: aspectos processuais, medidas de urgência e instrumentos de controle. Belo Horizonte: Fórum, 2012. p. 57.

[645] Constituição da República Federativa do Brasil. Art. 109. Aos juízes federais compete processar e julgar: I - as causas em que a União, entidade autárquica ou empresa pública federal forem interessadas na condição de autoras, rés, assistentes ou oponentes, exceto as de falência, as de acidentes de trabalho e as sujeitas à Justiça Eleitoral e à Justiça do Trabalho.

[646] FIGUEIREDO, Lúcia Valle. *Curso de Direito Administrativo*. 8. ed. São Paulo: Editora Malheiros, 2006.

[647] MARTINS, Ricardo Marcondes. Arbitragem e Administração Pública: contribuição para o sepultamento do tema. *Interesse Público – IP*, Belo Horizonte, ano 12, n. 63, nov./dez. 2010. Disponível em: http://www.bidforum.com.br/bid/PDI0006.aspx?pdiCntd=70916.

declaram. Não se trata, portanto, de dever de submissão ao Judiciário.

Nesse sentido, se a Administração assim quiser, evidentemente pode dispor dessa garantia, caso considere, motivadamente, que a solução do litígio pela via arbitral é mais interessante para o atingimento do interesse público que levar a causa ao Poder Judiciário.

Ademais, desde a Lei nº 13.129/15 não existe mais fundamento para suportar a tese de que o magistrado estatal é o único "oráculo do direito", o único "agente habilitado e qualificado pelo sistema para dar a última palavra sobre o jurídico". Ora, ao prever que a Administração Pública pode buscar a resolução de suas controvérsias também através de procedimento arbitral e que a decisão final desse procedimento é protegida com a garantia de coisa julgada material e ostenta a qualidade de título executivo judicial, o ordenamento jurídico repartiu essa competência – antes afeta exclusivamente aos magistrados estatais – com os particulares que forem legitimamente escolhidos para o exercício da função arbitral.

Tampouco há como se aceitar que tal decisão legislativa por si própria represente um atendimento de interesses privados em detrimento do interesse público, pois, na realidade, a arbitragem apresenta-se simplesmente como mais um meio disponível para o atendimento do interesse público. Atualmente, o agente público competente, quando se deparar com pretensão de algum cidadão contrária à pessoa jurídica da Administração Pública, pode escolher entre (i) resolver amigavelmente essa questão por meio de acordos transacionais, (ii) processá-la na via administrativa, (iii) levar a controvérsia para apreciação jurisdicional ou (iv) instaurar um processo arbitral para resolver o conflito. E é exatamente o objetivo de persecução do interesse público que deve nortear a tomada da decisão administrativa nesse âmbito.

3.1.2.4 O interesse público existente na opção da resolução de conflitos pela via arbitral

São diversos os benefícios advindos do processo arbitral em relação à jurisdição estatal tanto para a Administração como para os litigantes particulares, o que justifica a adoção dessa via como meio de concretização do interesse público.

A *possibilidade de escolha dos* árbitros é frequentemente apontada como um dos principais benefícios alcançados com o método arbitral de solução de controvérsias.[648] A esse respeito, a Lei nº 9.307/96 apenas dispõe que, para ser árbitro, a pessoa deve ser civilmente capaz e deve contar com a confiança das partes (art. 13, *caput*),[649] o que abre a possibilidade de que seja escolhido como árbitro um profissional que nem mesmo seja da área jurídica.

Na maior parte dos casos, o tribunal arbitral é formado por três árbitros: um escolhido por cada uma das partes e um terceiro escolhido por esses dois profissionais em comum acordo. Por conta disso, é importante ressaltar que os árbitros não exercem suas funções de modo a defender ou privilegiar quem os indicou para aquela incumbência. Sua atuação deve ser imparcial. Como ensina Carlos Alberto Carmona, do mesmo modo que o juiz, o árbitro "coloca-se entre as partes e acima delas: esta é a condição básica para que o árbitro possa exercer sua atividade, garantindo justiça para os contendentes".[650] O litigante, então, limita-se a indicar o árbitro por considerá-lo competente e por saber que dele pode esperar um julgamento de qualidade, não porque possui a expectativa de que ele vá interceder em seu favor.

Essa questão da confiança é inclusive vista como um ponto vantajoso da arbitragem. É a opinião de Paulo Osternack do Amaral ao elencar como benefício da arbitragem o fato de que, "ao contrário do que ocorre nos litígios submetidos ao Poder Judiciário, em que a demanda é apreciada por pessoa, em regra, completamente desconhecida das partes, na arbitragem as partes nomeiam como árbitro uma pessoa de sua confiança".[651]

O argumento, no entanto, causa certa estranheza, ainda mais quando aplicado aos casos de arbitragem envolvendo entidades públicas. É que os magistrados da jurisdição estatal, erigidos a essa função após concurso público de provas e títulos através do qual (ao menos em teoria) garantam-se a imparcialidade e a eficiência no agir administrativo, deveriam contar com a máxima confiança das partes. Aqui, evidentemente, está-se falando em uma confiança geral e abstrata, não sem se olvidar, porém, que, por situações do cotidiano, alguns magistrados podem acabar por perder essa qualidade, notadamente

---

[648] AMARAL, Paulo Osternack. *Arbitragem e Administração Pública*: aspectos processuais, medidas de urgência e instrumentos de controle. Belo Horizonte: Fórum, 2012. p. 36.
[649] Lei nº 9.307/96. Art. 13. Pode ser árbitro qualquer pessoa capaz e que tenha a confiança das partes.
[650] CARMONA, Carlos Alberto. *Arbitragem e Processo*: Um Comentário à Lei nº 9.307/96. São Paulo: Atlas, 2009, p. 241.
[651] AMARAL, Paulo Osternack. *Arbitragem e Administração Pública*: aspectos processuais, medidas de urgência e instrumentos de controle. Belo Horizonte: Fórum, 2012. p. 38.

quando exercem suas funções em desatenção aos valores que deveriam norteá-los.

De todo modo, é impensável que a Administração Pública possa optar pela via arbitral para a solução de litígios porque confia mais em árbitros privados do que nos magistrados que ela mesma selecionou para exercerem uma das funções públicas mais relevantes na sociedade. Evidentemente há razões mais consistentes para fundamentar essa decisão.

Uma delas diz respeito à maior tecnicidade dos árbitros em relação aos magistrados togados. É que, por poderem ser escolhidos de modo especial para cada litígio, em regra a arbitragem conta com profissionais especialistas naquela específica área em que se trava o litígio. Inclusive, como já dito, os árbitros podem até mesmo não ser da área do direito, algo que se mostra profícuo em alguns casos. Pense-se, por exemplo, em conflito no qual a Administração Pública e uma empresa privada discutam sobre de quem é a responsabilidade sobre o aumento nos custos da construção de dada obra pública em razão de efeitos deletérios gerados pelos materiais técnicos utilizados no empreendimento em questão. Em um caso como esse, a participação, como membro do tribunal arbitral, de um engenheiro ou geólogo, por exemplo, poderia ser de grande contribuição para a aferição da responsabilidade, por possuir os conhecimentos técnicos específicos para identificar se o dano em exame poderia ser enquadrado nas hipóteses excludentes de caso fortuito ou força maior.

Thiago Marrara e João Otávio Torelli Pinto também entendem que a possibilidade de escolha de árbitros especializados para atuarem como os profissionais responsáveis pela resolução do litígio é um dos fatores que comprovam a compatibilidade da arbitragem com a indisponibilidade do interesse público, notadamente porque esse benefício não é encontrado quando o conflito é levado ao Poder Judiciário e "submetido a juízes ordinários, os quais, via de regra, não atuam em processos de acordo com sua especialidade teórica, mas sim conforme critérios de seleção e de distribuição de pessoal que nem sempre observam a necessidade de conhecimento aprofundado nas matérias sob julgamento".[652]

Em que pese a inafastabilidade desse argumento, ele não deixa de ser mais um exemplo das falhas sistêmicas que permeiam a jurisdição

---

[652] MARRARA, Thiago; PINTO, João Otávio Torelli. Arbitragem e Administração Pública – Considerações sobre propostas de alteração da legislação. *Revista de Direito Público da Economia – RDPE*, Belo Horizonte, ano 12, n. 46, p. 223-248, abr./jun. 2014. p. 233-234.

estatal atualmente.[653] É evidente que os magistrados não necessitam ser notáveis especialistas em todas as áreas do conhecimento que circundam as causas que são levadas à sua apreciação (aliás, mais do que desnecessário, isso seria impossível). No entanto, isso não justifica o interesse do Estado em querer afastar do controle da jurisdição (por ele próprio criada e organizada) litígios de maior complexidade em que seja parte.

Infelizmente, se a Administração Pública está notando que via de regra pode obter de um tribunal arbitral uma decisão mais tecnicamente apurada do que de um juiz togado, é porque a magistratura estatal não está exercendo sua função com a excelência que é esperada. Na prática, porém, isso não se mostra como nenhuma grande surpresa. Cada vez mais a conjuntura da jurisdição estatal tem apontado para esse caminho. Muito, como demonstra Maurício Corrêa de Moura Rezende, em razão do problemático sistema de recrutamento de magistrados e do cenário de cultura produtivista atualmente vigentes no Brasil.[654] Como consequência desses fatores, tem-se recrutado magistrados com visões cada vez mais simplistas dos fenômenos jurídicos e muitas vezes mais preocupados em dar decisões de modo ágil do que de modo tecnicamente adequado.

Também nessa esteira de fuga das disfunções da jurisdição estatal, outro ponto comumente elogiado no procedimento arbitral é a *celeridade* pela qual esses processos são caracterizados. Como se sabe, no Brasil os processos judiciais demoram anos (às vezes até décadas). O cenário é ainda pior nos casos dos processos judiciais envolvendo a Fazenda Pública, notadamente porque não raramente verifica-se um exercício abusivo e protelatório das prerrogativas processuais conferidas ao Poder Público como forma de retardar o resultado final do processo.[655] Essa lentidão não é interessante a ninguém, nem aos particulares, nem à própria Administração Pública.

O processo arbitral, por outro lado, caracteriza-se (ao menos por enquanto) por ser profundamente célere, isso porque (i) árbitros, em

---

[653] Thiago Marrara e João Otávio Torelli Pinto são categóricos ao reconhecerem que "a multiplicação dos mecanismos alternativos ocorre como uma resposta a alguns problemas não solucionados pelo sistema judiciário". MARRARA, Thiago; PINTO, João Otávio Torelli. Arbitragem e Administração Pública – Considerações sobre propostas de alteração da legislação. *Revista de Direito Público da Economia – RDPE*, Belo Horizonte, ano 12, n. 46, p. 223-248, abr./jun. 2014. p. 225.

[654] Sobre o tema, ver: REZENDE, Maurício Corrêa de Moura. *Democratização do Poder Judiciário no Brasil*. São Paulo: Contracorrente, 2018.

[655] Sobre o abuso das prerrogativas processuais da Administração Pública, ver: BUCCI, Maria Paula Dallari. *Direito Administrativo e Políticas Públicas*. São Paulo: Saraiva, 2002. p. 134-141.

regra, não estão abarrotados de processos para analisar como juízes, o que possibilita um exame mais ágil da causa; (ii) há quase sempre um prazo fixado no termo arbitral para a prolação da sentença por parte do tribunal, após o que a decisão será inválida (art. 32, VII, da Lei nº 9.307/96);[656] (iii) não há possibilidade de interposição de recurso (salvo embargos de declaração) contra a decisão do tribunal arbitral (art. 18 da Lei nº 9.307/96).[657]

Além disso, a possibilidade de *flexibilização do procedimento* é enxergada como outra vantajosidade do processo arbitral. Em uma arbitragem, são as partes quem estipulam os prazos que terão para cada manifestação, as etapas do processo, a forma de produção das provas, o método de resolução das controvérsias surgidas no decorrer da tramitação processual, etc. É bem verdade que com a previsão do art. 190 no Novo Código de Processo Civil também em processos jurisdicionais a Administração Pública está autorizada a realizar boa parte das flexibilizações permitidas pela arbitragem.[658] No entanto, como será analisado no item seguinte, a elaboração de negócios processuais envolvendo a Fazenda Pública ainda é muito incipiente, enquanto, na arbitragem, essa flexibilidade faz parte da essência do procedimento.

Diante de todos esses benefícios, diversos autores já constataram que a adoção da via arbitral, principalmente nas relações contratuais da Administração Pública, importa uma redução dos valores cobrados pelo parceiro privado, que vê reduzidos os riscos que deveria suportar se todos os conflitos gerados durante a execução contratual tivessem que ser resolvidos pelo Poder Judiciário.

É inquestionável, desse modo, que a possibilidade de solucionar conflitos de maneira técnica, ágil e confiável é um fator imprescindível ao desenvolvimento de um ambiente de estabilidade e segurança que oportunize ao Poder Público a atração de investimentos e parceiros privados mais vantajosos.[659] Nesse sentido, Vivian Lima López Valle afirma que a arbitragem "é técnica consensual que agrega valor e

---

[656] Lei nº 9.307/96. Art. 32. É nula a sentença arbitral se: VII - proferida fora do prazo, respeitado o disposto no art. 12, inciso III, desta Lei.
[657] Lei nº 9.307/96. Art. 18. O árbitro é juiz de fato e de direito, e a sentença que proferir não fica sujeita a recurso ou a homologação pelo Poder Judiciário.
[658] Código de Processo Civil. Art. 190. Versando o processo sobre direitos que admitam autocomposição, é lícito às partes plenamente capazes estipular mudanças no procedimento para ajustá-lo às especificidades da causa e convencionar sobre os seus ônus, poderes, faculdades e deveres processuais, antes ou durante o processo.
[659] MARRARA, Thiago; PINTO, João Otávio Torelli. Arbitragem e Administração Pública – Considerações sobre propostas de alteração da legislação. *Revista de Direito Público da Economia – RDPE*, Belo Horizonte, ano 12, n. 46, p. 223-248, abr./jun. 2014. p. 223.

segurança ao contrato, prevenindo litígios judiciais e oportunizando a satisfação do interesse público no contrato de forma adequada e muito mais célere e econômica no comparativo com a tutela jurisdicional".[660] Do mesmo modo, Alexandre Santos de Aragão argumenta que a impossibilidade de solução de conflitos administrativos contratuais pela via arbitral acarretaria em um aumento dos custos de transação do negócio, com a consequente diminuição do ganho da Administração.[661] Tal cenário é demonstrado também através de análises econômicas sobre o tema.[662] Com efeito, em estudo específico sobre a arbitragem envolvendo a Administração Pública, Mariana Saraiva e Danielle Silva concluíram que a utilização da via arbitral pelo Poder Público "tem impacto positivo na economia, reduzindo os custos de transação, pois a inserção da cláusula arbitral no contrato desestimula o oportunismo tendo em vista que o agente sabe que o julgamento da causa será célere e eficiente, havendo a responsabilização necessária e eficaz para qualquer ato oportunista e de má-fé das partes".[663]

Obviamente, porém, a arbitragem não traz apenas benefícios em relação à jurisdição estatal. Há diversos riscos que devem ser ponderados antes da tomada da decisão administrativa pela submissão de um litígio público a via arbitral. Dentre eles, destacam-se: (i) existência de receio quanto à independência dos árbitros, que podem acabar privilegiando ilegitimamente a parte que os indicou para atuar no conflito ou até mesmo porque, por serem profissionais atuantes na iniciativa privada, podem tender a favorecer interesses dos particulares em detrimento dos interesses gerais da coletividade;[664] (ii) a inexistência de mecanismos que garantam um sistema de precedentes coerente e íntegro, que evite soluções diferenciadas para casos semelhantes, em

---

[660] VALLE, Vivian Lima López. *Contratos administrativos e um novo regime jurídico de prerrogativas contratuais na Administração Pública contemporânea*: da unilateralidade ao consenso e do consenso à unilateralidade na relação contratual administrativa. Belo Horizonte: Fórum, 2018. p. 197.

[661] ARAGÃO, Alexandre Santos de. A arbitragem no Direito Administrativo. *Revista da AGU*, Brasília, v. 16, n. 03, p. 19-58, jul./set. 2017. p. 24.

[662] Cf. TIMM, Luciano Benetti. Análise econômica da arbitragem. *Revista de Direito Público da Economia – RDPE*, Belo Horizonte, ano 15, n. 59, p. 155-173, jul./set. 2017.

[663] SARAIVA, Mariana de Souza; SILVA, Danielle Caroline. Pertinência da Utilização da Arbitragem pela Administração Pública: Uma Análise dos Princípios da Administração e dos Impactos Econômicos Financeiros. *Revista de Direito Administrativo e Gestão Pública*, Brasília, v. 2, n. 1, p. 18-36, jan./jun. 2016. p. 33.

[664] É de se ressaltar que, apesar dessa ressalva, há quem considere que "se pode esperar maior neutralidade do árbitro, se comparado a um Magistrado togado". TIMM, Luciano Benetti; SILVA, Thiago Tavares e. Os contratos administrativos e a arbitragem. *Revista Síntese – Direito Administrativo*, São Paulo, n. 94, p. 9-24, out. 2013. p. 23.

violação aos princípios da isonomia e da segurança jurídica; (iii) o déficit de responsabilidade democrática (*accountability*) do procedimento arbitral; (iv) a possibilidade de corrupção dos árbitros como forma de favorecimento a uma das partes.[665] Não se nega que todas essas distorções também se encontram presentes no Poder Judiciário, mas o perigo de sua concretização parece ser maior na arbitragem, visto se tratar de âmbito essencialmente privado.

Além disso, há um fator concreto que inquestionavelmente pesa em desfavor da arbitragem: os altos custos do procedimento. Diferentemente do que ocorre em processos judiciais, na arbitragem o Poder Público é instado ao pagamento de altas custas processuais. Apenas a título exemplificativo, vale citar que, em uma arbitragem gerenciada pela Câmara de Arbitragem e Mediação da Federação de Indústrias do Estado do Paraná (CAMFIEP) que tenha como valor da causa R$100 milhões (algo não tão raro no caso de contratações administrativas), cada parte é obrigada a despender R$350 mil para arcar com as custas.[666]

É interessante frisar, todavia, que, apesar dos altos custos para se iniciar uma arbitragem, os defensores da via arbitral como *locus* por excelência de definição dos litígios decorrentes de contratação administrativa defendem que, no longo prazo, muitas vezes as custas que o Estado se vê obrigado a despender em um processo judicial podem superar aquelas devidas em um processo arbitral.[667] Além disso, Rafael Munhoz de Mello aponta que também devem ser considerados nessa equação os custos não diretamente financeiros que a Administração assume ao fazer com que um litígio de interesse público demore anos para ser resolvido, podendo inclusive prejudicar a sociedade por conta disso.[668] Assim, diante desses fatores, até mesmo o problema do alto custo das arbitragens restaria superado.

---

[665] OLIVEIRA, Rafael Carvalho Rezende. A arbitragem nos contratos da Administração Pública e a Lei n. 13.129/2015: novos desafios. *Revista Brasileira de Direito Público – RBDP*, Belo Horizonte, n. 51, out./dez. 2015.

[666] Cf. http://www.fiepr.org.br/para-empresas/camara-de-arbitragem/uploadAddress/Regulamento_2015[67181].pdf.

[667] MARRARA, Thiago; PINTO, João Otávio Torelli. Arbitragem e Administração Pública – Considerações sobre propostas de alteração da legislação. *Revista de Direito Público da Economia – RDPE*, Belo Horizonte, ano 12, n. 46, p. 223-248, abr./jun. 2014. p. 229.

[668] MELLO, Rafael Munhoz. Arbitragem e Administração Pública. *Revista Direito do Estado em Debate*, Curitiba, n. 6, p. 47-81, 2015. p. 77.

3.1.2.5 A arbitragem e a indisponibilidade do interesse público

Com todo o exposto, resta fácil perceber que a utilização de arbitragem pelo Poder Público não encontra barreira no princípio da indisponibilidade do interesse público.

De início, sabendo que, ao submeter um litígio em que seja parte a via arbitral, a Administração Pública não está renunciando propriamente a nenhum direito, mas apenas optando por um meio de solução de controvérsias alternativo ao Poder Judiciário, deve ser de pronto afastada a noção de que arbitralidade significa disposição do interesse público, pois essa visão "engendra concepções ideológica que não mais se coadunam com a atual ordem econômica, política e social, o que consolida o entendimento de que o julgamento de litígios pelo Estado não é superior ao julgamento realizado pelos árbitros".[669]

Na mesma linha, também deve ser esclarecido que "quando a Administração Pública submete-se à arbitragem não está transigindo com interesse público indisponível, mas transacionando direitos patrimoniais disponíveis",[670] sendo que, em muitos casos, a opção pela via arbitral pode inclusive ser a forma mais adequada para viabilizar a defesa do interesse público.[671]

Como se disse, a única "renúncia" praticada pela Administração ao submeter um dado litígio à arbitragem não é a nenhum direito material discutido no conflito, mas simplesmente à garantia de inafastabilidade de jurisdição. Ou seja, uma mera opção por outra instância de solução para aquela controvérsia.

E por óbvio isso tampouco representa violação à indisponibilidade. Como bem nota Rafael Munhoz de Mello, "é incompreensível que se considere compatível com o interesse público obrigar a Administração Pública a recorrer, em todo e qualquer conflito de que seja parte, ao Poder Judiciário, condenando-a a aguardar por vários anos, às vezes

---

[669] PEREIRA, Ana Lucia Pretto; GIOVANINI, Ana Elisa Pretto Pereira. Arbitragem na Administração Pública brasileira e indisponibilidade do interesse público. *Quaestio Iuris*, Rio de Janeiro, v. 10, n. 2, p. 1.146-1.161, 2017. p. 1.155-1.156.

[670] VALLE, Vivian Lima López. *Contratos administrativos e um novo regime jurídico de prerrogativas contratuais na Administração Pública contemporânea*: da unilateralidade ao consenso e do consenso à unilateralidade na relação contratual administrativa. Belo Horizonte: Fórum, 2018. p. 190.

[671] DALLARI, Adilson de Abreu. Arbitragem nas concessões de serviços públicos. *Revista Trimestral de Direito Público*, São Paulo, n. 13, p. 5-10, 1996, p. 8.

décadas, pela composição de um litígio de interesse de toda a coletividade".[672] De fato, não há como considerar que, por força do princípio da indisponibilidade, existe uma exigência de que a Administração leve todos os seus conflitos ao Poder Judiciário.

Nem mesmo quando o ente público é parte vencida no processo arbitral existe disposição (renúncia ou transação) de patrimônio público. Nesse caso, se passa o mesmo que ocorre quando a Fazenda Pública sofre uma derrota em um processo judicial. A decisão desfavorável ao Estado significa tão somente que os agentes (árbitros) juridicamente competentes, segundo a legislação, para dirimir a questão em debate entenderam não haver interesse público *em favor da Administração* naquela situação.[673] E é interessante ressaltar que não é a *inexistência de interesse público* o que resta declarado nesses casos, mas, sim, que o interesse público, segundo as definições do ordenamento jurídico, está a favor da pretensão do particular litigante. Afinal, não se pode esquecer que "o interesse público é atendido mediante uma correta e célere aplicação da lei, inclusive contrariamente à Administração Pública".[674]

Ademais, reconhecidas as diversas benesses trazidas pela arbitragem em relação ao processo jurisdicional, fica fácil perceber que a opção pela arbitragem, longe de significar um afastamento ao dever administrativo de persecução do interesse público, "visa possibilitar uma forma mais habilidosa justamente para prover a defesa desse interesse público, com a correta aplicação da lei e, consequentemente, concreta realização da justiça".[675]

Por fim, também é importante ressaltar que eventuais lesões ao interesse público ocorridas durante um processo arbitral que sejam

---

[672] MELLO, Rafael Munhoz. Arbitragem e Administração Pública. *Revista Direito do Estado em Debate*, Curitiba, n. 6, p. 47-81, 2015. p. 60.

[673] TALAMINI, Eduardo. A (in)disponibilidade do interesse público: consequências processuais (composições em juízo, prerrogativas processuais, arbitragem, negócios processuais e ação monitória) – versão atualizada para o CPC/2015. *Revista de Processo*, São Paulo, ano 42, n. 264, p. 83-107, fev. 2017. p. 98.

[674] CALDAS, Roberto Correia da Silva Gomes; CASADO FILHO, Napoleão. O contexto sinérgico da arbitragem à luz dos denominados contratos administrativos. *In*: COUTINHO, Ana Luisa Celino; CALDAS, Roberto Correia da Silva Gomes; KNOERR, Fernando Gustavo. (Org.). *Direito e administração pública I*. Florianópolis: FUNJAJ, 2014. p. 485.

[675] GOMES, Andréia. Arbitragem na Administração Pública e o seu potencial para revigorar a relação do Estado com a sociedade: Lei n. 9.037/96. *Revista de Direito da Administração Pública*, Rio de Janeiro, a. 3, v. 1, n. 1, p. 75-108, jan./jul. 2018. p. 81. Na mesma linha, afirma Rafael Oliveira que "a arbitragem, portanto, não se opõe ao interesse público; ao contrário, o instituto pode ser o caminho para o melhor atendimento do interesse público ao garantir a solução de base consensual e eficiente". OLIVEIRA, Rafael Carvalho Rezende. A arbitragem nos contratos da Administração Pública e a Lei nº 13.129/2015: novos desafios. *Revista Brasileira de Direito Público – RBDP*, Belo Horizonte, ano 13, n. 51, p. 59-79, out./dez. 2015. p. 67.

relacionadas à validade do procedimento arbitral podem ser levadas à apreciação jurisdicional não apenas pelas partes, como também pelos legitimados à propositura das ações de controle da Administração Pública (como o Ministério Público, por exemplo).[676] Assim, essa se apresenta como mais uma forma de garantir a compatibilidade da utilização da via arbitral pela Administração e a indisponibilidade do interesse público.

Em resumo, é certo que os administradores públicos não podem dispor do patrimônio público com a liberdade que os particulares o fazem em relação ao seu próprio patrimônio, mas isso não significa que a arbitragem não possa ser a via eleita para solução de controvérsias envolvendo a Administração Pública. Afinal, desde que respeitados os requisitos e condicionantes que o regime jurídico-administrativo faz pairar sobre o Poder Público nessa matéria, a opção pela via arbitral pode inclusive se mostrar como uma decisão de promoção do interesse público.[677]

3.1.3 A celebração de negócios processuais atípicos pela Fazenda Pública: adequação procedimental à realização do interesse público

3.1.3.1 A lógica de cooperação processual no Código de Processo Civil de 2015

Ao determinar em seu art. 6º, no capítulo destinado às normas fundamentais do processo civil, que "todos os sujeitos do processo devem cooperar entre si para que se obtenha, em tempo razoável, decisão de mérito justa e efetiva", o Código de Processo Civil confirma que adotou em sua organização interna a lógica cooperativa de processo. Nesse modelo, as partes e o magistrado atuam de forma tendente a reduzir a constante tensão existente entre a liberdade individual e o poder estatal exercido através da jurisdição. É por essa razão, portanto, que se diz

---

[676] GOMES, Andréia. Arbitragem na Administração Pública e o seu potencial para revigorar a relação do Estado com a sociedade: Lei n. 9.037/96. *Revista de Direito da Administração Pública*, Rio de Janeiro, a. 3, v. 1, n. 1, p. 75-108, jan./jul. 2018. p. 84.
[677] PEREIRA, Ana Lucia Pretto; GIOVANINI, Ana Elisa Pretto Pereira. Arbitragem na Administração Pública brasileira e indisponibilidade do interesse público. *Quaestio Iuris*, Rio de Janeiro, v. 10, n. 2, p. 1.146-1.161, 2017. p. 1.156.

que "o processo cooperativo não é processo que ignora a vontade das partes, nem é processo em que o juiz é mero espectador de pedra".[678] Na realidade, são diversas as passagens, além do art. 6º, em que o CPC demonstra ser estruturado a partir dessa lógica cooperativista.[679] Vejam-se, por exemplo, os variados dispositivos destinados a fomentar a solução amigável do conflito: existe um capítulo inteiro dedicado exclusivamente à mediação e à conciliação (art. 165-175). O Código exige a realização de audiência prévia à contestação como tentativa de encerar o litígio (art. 334 e art. 695) e permite a qualquer tempo a homologação judicial de acordo realizado entre as partes (art. 515, III, e art. 725, VIII).

Destaquem-se também os arts. 141, 490, 1.002 e 1.013, por meio dos quais o CPC confere importância incomparável à vontade das partes no que tange à delimitação do objeto litigioso e, desse modo, do âmbito de exercício da função jurisdicional. Por força desses dispositivos, é aquilo que as partes quiserem levar a juízo (inclusive em instância recursal) que poderá ser objeto de apreciação do(s) magistrado(s).

Outra emblemática nota decorrente do modelo cooperativo de processo adotado pelo CPC são os inúmeros negócios processuais típicos previstos na legislação processual civil. A possibilidade de eleição negocial do foro (art. 63), de manutenção do processo em juízo relativamente incompetente (art. 65), de escolha consensual do mediador/conciliador (art. 168) e do perito (art. 471), de conformação do calendário processual (art. 191), de formalização de acordo para suspensão do processo (art. 313, II), de saneamento consensual do feito (art. 357, §2º) e de convenção sobre o ônus da prova (art. 373, §§3º e 4º) é exemplo disso.

E, por fim, há também que se citar o art. 190, *caput* e parágrafo único,[680] que serve como uma *cláusula geral autorizativa de celebração de negócios jurídicos processuais atípicos* no direito processual civil brasileiro.

---

[678] DIDIER JR., Fredie. Princípio do respeito ao autorregramento da vontade no processo civil. *In*: CABRAL, Antonio do Passo; NOGUEIRA, Pedro Henrique (Coords.). *Negócios Processuais*. 3. ed. Salvador: Editora JusPodivm, 2017. p. 34.

[679] DIDIER JR., Fredie. Princípio do respeito ao autorregramento da vontade no processo civil. *In*: CABRAL, Antonio do Passo; NOGUEIRA, Pedro Henrique (Coords.). *Negócios Processuais*. 3. ed. Salvador: Editora JusPodivm, 2017. p. 35-37.

[680] Código de Processo Civil. Art. 190. Versando o processo sobre direitos que admitam autocomposição, é lícito às partes plenamente capazes estipular mudanças no procedimento para ajustá-lo às especificidades da causa e convencionar sobre os seus ônus, poderes, faculdades e deveres processuais, antes ou durante o processo. Parágrafo único. De ofício ou a requerimento, o juiz controlará a validade das convenções previstas neste artigo,

3.1.3.2 Os negócios jurídicos processuais atípicos no direito processual civil brasileiro

Antes do Código de Processo Civil de 2015, existia na doutrina um debate bastante acentuado sobre a possibilidade de realização de negócios processuais no ordenamento jurídico pátrio. Cândido Rangel Dinamarco era um dos autores que se mostravam contrários a essa possibilidade. Para o processualista, os atos processuais resultam sempre e necessariamente das disposições legais, não podendo se admitir que a vontade das partes influísse nesse processo de subsunção da hipótese abstrata da lei à realidade concreta dos fatos.[681]

Essa era, de modo geral, a lógica que regia as posições contrárias à formação de negócios processuais nesse contexto pré-CPC/15. Buscando sintetizar essa racionalidade, Leonardo Carneiro da Cunha, após analisar diversos autores que compartilhavam desse pensamento, afirma que tais opiniões "partem do pressuposto de que somente há negócios jurídico se os efeitos produzidos decorrerem direta e expressamente da vontade das partes, o que não ocorreria no processo, ou porque os efeitos decorrem da lei, ou porque seria necessária intervenção judicial para que ocorressem".[682]

Assim, apesar de o art. 158 do Código de Processo Civil de 1973 abrir margem para interpretações no sentido da possibilidade de celebração de negócios processuais,[683] o fato é que, àquela época, o entendimento majoritário foi o de que a legislação não autorizava a lavratura de convenções atípicas (sem prévia regulamentação específica).[684] O cenário só veio a mudar com a promulgação do Código de 2015.

A principal diferença entre as duas legislações, além da previsão mais explícita do art. 190, é a de que o Código de 2015 partiu de premissa

---

recusando-lhes aplicação somente nos casos de nulidade ou de inserção abusiva em contrato de adesão ou em que alguma parte se encontre em manifesta situação de vulnerabilidade.

[681] DINAMARCO, Cândido Rangel. *Instituições de direito processual civil*. v. 2. 6. ed. São Paulo: Malheiros, 2009. p. 484.

[682] CUNHA, Leonardo Carneiro da. Negócios Jurídicos Processuais no Processo Civil Brasileiro. *In*: CABRAL, Antonio do Passo; NOGUEIRA, Pedro Henrique (Coords.). *Negócios Processuais*. 3. ed. Salvador: Editora JusPodivm, 2017. p. 48.

[683] Código de Processo Civil de 1973. Art. 158. Os atos das partes, consistentes em declarações unilaterais ou bilaterais de vontade, produzem imediatamente a constituição, a modificação ou a extinção de direitos processuais.

[684] REDONDO, Bruno Garcia. Negócios processuais: necessidade de rompimento radical com o sistema do CPC/1973 para a adequada compreensão da inovação do CPC/2015. *In*: CABRAL, Antonio do Passo; NOGUEIRA, Pedro Henrique (Coords.). *Negócios Processuais*. 3. ed. Salvador: Editora JusPodivm, 2017. p. 393.

intrinsicamente diversa em relação àquela adotada pela legislação anterior. Os princípios da adequação e do respeito ao autorregramento da vontade são características marcantes do novo diploma, de modo que inexiste espaço para construção de interpretações tendentes a negar a possibilidade de celebração dos negócios processuais. Trata-se, portanto, de "mudança de paradigma que deve gerar, obrigatoriamente, consequências e conclusões diversas daquelas com as quais o operador do Direito estava acostumado até então".[685]

É correto afirmar, portanto, que, com a promulgação do novo Código, houve "uma valorização do consenso e uma preocupação em criar no âmbito do Judiciário um espaço não apenas de *julgamento*, mas de *resolução de conflitos*". A diferença, que pode parecer apenas retórica, tem efeitos práticos bastante impactantes. Essa mudança de pensamento representa "um redimensionamento e democratização do próprio papel do Poder Judiciário e do modelo de prestação jurisdicional pretendido",[686] e os negócios processuais despontam como um dos mais marcantes frutos dessa mudança.

Ademais, o princípio da adequação é uma das principais normas que regem o direito processual civil atualmente. Partindo da perspectiva de que o processo é um instrumento à concretização do direito material, tal princípio demanda que os procedimentos jurisdicionais devem sempre estar ao máximo adaptados às especificidades do caso concreto, de modo a viabilizar com mais adequação a tutela do direito material.[687]

É a partir dessa lógica que o Código de Processo Civil prevê procedimentos próprios para, por exemplo, a ação de consignação em pagamento, a ação de exigir contas, as ações possessórias, entre outras. Também no âmbito do direito administrativo, esses reflexos são sentidos com a Lei de Mandado de Segurança e a Lei de Ação Civil Pública, por exemplo, que também preveem ritos especiais destinados a adequar o procedimento às finalidades da lei e às particularidades do direito material tutelado.

---

[685] REDONDO, Bruno Garcia. Negócios processuais: necessidade de rompimento radical com o sistema do CPC/1973 para a adequada compreensão da inovação do CPC/2015. *In*: CABRAL, Antonio do Passo; NOGUEIRA, Pedro Henrique (Coords.). *Negócios Processuais*. 3. ed. Salvador: Editora JusPodivm, 2017. p. 394-397.

[686] CUNHA, Leonardo Carneiro da. Negócios Jurídicos Processuais no Processo Civil Brasileiro. *In*: CABRAL, Antonio do Passo; NOGUEIRA, Pedro Henrique (Coords.). *Negócios Processuais*. 3. ed. Salvador: Editora JusPodivm, 2017. p. 61.

[687] CUNHA, Leonardo Carneiro da. Negócios Jurídicos Processuais no Processo Civil Brasileiro. *In*: CABRAL, Antonio do Passo; NOGUEIRA, Pedro Henrique (Coords.). *Negócios Processuais*. 3. ed. Salvador: Editora JusPodivm, 2017. p. 69.

Nessa linha, o art. 190 do CPC maximiza os efeitos do princípio da adequação, permitindo que as partes possam adaptar elas próprias os procedimentos nos quais estiverem inseridos, não mais necessitando que as conformações viessem única e exclusivamente da lei. Os negócios processuais, assim, "despontam como mais uma medida de flexibilização e de adaptação procedimental, adequando o processo à realidade do caso submetido à análise judicial" e aumentando a eficiência jurisdicional.[688]

Também o princípio do respeito ao autorregramento da vontade auxilia no incentivo à adoção das convenções processuais. Apesar de não constar expressamente consignado na legislação, tal norma ostenta caráter de especial relevância no direito processual civil brasileiro, ao ponto de Fredie Didier Jr. defender que seja considerado como uma das normas fundamentais do processo civil, ao lado de princípios clássicos, como os do contraditório, da ampla defesa, do juiz natural, entre outros. Por essa perspectiva, o respeito ao autorregramento passa a integrar a noção de devido processo legal, de modo que "um processo que limite injustificadamente o exercício da liberdade não pode ser considerado um processo devido".[689]

Entretanto, embora a previsão expressa do art. 190 do CPC, o tema dos negócios processuais ainda é palco para grandes embates na doutrina processualista. Não tanto mais sobre a *possibilidade* de celebração dessas convenções (como costumava ocorrer anteriormente, na vigência do CPC-73), mas sobre as hipóteses da cabimento, condições e limitações para a validade desses acordos.

Há até uma questão semântica que influencia esse cenário. Como bem nota Leonardo Carneiro da Cunha, "a própria expressão 'negócio jurídico' sempre soou como algo próprio do direito privado, não sendo compatível com a estatalidade da jurisdição e com os poderes conferidos ao juiz, nem com o seu protagonismo".[690] Por certo isso não representa justificativa para se defender a invalidade de *per se* desses instrumentos

---

[688] CUNHA, Leonardo Carneiro da. Negócios Jurídicos Processuais no Processo Civil Brasileiro. *In*: CABRAL, Antonio do Passo; NOGUEIRA, Pedro Henrique (Coords.). *Negócios Processuais*. 3. ed. Salvador: Editora JusPodivm, 2017. p. 71.

[689] DIDIER JR., Fredie. Princípio do respeito ao autorregramento da vontade no processo civil. *In*: CABRAL, Antonio do Passo; NOGUEIRA, Pedro Henrique (Coords.). *Negócios Processuais*. 3. ed. Salvador: Editora JusPodivm, 2017. p. 31-33.

[690] CUNHA, Leonardo Carneiro da. Negócios Jurídicos Processuais no Processo Civil Brasileiro. *In*: CABRAL, Antonio do Passo; NOGUEIRA, Pedro Henrique (Coords.). *Negócios Processuais*. 3. ed. Salvador: Editora JusPodivm, 2017. p. 49.

negociais. No entanto, a constatação feita por Cunha não deixa de ilustrar como o tema ainda vem causando estranheza aos operadores do direito.

3.1.3.3 Os negócios processuais atípicos envolvendo a Fazenda Pública e a influência do princípio da indisponibilidade do interesse público

E se as questões acerca da celebração de negócios processuais já é um tema polêmico por si só entre os estudiosos do direito processual civil (mesmo quando se está a estudar processos exclusivamente entre particulares), nada mais esperado do que o aumento de tais controvérsias quando se analisa a possibilidade de utilização desse instrumento pela Fazenda Pública.[691]

Os negócios jurídicos processuais atípicos são instrumentos próprios da lógica de intersecção entre o direito público e o direito privado, ajustando-se, consequentemente, com perfeição ao movimento de consensualidade que impacta o direito administrativo contemporaneamente.[692] Nesse sentido, Antonio do Passo Cabral reconhece que, embora "tradicionalmente arisco às soluções negociadas", o processo civil que tem como parte entidades públicas está cada vez mais abrindo-se para a utilização de instrumentos concertados, em consonância com o movimento que vem impactando o direito administrativo como um todo nos últimos anos.[693]

Como afirmam Mirna Cianci e Bruno Lopes Megna, os "negócios jurídicos processuais pertencem ao grupo desses institutos que correm na esteira da consensualidade, isto é, que pretendem viabilizar uma participação maior dos próprios sujeitos envolvidos no ato jurídico,

---

[691] CIANCI, Mirna; MEGNA, Bruno Lopes. Fazenda Pública e negócios jurídicos processuais no novo CPC: pontos de partida para o estudo. In: CABRAL, Antonio do Passo; NOGUEIRA, Pedro Henrique (Coords.). *Negócios Processuais*. 3. ed. Salvador: Editora JusPodivm, 2017. p. 651.

[692] Sobre a relação entre o fenômeno de consensualização e a convencionalidade no processo civil, ver: VIDAL, Ludmilla Camacho Duarte. A importante função das convenções processuais na mudança da cultura do litígio: a interligação entre consensualidade e convencionalidade. *Revista dos Estudantes de Direito da UNB*, Brasília, n. 13, p. 281-304, dez. 2017. p. 283-286.

[693] CABRAL, Antonio do Passo. A resolução nº 118 do Conselho Nacional do Ministério Público e as convenções processuais. In: CABRAL, Antonio do Passo; NOGUEIRA, Pedro Henrique (Coords.). *Negócios Processuais*. 3. ed. Salvador: Editora JusPodivm, 2017. p. 711.

substituindo regras impositivas por regras concertas pelo comum acordo dos sujeitos processuais".[694]

Por outro lado, como de modo geral é comum ocorrer com os institutos consensuais da ação administrativa, reconhece-se que o princípio da indisponibilidade do interesse público poderia facilmente ser utilizado como uma suposta barreira a impedir a Fazenda Pública de realizar esses acordos.[695] Sendo assim, o tema, ainda que pouco estudado pela doutrina especializada, alinha-se perfeitamente ao objeto central de análise do presente trabalho, sendo certo que muitas outras discussões ainda surgirão a esse respeito.

A bem da verdade, não parecem existir razões sólidas que impeçam a realização de negócios processuais por parte da Fazenda Pública. Inclusive, os (escassos) trabalhos acadêmicos já produzidos sobre o tema apontam em tom uníssono para esse caminho, não se encontrando vozes defendendo a absoluta impossibilidade de celebração dessas convenções pela Fazenda Pública. Cite-se, nesse sentido, o Enunciado nº 256 do Fórum Permanente de Processualistas Civis, que consolida de maneira expressa e específica o entendimento de que "a Fazenda Pública pode celebrar negócio jurídico processual".

Com efeito, assim como não mais se discute a capacidade subjetiva de entes públicos de participarem de arbitragem, o mesmo raciocínio também deve se aplicar aos negócios.[696] Afinal, se o ordenamento reconhece ao Estado a legitimidade de autonomamente afastar da apreciação jurisdicional um litígio em que seja parte e "criar" um procedimento próprio para a solução daquela causa com imensa flexibilidade, também deve reconhecer a autonomia de, dentro de um

---

[694] CIANCI, Mirna; MEGNA, Bruno Lopes. Fazenda Pública e negócios jurídicos processuais no novo CPC: pontos de partida para o estudo. In: CABRAL, Antonio do Passo; NOGUEIRA, Pedro Henrique (Coords.). *Negócios Processuais*. 3. ed. Salvador: Editora JusPodivm, 2017. p. 651-652.

[695] MOREIRA, Egon Bockmann; FERRARO, Marcella Pereira. Processo administrativo e negócios processuais atípicos. *Revista de Processo*, São Paulo, v. 282, p. 475-510, ago. 2018. p. 475-476.

[696] DIDIER JR., Fredie. Negócios jurídicos processuais atípicos no CPC-2015. In: CABRAL, Antonio do Passo; NOGUEIRA, Pedro Henrique (Coords.). *Negócios Processuais*. 3. ed. Salvador: Editora JusPodivm, 2017. p. 115. Também nessa linha, a posição de Lorena Barreiras: "Ainda sob o aspecto lógico-sistemático, razão não há para se admitir possa a Administração Pública valer-se da arbitragem para dispor de direitos patrimoniais disponíveis ou, ainda, da mediação para solução de questões envolvendo direitos disponíveis ou direitos indisponíveis passíveis de transação e negar-lhe, nessas mesmas condições, a disposição sobre situações jurídicas processuais suas em processo judicial que contemple o mesmo objeto acerca do qual caberia o uso de arbitragem ou de mediação". BARREIROS, Lorena Miranda Santos. *Convenções processuais e poder público*. Salvador, 2016. 428 f. Tese (Doutorado em Direito) – Programa de Pós-Graduação em Direito, Universidade Federal da Bahia. p. 92.

processo judicial, alterar determinados aspectos do processo para melhor adequar o rito ao caso concreto. O brocardo latino de quem pode o mais, pode o menos (*in eo quod plus est semper inest et minus*), frequentemente lembrado quando se estudam as relações de hierarquia na organização administrativa, aplica-se perfeitamente nessa situação.

Ademais, "se a tendência é permitir a transação com a Administração Pública no campo do direito material, com muito mais segurança deve-se estimular a sua participação nos acordos sobre o procedimento".[697] Também não seria lógico reputar que o Poder Público pode transigir sobre o direito material objeto do litígio (como visto no tópico 3.1), mas não sobre as regras procedimentais que delineiam o processo judicial em que se discute a tutela desse direito.

Além disso, atualmente já é bastante comum na prática forense deparar-se com pedidos, formulados pelo Poder Público, de prorrogação de prazo e de inversão da ordem de testemunhas, por exemplo, sendo que, curiosamente, "nunca ou pouco se questionou sobre a possibilidade de a Fazenda Pública praticar tais atos porque estes sempre foram chancelados pelo Judiciário".[698] Sendo assim, por quais motivos haveriam de questionar a formalização dessas adequações processuais em prévio acordo com a parte contrária?

Também é interessante ressaltar que não apenas a Fazenda Pública, como também o Ministério Público está autorizado a celebrar negócios jurídicos processuais quando atua como parte do processo. Além de se tratar de posição dominante na doutrina, consolidada no Enunciado nº 253 do Fórum Permanente de Processualistas Civis,[699] essa possibilidade já estava prevista pela Resolução nº 118 do Conselho Nacional do Ministério Público.[700]

Referida resolução, além de, como dito, expressamente reconhecer que o membro do *parquet* pode, "em qualquer fase da investigação ou durante o processo, celebrar acordos visando constituir, modificar ou

---

[697] SANTOS, Tatiana Simões dos. Negócios processuais envolvendo a Fazenda Pública. *In*: CABRAL, Antonio do Passo; NOGUEIRA, Pedro Henrique (Coords.). *Negócios Processuais*. 3. ed. Salvador: Editora JusPodivm, 2017. p. 680.

[698] CIANCI, Mirna; MEGNA, Bruno Lopes. Fazenda Pública e negócios jurídicos processuais no novo CPC: pontos de partida para o estudo. *In*: CABRAL, Antonio do Passo; NOGUEIRA, Pedro Henrique (Coords.). *Negócios Processuais*. 3. ed. Salvador: Editora JusPodivm, 2017. p. 663.

[699] Enunciado nº 253 do Fórum Permanente de Processualistas Civis (art. 190; Resolução n. 118/ CNMP): o Ministério Público pode celebrar negócio processual quando atua como parte.

[700] Sobre o tema, ver: CABRAL, Antonio do Passo. A resolução nº 118 do Conselho Nacional do Ministério Público e as convenções processuais. *In*: CABRAL, Antonio do Passo; NOGUEIRA, Pedro Henrique (Coords.). *Negócios Processuais*. 3. ed. Salvador: Editora JusPodivm, 2017.

extinguir situações jurídicas processuais" (art. 16), pontua que tais convenções "são recomendadas toda vez que o procedimento deva ser adaptado ou flexibilizado para permitir a adequada e efetiva tutela jurisdicional" (art. 15) e que "devem ser celebradas de maneira dialogal e colaborativa, com o objetivo de restaurar o convívio social e a efetiva pacificação dos relacionamentos" (art. 17).

O art. 190 do Código de Processo Civil possui uma redação bastante aberta, com pouca delimitação do que pode ou não ser objeto de convenções processuais. Por essa razão, é no exercício da discricionariedade administrativa que a Administração Pública deverá decidir se celebra um negócio processual, bem como a extensão do seu conteúdo, tendo sempre como diretiva a realização do interesse público.[701] Ressalte-se, nesse ponto, que, ao celebrar negócios processuais, a Fazenda Pública deve ter em mente que a "finalidade imediata deve, como não poderia deixar de ser, a de atender o interesse público, e a finalidade mediata deve ser o atendimento à adequação do processo às 'especificidades da causa', sempre, é claro, com a devida motivação".[702]

3.1.3.4 Parâmetros de validade dos negócios processuais envolvendo a Fazenda Pública à luz da indisponibilidade do interesse público

No que diz respeito à validade desses acordos, consoante o art. 190 do Código de Processo Civil, o requisito objetivo geral para celebração de negócios processuais é a aptidão de o direito em questão submeter-se à autocomposição, qualidade que, como visto anteriormente, em regra gozam os direitos da Administração Pública.[703]

É necessário esclarecer, porém, que, apesar da exigência do CPC de que o processo deva tratar de direitos que permitam autocomposição

---

[701] TEIXEIRA, José Roberto Fernandes. Negócios jurídicos processuais e Fazenda Pública. *In*: ARAÚJO, José Henrique Mouta; CUNHA, Leonardo Carneiro da (coord.). *Advocacia pública*. Salvador: JusPodivm, 2015. p. 179-180; BARREIROS, Lorena Miranda Santos. *Convenções processuais e poder público*. Salvador, 2016. 428 f. Tese (Doutorado em Direito) – Programa de Pós-Graduação em Direito, Universidade Federal da Bahia. p. 316.

[702] CIANCI, Mirna; MEGNA, Bruno Lopes. Fazenda Pública e negócios jurídicos processuais no novo CPC: pontos de partida para o estudo. *In*: CABRAL, Antonio do Passo; NOGUEIRA, Pedro Henrique (Coords.). *Negócios Processuais*. 3. ed. Salvador: Editora JusPodivm, 2017. p. 665.

[703] TALAMINI, Eduardo. A (in)disponibilidade do interesse público: consequências processuais (composições em juízo, prerrogativas processuais, arbitragem, negócios processuais e ação monitória) – versão atualizada para o CPC/2015. *Revista de Processo*, São Paulo, ano 42, n. 264, p. 83-107, fev. 2017. p. 102-103.

para ser válido o negócio estabelecido entre as partes, a convenção não versará sobre o direito material objeto do litígio (para tanto, existem os procedimentos de conciliação ou mediação), mas, sim, sobre o *processo* propriamente dito, isto é, sobre os aspectos procedimentais da lide.[704] Desse modo, são basicamente três os temas geralmente impostos pela doutrina como limites à celebração de negócios processuais: (i) a capacidade das partes; (ii) a transigibilidade do direito em discussão; (iii) a salvaguarda dos direitos inerentes à noção de devido processo legal.[705] Tais limitações, é interessante destacar, demonstram a preocupação do legislador em evitar que as convenções funcionem como instrumento de abuso de direito em prol de uma das partes que se colocar em posição de superioridade na relação processual.[706]

Tratando-se de negócios jurídicos *lato sensu*, os negócios processuais também encontram parâmetro de validade nos dispositivos específicos do Código Civil que tratam do tema. Destaquem-se, nessa linha, as situações elencadas no art. 166 como hipóteses de nulidade do negócio jurídico: (i) quando for celebrado por pessoa absolutamente incapaz; (ii) quando for ilícito, impossível ou indeterminável o seu objeto; (iii) quando o motivo determinante, comum a ambas as partes, for ilícito; (iv) quando o acordo não revestir a forma prescrita em lei; (v) quando for preterida alguma solenidade que a lei considere essencial para a sua validade; (vi) quando tiver por objetivo fraudar lei imperativa; e (vii) quando a lei taxativamente o declarar nulo, ou proibir-lhe a prática, sem cominar sanção.

Uma das hipóteses mais difíceis de se identificar na prática – e, portanto, de mais facilmente ser utilizada como fato a invalidar o negócio – é a fraude à lei imperativa. Trata-se de conceito vago e, até mesmo no processo civil, de difícil conceituação. Flávio Luiz Yashell, reconhecendo não possuir "qualquer pretensão de esgotamento do tema", indica algumas matérias que, em seu entendimento, estariam albergadas dentro dessa conceituação e, portanto, estariam fora do âmbito de negociação das convenções processuais. São elas: (i) a exclusão

---

[704] DIDIER JR., Fredie. Negócios jurídicos processuais atípicos no CPC-2015. *In*: CABRAL, Antonio do Passo; NOGUEIRA, Pedro Henrique (Coords.). *Negócios Processuais*. 3. ed. Salvador: Editora JusPodivm, 2017. p. 110.

[705] ABREU, Rafael Sirangelo de. A igualdade e os negócios processuais. *In*: CABRAL, Antonio do Passo; NOGUEIRA, Pedro Henrique (Coords.). *Negócios Processuais*. 3. ed. Salvador: Editora JusPodivm, 2017. p. 331.

[706] NOGUEIRA, Pedro Henrique. Sobre os Acordos de Procedimento no Processo Civil Brasileiro. *In*: CABRAL, Antonio do Passo; NOGUEIRA, Pedro Henrique (Coords.). *Negócios Processuais*. 3. ed. Salvador: Editora JusPodivm, 2017. p. 103.

ou restrição da intervenção do Ministério Público nas causas em que a Constituição ou a lei exigem; (ii) a alteração de regras relativas à competência absoluta; (iii) a disposição sobre organização judiciária; (iv) a permissão para inobservância dos deveres de probidade e boa-fé processual; (v) a ampliação das hipóteses caracterizadoras de litigância de má-fé, bem como das sanções a elas aplicáveis; (vi) a criação de novos recursos não previstos em lei; (vii) a criação de novas hipóteses para ajuizamento de ação rescisória; (viii) a dispensa do requisito de interesse processual.[707] De maneira mais geral, pode-se considerar que "não é possível que, por um negócio jurídico processual, as partes desnaturem a própria concepção democrática de processo, sepultando princípios constitucionais como, por exemplo, os princípios do contraditório, da fundamentação, da publicidade, do juiz natural dentre outros".[708]

Tais nulidades – é importante frisar – podem ser alegadas por quaisquer das partes, pelo Ministério Público ou até mesmo reconhecidas de ofício pelo juiz, conforme disposição do art. 168, *caput* e parágrafo único, do Código Civil.

Há, ainda, algumas condicionantes específicas que, por conta das limitações impostas por força do princípio da indisponibilidade do interesse público ao regime jurídico-administrativo, pairam sobre a Fazenda Pública no momento de celebração dessas avenças: (i) motivação; (ii) isonomia; (iii) respeito aos precedentes administrativos; (iv) publicidade; (v) moralidade administrativa.

(i) Em que pese a existência de debates doutrinários a respeito desse requisito nos negócios processuais de modo geral (envolvendo apenas particulares), para resguardar a observância ao princípio da motivação dos atos administrativos e, assim, garantir que o negócio processual está sendo celebrado com vistas à persecução do interesse público, quando uma das partes celebrantes da convenção é a Fazenda Pública é certo que o negócio deve ser formalizado *por escrito*. Além de se tratar de diretriz comum aos atos e contratos administrativos em sua generalidade, é também exigência decorrente da necessidade de verificação de outros requisitos específicos de validade dessas convenções.[709]

---

[707] YARSHELL, Flávio Luiz. Convenções das partes em matéria processual: rumo a uma nova Era? *In*: CABRAL, Antonio do Passo; NOGUEIRA, Pedro Henrique (Coords.). *Negócios Processuais*. 3. ed. Salvador: Editora JusPodivm, 2017. p. 84.

[708] RAATZ, Igor. Negócios jurídicos processuais e elasticidade procedimental sob o enfoque do modelo democrático-constitucional de processo. *Revista Brasileira de Direito Processual*, Belo Horizonte, ano 26, n. 101, p. 177-200, jan./mar. 2018. p. 193.

[709] CIANCI, Mirna; MEGNA, Bruno Lopes. Fazenda Pública e negócios jurídicos processuais no novo CPC: pontos de partida para o estudo. *In*: CABRAL, Antonio do Passo; NOGUEIRA,

(ii) Outra decorrência do princípio da indisponibilidade a ser observada quando da celebração de negócios processuais pela Fazenda Pública é o respeito à *isonomia*, que nesse tema desdobra-se em duas principais frentes.

Por um lado, tem-se o respeito à igualdade nas questões internas do processo, princípio que, na prática forense, é comumente classificado como o da "paridade de armas", corolário fulcral da noção de devido processo legal. Nesse ponto, Rafael Sirangelo de Abreu lembra que a isonomia a ser resguardada pelo magistrado quando da verificação da característica de validade do negócio não é referente ao resultado da convenção. Não se considera ilícito que, estrategicamente, uma parte aceite submeter-se a uma posição de desequilíbrio em dado momento do processo. Pode se tratar de boa ou má escolha do ponto de vista processual, mas não há como se julgar tal decisão como inválida. A invalidade por violação à igualdade ocorre quando não se verifica o respeito à isonomia no momento de celebração do negócio processual, com a ausência do devido conhecimento a respeito dos riscos inerentes à lavratura da convenção. Esse deve ser o foco de análise do magistrado quando perquirir a validade dessas negociações.[710]

Igualmente por força do princípio da isonomia, agora pensando em um aspecto mais prático, não se poderia admitir, por exemplo, negócio processual que tivesse por objeto alterar a forma de pagamento de quantia a que a Fazenda Pública foi condenada, eximindo o particular celebrante da avença da longa espera da fila de precatórios.[711] Além de encontrar em empecilho em norma constitucional (o que, a toda evidência, certamente poderia ser considerada "lei imperativa", nos termos do art. 166, VI, do Código Civil), um acordo com essa finalidade representaria um tratamento desigualitário injustificado da Administração Pública, beneficiando um interessado em prejuízo de milhares ou milhões de outros credores.

(iii) Por outro lado, mas também como decorrência do dever de tratamento igualitário dos particulares que se relacionam com a Administração Pública, tem-se a necessidade de *respeito aos precedentes*

Pedro Henrique (Coords.). *Negócios Processuais*. 3. ed. Salvador: Editora JusPodivm, 2017. p. 663.

[710] ABREU, Rafael Sirangelo de. A igualdade e os negócios processuais. *In*: CABRAL, Antonio do Passo; NOGUEIRA, Pedro Henrique (Coords.). *Negócios Processuais*. 3. ed. Salvador: Editora JusPodivm, 2017. p. 332-333.

[711] BARREIROS, Lorena Miranda Santos. *Convenções processuais e poder público*. Salvador, 2016. 428 f. Tese (Doutorado em Direito) – Programa de Pós-Graduação em Direito, Universidade Federal da Bahia p. 344.

administrativos formados em matéria de negócios processuais. Nesse quesito, o que se defende é que "a possibilidade de realizar negócios jurídico processual com um administrado deve ser estendida para todos os demais administrados que se encontrarem na mesma situação fática".[712] Nesse sentido, Lorena Barreiros é crucial ao afirmar que "a negativa da Administração em celebrar negócio jurídico processual, contrapondo-se, sem justo motivo, a precedente administrativo por ela anteriormente adotado, enseja a decretação de invalidade da decisão administrativa contrária à adoção da via consensual".[713]

Desse modo, para garantir o tratamento impessoal da Administração Pública no que toca à realização de negócios processuais, o ideal é que os advogados públicos não sejam autorizados a elaborar essas convenções por si próprios quando inexiste posição definida do órgão de representação a que está vinculado sobre a matéria discutida no acordo. Como meio para assegurar o cumprimento do mandamento da impessoalidade administrativa, reputa-se mais adequado que a Procuradoria-Geral ou algum órgão colegiado de cúpula seja consultado antes da celebração de negócio processual "inédito". Assim, permite-se que a decisão do órgão vincule também os demais advogados públicos, reduzindo-se as chances de tratamento anti-isonômico.

(iv) Contribuindo com esse contexto e também em fidelidade ao princípio da publicidade (o qual, lembre-se, igualmente constitui-se como uma sujeição especial da Administração decorrente da indisponibilidade do interesse público), devem os negócios processuais já estabelecidos pela entidade pública ser disponibilizados em local de fácil acesso para conhecimento dos demais administrados (de preferência em página na internet). Assim, viabiliza-se que outros interessados em firmar uma convenção processual semelhante com aquele mesmo ente público tenham prévio conhecimento da posição daquele órgão a respeito do tema, além de propiciar melhores meios de controle da atividade administrativa.

(v) Em virtude do princípio da moralidade administrativa, também não se poderia cogitar de negócio processual celebrado com intenções espúrias por parte da Administração Pública, seja para

---

[712] CIANCI, Mirna; MEGNA, Bruno Lopes. Fazenda Pública e negócios jurídicos processuais no novo CPC: pontos de partida para o estudo. *In*: CABRAL, Antonio do Passo; NOGUEIRA, Pedro Henrique (Coords.). *Negócios Processuais*. 3. ed. Salvador: Editora JusPodivm, 2017. p. 665.

[713] BARREIROS, Lorena Miranda Santos. *Convenções processuais e poder público*. Salvador, 2016. 428 f. Tese (Doutorado em Direito) – Programa de Pós-Graduação em Direito, Universidade Federal da Bahia. p. 340.

prejudicar a parte contrária do processo, seja para, em conluio com ela, atentar contra a dignidade da justiça (protelando indevidamente o processo, por exemplo).

Além de todas essas considerações, é certo que, do ponto de vista prático, a Fazenda Pública invariavelmente irá encontrar alguns empecilhos especiais na tentativa de internalizar a lógica da celebração de negócios processuais como meio de adequação dos processos em que é parte.[714]

A primeira das razões para tanto é o alto volume de ações envolvendo entidades públicas no Brasil. Como já se disse, o Poder Público, em suas três esferas federativas, é o maior litigante da jurisdição brasileira. Esse cenário dificulta a celebração de negócios processuais, convenções bilaterais que, via de regra, são bastante peculiares à causa que visam regular, exigindo uma atenção especializada das partes para sua negociação e celebração.

Na esteira desse problema, encontra-se a dificuldade que a Fazenda Pública possui em garantir um tratamento equânime aos cidadãos que contra ela disputam na via judicial. Diante do alto número de ações e dos variados profissionais que atuam representando o interesse do Estado em juízo, caso a questão não seja bem delineada no âmbito interno dos órgãos de representação judicial da Administração Pública, corre-se um risco bastante alto de a mesma entidade pública adotar decisões diferentes no que toca à celebração de negócios processuais (com o aceite ou não de determinada cláusula ou até mesmo da convenção como um todo) em causas semelhantes.

Essa situação ocorre não apenas por conta do volume de ações contra a Fazenda Pública, mas também em decorrência da autonomia funcional dos representantes em juízo do Estado. Como se sabe, "cada procurador do ente estatal goza de certa autonomia para gerenciar seu acervo de processos e administrar judicialmente as causas sob sua responsabilidade".[715] Desse modo, em princípio o sistema confere liberdade para que tais profissionais atuem como bem entenderem quando se depararem com uma proposta de celebração de negócio processual.

---

[714] SANTOS, Tatiana Simões dos. Negócios processuais envolvendo a Fazenda Pública. *In:* CABRAL, Antonio do Passo; NOGUEIRA, Pedro Henrique (Coords.). *Negócios Processuais.* 3. ed. Salvador: Editora JusPodivm, 2017. p. 681-683.

[715] SANTOS, Tatiana Simões dos. Negócios processuais envolvendo a Fazenda Pública. *In:* CABRAL, Antonio do Passo; NOGUEIRA, Pedro Henrique (Coords.). *Negócios Processuais.* 3. ed. Salvador: Editora JusPodivm, 2017. p. 683.

Como já dito, uma possível solução para tanto seria a atribuição da competência de decisão sobre negócios processuais – ainda que nos seus aspectos mais gerais, tendo em vista que uma análise pormenorizada de todos os casos seria materialmente inviável – a órgãos de cúpula que pudessem vincular de maneira uniforme a todos os advogados públicos integrantes de determinada estrutura administrativa.

Mesmo diante de todas essas condicionantes e limitações, são variados os exemplos de hipóteses em que a utilização de negócios processuais por parte da Fazenda Pública poderia contribuir para a *melhor adequação do procedimento judicial à persecução do interesse público*.

3.1.3.5 Algumas hipóteses de utilização dos negócios processuais como instrumento para a tutela do interesse público

Pode-se imaginar negócios processuais mais simples e pontuais, como, por exemplo, para aumentar o número de testemunhas a serem inquiridas em uma audiência de instrução (hoje limitado em três para cada fato e dez no total, segundo o art. 357, §6º, do CPC), até questões mais complexas, como a possibilidade de autorizar intervenção de terceiro fora das hipóteses legais expressamente previstas.

A delimitação dos prazos processuais também é matéria que facilmente pode ser objeto de negociação, inclusive como meio para garantir uma melhor observância ao mandamento de razoável duração do processo. Esse *razoável*, é importante ressaltar, não significa unicamente um processo mais ágil (assim como a eficiência administrativa não corresponde necessariamente às escolhas de menor custo para a Administração). Por vezes, o razoável (isto é, o mais adequado às finalidades daquela causa específica) será aumentar a duração do processo, conferindo às partes prazos mais flexíveis para elaborarem manifestações mais aprofundadas ou produzirem provas mais robustas.[716]

De modo geral, pensa-se na elaboração dos negócios processuais já durante a tramitação do processo. Inclusive os exemplos de convenções processuais citados até aqui foram dessa natureza. No entanto, o negócio pode ser anterior ao processo: para tratar de providências de instrução

---

[716] CIANCI, Mirna; MEGNA, Bruno Lopes. Fazenda Pública e negócios jurídicos processuais no novo CPC: pontos de partida para o estudo. *In*: CABRAL, Antonio do Passo; NOGUEIRA, Pedro Henrique (Coords.). *Negócios Processuais*. 3. ed. Salvador: Editora JusPodivm, 2017. p. 662-663.

preliminar, como produção antecipada de provas, por exemplo, ou mesmo para simplesmente já deixarem definidas algumas questões para futuro e eventual processo judicial.[717] Pense-se, por exemplo, na inserção de cláusula em um contrato administrativo através da qual as partes acordam que, antes de ajuizar qualquer ação judicial destinada a discutir questões relativas àquele contrato, se deve antes haver a tentativa de transação mediante procedimento de mediação ou conciliação, sob pena de macular o interesse de agir daquele que ingressar no Judiciário antes de cumprida essa etapa.[718]

Por certo, em nenhuma dessas hipóteses pode se afirmar que a Administração estaria dispondo do interesse público. Ora, seria um completo equívoco supor que o interesse público incidente, por exemplo, em uma ação indenizatória ajuizada em face do Poder Público está no maior ou menor prazo que será relegado à Fazenda Pública para elaborar suas manifestações de defesa ou apresentar rol de testemunhas. Fatalmente, a finalidade legal buscada pelo ordenamento nessa hipótese é a correta identificação dos elementos caracterizadores da responsabilidade civil do Estado (inclusive para – se for o caso – condenar o Poder Público ao pagamento do ressarcimento pecuniário proporcional ao dano).[719]

Podem haver debates mais calorosos quando o objeto do negócio tratar das prerrogativas processuais da Fazenda Pública. Tais prerrogativas são concedidas especialmente ao Poder Público por conta do princípio da supremacia do interesse público, como ferramentas singulares para que o administrador possa tutelar o interesse público. Por essa razão, seria bastante natural que se argumentasse que a disposição das prerrogativas processuais representa disposição do próprio interesse público, o que, portanto, invalidaria o negócio perante o princípio da indisponibilidade.

No entanto, não se entende ser essa a melhor leitura do fenômeno. Existem inúmeros casos em que as prerrogativas processuais são

---

[717] YARSHELL, Flávio Luiz. Convenções das partes em matéria processual: rumo a uma nova Era? *In*: CABRAL, Antonio do Passo; NOGUEIRA, Pedro Henrique (Coords.). *Negócios Processuais*. 3. ed. Salvador: Editora JusPodivm, 2017. p. 79.

[718] DIDIER JR., Fredie. Negócios jurídicos processuais atípicos no CPC-2015. *In*: CABRAL, Antonio do Passo; NOGUEIRA, Pedro Henrique (Coords.). *Negócios Processuais*. 3. ed. Salvador: Editora JusPodivm, 2017. p. 113.

[719] CIANCI, Mirna; MEGNA, Bruno Lopes. Fazenda Pública e negócios jurídicos processuais no novo CPC: pontos de partida para o estudo. *In*: CABRAL, Antonio do Passo; NOGUEIRA, Pedro Henrique (Coords.). *Negócios Processuais*. 3. ed. Salvador: Editora JusPodivm, 2017. p. 662.

utilizadas pela Fazenda Pública apenas para proteger interesses meramente secundários do Estado (protelar ao máximo o processo para atrasar o pagamento de valores devidos ao particular litigante, por exemplo). Nessas hipóteses, é evidente que as prerrogativas não estão sendo utilizadas de acordo com o interesse público. Por esse exato motivo, com o intuito de evitar essa situação antijurídica, entende-se que até mesmo as prerrogativas processuais da Fazenda Pública podem ser ajustadas mediante negócios processuais, desde que se demonstre, motivada e publicamente, por que essa peculiar adequação do procedimento envolvendo a Administração irá contribuir para a tutela do interesse público.

Uma das mais interessantes hipóteses de realização de negócio processual envolvendo a Fazenda Pública é aquela destinada a conformar o procedimento de cumprimento de uma decisão judicial relacionada à implementação de políticas públicas. De acordo com Elaine Harzheim Macedo e Ricardo Schneider Rodrigues, essa é a etapa mais crucial dos processos de controle judicial de políticas públicas, razão pela qual a adaptação do procedimento às peculiaridades exigidas pelo caso concreto pode viabilizar uma tutela mais adequada do direito fundamental em comento. Como exemplo, os autores citam a possibilidade de autorização de intervenção de terceiro não expressamente prevista em lei, permitindo a participação na fase de execução de alguma entidade que, embora não tenha sido parte no processo, possa contribuir para o melhor cumprimento da decisão.[720]

Também ressaltando as vantagens existentes na elaboração de negócios processuais para cumprimento de decisões relativas à implementação de políticas públicas, Lorena Barreiros ressalta que, através dessas convenções, "as partes podem estabelecer (inclusive conjuntamente com o juiz) um cronograma de prazos para ultimação e controle de cada etapa de consecução da política pública objeto do processo, prazos estes que devem ser dotados de certa flexibilidade" em razão da complexidade que normalmente envolve esses feitos.[721]

Outro exemplo, citado por Barreiros, é o de negócio processual elaborado com a finalidade de inverter o procedimento inicial do

---

[720] MACEDO, Elaine Harzheim; RODRIGUES, Ricardo Schneider. Negócios jurídicos processuais e políticas públicas: tentativa de superação das críticas ao controle judicial. *Revista de Processo*, São Paulo, vol. 273, p. 69-93, nov. 2017. p. 81.

[721] BARREIROS, Lorena Miranda Santos. *Convenções processuais e poder público*. Salvador, 2016. 428 f. Tese (Doutorado em Direito) – Programa de Pós-Graduação em Direito, Universidade Federal da Bahia. p. 317.

cumprimento de sentença em face da Fazenda Pública (art. 534 e seguintes do CPC). Seria permitido, assim, que o ente público, na qualidade de executado, apresente primeiramente o cálculo dos valores que reputasse correto pagar ao exequente, a quem apenas nesse segundo momento caberia se manifestar. Se discordasse dos cálculos, apresentaria os valores que entendesse adequado. Se concordasse, bastaria manifestar sua posição, encerrando a discussão preliminarmente. Trata-se, na visão da autora, de convenção benéfica ao interesse público e às duas partes atuantes no processo. Em relação ao Estado, diminuiria as chances de o executado apresentar um cálculo com valores mais altos e, desse montante, ser tido como correto pelo juiz. Para o particular, concordando ou julgando desvantajoso instaurar uma controvérsia, abrevia consideravelmente o percurso do litígio.[722]

Não apenas em processos judiciais, mas também em processos administrativos, pode a Administração Pública lançar mão dos negócios processuais. Essa possibilidade fundamenta-se não apenas no art. 15 do Código de Processo Civil, que prevê a aplicação supletiva e subsidiária de tal legislação aos processos administrativos,[723] mas também no princípio do formalismo moderado, um dos principais mandamentos que conformam a lógica dos processos administrativos no Brasil.[724] De acordo com Odete Medauar, desse princípio extraem-se duas relevantes consequências: (i) a necessidade de adoção, nos processos administrativos, de "de ritos e formas simples, suficientes para propiciar um grau de certeza, segurança, respeito aos direitos dos sujeitos, o contraditório e a ampla defesa"; e (ii) a "exigência de interpretação flexível e razoável quanto a formas, para evitar que estas sejam vistas como um fim em si mesmas, desligadas das verdadeiras finalidades do processo".[725]

Em âmbito administrativo, poderia se pensar em negócio processual firmado no seio de processo licitatório entre a comissão licitante e as empresas concorrentes com o objetivo de alterar a forma de intimação das participantes descrita no art. 109, I e §1º, da Lei nº

---

[722] BARREIROS, Lorena Miranda Santos. *Convenções processuais e poder público*. Salvador, 2016. 428 f. Tese (Doutorado em Direito) – Programa de Pós-Graduação em Direito, Universidade Federal da Bahia. p. 334.

[723] Nesse sentido: MOREIRA, Egon Bockmann. O novo Código de Processo Civil e sua aplicação no processo administrativo. *RDA – Revista de Direito Administrativo*, Rio de Janeiro, v. 273, p. 313-334, set./dez. 2016. p. 328-333.

[724] BARREIROS, Lorena Miranda Santos. *Convenções processuais e poder público*. Salvador, 2016. 428 f. Tese (Doutorado em Direito) – Programa de Pós-Graduação em Direito, Universidade Federal da Bahia. p. 372.

[725] MEDAUAR, Odete. *Direito administrativo moderno*. 18. ed. São Paulo: Revista dos Tribunais, 2014. p. 195.

8.666/93[726] (permitindo a intimação via *e-mail*, por exemplo) ou durante processo administrativo disciplinar para melhor adequar o regramento da etapa instrutória do feito às peculiaridades da causa.[727]

Ainda na linha de citar exemplos em que a elaboração de negócios processuais pela Fazenda Pública poderia se mostrar um interessante instrumento a auxiliar a Administração na persecução do interesse público, faz-se imperioso destacar uma situação concreta já existente no ordenamento jurídico a esse respeito.

Com efeito, a Procuradoria-Geral da Fazenda Nacional editou em 2018 a Portaria nº 360, destinada a autorizar a realização de modalidades específicas de negócio jurídico processual pela PGFN. Em seu art. 1º, a portaria prevê um rol não exaustivo de hipóteses em que se autoriza a celebração de negócio processual: (i) para o cumprimento de decisões judiciais; (ii) para a confecção ou conferência de cálculos; (iii) para recursos, inclusive para a sua desistência; (iv) para a inclusão do crédito fiscal e FGTS em quadro geral de credores; (v) para alteração de prazos processuais; (vi) para alteração da ordem de realização de atos processuais.

No parágrafo único desse mesmo dispositivo, são previstas as situações em que, segundo a normativa interna da PGFN, está vedada a celebração de negócio processual por esse órgão de representação processual (União Federal). São elas: (i) negócio processual cujo cumprimento dependa de outro órgão, sem que se demonstre a sua anuência prévia, expressa e inequívoca; (ii) negócio processual que preveja penalidade pecuniária; (iii) negócio processual que envolva qualquer disposição de direito material por parte da União, ressalvadas as hipóteses previstas pelas Portaria PGFN nº 502/16 e nº 985/16; (iv) negócio processual que extrapole os limites dos arts. 190 e 191 do Código de Processo Civil; (v) negócio processual que gere custos adicionais à União, exceto se aprovado prévia e expressamente pela procuradoria-geral adjunta competente.

---

[726] Lei nº 8.666/93. Art. 109. Dos atos da Administração decorrentes da aplicação desta Lei cabem: I - recurso, no prazo de 5 (cinco) dias úteis a contar da intimação do ato ou da lavratura da ata, nos casos de: (...). §1º. A intimação dos atos referidos no inciso I, alíneas "a", "b", "c" e "e", deste artigo, excluídos os relativos a advertência e multa de mora, e no inciso III, será feita mediante publicação na imprensa oficial, salvo para os casos previstos nas alíneas "a" e "b", se presentes os prepostos dos licitantes no ato em que foi adotada a decisão, quando poderá ser feita por comunicação direta aos interessados e lavrada em ata.

[727] BARREIROS, Lorena Miranda Santos. *Convenções processuais e poder público*. Salvador, 2016. 428 f. Tese (Doutorado em Direito) – Programa de Pós-Graduação em Direito, Universidade Federal da Bahia. p. 382-383.

Outros interessantes dispositivos presentes na referida portaria são o art. 2º, I, que prevê que a validade dos negócios processuais firmados pela PGFN está condicionada à prévia autorização do procurador-chefe de Defesa ou de Dívida Ativa da respectiva procuradoria-regional, e o art. 3º, que determina que todos os negócios processuais celebrados pela PGFN deverão ser disponibilizados em página específica na internet, em consonância com posicionamentos expostos acima.

Como se vê, as experiências práticas – e até mesmo as análises acadêmicas – sobre a negociação processual ainda estão em suas etapas iniciais, sendo instrumentos pouco a pouco internalizados na lógica do processo civil brasileiro. Assim, tratando-se de inovação legislativa inserida há pouco no ordenamento jurídico pátrio, ainda é cedo para examinar com precisão as consequências da instituição dessa modalidade de negócios processuais no direito processual civil brasileiro, de modo que "a completa compreensão dos resultados dessa mudança legislativa somente será possível se estes forem vistos em perspectiva, dentro de dez ou vinte anos".[728] É certo, porém, que os autores que já se dedicaram a estudar o tema têm olhado com bastante otimismo e esperança para a aplicação desse instituto,[729] de modo que seguramente o tema ainda será objeto de muitas discussões mais aprofundadas – inclusive (e até *principalmente*) no que diz respeito à sua utilização pela Fazenda Pública.

---

[728] ABREU, Rafael Sirangelo de. A igualdade e os negócios processuais. *In*: CABRAL, Antonio do Passo; NOGUEIRA, Pedro Henrique (Coords.). *Negócios Processuais*. 3. ed. Salvador: Editora JusPodivm, 2017. p. 315.

[729] Nesse sentido, veja-se o que afirma Thaís Carvalho de Souza: "A cooperação resultará em uma prática extremamente promissora do ponto de vista da evolução da cidadania. Vislumbramos, assim, benefícios que não são apenas jurídicos, mas sociais, tornando o processo um campo de diálogo efetivo e a sensação de justiça cada vez mais latente. Juízes, advogados, defensores, promotores, partes, é preciso que todos lancem um novo olhar sobre o processo civil, a fim de que ele verdadeiramente sirva ao que se destina no contexto do Estado Democrático de Direito: mais do que um instrumento para efetivar o direito material e promover justiça, e sim um local de locução e confronto de ideias, a serviço da paz social e da garantia de direitos, onde cada um tem responsabilidades e deveres, preservando a democracia e promovendo os direitos fundamentais". SOUZA, Thaís Carvalho de. As normas fundamentais e a cláusula geral do negócio jurídico processual: marcas do processo civil cooperativo no novo Código de Processo Civil. *Revista da Procuradoria-Geral do Estado de São Paulo*, São Paulo, n. 82, p. 31-46, jul./dez. 2015. p. 44-45.

3.2 Acordos administrativos em matéria sancionatória

3.2.1 Acordo de leniência e negociação da sanção administrativa: qual o interesse público buscado pelo direito administrativo sancionador?

3.2.1.1 A consensualização da atividade sancionatória da Administração Pública

O direito administrativo disciplinar é ramo de abrangência bastante significativa, constituindo matéria a que se recorre com alta frequência na tentativa de evitar ou repudiar atitudes que destoem dos padrões delineados pelo ordenamento jurídico. Cuida de servidores públicos, de infrações de trânsito, de violações à livre concorrência, de normas sanitárias, de contratações públicas, entre tantos outros temas. O desafio a ser encarado pelo direito administrativo disciplinar, portanto, não é de fácil resolução.[730] Desse modo, quando, diante das dificuldades impostas pela realidade fática, os instrumentos de que dispõe não se mostram suficientemente eficientes ao cumprimento de suas funções primordiais, urge a necessidade de desenvolvimento de novas ferramentas.

Com efeito, as clássicas medidas de sancionamento administrativo têm muitas vezes se apresentado como obsoletas diante das complexas e dinâmicas situações de infração a normas legais e administrativas que são geradas na contemporaneidade. Para muitas delas, a ameaça de imposição de sanções como censura ou advertência parece demasiadamente tênue, descaracterizando sua função. De outro lado, a dosimetria das sanções pecuniárias é sempre tema sensível, por não poderem ser baixas demais a ponto de não representarem repressão eficiente ao ilícito, nem altas demais a ponto de impor um encargo desproporcional ao apenado, prejudicando-o em outras atividades. E mesmo quando aplicadas, inda há de se considerar os inconvenientes inerentes à sua execução.[731]

---

[730] BAPTISTA, Patrícia; BINENBOJM, Gustavo. Crime e castigo no direito administrativo contemporâneo. In: CANETTI, Rafaela Coutinho. *Acordo de leniência*: fundamentos do instituto e os problemas de seu transplante ao ordenamento jurídico brasileiro. Belo Horizonte: Fórum, 2018. p. 11.

[731] BAPTISTA, Patrícia; BINENBOJM, Gustavo. Crime e castigo no direito administrativo contemporâneo. In: CANETTI, Rafaela Coutinho. *Acordo de leniência*: fundamentos do instituto e os problemas de seu transplante ao ordenamento jurídico brasileiro. Belo Horizonte: Fórum, 2018. p. 11.

Tradicionalmente, o direito administrativo sancionador não se mostrava como espaço muito receptivo a ideais consensuais. Como elucida Juliana Bonacorsi de Palma, "até a década de 1990 o Direito Administrativo sancionador brasileiro conhecia apenas a resposta binária sancionar/não sancionar",[732] de modo que estava fora do esquadro dos agentes públicos responsáveis por processos administrativos de caráter sancionatório a possibilidade de aplicação de uma sanção atenuada mediante a obtenção, do acusado, de determinados benefícios para a própria Administração.

Esse cenário, todavia, vem sofrendo mudanças bastante impactantes nos últimos anos.[733] Com o paulatino enfraquecimento da função simbólico-preventiva da sanção administrativa e a consequente necessidade de desenvolvimento de novos meios evitar a prática de infrações administrativas, "desponta, então, no direito administrativo sancionador a possibilidade de se atingir a mesma finalidade por meio da renúncia da aplicação de uma sanção, ou do processo de investigação, em prol de atos administrativos bilaterais".[734]

Nas mais diversas nuances do direito administrativo sancionador, cada vez mais se observa a utilização de instrumentos consensuais de resolução do conflito instaurado entre a administração pública e o particular infrator. Um dos mais notáveis exemplos desse fenômeno é o acordo de leniência.

Neste item, analisar-se-ão as origens e os fundamentos do acordo de leniência, bem como as justificativas consensuais que estão por trás da utilização dessa ferramenta no direito administrativo sancionador. Elencados esses pressupostos teóricos, o objetivo é discutir qual é o interesse público buscado pelo direito administrativo sancionador para então identificar quais os limites e condicionamentos trazidos pelo

---

[732] PALMA, Juliana Bonacorsi de. *Sanção e acordo na Administração Pública*. São Paulo: Malheiros, 2015. p. 279.

[733] Apesar desses impactos, para José Guilherme Bernan Correa Pinto "dizer que a visão consensual triunfou também na seara do direito administrativo sancionador parece prematuro". PINTO, José Guilherme Bernan Correa. Direito Administrativo consensual, acordo de leniência e ação de improbidade. *In*: PONTES FILHO, Valmir; MOTTA, Fabrício; GABARDO, Emerson. *Administração Pública*: desafios para a transparência, probidade e desenvolvimento. Belo Horizonte: Fórum, 2017. p. 388. A cautela esposada pelo autor é adequada, pois, como se verá adiante, o direito administrativo sancionador é matéria intrinsicamente marcada pela atuação imperativa do Estado e a utilização do acordo de leniência não altera por completo esse cenário.

[734] CARDOSO, David Pereira. *Os acordos substitutivos de sanção administrativa*. Curitiba, 2016. 173 f. Dissertação (Mestrado em Direito) – Programa de Pós-Graduação em Direito, Universidade Federal do Paraná. p. 58.

princípio da indisponibilidade do interesse público para a realização de acordos de leniência.

3.2.1.2 Origens e fundamentos do acordo de leniência

De inspiração norte-americana, tal instituto foi inicialmente previsto no ordenamento jurídico brasileiro para o combate a infrações cometidas no âmbito do direito concorrencial, por meio da Lei nº 12.529/11.[735] Mais recentemente, entretanto, outras duas legislações já incorporaram o acordo de leniência à sua sistemática: a Lei nº 12.846/13, popularmente conhecida como Lei Anticorrupção, e a Lei nº 13.506/17, que cuida do processo administrativo sancionador na esfera de atuação do Banco Central e da Comissão de Valores Mobiliários.

De modo geral, portanto, os acordos de leniência encontram espaço no combate a delitos associativos (em que o ato ilícito não é praticado por um único sujeito, mas por uma rede de infratores que atuam em conluio), notadamente aqueles conhecidos como de "colarinho branco", por envolverem atividades delituosas mais sofisticadas e, portanto, de mais difícil identificação pela Administração, justificando a parceria do Poder Público com um dos infratores na busca de informações mais apuradas sobre todo o esquema.[736]

Dentre as espécies de acordo de leniência existentes no direito brasileiro, destacam-se três características comuns a elas: (i) a necessidade de que o beneficiário do acordo *seja o primeiro* dos envolvidos nos fatos investigados a cooperar com a Administração; (ii) a necessidade de que o beneficiário *reconheça sua participação* no ilícito; (iii) a necessidade de que o beneficiário se comprometa a *manter cooperação plena e contínua* com o processo.[737] Do ponto de vista do beneficiário, também é ponto comum dessas legislações o oferecimento de alguma(s) contrapartida(s)

---

[735] Floriano de Azevedo Marques Neto e Tatiana Matiello Cymbalista inclusive chegam a considerar os acordos substitutivos como "prática habitual no exercício das funções regulatórias das agências reguladoras". MARQUES NETO, Floriano de Azevedo; CYMBALISTA, Tatiana Matiello. Os acordos substitutivos do procedimento sancionatório e da sanção. *Revista Brasileira de Direito Público – RBDP*, Belo Horizonte, ano 8, n. 31, out./dez. 2010. Disponível em: http://www.bidforum.com.br/bid/PDI0006.aspx?pdiCntd=70888.

[736] CANETTI, Rafaela Coutinho. *Acordo de leniência*: fundamentos do instituto e os problemas de seu transplante ao ordenamento jurídico brasileiro. Belo Horizonte: Fórum, 2018. p. 52-53.

[737] CANETTI, Rafaela Coutinho. *Acordo de leniência*: fundamentos do instituto e os problemas de seu transplante ao ordenamento jurídico brasileiro. Belo Horizonte: Fórum, 2018. p. 210.

por parte da Administração, como (por exemplo, mas não apenas) redução das sanções que lhe seriam impostas.

A lógica que permeia todo o sistema de acordo de leniência possui inspiração no famoso *dilema do prisioneiro*, oriundo das análises econômicas da teoria dos jogos,[738] frequentemente citado pela doutrina estadunidense (de onde o Brasil "importou" o referido instituto) para ilustrar como essa espécie de acordo em substituição à imposição unilateral de determinada sanção pode contribuir para a tarefa investigativa e punitiva do Estado.[739] Segundo esse problema, a dois prisioneiros (acusados de participação em um mesmo esquema ilícito) é oferecida a seguinte proposta: se um dos prisioneiros delatar o outro, aquele é inocentado e este recebe a pena máxima; se os dois prisioneiros se delatarem, ambos são condenados, mas recebendo uma pena média; e se nenhum se delatar, os dois serão condenados com uma pena leve. Por uma questão de lógica, portanto, faz-se com que a opção de delatar se mostre mais benéfica aos infratores do que a de não delatarem.

O cerne dessa estratégia, então, consiste em oferecer benefícios ao infrator que aceitar estabelecer uma parceria com a Administração, não apenas reconhecendo sua participação no cometimento do ilícito investigado, mas também munindo-a de informações úteis e relevantes para o aprofundamento das investigações.

Ao mesmo tempo que impõe sanções ao infrator (ainda que mais brandas do que as que seriam impostas se não tivesse sido firmado o acordo), o acordo de leniência permite ainda à Administração Pública desestabilizar a harmonia das relações entre os membros das organizações criminosas, ao inserir nesse meio a constante suspeita de que a qualquer tempo um dos infratores pode "trair" o esquema delitivo.[740]

Cria-se, com essas medidas, um cenário de constante indeterminação para os membros das organizações responsáveis pelo cometimento das infrações administrativas. Se, por um lado, eles podem optar por continuarem praticando tais ilicitudes e auferindo, ainda que sob riscos de descoberta e posterior sancionamento, os benefícios delas advindas,

---

[738] Para uma explicação detalhada do impacto do dilema do prisioneiro e da teoria dos jogos para a formatação da lógica dos acordos de leniência, ver: ALAN, José Alexandre da Silva Zachia. Novos aspectos relacionados com a leniência e a corrupção: uma abordagem na perspectiva da teoria dos jogos. *RDA – Revista de Direito Administrativo*, Rio de Janeiro, v. 275, p. 189-222, maio/ago. 2017.

[739] CANETTI, Rafaela Coutinho. *Acordo de leniência*: fundamentos do instituto e os problemas de seu transplante ao ordenamento jurídico brasileiro. Belo Horizonte: Fórum, 2018. p. 25.

[740] CANETTI, Rafaela Coutinho. *Acordo de leniência*: fundamentos do instituto e os problemas de seu transplante ao ordenamento jurídico brasileiro. Belo Horizonte: Fórum, 2018. p. 18.

por outro mantém-se sempre aberta a possibilidade de realização de um acordo com a Administração, reconhecendo sua participação no esquema delitivo e munindo o Poder Público de mais informações a respeito disso, obtendo, em contrapartida, como vantagem a diminuição das sanções que sofreria se fosse punido sem o estabelecimento do acordo.[741]

Esse efeito de desestabilização do grupo delituoso é o que Thiago Marrara chama de "vírus da instabilidade nas relações entre potenciais infratores".[742] Trata-se, ao lado da obtenção facilitada de informações úteis e relevantes à persecução administrativa, do principal objetivo perseguido pelos programas de leniência, maximizando a eficácia da função preventiva geral da sanção administrativa, já não tão alcançada pela simples previsão abstrata da punição na norma jurídica.

A decisão acerca da realização do acordo de leniência pelo infrator será tomada a partir de análises racionais de ponderação entre os benefícios e prejuízos provenientes da escolha por cada um desses caminhos. E é por essa razão que a existência de um aparato administrativo sancionador eficiente é peça precursora fundamental à existência de um programa de leniência bem-sucedido. Afinal, o agente levaria em conta, no processo de decisão sobre a tentativa ou não de realização de acordo com a Administração, a real possibilidade de, sem a existência de qualquer acordo sobre aquele esquema específico, o Poder Público desvendar o esquema delituoso e ainda aplicar uma sanção que realmente faça a atividade ilícita se tornar desvantajosa.[743]

Nessa linha, Susan Rose-Ackerman e Tina Soreide constatam que, uma vez que a decisão individual sobre o cometimento de uma infração administrativa leva em consideração os riscos de o indivíduo em questão ser sancionado, bem como a gravidade dessa sanção, através do controle desses dois fatores o Estado pode influenciar nessa decisão, reduzindo as perspectivas de vantajosidade na escolha pelo caminho delituoso[744] e, com isso, pode-se presumir uma tendência de redução das próprias práticas ilícitas.

---

[741] CANETTI, Rafaela Coutinho. *Acordo de leniência*: fundamentos do instituto e os problemas de seu transplante ao ordenamento jurídico brasileiro. Belo Horizonte: Fórum, 2018. p. 56.

[742] MARRARA, Thiago. Lei anticorrupção permite que inimigo vire colega. *Conjur*, 15 nov. 2013. Disponível em: https://www.conjur.com.br/2013-nov-15/thiago-marrara-lei-anticorrupcao-permite-inimigo-vire-colega.

[743] CANETTI, Rafaela Coutinho. *Acordo de leniência*: fundamentos do instituto e os problemas de seu transplante ao ordenamento jurídico brasileiro. Belo Horizonte: Fórum, 2018. p. 60.

[744] SOREIDE, Tina; ROSE-ACKERMAN, Susan. Corruption in state administration. *In*: ARLEN, Jennifer (Ed.). *Research Handbook on Corporate Crime and Financial Misdealing*. Northampton: Edward Elgar Publishing, 2018. p. 209.

3.2.1.3 As justificativas consensuais para a utilização do acordo de leniência e o interesse público existente na negociação da sanção administrativa

Embora já bastante consolidada doutrinariamente e em legislações mais recentes, a utilização do acordo de leniência não é matéria simplista. Thiago Marrara reconhece que "os acordos de leniência representam o ponto mais delicado do movimento de consensualização e de horizontalização da Administração Pública",[745] e não apenas porque trata de um tema espinhoso por si só, mas principalmente porque se insere em um dos âmbitos do direito administrativo mais tradicionalmente marcados pela atuação imperativa da Administração, que é o da apuração de infrações administrativas e aplicação das respectivas sanções.

O acordo de leniência simboliza de maneira bastante interessante as grandes transformações que o fenômeno de consensualização vem impondo ao regime jurídico administrativo nos últimos tempos. Como afirma Marrara, "há certas décadas seria impensável imaginar que uma autoridade pública dialogaria com um infrator confesso, responsável por desvios bilionários de recursos financeiros ou infrações econômicas com altíssimo impacto lesivo a interesses públicos primários". A atitude que sempre se esperou da Administração Pública perante sujeitos acusados de infração administrativa era a instauração dos processos necessários à devida apuração dessas faltas, despendendo unilateralmente esforços para reunir o conjunto probatório apto a indicar a autoria e materialidade do delito, momento a partir do qual a aplicação da sanção nos estritos termos delineados na legislação era a única medida a ser tomada.[746]

Se, em princípio, o comando legal indica à Administração o caminho da aplicação unilateral da sanção ao agente que cometer determinada infração, é natural se questionar por quais motivos o Estado iria deixar de aplicar essa sanção (em sua totalidade) em troca da confissão do infrator e da delação do mesmo sobre demais partícipes do esquema ilícito.

Em geral, apontam-se ao menos três grandes justificativas para o emprego dos acordos de leniência: (i) as dificuldades operacionais das

---

[745] MARRARA, Thiago. Acordos de leniência no processo administrativo brasileiro: modalidades, regime jurídico e problemas emergentes. *In*: PONTES FILHO, Valmir; GABARDO, Emerson. *Problemas emergentes da Administração Pública*. Belo Horizonte: Fórum, 2015. p. 260.
[746] MARRARA, Thiago. Acordos de leniência no processo administrativo brasileiro: modalidades, regime jurídico e problemas emergentes. *In*: PONTES FILHO, Valmir; GABARDO, Emerson. *Problemas emergentes da Administração Pública*. Belo Horizonte: Fórum, 2015. p. 260.

autoridades públicas responsáveis pela persecução de infrações administrativas; (ii) a complexidade das práticas delituosas contra as quais normalmente se utiliza tal instrumento; e (iii) os resultados benéficos mais eficientes advindos da utilização desse instrumento para fomento das funções repressiva e preventiva geral da sanção administrativa.[747]

Como se vê, via de regra os argumentos favoráveis à adoção do instituto são notadamente de ordem pragmática. Nesse sentido, na defesa da realização de acordos de leniência pela Administração Pública é também comum que se destaque a diminuição do tempo e dos recursos financeiros despendidos pelo Poder Público na apuração da infração administrativa que em regra se obtém através desses acordos.

Dentre as diversas espécies de sanções administrativas tipificadas nas mais diferentes legislações que tratam sobre esse tema no direito administrativo brasileiro (considerando não apenas a legislação federal, mas também estadual, distrital e municipal), certamente uma das mais comumente aplicadas é a de multa pecuniária. Apesar disso, trata-se de sanção de difícil execução, seja pelas complicações frequentemente enfrentadas para sua cobrança, seja pela alta taxa de judicialização desse sancionamento.

Esse cenário, então, se apresenta como mais um fator a estimular a Administração a resolver determinado litígio tratado na esfera administrativa sancionatório através de procedimentos consensuais. Como afirma Juliana Bonacorsi de Palma, "ao invés de recolher determinada quantia por meio da multa, a Administração pode compreender como mais eficiente no caso concreto estabelecer obrigações de cessar determinada prática e de adotar um conjunto de comportamentos que impeçam futuras infrações administrativas".[748]

No entanto, apesar das outras vantagens mencionadas acima, o grande foco dos acordos de leniência realmente está na "superação de uma barreira que ele [o Estado] dificilmente transporia sozinho para a persecução de atividades ilícitas: a assimetria de informações vigente entre quem pratica determinada conduta reprovada e aquele que busca coibi-la".[749] A partir disso, é fácil compreender a vantajosidade da utilização do acordo pela Administração Pública.

---

[747] MARRARA, Thiago. Acordos de leniência no processo administrativo brasileiro: modalidades, regime jurídico e problemas emergentes. *In*: PONTES FILHO, Valmir; GABARDO, Emerson. *Problemas emergentes da Administração Pública*. Belo Horizonte: Fórum, 2015. p. 260.
[748] PALMA, Juliana Bonacorsi de. *Sanção e acordo na Administração Pública*. São Paulo: Malheiros, 2015. p. 284.
[749] CANETTI, Rafaela Coutinho. *Acordo de leniência*: fundamentos do instituto e os problemas de seu transplante ao ordenamento jurídico brasileiro. Belo Horizonte: Fórum, 2018. p. 27.

Por meio dessas avenças, a Administração toma conhecimento de relevantes informações (ou ao menos espera-se que o sejam), havendo, assim, melhores condições para punir quem em princípio provavelmente não conseguiria caso atuasse unilateralmente. Ademais, a já mencionada criação de um ambiente de constante desconfiança nos grupos organizados à prática de ilícitos administrativos também é outro interessante fator inerente à utilização desses acordos, pois, em última análise, fortalece a função preventiva da sanção administrativa, desestimulando os infratores a iniciarem ou continuarem seus esquemas delituosos.

A lógica regente da Administração nesse contexto é a de "negociar não para beneficiar gratuitamente, não para dispor dos interesses públicos que lhe cabe zelar, não para se omitir na execução das funções públicas", mas, sim, para viabilizar a obtenção de "suporte à execução bem sucedida de processos acusatórios e atingir um grau satisfatório de pressão de práticas ilícitas altamente nocivas que sequer se descobririam pelos meios persecutórios e fiscalizatórios clássicos". Sendo assim empregada, não há como se negar que "a consensualização do poder sancionatório não viola qualquer princípio constitucional, sobretudo o da indisponibilidade dos interesses públicos".[750]

Tratando-se de ilícitos de difícil identificação pela Administração, a simples previsão abstrata da sanção na norma administrativa não cumpre com adequação a função simbólico-preventiva que deveria desempenhar. Afinal, "se a probabilidade de imposição de penalidades é mínima, pouco importará tratar-se de uma punição teoricamente grave". E é a partir dessa constatação que se compreende por que os acordos de leniência podem de fato contribuir para a efetividade do sistema sancionador.[751]

Não sendo a sanção um fim em si mesma, por óbvio que a repressão às práticas ilícitas em âmbito administrativo, mais do que simplesmente punir o infrator, deve visar "a uma finalidade preventiva, de promoção da conformidade aos padrões socialmente desejáveis e dissuasória do cometimento de novas infrações",[752] e os acordos

---

[750] MARRARA, Thiago. Acordos de leniência no processo administrativo brasileiro: modalidades, regime jurídico e problemas emergentes. In: PONTES FILHO, Valmir; GABARDO, Emerson. Problemas emergentes da Administração Pública. Belo Horizonte: Fórum, 2015. p. 260-261.

[751] CANETTI, Rafaela Coutinho. Acordo de leniência: fundamentos do instituto e os problemas de seu transplante ao ordenamento jurídico brasileiro. Belo Horizonte: Fórum, 2018. p. 49.

[752] BAPTISTA, Patrícia; BINENBOJM, Gustavo. Crime e castigo no direito administrativo contemporâneo. In: CANETTI, Rafaela Coutinho. Acordo de leniência: fundamentos do institu e os problemas de seu transplante ao ordenamento jurídico brasileiro. Belo Horizonte: Fórum, 2018. p. 13.

cumprem com essa função ao maximizar a atividade sancionatória da Administração.

Por óbvio, não somente à Administração, mas também ao infrator o acordo deve ser atrativo, de modo a convencê-lo a estabelecer a parceria. O primeiro fator de atratividade ao particular que firma o acordo de leniência certamente é a atenuação das sanções que lhe são impostas.

Nesse sentido, a adequada dosimetria dos benefícios concedidos ao infrator é um dos principais pontos a serem observados na construção de um acordo de leniência que se pretenda bem-sucedido. Por um lado, o não oferecimento de benefícios atrativos ao delator terá por consequência a falta de interesse deste na realização do acordo, vez que entenderá ser mais proveito para seus interesses pessoais a manutenção das atividades ilícitas. Por outro lado, no afã de concretizar o acordo de leniência, não pode a Administração conceder vantagens excessivas ao infrator, sob pena de não desincentivar a prática do ilícito, tornando a atividade delitiva por ele praticada algo compensatório.[753]

A atratividade, porém, não se resume a graciosas benesses que podem ser oferecidas ao infrator. Para que haja o interesse dos transgressores em reconhecerem sua participação no cometimento do ilícito e ainda entregarem seus parceiros à Administração, "devem-se criar custos suficientemente altos decorrentes da eventual aplicação de sanção (ou mesmo do descumprimento do acordo negociado), a ponto de o agente temer ser delatado por um comparsa ou descoberto através de investigações independentes".[754] Dessa forma, a punição dos infratores também possui a função de servir como hipótese "exemplar aos demais administrados, que conformaria seu comportamento às normas transgredidas, para não serem também sancionados como no precedente".[755]

Diante disso, verifica-se que, nos acordos de leniência, sanção e consensualidade andam sempre juntas, uma vez que, "sem a ameaça potencial de sanção, resta fragilizada a autoridade" e "sente-se o administrado desamparado".[756] Por esse motivo, é inquestionável que

---

[753] CANETTI, Rafaela Coutinho. *Acordo de leniência*: fundamentos do instituto e os problemas de seu transplante ao ordenamento jurídico brasileiro. Belo Horizonte: Fórum, 2018. p. 49-50.
[754] CANETTI, Rafaela Coutinho. *Acordo de leniência*: fundamentos do instituto e os problemas de seu transplante ao ordenamento jurídico brasileiro. Belo Horizonte: Fórum, 2018. p. 89.
[755] PALMA, Juliana Bonacorsi de. *Sanção e acordo na Administração Pública*. São Paulo: Malheiros, 2015. p. 282.
[756] MARQUES NETO, Floriano de Azevedo. Aspectos jurídicos do exercício do poder de sanção por órgão regulador do setor de energia elétrica. *RDA – Revista de Direito Administrativo*, Rio de Janeiro, vol. 221, 2000. p. 354.

o acordo de leniência é "ferramenta que vem fortalecer a repressão estatal a tais tipos de ilícitos".[757] Também nessa linha, Juliana Bonacorsi de Palma ressalta que, diferentemente do que costuma apontar a quase totalidade dos autores que versam sobre o tema, na prática o que se percebe é que, "sendo uma 'arma exorbitante', na medida em que a prerrogativa sancionadora é por natureza exorbitante, as negociações dos acordos substitutivos não são paritárias".[758] Assim, na realidade há menos consensualidade nos acordos de leniência do que normalmente se propaga.

Como era de se esperar, o acordo de leniência, ao colocar a Administração Pública em relação de negociação com um infrator confesso, possibilitando inclusive a diminuição das sanções que lhe seriam impostas segundo interpretação exegética da norma legal, é alvo de críticas desenvolvidas supostamente a partir do princípio da indisponibilidade do interesse público.

A bem da verdade, essa situação verifica-se não apenas em relação ao acordo de leniência. No direito administrativo sancionatório, o princípio da indisponibilidade do interesse público, notadamente através da noção de legalidade administrativa, impõe, com mais veemência do que em relação a outros campos, barreiras para a aceitação de práticas consensuais.[759]

Em uma leitura mais apressada, é comum se reputar que o interesse público está no *sancionamento* dos infratores, pois é o que determina a legislação de modo geral: se o sujeito praticou o ato ilícito X, sofre a penalidade Y. Uma quebra nessa lógica simplista representaria desrespeito ao interesse público definido pelo legislador.

No entanto, uma detida análise desse instrumento é capaz de afastar os receios de que, ao realizar um acordo cujo objeto compreende a redução da sanção a ser aplicada a um infrator confesso, a Administração estaria dispondo do interesse público legalmente definido. O equívoco dessa compreensão parece ter origem em uma errônea acepção de qual é o real interesse público a ser buscado no direito administrativo sancionador.

---

[757] MACHADO, Pedro Antonio de Oliveira. *Acordo de Leniência & a Lei de Improbidade Administrativa*. Curitiba: Juruá, 2017. p. 182.
[758] PALMA, Juliana Bonacorsi de. *Sanção e acordo na Administração Pública*. São Paulo: Malheiros, 2015. p. 283.
[759] PINTO, José Guilherme Bernan Correa. Direito Administrativo consensual, acordo de leniência e ação de improbidade. *In*: PONTES FILHO, Valmir; MOTTA, Fabrício; GABARDO, Emerson. *Administração Pública*: desafios para a transparência, probidade e desenvolvimento. Belo Horizonte: Fórum, 2017. p. 388.

Nesse sentido, Floriano de Azevedo Marques Neto e Tatiana Matiello Cymbalista ressaltam que o argumento da indisponibilidade do interesse público é utilizado como barreira à realização de acordos no âmbito do direito administrativo sancionador exatamente por se entender que, "uma vez que a norma jurídica prescreve a aplicação de sanção para as hipóteses de violação dos preceitos normativos por ela protegidos, encontra-se aí indicado o interesse público envolvido".[760]

Todavia, conforme acertada lição de Diogo de Figueiredo Moreira Neto e Rafael Véras de Freitas, "a sanção administrativa deve ter *natureza instrumental*, isto é, não se constitui como um fim em si, mas como um dos meios – e não o único – para se evitar o descumprimento de uma obrigação jurídica e para viabilizar a prossecução do interesse público tutelado".[761]

A chave para a compreensão de como o interesse público e o acordo de leniência podem perfeitamente se compatibilizar está em entender que o interesse público visado pelo direito administrativo sancionador não se confunde com a aplicação de sanções a quem tiver violado determinada norma administrativa. Nas palavras de Marques Neto e Cymbalista, chega a ser "absurda a afirmação de que o interesse público jaz pura e simplesmente na aplicação de uma sanção, assim entendida como a imposição de um mal em decorrência de uma transgressão".[762] De fato, a sanção é apenas *um instrumento* para aquele que, na realidade, é a verdadeira finalidade que deve ser mirada pela Administração.

Via de regra, os efeitos pretendidos com a sanção administrativa são: (i) repressão do infrator; (ii) recomposição da legalidade; (iii) prevenção de infrações através do efeito simbólico geral; (iv) afirmação

---

[760] MARQUES NETO, Floriano de Azevedo; CYMBALISTA, Tatiana Matiello. Os acordos substitutivos do procedimento sancionatório e da sanção. *Revista Brasileira de Direito Público – RBDP*, Belo Horizonte, ano 8, n. 31, out./dez. 2010. Disponível em: http://www.bidforum.com.br/bid/PDI0006.aspx?pdiCntd=70888.

[761] MOREIRA NETO, Diogo de Figueiredo; FREITAS, Rafael Véras de. A juridicidade da Lei Anticorrupção: reflexões e interpretações prospectivas. *Fórum Administrativo – FA*, Belo Horizonte, ano 14, n. 156, fev. 2014. Disponível em: http://www.bidforum.com.br/PDI0006.aspx?pdiCntd=102105. Acesso em: 12 jan. 2019.

[762] MARQUES NETO, Floriano de Azevedo; CYMBALISTA, Tatiana Matiello. Os acordos substitutivos do procedimento sancionatório e da sanção. *Revista Brasileira de Direito Público – RBDP*, Belo Horizonte, ano 8, n. 31, out./dez. 2010. Disponível em: http://www.bidforum.com.br/bid/PDI0006.aspx?pdiCntd=70888. Para os autores, é certo que "a sanção não é um fim em si, mas sim um dos meios e não o único para se evitar o descumprimento de uma obrigação jurídica e para viabilizar a consecução das políticas públicas estabelecidas para um determinado setor".

da autoridade da Administração perante os cidadãos.[763] Ora, todos esses *standards* podem igualmente ser atingidos pela Administração através não apenas da imposição unilateral de sanções, mas também por meio de uma decisão negociada com o infrator, constituindo essa a principal razão pela qual a indisponibilidade do interesse público não é, por si própria, barreira impeditiva da realização de acordos de leniência.

Deve-se, portanto, "deslocar o foco da atuação sancionatória do sujeito do processo sancionador para o problema colocado no caso concreto", entendendo que a sanção é apenas um instrumento à disposição da Administração e que, como tal, a medida repressiva pode não ser a mais adequada ao atingimento das finalidades legais a serem observadas naquele caso concreto.[764]

Afinal, "não faria qualquer sentido insistir em um procedimento administrativo moroso e custoso, por mero capricho em levá-lo a cabo e em proferir decisão terminativa, se é possível a sua terminação abreviada por meio de soluções que, ademais, apresentam ganhos de qualidade e de aderência dos envolvidos".[765] Certamente não é esse o comando exarado do princípio da indisponibilidade.

Assim, como ocorre com outras espécies de acordos administrativos, os programas de leniência não apenas não violam a noção de indisponibilidade do interesse público, como, inclusive, podem auxiliar a Administração a cumpri-la com ainda mais eficiência.[766] Com efeito, "um programa de leniência bem normatizado e estruturado, em tese, pelo menos sob o aspecto de sua teoria econômica fundante, não seria

---

[763] PALMA, Juliana Bonacorsi de. *Sanção e acordo na Administração Pública*. São Paulo: Malheiros, 2015. p. 281.
[764] PALMA, Juliana Bonacorsi de. *Sanção e acordo na Administração Pública*. São Paulo: Malheiros, 2015. p. 300.
[765] MARQUES NETO, Floriano de Azevedo; CYMBALISTA, Tatiana Matiello. Os acordos substitutivos do procedimento sancionatório e da sanção. *Revista Brasileira de Direito Público – RBDP*, Belo Horizonte, ano 8, n. 31, out./dez. 2010. Disponível em: http://www.bidforum.com.br/bid/PDI0006.aspx?pdiCntd=70888.
[766] Kleber Bispo dos Santos também entende que a realização de acordo de leniência não representa violação direta à indisponibilidade do interesse público, tendo em vista que a utilização de tal instrumento pode se mostrar como uma opção a mais para a própria realização do interesse público por parte da Administração. Trata-se, em suas palavras, "de ato administrativo consensual, cuja concretização é exigida pelo ordenamento como resultado de uma prévia ponderação dos princípios incidentes no caso concreto, bem como das circunstâncias fáticas", sempre tendo como norte a melhor satisfação do interesse público. SANTOS, Kleber Bispo dos. *Acordo de Leniência na Lei de Improbidade Administrativa e na Lei Anticorrupção*. Rio de Janeiro: Lumen Juris, 2018. p. 99.

instrumento de impunidade, mas forma de otimização dos custos da persecução estatal e instrumento dissuasório da atividade ilícita".[767]

Não há dúvidas, portanto, de que o interesse público pode ser plenamente atingido através da utilização de acordo de leniência. Não somente porque a sanção e interesse público são conceitos relacionados, porém independentes (e, portanto, a suavização da pena imposta ao infrator não atenta contra a indisponibilidade), mas também porque tais acordos contribuem de maneira especial com a atividade persecutória do Poder Público, notadamente "em casos de infrações sofisticadas e complexas, em que dificilmente o Estado lograria êxito na identificação precisa das infrações e dos infratores".[768]

Do ponto de vista do particular que estabelece o acordo, também não se vislumbra qualquer violação, *a priori*, ao princípio da indisponibilidade. Poderia ser levantado o argumento de que à aplicação de qualquer sanção por parte da Administração Pública seria imprescindível, ainda que houvesse o reconhecimento da culpa pelo próprio acusado, a tramitação do processo administrativo sancionatório até as suas últimas etapas. Com o acordo, estaria sendo retirado um direito fundamental do particular, o qual, como visto no início deste trabalho, também integra o conceito de interesse público.

De fato, o processo administrativo, com todas as suas garantias decorrentes do art. 5º, LIV e LV, da Constituição Federal, é ele próprio também uma garantia concedida pelo ordenamento jurídico para proteger os cidadãos em suas relações conflituosas com a Administração Pública. No entanto, exercê-la em sua integralidade (isto é, levar o processo até suas etapas finais) deve ser considerado um *direito* – e não um *dever* da parte.[769] Não seria razoável impedir o acusado de estabelecer um acordo com a Administração para encerrar prematuramente

---

[767] CANETTI, Rafaela Coutinho. *Acordo de leniência*: fundamentos do instituto e os problemas de seu transplante ao ordenamento jurídico brasileiro. Belo Horizonte: Fórum, 2018. p. 50.

[768] SANTOS, Kleber Bispo dos. *Acordo de Leniência na Lei de Improbidade Administrativa e na Lei Anticorrupção*. Rio de Janeiro: Lumen Juris, 2018. p. 99-100.

[769] Nesse sentido, afirmam Floriano de Azevedo Marques Neto e Tatiana Matiello Cymbalista: "Do ponto de vista do agente econômico que celebra o acordo substitutivo, trata-se de garantia fundamental, mas passível de renúncia, desde que conte com a sua concordância. Em outras palavras, apesar de o devido procedimento administrativo ser uma garantia fundamental do particular, pode ele abrir mão desta garantia, caso considere que o acordo substitutivo atende mais aos seus interesses". MARQUES NETO, Floriano de Azevedo; CYMBALISTA, Tatiana Matiello. Os acordos substitutivos do procedimento sancionatório e da sanção. *Revista Brasileira de Direito Público – RBDP*, Belo Horizonte, ano 8, n. 31, out./dez. 2010. Disponível em: http://www.bidforum.com.br/bid/PDI0006.aspx?pdiCntd=70888.

o processo, notadamente quando isso representa uma diminuição das sanções que lhe seriam impostas caso o processo continuasse.

3.2.1.4 Os alertas trazidos pelo princípio da indisponibilidade do interesse público à utilização dos acordos de leniência

A mera formatação jurídica do instituto do acordo de leniência, contudo, não o impede de ser utilizado de maneira abusiva e desviada das finalidades que legalmente deve perseguir. Tanto da parte do Estado como da parte do infrator, o acordo de leniência, se não for bem aplicado, pode acabar servindo para encobrir outras ilicitudes (desde a violação de garantias processuais do delator até um indevido privilegiamento do particular).

Aury Lopes Jr. e Alexandre Morais da Rosa denunciam que "a experiência da Justiça Negociada (em especial delação) no Brasil se formou não com base nas regras explícitas, mas em hábitos e práticas construídas intuitivamente por meio das regras negociais do mercado de compra e venda, no caso de informações". Por essa razão, defendem os autores que ainda "precisamos caminhar para construção de garantias mínimas sobre o conteúdo do objeto penal na nova perspectiva (irreversível, por enquanto) da Justiça Negocial, porque sem maiores discussões, a porta da manipulação e da seletividade penal permanecerá aberta".[770]

Ainda que a lição de Lopes Jr. e Rosa tenha sido inicialmente desenvolvida com base no instituto da delação premiada e de sua aplicação no direito penal e processual penal no Brasil, as advertências aplicam-se perfeitamente à polêmica da utilização do acordo de leniência no direito administrativo.

Além de distorções que podem ocorrer na prática quando do estabelecimento dessas negociações, infelizmente até mesmo em sede doutrinária é possível identificar defesas desse instituto que tendem a representar um descaso com as garantias processuais do acusado.

Tratando da função de desestabilizar as relações estabelecidas entre os membros das organizações delituosas a que se mencionou acima, Rafaela Coutinho Canetti afirma que, para que tal propósito seja de fato

---

[770] LOPES JR., Aury; ROSA, Alexandre Morais da. Saldão penal e a popularização da lógica da colaboração premiada pelo CNMP. *Conjur*, 22 set. 2017. Disponível em: https://www.conjur.com.br/2017-set-22/limite-penal-saldao-penal-popularizacao-logica-colaboracao-premiada-cnmp.

atendido, "é essencial a criação de um ambiente de corrida pela delação, de sorte que a colaboração se torne a estratégia dominante do jogo".[771]

Não se pode olvidar, todavia, que esse "ambiente de corrida pela delação" é criado muitas vezes a partir da apresentação de denúncias sem a devida fundamentação, em casos nos quais o órgão acusador não dispõe de indícios realmente suficientes para dar início ao processo sancionatório. Nessas hipóteses, o próprio processo serve como uma espécie de coação ao acusado. Mesmo sem haver provas robustas de que determinado sujeito cometeu atos ilícitos, cria-se o medo de que a condenação ou alguma outra delação pode vir a qualquer momento, "forçando-o" a realizar o acordo.

Nesse sentido, também são frequentes argumentos de que essa espécie de acordo, baseado na lógica da autoincriminação e na corrida pela delação, iria de encontro com os postulados éticos e morais que devem pautar a atuação da Administração Pública, uma vez que "o Estado se vale da afirmação de um 'traidor' para se chegar aos demais envolvidos na prática do ilícito e, desse modo, não haveria garantia de que o delator esteja sempre dizendo a verdade".[772]

Situação igualmente alarmante se observa quando Kleber Bispo dos Santos afirma que "as garantias processuais dos investigados e réus tornaram, em determinados casos, quase que inócua e sem efeitos a tradicional ação unilateral do Estado de persecução dos infratores por meio da instauração de processos acusatórios", criando cenário no qual "se impõe um esforço hercúleo para se levantar provas a fim de punir os reais infratores".[773]

Ainda que não haja alegação explícita nesse sentido, não é difícil constatar um certo tom desprezo às "garantias processuais dos investigados e réus" nesse discurso, por serem elas o suposto problema que dificulta a atividade sancionatória da Administração Pública.

Tais trechos são apenas exemplos citados para ilustrar como muitas vezes o incentivo a práticas consensuais na seara sancionatória pode vir acompanhando de uma velada intenção de enfraquecer as garantias processuais dos acusados, tudo com a finalidade de "facilitar"

---

[771] CANETTI, Rafaela Coutinho. *Acordo de leniência*: fundamentos do instituto e os problemas de seu transplante ao ordenamento jurídico brasileiro. Belo Horizonte: Fórum, 2018. p. 102.
[772] SALES, Marlon Roberth; BANNWART JUNIOR, Clodomiro José. O Acordo de Leniência: uma análise de sua compatibilidade constitucional e legitimidade. *Revista do Direito Público*, Londrina, v. 10, n. 3, p. 31-50, set./dez. 2015. p. 43.
[773] SANTOS, Kleber Bispo dos. *Acordo de Leniência na Lei de Improbidade Administrativa e na Lei Anticorrupção*. Rio de Janeiro: Lumen Juris, 2018. p. 91.

a punição daqueles que, através de indevido pré-julgamento, são considerados culpados.

Ainda que seja óbvio, diante de tudo o que se tem sido denunciado acerca do ambiente no qual a negociação de processos de cunho sancionatório (criminal e administrativo) no Brasil se realiza, parece importante registrar: a indisponibilidade do interesse público restaria terminantemente violada se a realização desses acordos fosse concretizada a partir de coações (em seus mais variados tipos) sobre os acusados e de desrespeito aos seus direitos e garantias fundamentais.

Outra importante questão a ser ressaltada quando se analisa a incidência do princípio da indisponibilidade nos acordos de leniência diz respeito à *margem de discricionariedade* que a legislação supostamente confere às autoridades administrativas para decidirem como, com quem e quando vão realizar esses acordos.

De acordo com Maurício Zockun, o ordenamento jurídico elegeu a realização dos acordos de leniência (quando cabíveis, evidentemente) como o meio mais adequado à satisfação do interesse público consistente na prevenção e repressão de ilícitos administrativos, razão pela qual o estabelecimento da avença se trata de ato vinculado da Administração nas hipóteses concretas em que o infrator demonstrar preencher todos os requisitos legais exigidos para o acordo.[774]

Em linha semelhante, Thiago Marrara defende que seria uma atuação contraditória da Administração (e violadora de princípios como os da boa-fé e da proteção à confiança legítima) a negativa da realização do acordo nos casos em que se verificasse o pleno cumprimento de todos os requisitos exigidos para tanto, notadamente quando a proposta de acordo já tiver transcorrido seu trâmite inicial, com a efetiva negociação dos termos e obrigações que seriam assumidos no caso por cada uma das partes.[775]

Verifica-se, assim, que a discricionariedade da Administração na celebração dos acordos de leniência é muito mais reduzida do que poderia se imaginar inicialmente. É evidente que há uma margem para apreciação, por exemplo, das características de *novidade* e *utilidade* das informações trazidas pelo infrator na tentativa de convencer a Administração a firmar o acordo.

---

[774] ZOCKUN, Maurício. Vinculação e Discricionariedade no Acordo de Leniência. *Direito do Estado – Colunistas*, num. 142, 14 abr. 2016. Disponível em: http://www.direitodoestado.com.br/colunistas/Mauricio-Zockun/vinculacao-e-discricionariedade-no-acordo-de-leniencia.

[775] MARRARA, Thiago. *Sistema brasileiro de defesa da concorrência*: organização, processo e acordos administrativos. São Paulo: Atlas, 2015. p. 351.

Todavia, também por força do princípio da indisponibilidade (que, como visto no item 1.2.2, exige atuação impessoal da Administração Pública), uma vez preenchidos os requisitos legais e lógicos ínsitos aos acordos de leniência, a Administração possui o *dever* de celebrar o acordo, já que houve "uma ponderação apriorística do legislador nacional quanto à existência de interesse público na celebração de acordos de leniência quando presentes" tais requisitos.[776]

Por outro lado, a discricionariedade da autoridade administrativa também é reduzida quando a Administração já possui as informações necessárias à persecução das infrações administrativas em comento ou ao menos dispõe de condições para obter tais informações. Nesse caso, o Estado não está autorizado a atenuar a sanção aplicável a um dos infratores em troca da simples obtenção dessas mesmas informações.[777] Se o fizesse, aí sim seria verificada uma disposição do interesse público, pois a Administração estaria deixando de aplicar as sanções nos termos estritamente previstos na legislação, sem, todavia, obter contrapartida que justifique tal atitude.

Ademais, também é essencial que a Administração observe o dever de *segurança jurídica* ao pautar sua postura nas tratativas desses acordos, respeitando a boa-fé e a confiança que os particulares legitimamente nutrem na atuação do Poder Público. Afinal, se não houver segurança acerca do comportamento a ser adotado pela Administração Pública, certamente serão poucos aqueles que se "arriscarão" a tentarem realizar acordos de leniência. Ninguém racionalmente desejaria correr o risco de reconhecer a prática de determinado ilícito e de munir a Administração de informações para potencializar ainda mais a investigação sobre aquele fato, sem ter a confiança de qual seria a postura tomada pelas autoridades administrativas diante daquela situação.

Também por conta disso, é importante que os benefícios que podem ser conferidos pela Administração ao infrator que realiza o acordo estejam previamente definidos na legislação, de modo a aumentar o prévio conhecimento de todos sobre os possíveis termos a partir dos quais pode-se negociar o acordo. Nesse sentido, destaca Rafaela Coutinho Canetti que "deixar ao alvedrio da autoridade competente a definição casuística dos efeitos da celebração do acordo equivaleria a nulificar

---

[776] CANETTI, Rafaela Coutinho. *Acordo de leniência*: fundamentos do instituto e os problemas de seu transplante ao ordenamento jurídico brasileiro. Belo Horizonte: Fórum, 2018. p. 280.
[777] SANTOS, Kleber Bispo dos. *Acordo de Leniência na Lei de Improbidade Administrativa e na Lei Anticorrupção*. Rio de Janeiro: Lumen Juris, 2018. p. 100.

toda a segurança jurídica trazida pela previsão legal do instrumento",[778] uma vez que não haveria previsibilidade, a nenhum dos interessados, acerca de que sanções podem ser objeto de negociação e em que medida. O direito administrativo sancionador brasileiro é tradicionalmente marcado por condutas repressivas, resultado do processo histórico de centralização do exercício da autoridade estatal na Administração Pública, da compreensão de que a imposição de sanções é um dever dos agentes públicos quando se depararem com casos de transgressões legais, da valorização do efeito punitivo que a sanção causa ao indivíduo infrator e da demanda de adoção de posturas repressivas que advém não apenas internamente da Administração, mas também dos órgãos de controle.[779]

Por conta dessa cultura repressiva, é possível que, "embora exista autorização normativa para terminação consensual do processo sancionador, o Poder Público poderá adotar um comportamento de desprezo para com os mecanismos concertados, deixando de aplicá-los nos casos concretos quando cabíveis".[780] Ou seja, não basta a mera previsão na lei ou em atos administrativos de autorização de realização de acordos de leniência. Faz-se necessária uma verdadeira transformação na forma de pensar que pauta a atuação dos agentes públicos, que devem compreender que o acordo não é simplesmente uma benesse concedida ao infrator, mas, sim, um instrumento que, se bem utilizado, pode contribuir com a própria atividade sancionatória da Administração.

Assim, se, por um lado, é indiscutível a importância de haver previsões adequadas no ordenamento jurídico sobre instrumentos consensuais voltados a "garantir uma atuação administrativa consensual eficiente, negocial e alheia a capturas, também a superação da cultura repressiva assume importância primeira na afirmação da consensualidade como prática legítima para que o Poder Público busque as finalidades públicas".[781]

---

[778] CANETTI, Rafaela Coutinho. *Acordo de leniência*: fundamentos do instituto e os problemas de seu transplante ao ordenamento jurídico brasileiro. Belo Horizonte: Fórum, 2018. p. 88.
[779] PALMA, Juliana Bonacorsi de. *Sanção e acordo na Administração Pública*. São Paulo: Malheiros, 2015. p. 296.
[780] PALMA, Juliana Bonacorsi de. *Sanção e acordo na Administração Pública*. São Paulo: Malheiros, 2015. p. 299.
[781] PALMA, Juliana Bonacorsi de. *Sanção e acordo na Administração Pública*. São Paulo: Malheiros, 2015. p. 301-302.

3.2.2 Acordos de não persecução cível: os antecedentes teóricos, o Pacote Anticrime e a Lei nº 14.230/21

3.2.2.1 O contraste entre a redação original do art. 17, §1º, da Lei nº 8.429/92 e a consensualização do direito administrativo

O art. 17, §1º, da Lei nº 8.429/92 tradicionalmente sempre foi visto como uma barreira insuperável contra a realização de acordos em ações de improbidade administrativa. Sua redação original era, de fato, claríssima: "É vedada a transação, acordo ou conciliação nas ações de improbidade administrativa".[782]

Apesar disso, com impulso advindo da previsão do acordo de leniência na Lei Anticorrupção (e o receito de que sua utilização seja comprometida caso não haja a comunicação entre as instâncias de responsabilização), do novo art. 26 da Lei de Introdução às Normas do Direito Brasileiro e do movimento de consensualização do direito administrativo, nos últimos anos diversos autores começaram a se debruçar sobre a possibilidade de, a despeito do que dispõe o dispositivo mencionado acima, admitir-se transação em ações de improbidade.

Nesse sentido, afirmava-se, por exemplo, que, "na realidade, após o advento da Lei 12.846/2013 – Lei Anticorrupção – parece que a possibilidade de se relativizar a vedação constada do art. 17, §1.º restou ainda mais clara"[783] e que, "ao passo que todo o ordenamento jurídico caminha para o sentido da consensualidade, a LIA manteve-se estagnada diante da não conversão da Medida Provisória 703/2015 em lei".[784]

---

[782] Lei nº 8.429/92. Art. 17. A ação principal, que terá o rito ordinário, será proposta pelo Ministério Público ou pela pessoa jurídica interessada, dentro de trinta dias da efetivação da medida cautelar. §1º. É vedada a transação, acordo ou conciliação nas ações de que trata o caput.

[783] PINHO, Humberto Dalla Bernardina de; VIDAL, Ludmilla Camacho Duarte. Primeiras reflexões sobre os impactos do novo CPC e da Lei de Mediação no Compromisso de Ajustamento de Conduta. *Revista de Processo*, São Paulo, v. 256/2016, p. 371-409, jun. 2016, p. 379. Também nesse sentido, para Emerson Garcia e Rogério Pacheco Alves, a Lei nº 8.429/92 e a Lei nº 12.846/2013 formam um "microssistema de tutela coletiva do patrimônio público", razão pela qual a permissão de celebração de acordo de leniência com investigados contida no art. 16 da Lei Anticorrupção seria aplicável às ações de improbidade administrativa, derrogando-o art. 17, §1º, da LIA. GARCIA, Emerson; ALVES, Rogério Pacheco. *Improbidade administrativa*. 9. ed. São Paulo: Saraiva, 2017. p. 920.

[784] NASCIMENTO, Eduardo Nadvorny; GEBRAN, João Gabriel Rache. A Lei de Improbidade Administrativa na era do consensualismo. *Revista da Escola da Magistratura do TRF da 4ª Região*, Porto Alegre, ano 5, n. 10, p. 333-350, 2018. p. 346.

Até mesmo no âmbito jurisprudencial essa discussão já vinha sendo enfrentada. No Agravo de Instrumento nº 5023972-66.2017.404.0000, referente a uma ação de improbidade administrativa decorrente da Operação Lava Jato, o Tribunal Regional Federal da 4ª Região declarou a invalidade de transmutação dos efeitos acordos de leniência firmado pelo réu com a Controladoria-Geral da União ao âmbito da ação de improbidade.[785]

No entanto, a razão para tanto não foi o art. 17, §1º, da Lei nº 8.429/92. Segundo consta do acórdão, "há que se buscar, pela interpretação sistemática dos diplomas legais no microssistema em que inserido, como demonstrado, além de unicidade e coerência, atualidade, ou seja, adequação interpretativa à dinâmica própria do direito, à luz de sua própria evolução", e essa seria a razão para afastar a incidência do referido dispositivo.

Também no seio de uma ação de improbidade administrativa vinculada à Operação Lava Jato, no Agravo de Instrumento nº 5051034-52.2015.4.04.0000 mais uma vez o TRF-4 manifestou o entendimento de que seria admissível a realização de transações nesse âmbito. Dessa feita, o argumento não foi nem mesmo a correlação entre as esferas da Lei nº 8.429/92 e da 12.846/13.

O réu do caso em questão havia firmado acordo de delação premiada com o Ministério Público na esfera criminal e, por tal razão, pedia a extinção preliminar na ação de improbidade. Assim, o principal argumento utilizado pela decisão para afastar a incidência do art. 17, §1º, da Lei de Improbidade foi o fato de que tal vedação se tornou obsoleta e defasada com o passar do tempo.

Mencionou-se que, "passados 24 anos da promulgação da LIA, (...) o ordenamento jurídico evoluiu, e para melhor, tendo sido flexibilizada até mesmo a intangibilidade da ação penal, por meio do novel instituto da colaboração premiada, que excelentes resultados têm apresentado na consecução do interesse público". Assim, "se a transação torna-se possível mesmo no âmbito criminal, não há porque não admiti-la excepcionalmente na seara cível".[786]

---

[785] BRASIL. Tribunal Regional Federal da 4ª Região, Agravo de Instrumento nº 5023972-66.2017.4.04.0000, Terceira Turma, Relatora Vânia Hack De Almeida, juntado aos autos em 24.08.2017.

[786] BRASIL. Tribunal Regional Federal da 4ª Região, Agravo de Instrumento nº 5051034-52.2015.4.04.0000, Quarta Turma, Relator Luís Alberto D'Azevedo Aurvalle, juntado aos autos em 11.12.2015.

Tratava-se de decisão monocrática, referente a pedido de antecipação dos efeitos da tutela recursal no agravo de instrumento. A conclusão foi pela suspensão da ação de improbidade até decisão definitiva do tema pela Quarta Turma do TRF-4. Logo após, porém, o próprio agravante (réu na ação de improbidade) desistiu do recurso, não tendo havido a posição consolidada do órgão colegiado sobre o tema.

3.2.2.2 O debate sobre a possibilidade de realização de acordo em ação de improbidade enquanto ainda vigia a redação original do art. 17, §1º, da Lei nº 8.429/92

A breve menção a tais decisões serve apenas para ilustrar como a polêmica em torno do art. 17, §1º, da Lei nº 8.429/92 gerava profundos debates teóricos e práticos. Mesmo com o avanço da consensualidade sobre o direito administrativo, ainda existiam diversos autores que defendiam a impossibilidade de realização de transação nas ações de improbidade, com esteio nesse dispositivo e no princípio da indisponibilidade do interesse público.

Nesse sentido, Marcelo Dantas Rocha e Margareth Vetis Zaganelli, em pesquisa específica sobre a possibilidade de transação em ações de improbidade administrativa, constatam que "a maior parte da doutrina e da jurisprudência defende que a vedação de transação, acordo ou conciliação em improbidade se funda na indisponibilidade dos direitos envolvidos, a 'indisponibilidade do interesse público'".[787]

Wallace Paiva Martins Júnior é um dos autores que expressamente acatam esse entendimento. Apesar de reconhecer, *de lege ferenda*, que a adoção de métodos consensuais de resolução de conflitos em ações de improbidade poderia ser benéfica, esposa o entendimento de que, no atual contexto normativo, "em se tratando de probidade administrativa, a natureza do interesse em particular não permite renúncia a qualquer dos provimentos típicos previstos, pois a indisponibilidade daí derivada é absoluta". Assim, por força do princípio da indisponibilidade do interesse público, "as sanções [da Lei de Improbidade Administrativa] são irrenunciáveis e indisponíveis, não admitindo transação, composição ou acordo, que, se realizados, são absolutamente

---

[787] ROCHA, Marcelo Dantas; ZAGANELLI, Margareth Vetis. O ajustamento de conduta em atos de improbidade administrativa: anacronismos na vedação da transação na lei brasileira. *Cadernos de Direito Atual*, n. 7, p. 147-162, 2017. p. 150.

nulos, e esse traço reforça o entendimento da cumulatividade das sanções".[788] Posicionamento semelhante pode ser encontrado nas obras de Marcelo Figueiredo[789] e José Antonio Lisbôa Neiva.[790]

No entanto, a tendência que já se percebia há alguns anos entre os autores que se dedicam com mais especificidade sobre esse tema era a de advogar pela tese de autorização de transações em sede de ações de improbidade administrativa. As razões a embasar tal posicionamento são diversas.

Costumava-se argumentar que: (i) o interesse público buscado pelo direito administrativo sancionador não se resume à aplicação da pena, razão pela qual a realização de acordo não se chocaria com o princípio da indisponibilidade; (ii) a vedação contida no art. 17, §1º, da Lei nº 8.429/92 não mais se justificava contemporaneamente quando até o direito processual penal (no qual se espelhou tal legislação) já se abrira para soluções concertadas de seus conflitos; (iii) o recente fenômeno da consensualização do direito administrativo, que faz com que cada vez mais a Administração Pública conviva com instrumentos consensuais; (iv) o art. 26 da Lei de Introdução às Normas do Direito Brasileiro; (v) a influência da Lei nº 12.846/13 (Lei Anticorrupção), que versa sobre acordo de leniência; (vi) o art. 36, §4º, da Lei nº 13.140/2015; (vii) o art. 5º, §6º, da Lei nº 7.347/85; (viii) o princípio da proporcionalidade, que autorizaria a realização desses acordos em casos de atos de improbidade administrativa de menor potencial ofensivo; (ix) os acordos devem ser aceitos por uma questão pragmática, de efetividade da tutela jurisdicional.

No entanto, nenhum desses argumentos merece prosperar, de modo que, até a edição da Lei nº 13.964/19, a vedação de realização de acordos em ações de improbidade ainda imperava. Abaixo, será exposto, de modo mais detalhado, cada um desses argumentos, bem como as razões pelas quais se entende que eles não eram suficientes para afastar a vigência do art. 17, §1º, da Lei de Improbidade Administrativa.

(i) Tratando da função da sanção administrativa, Francisco Zardo esclarece que em abstrato não há qualquer disposição do interesse público na aceitação de transações em ações de improbidade administrativa, visto que "o interesse público residirá justamente na

---

[788] MARTINS JÚNIOR, Wallace Paiva. *Probidade Administrativa*. 4. ed. São Paulo: Saraiva, 2009. p. 415-416.

[789] FIGUEIREDO, Marcelo. *Probidade administrativa*: comentários à Lei 8.429/92 e legislação complementar. 5. ed. São Paulo: Malheiros, 2004. p. 262-263.

[790] NEIVA, José Antonio Lisbôa. *Improbidade administrativa*. Niterói: Impetus, 2009. p. 173-174.

celebração do acordo, quer porque o dano ao erário e a ordem jurídica violada serão reparados de modo mais célere e efetivo, quer porque a colaboração possibilitará a descoberta de ilícitos ainda mais graves".[791] Não há como discordar de Zardo nesse ponto. Uma vez que, no direito administrativo sancionador, o interesse público não se resume à aplicação de sanção ao infrator, é perfeitamente possível que a Administração deixe de punir ou puna com penas mais brandas se, no caso concreto, essa opção se mostrar mais adequada às finalidades de recomposição da legalidade e de prevenção e repressão do ilícito. Por essa perspectiva, inclusive, a validade dos acordos nas ações de improbidade administrativa seria bastante semelhante à dos acordos de leniência.

Dúvidas começam a surgir, porém, quando se tem em mente que o interesse público, mais do que representar a vontade do administrador, é conceito com conteúdo jurídico passível de cognição através do ordenamento jurídico positivo. E aí o art. 17, §1º, da Lei nº 8.429/92 parecia apontar para um rumo bastante claro sobre o que o legislador reputou como de interesse público nessa específica seara. A discussão será retomada mais à frente. Por ora, é importante registrar outros argumentos favoráveis à adoção da transação.

(ii) De acordo com Fredie Didier Jr. e Daniela Santos Bonfim, "a proibição de negociação prevista na Lei de Improbidade Administrativa era, na verdade, um reflexo da proibição no âmbito penal". A partir disso, os autores defendem que, uma vez sendo permitida a adoção de métodos consensuais de resolução de conflitos no direito penal como ocorre atualmente, não subsistiriam mais razões para se manter a proibição de transação nas ações de improbidade administrativa. Afinal, seria – em suas palavras – absurdo imaginar que fosse "possível negociar sanções tidas como mais graves pelo sistema porque decorrente da prática de crimes (por definição, o ilícito mais reprovável), mas não seria possível negociar no âmbito de uma ação de improbidade administrativa".[792] De fato, desde a promulgação da Lei de Improbidade Administrativa, no início dos anos 1990, até o momento atual, "houve uma intensa guinada do ordenamento jurídico na direção da consensualidade e

---

[791] ZARDO, Francisco. Validade dos acordos de leniência em ações de improbidade. *Conjur*, 25 set. 2017. Disponível em: https://www.conjur.com.br/2017-set-25/francisco-zardo-validade-acordos-acoes-improbidade.

[792] DIDIER JR., Fredie; BOMFIM, Daniela Santos. A colaboração premiada como negócio jurídico processual atípico nas demandas de improbidade administrativa. *A&C – Revista de Direito Administrativo & Constitucional*, Belo Horizonte, ano 17, n. 67, p. 105-120, jan./mar. 2017. p. 117.

convencionalidade", e isso sem dúvida fortalece o argumento descrito acima.[793] Contudo, o fato de que o direito processual penal atualmente adota diversas práticas consensuais não possuía o condão de afastar a literalidade do art. 17, §1º, da Lei nº 8.429/92. Alterações em outras áreas do direito (ou mesmo em outros pontos do próprio direito administrativo), apesar de contribuírem para o debate, não podem ser vistas como soluções definitivas para essa problemática.

(iii) O mesmo se passa com o fenômeno da consensualização do direito administrativo. Muitas vezes argumentava-se que esse novo cenário da Administração Pública representava uma revogação tácita do art. 17, §1º, da LIA diante da necessidade de admitir-se a possibilidade de práticas consensuais administrativas.

Apesar de o direito administrativo estar paulatinamente se abrindo a essa nova realidade de maior diálogo com os infratores, inclusive com a edição da Lei Anticorrupção e dos novos dispositivos da LINDB, essa mudança de perfil da Administração Pública tampouco era suficiente para afastar a vigência de um dispositivo normativo previsto em lei.

(iv) Nessa linha, também é importante destacar o art. 26 da Lei de Introdução às Normas do Direito Brasileiro, que, como visto no item 2.2.2, instituiu uma cláusula geral de negociação no direito administrativo. Tal dispositivo, que entrou em vigor com a Lei nº 13.655/18, também foi utilizado para enrobustecer a argumentação daqueles que já defendiam a possibilidade de realização de acordos em ações de improbidade administrativa.

Quanto a isso, todavia, adverte-se que tal dispositivo também não possuía o condão de afastar a aplicabilidade da redação original do art. 17, §1º, da Lei nº 8.429/92, que vedava explicitamente a realização de acordos naquela seara. Não é simplesmente por ser posterior que a Lei nº 13.655/18 derrogara esse trecho da Lei de Improbidade Administrativa. Bastaria, para negar tal apressada conclusão, lembrar que a Lei nº 8.429/92 é especial em relação à Lei de Introdução às Normas do Direito Brasileiro, devendo, por esse motivo, ser aquela a aplicada em caso de conflito normativo.

No entanto, não é preciso ir tão longe. O próprio art. 26 da LINDB reconhece que, na realização de compromissos por parte da

---

[793] CABRAL, Antonio do Passo. A resolução nº 118 do Conselho Nacional do Ministério Público e as convenções processuais. *In*: CABRAL, Antonio do Passo; NOGUEIRA, Pedro Henrique (Coords.). *Negócios Processuais*. 3. ed. Salvador: Editora JusPodivm, 2017. p. 714-715.

Administração Pública com os interessados para eliminar situação contenciosa na aplicação do direito público, deverá ser "observada a legislação aplicável". Assim, nos casos em que a legislação aplicável veda a realização de acordo (como ocorria, até a Lei nº 13.964/19, com a Lei de Improbidade Administrativa), a LINDB expressamente opta por submeter-se a tal posicionamento.

Não havia sustentação, portanto, a tese de que, desde a promulgação da Lei nº 13.655/18, o art. 17, §1º, da Lei nº 8.429/92 teria sido tacitamente revogado.

(v) Segundo Lorena Barreiros, a Lei nº 12.846/13, em conjunto com a Lei de Improbidade Administrativa, estruturou um microssistema de combate aos atos lesivos à Administração Pública no direito brasileiro. E como uma das grandes marcas da Lei Anticorrupção é a possibilidade de o infrator realizar acordo de leniência com a autoridade pública responsável pela aplicação da sanção, entende Barreiros que tal previsão, "que guarda um espaço de interseção com o âmbito de aplicabilidade da Lei de Improbidade, sustenta o posicionamento doutrinário quanto à possibilidade de uso atípico desse instituto em ações de improbidade".[794]

Mais uma vez, repete-se o argumento já transcrito acima: o fato de outras legislações preverem a possibilidade da realização de determinados acordos específicos por parte da Administração Pública (como é o caso da Lei nº 12.846/13) não faz com que um dispositivo legal que expressamente veda a realização de outro acordo específico possa ser tido como revogado. Não há fundamento hermenêutico que sustente essa tese.

(vi) Barreiros também defendia a revogação tácita do art. 17, §1º, da Lei nº 8.429/92 a partir da Lei nº 13.140/2015, que trata, entre outros fatores, da mediação envolvendo entes públicos. Para a mencionada autora, uma aprofundada leitura do art. 36, §4º, dessa norma levaria à indubitável conclusão de que o legislador passou a admitir a possibilidade de transações em ações de improbidade administrativa.[795]

Trata-se de argumento interessante. Realmente uma leitura apressada do art. 36, §4º, da Lei nº 13.140/2015 poderia dar a entender que tais acordos estavam autorizados por lei desde 2015.

---

[794] BARREIROS, Lorena Miranda Santos. *Convenções processuais e poder público*. Salvador, 2016. 428 f. Tese (Doutorado em Direito) – Programa de Pós-Graduação em Direito, Universidade Federal da Bahia. p. 85.

[795] BARREIROS, Lorena Miranda Santos. *Convenções processuais e poder público*. Salvador, 2016. 428 f. Tese (Doutorado em Direito) – Programa de Pós-Graduação em Direito, Universidade Federal da Bahia. p. 85-86.

Com efeito, referido dispositivo preconiza que, "nas hipóteses em que a matéria objeto do litígio esteja sendo discutida em ação de improbidade administrativa ou sobre ela haja decisão do Tribunal de Contas da União, a conciliação de que trata o *caput* dependerá da anuência expressa do juiz da causa ou do Ministro Relator". Em uma primeira leitura, ele realmente parece partir do princípio de que seria possível a realização de mediação em ação de improbidade, sendo que sua função no ordenamento seria apenas a de esclarecer a necessidade de anuência expressa do magistrado responsável pelo feito para validar a avença.

No entanto, não foi essa a intenção do legislador. E aqui não se faz necessário lançar mão do método histórico de interpretação para chegar a essa conclusão. Basta atentar para o trecho dispositivo que afirma que tal norma se aplica para "a conciliação de que trata o *caput*". E qual é essa conciliação? Ora, são apenas os "conflitos que envolvam controvérsia jurídica entre órgãos ou entidades de direito público que integram a administração pública federal" (art. 36, *caput*, da Lei nº 13.140/15).

A abrangência da permissão de mediação em improbidade, portanto, restringe-se a esses específicos – e até *raríssimos* – casos de improbidade em que o conflito é estabelecido entre dois entes públicos. Talvez porque, nesses casos, nem as concepções mais conservadoras da noção de indisponibilidade do interesse público entendam que tal princípio seria um óbice à realização do acordo. Afinal, de um lado ou de outro, as duas partes estão buscando o "interesse público".

Pode-se até criticar a lei por isso. De fato, a exagerada restrição do âmbito de incidência de tal dispositivo representa uma infeliz atitude do legislador, que perdeu oportunidade adequada para regulamentar com a devida pertinência essa questão tão relevante que são os acordos em ações de improbidade. No entanto, ainda assim se deve considerar a definição explícita da norma legal no que tange ao âmbito ao qual ela se aplica.

(vii) Muitos autores também defendiam que a transação em ações de improbidade administrativa fosse realizada através de Termo de Ajustamento de Conduta (e não de acordo de leniência), uma vez que o artigo 5º, §6º, da Lei da Ação Civil Pública expressamente autoriza a utilização desse instituto em casos abarcados por ACP. Essa possibilidade genérica supostamente afastaria as críticas quanto à ilegalidade da utilização desse procedimento durante o trâmite das ações de improbidade.[796] Também nessa linha, há quem diga que o TAC não se configura como modalidade de transação propriamente dita e que, por esse motivo, a redação original do art. 17, §1º, da Lei nº 8.429/92 não seria óbice à sua realização nas ações de improbidade administrativa.[797]

Esses, porém, parecem ser argumentos mais fracos do ponto de vista lógico e jurídico. Em primeiro lugar, deve-se lembrar que, rigorosamente, não há nada na lei que classifique as ações de improbidade administrativa como ações civis públicas. Essa correlação se deve unicamente à prática forense, já que as ações de improbidade são frequentemente nomeadas por seus autores (na maior parte das vezes, o Ministério Público) como ações civis públicas, no intuito de se aproveitarem aspectos mais benéficos do regime jurídico da Lei nº 7.347/85 (como, por exemplo, a desnecessidade de pagamento de custas processuais e honorários advocatícios).

Em segundo lugar, deve-se recordar que a Lei nº 8.429/92 possui caráter de especialidade para regular a matéria em relação à 7.347/85, além de ser posterior a ela. Assim, tanto por ser mais específica como também por ser posterior, o art. 17, §1º, da Lei de Improbidade manteria sua higidez diante dessa argumentação.

Em terceiro lugar, seria de um preciosismo formal indiscutivelmente exagerado afirmar que, por a lei se referir apenas à "transação, acordo ou conciliação", e não especificamente a "Termo de Ajustamento de Conduta", não haveria vedação legal à utilização de TAC em ações de improbidade. A intenção do legislador foi bem expressa no art. 17, §1º, e não parece haver dúvidas de que seu designo era o de proibir qualquer espécie de atuação concertada entre o proponente da ação e o réu.

(viii) Também é possível encontrar defesa, com base no princípio da proporcionalidade, de que a transação seria admitida, mesmo diante do determinado pela redação original do art. 17, §1º, da Lei nº 8.429/92, em casos de *atos de improbidade administrativa de menor potencial ofensivo*, tendo em vista que, nessas hipóteses, os custos envolvidos na persecução do ato ímprobo não justificariam a sanção a ser aplicada,

---

[796] É o caso de Marcio Felipe Lacombe Cunha: CUNHA, Marcio Felipe Lacombe. Termo de Ajustamento de Conduta e a possibilidade de conciliação na seara da improbidade administrativa. *Revista da AGU*, Brasília, ano 9, n. 26, p. 235-249, out./dez. 2010. p. 245.

[797] LOBO FILHO, Fernando Rissoli; GUADANHIN, Gustavo de Carvalho. O compromisso de ajustamento de conduta como mecanismo de consenso em matéria de improbidade administrativa. *Fórum Administrativo – FA*, Belo Horizonte, ano 15, n. 174, p. 27-33, ago. 2015. p. 31.

podendo-se, portanto, optar pela resolução prematura do conflito mediante transação.[798] Com todo o respeito, a Lei nº 8.429/92 em nenhum momento abria brecha para tal leitura. Interpretações propositivas como essa, desenvolvidas a partir de abstratos princípios constitucionais e sem maiores preocupações com a legislação concreta que pretendem superar pela via hermenêutica, devem ser encaradas com muita cautela, notadamente no âmbito sancionador, em que a noção de legalidade estrita exerce invulgar importância.

(ix) Também deve-se tomar muito cuidado com propostas que, no intuito de defender a possibilidade de transação em ações de improbidade administrativa, o fazem ao afirmar que "um Ministério Público que queira evoluir tem que 'sair às ruas', tem que encontrar, como princípio hermenêutico, algo que o faça aproximar-se dos anseios de justiça que a sociedade lhe impõe", bradando que "não basta ao Ministério Público contemporâneo afirmar 'infelizmente a lei diz isso e não temos mais alternativa'".[799] Esse posicionamento peca pelo mesmo vício do argumento anterior: um desprezo quase que doloso ao direito positivo, impulsionado pela ânsia de fazer justiça no caso concreto, à margem dos parâmetros legais e segundo as aspirações éticas e morais do próprio acusador (e, muitas vezes, também do julgador) da causa.

Como se vê, dentre os diversos argumentos levantados pela doutrina para defender a possibilidade de transação em ações de improbidade administrativa antes da alteração promovida pela Lei nº 13.964/19, alguns eram mais consistentes, fundados em premissas lógicas e jurídicas que faziam sentido do ponto de vista racional, e outros nem tanto, parecendo, às vezes, representar mais uma preocupação em ver concretizado o desejo íntimo do autor do que uma análise "imparcial" dos comandos extraídos do ordenamento jurídico.

---

[798] LOBO FILHO, Fernando Rissoli; GUADANHIN, Gustavo de Carvalho. O compromisso de ajustamento de conduta como mecanismo de consenso em matéria de improbidade administrativa. *Fórum Administrativo – FA*, Belo Horizonte, ano 15, n. 174, p. 27-33, ago. 2015. p. 32-33; TOURINHO, Rita. O Ato de Improbidade Administrativa de Pequeno Potencial Ofensivo e o Compromisso de Ajustamento. *Fórum Administrativo – FA*, Belo Horizonte, ano 3, n. 30, p. 2.644-2.648, ago. 2003. p. 2.647.

[799] SANTOS, Eduardo Sens dos. *TAC em improbidade administrativa*. Disponível em: http://tmp.mpce.mp.br/esmp/publicacoes/Edital-n-03-2012/Artigos/Eduardo-Sens-dos-Santos.pdf.

3.2.2.3 Os Termos de Ajustamento de Conduta e a hipótese já antes admitida de consensualidade na improbidade administrativa

Com esteio nas clássicas lições de Norberto Bobbio sobre resolução de antinomias normativas,[800] Kleber Bispo dos Santos propõe que, ao contrário de se buscar a identificação de qual entre tais normas deveria prevalecer com base em critérios como o cronológico ou o da especialidade, o intérprete deve direcionar seus esforços hermenêuticos no sentido de promover a harmonização dos dispositivos normativos *supostamente* em conflito. Ao fazê-lo, chega à conclusão de que a vedação mencionada no art. 17, §1º, da Lei nº 8.429/92 "proíbe tão somente eventual acordo *no âmbito da ação ajuizada perante o Poder Judiciário*, não impedindo ou vedando a realização de acordo na fase do inquérito civil ou do processo administrativo".[801]

A proposta está de acordo com a lógica que rege todo o processo de improbidade. A existência do juízo de prelibação nessas ações demonstra que o Ministério Público só deve ajuizar a ação, e o magistrado só deve receber a petição inicial se houver "indícios suficientes da existência do ato de improbidade" (art. 17, §§6º e 7º, da Lei nº 8.429/92). Assim, é razoável supor que a vedação do art. 17, §1º, incide apenas em relação às ações já ajuizadas, uma vez que, a partir desse momento, presume-se não haver mais interesse jurídico do órgão acusador na realização de acordo com o acusado, pois aquele supostamente já gozaria das informações necessárias à responsabilização deste.

Se, após a instrução processual, constatar-se que não houve a prática de ato ímprobo por parte do réu, também não faz sentido autorizar o acordo. Nesse caso, o que se espera do Ministério Público não é que busque consensualmente a possibilidade de impor alguma sanção ao réu, mas, sim, que, em sede de alegações finais, requeira a absolvição do acusado, o que também deve ser acatado pelo juiz da causa. Permitir a realização de acordo nesse cenário, quando o Ministério Público constata não terem sido produzidos indícios suficientes à condenação, desrespeitaria a lógica de distribuição do ônus da prova e violaria o princípio da boa-fé objetiva que deve nortear a atuação do *parquet*.

Como ensina Nicolao Dino, a finalidade do art. 17, §1º, da Lei nº 8.429/92 é ressaltar que o Ministério Público (e demais entidades

---

[800] BOBBIO, Norberto. *Teoria do ordenamento jurídico*. São Paulo: EDIPRO, 2011. p. 100-107.
[801] SANTOS, Kleber Bispo dos. *Acordo de Leniência na Lei de Improbidade Administrativa e na Lei Anticorrupção*. Rio de Janeiro: Lumen Juris, 2018. p. 153-155.

legitimadas ativamente para a propositura de ação civil pública por ato de improbidade administrativa) não pode dispor livremente da ação. Isso, no entanto, não significa total impossibilidade de transação em momentos anteriores ao ajuizamento da ação. Afinal, "a busca da colaboração de investigados/réus infratores, em troca de benefícios quanto a sanções, não implica abdicar da tutela da probidade, mas sim alcançá-la de modo mais eficiente".[802]

Ademais, a própria literalidade do art. 17, §1º, da Lei nº 8.429/92 também possibilita essa interpretação. O dispositivo afirma que "é vedada a transação, acordo ou conciliação *nas ações* de que trata o *caput*". Ora, então, enquanto ainda não há ação, não há como se aplicar tal dispositivo.[803]

Para além dessa possibilidade pré-processo jurisdicional, ressalte-se que não se vislumbra qualquer impeditivo na realização de transação, mesmo durante a tramitação da ação de improbidade, quando o acordo tiver objeto não a disposição da ação ou a aplicação das sanções em si, mas, sim, questões secundárias da condenação. É o que ocorre, por exemplo, no caso de acordo entre o réu já condenado em ação de improbidade e o Ministério Público estabelecendo os termos (prazo e parcelamento) para pagamento da multa ou da reparação do dano. Nessa hipótese, certamente a transação não encontra óbice no princípio da indisponibilidade, posto que o Poder Público, ao realizar tal acordo, não está abrindo mão do interesse público.

Tais propostas representam uma forma de conciliar o respeito à vontade do legislador na definição do interesse público e as tendências conciliatórias que apontam para a adoção de instrumentos alternativos de persecução das finalidades administrativas.

Como bem reconhece Maria Paula Dallari Bucci, "o papel da norma e o significado do processo legislativo são temas que, salvo raras exceções, não vêm sendo contemplados pelo constitucionalismo nacional mais recente",[804] o que talvez justifique o "desapego" que, infelizmente, parte da comunidade jurídica contemporânea tem para com o direito

---

[802] DINO, Nicolao. A colaboração premiada na improbidade administrativa: possibilidade e repercussão probatória. *In*: SALGADO, Daniel Resende de; QUEIROZ, Ronaldo Pinheiro de. (Org.). *A prova no enfrentamento à macrocriminalidade*. 2. ed. Salvador: JusPodivm, 2016. p. 531-535.

[803] LOBO FILHO, Fernando Rissoli; GUADANHIN, Gustavo de Carvalho. O compromisso de ajustamento de conduta como mecanismo de consenso em matéria de improbidade administrativa. *Fórum Administrativo – FA*, Belo Horizonte, ano 15, n. 174, p. 27-33, ago. 2015. p. 31.

[804] BUCCI, Maria Paula Dallari. Controle judicial de políticas públicas: possibilidades e limites. *Fórum Administrativo – FA*, Belo Horizonte, ano 9, n. 103, set. 2009. Disponível em: http://www.bidforum.com.br/PDI0006.aspx?pdiCntd=62501.

positivo. Tal cenário, como visto, é facilmente sentido no tema ora em análise, em que, muitas vezes, a opinião subjetiva de que a realização de acordos em ações de improbidade administrativa era algo positivo ofuscava, para alguns autores, a realidade objetiva da redação original do art. 17, §1º, da Lei nº 8.429/92.

No entanto, por respeito à democracia e à segurança jurídica, não se deve desprezar o que os representantes eleitos da população definem como sendo interesse público. O fenômeno da consensualização do direito administrativo é bem-vindo, e o melhor dele deve ser extraído para aprimorar a atividade administrativa. No entanto, esse processo deve ser feito mediante a devida observância às regras mestras do regime jurídico-administrativo.

Acatar a tese de ampla possibilidade de realização de transação em ações de improbidade enquanto vigia a redação original do art. 17, §1º da Lei nº 8.429/92 seria uma violação ao princípio da indisponibilidade. Isso não porque a Administração não deva negociar com infratores ou porque os bens e direitos públicos são intransigíveis, já que, como visto em tópicos anteriores, as técnicas consensuais de resolução de conflitos envolvendo entes públicos podem muitas vezes servir como instrumentos para aprimorar a satisfação do interesse público. O óbice, assim, encontrava-se no dever que o princípio da indisponibilidade impõe ao administrador público de respeito ao direito positivo, onde está definido o conteúdo jurídico do interesse público.

3.2.2.4 A Medida Provisória nº 703/2015 e a primeira tentativa legislativa de alteração do art. 17, §1º, da Lei nº 8.429/92

Como ensinam Carlos Ari Sundfeld e Jacintho Arruda Câmara, os acordos substitutivos de sanção não são passíveis de serem utilizados em *sistemas normativos fechados*, nos quais o ordenamento jurídico impõe como uma única consequência possível à prática de um ilícito a aplicação da respectiva sanção, conforme previsto em lei. Diz-se que se trata de um sistema fechado, então, exatamente porque não há abertura de margem para que a autoridade responsável pela aplicação da sanção possa avaliar se a adoção de postura impositiva e unilateral de punição é a melhor resposta para o caso concreto.[805]

---

[805] SUNDFELD, Carlos Ari; CÂMARA, Jacintho Arruda. Acordos substitutivos nas sanções regulatórias. *Revista de Direito Público da Economia – RDPE*, Belo Horizonte, ano 9, n. 34, abr./jun. 2011. Disponível em: http://www.bidforum.com.br/bid/PDI0006.aspx?pdiCntd=73323.

Em regra, como se viu no item 2.2.2, o sistema jurídico brasileiro não adota essa modelagem, sendo bastante receptiva a adoção de instrumentos consensuais pela Administração Pública. No entanto, o art. 17, §1º, da Lei nº 8.429/92 em que o legislador expressamente proibiu a realização de algum tipo de acordo, e a esse fato deve ser conferido um valor argumentativo bastante significativo nessa discussão. Notadamente porque, em momento recente, já nesse cenário de consensualização a que tantos autores recorrem para defender a revogação tácita do referido dispositivo, o Poder Legislativo brasileiro viu-se diante de situação concreta com potencial direto para sepultar esse debate, e não o fez. Está se falando da Medida Provisória nº 703/2015, editada pela presidente Dilma Rousseff em 18.12.2015.

Com o objetivo de suscitar mais segurança jurídica no campo dos acordos de leniência da Lei nº 12.846/13, a MP nº 703/2015 inseria na Lei Anticorrupção dispositivos que previam a impossibilidade de ajuizamento de ações de improbidade administrativa contra infratores que houvessem firmado acordo de leniência nos casos em que o Ministério Público e os competentes órgãos da Advocacia Pública tivessem participado da avença. Além disso, a medida provisória *expressamente revogava* *o art. 17, §1º, da Lei nº 8.429/92*, em atitude que pareceria encerrar todo o debate relatado nas páginas anteriores.

Para se tornar definitivamente norma integrante do ordenamento jurídico pátrio, contudo, a MP nº 703/2015 tinha que ser convertida em lei pelo Congresso Nacional no prazo a que alude o art. 62, §3º, da Constituição Federal,[806] o que não foi realizado, tendo a medida provisória perdido sua vigência em 29.05.2016. Ainda que diversas questões políticas tenham fortemente influenciado esse processo na época, não se pode fechar os olhos para o fato de que o Poder Legislativo se deparou com oportunidade específica para autorizar a realização de acordos em ações de improbidade administrativa e decidiu por não o fazer.

Assim, é altamente complicado afirmar que a perda de vigência da MP nº 703/2015 não afasta a possibilidade de transações em sede de improbidade administrativa pela razão de que "o texto normativo que consagrou vedação de negociação em ação de improbidade

---

[806] Constituição da República Federativa do Brasil. Art. 62. §3º. As medidas provisórias, ressalvado o disposto nos §§11 e 12 perderão eficácia, desde a edição, se não forem convertidas em lei no prazo de sessenta dias, prorrogável, nos termos do §7º, uma vez por igual período, devendo o Congresso Nacional disciplinar, por decreto legislativo, as relações jurídicas delas decorrentes.

administrativa não se coaduna com o sistema jurídico pátrio atual, tendo sofrido inequívoca revogação tácita".[807]

Como mencionado nos itens 1.1.1 e 1.1.2, para combater o mau uso da categoria jurídica do interesse público, por vezes empregado como subterfúgio para justificar o atendimento de desejos ilícitos dos agentes públicos, a doutrina administrativista pacificou (entre aqueles que defendem a existência dessa categoria, obviamente) o entendimento de que do conceito jurídico do interesse público só pode ser extraído ordenamento jurídico positivo.

Não se pode negar, portanto, que o Poder Legislativo é o órgão primordialmente competente para a definição do conteúdo do interesse público e, na discussão ora em análise, em que pese existam consistentes posicionamentos doutrinários e jurisprudenciais com entendimento diverso, a opção do Parlamento, até segunda ordem, foi de considerar como de interesse público a vedação à realização de transação em ações de improbidade administrativa.

Isso, contudo, não significa um repúdio completo a qualquer prática consensual nessa seara. Veja-se que a fragmentação dos textos normativos, o lapso temporal existente entre a promulgação de cada uma das leis mencionadas anteriormente, as vicissitudes inerentes a qualquer processo legislativo (e que foram especialmente sentidas na tramitação da MP nº 703/2015) e o fato de o sistema jurídico de combate aos atos lesivos à Administração ainda estar em desenvolvimento são fatores que justificam as contradições existentes entre a Lei nº 8.429/92 e outras normas mais recentes desse mesmo sistema.[808]

3.2.2.5 A instituição do acordo de não persecução cível pelo Pacote Anticrime e os complementos trazidos pela Lei nº 14.230/21

Em 24.12.2019, foi promulgada a Lei nº 13.964/19. Conhecida como Pacote Anticrime, a legislação foi gestada pelo então ministro da Justiça e Segurança Pública Sérgio Moro e tinha por finalidade, de acordo com seu art. 1º, aperfeiçoar a legislação penal e processual penal.

---

[807] BARREIROS, Lorena Miranda Santos. *Convenções processuais e poder público*. Salvador, 2016. 428 f. Tese (Doutorado em Direito) – Programa de Pós-Graduação em Direito, Universidade Federal da Bahia. p. 82.
[808] ROCHA, Marcelo Dantas; ZAGANELLI, Margareth Vetis. O ajustamento de conduta em atos de improbidade administrativa: anacronismos na vedação da transação na lei brasileira. *Cadernos de Dereito Actual*, n. 7, p. 147-162, 2017. p. 152.

A lei promoveu mudanças sensíveis no direito penal e processual penal: aumento de 30 para 40 anos do tempo máximo de cumprimento de pena privativa de liberdade; aumento da pena para crime de homicídio com uso de arma de fogo; permissão para estados e o Distrito Federal construírem presídios de segurança máxima; vedação da liberdade condicional a condenados por crime hediondos com morte; previsão de nova hipótese de suspensão da prescrição criminal, entre diversas outras mudanças que, como regra geral, foram propostas como forma de enrijecer o sistema punitivo estatal.

Curiosamente, apesar de a lei tratar essencialmente de questões específicas de direito penal e processual penal, trouxe uma mudança pontual, porém drástica, para o sistema de improbidade administrativa: alterou explicitamente a redação do art. 17, §1º, da Lei nº 8.429/92. Enquanto a redação original previa que "é vedada a transação, acordo ou conciliação nas ações [de improbidade administrativa] de que trata o *caput*", com a entrada em vigor do Pacote Anticrime o referido dispositivo passou a prever que "as ações de que trata este artigo admitem a celebração de acordo de não persecução cível, nos termos desta Lei".

A alteração tomou de surpresa a comunidade administrativista, uma vez que a instituição do agora chamado *acordo de não persecução cível* não foi objeto de debates com a profundidade necessária, principalmente por ter sido veiculada através de legislação que, em sua essência, não dizia respeito ao direito administrativo.

O que chamou ainda mais atenção, contudo, não foi apenas a criação dessa nova espécie de acordo em matéria sancionatória, mas a falta de detalhamento sobre suas hipóteses de aplicação, seu rito e seus requisitos de validade. Com a entrada em vigor da Lei nº 13.964/19, apenas dois dispositivos da Lei de Improbidade Administrativa foram alterados. Além da já mencionada alteração na redação do art. 17, §1º, incluiu-se também no art. 17 o §10-A, com a seguinte redação: "Havendo a possibilidade de solução consensual, poderão as partes requerer ao juiz a interrupção do prazo para a contestação, por prazo não superior a 90 (noventa)". A previsão, no entanto, não traz qualquer novidade substancial.

Como se vê, o Pacote Anticrime apenas "criou" o acordo de não persecução cível, deixando de prever qualquer mínimo detalhamento que pudesse indicar aos agentes interessados de que forma tais acordos deveriam ser desenvolvidos na prática.

A bem da verdade, a versão da Lei nº 13.964/19 aprovada no Congresso Nacional até trazia um pouco mais de densificação normativa para o recém-criado instituto. O projeto intentava inserir na Lei de

Improbidade o art. 17-A, que preveria quem poderia propor o acordo (apenas o Ministério Público), quando fazê-lo (admitindo expressamente a possibilidade de acordo durante o curso da ação) e sobre o que o acordo poderia versar (classificando como inegociável o dever de ressarcimento integral do dano ao erário e/ou do pagamento do enriquecimento ilícito obtido, além de pagamento de multa de até 20% do valor do dano/enriquecimento ilícito). O dispositivo ainda previa questões sobre o rito dos acordos (necessidade de aprovação interna no Ministério Público e posterior homologação pelo juízo) e os fatores que deveriam ser levados em consideração durante a negociação da avença.

O art.17-A, entretanto, foi integralmente vetado pela Presidência da República quando da promulgação da Lei nº 13.964/19. O veto não foi revisto pelo Congresso Nacional e, assim, o acordo de não persecução cível foi positivado no direito brasileiro em um verdadeiro limbo jurídico.

A falta de maior detalhamento normativo, todavia, não impediu que novo instituto de ação administrativa consensual fosse rapidamente utilizado na prática. É verdade que, mesmo antes da alteração do art. 17, §1º, da Lei nº 8.429/92, já vinham sendo firmados acordos em sede de improbidade administrativa, com fundamento nos argumentos expostos no item 3.2.2.1. Prova disso é a Resolução nº 01/2017 do Conselho Superior do Ministério Público do Estado do Paraná, que, a despeito da literalidade do art. 17, §1º, da Lei nº 8.429/92, desde 2017 estabelecia "parâmetros procedimentais e materiais a serem observados para a celebração de composição, nas modalidades compromisso de ajustamento de conduta e acordo de leniência, envolvendo as sanções cominadas aos atos de improbidade administrativa". Contudo, também não se pode negar que a entrada em vigor da Lei nº 13.964/19 conferiu um incentivo significativamente maior para a realização de acordos nessa seara.

Como era de se esperar, porém, a criação de um instituto jurídico de tamanha relevância como o acordo de não persecução cível sem qualquer detalhamento sobre seu conteúdo, rito e requisitos de validade gerou um cenário de enorme insegurança jurídica. Com efeito, a Lei nº 13.964/19 deixou em aberto uma série de relevantes questões sobre a utilização prática do acordo de não persecução cível: quem pode propor o acordo? Se o Ministério Público for o proponente, há obrigatoriedade de participação do ente público lesado? Há algum momento processual adequado para a proposição do acordo? Quais sanções podem ser negociadas e em que limite? Qual é o impacto do reconhecimento, através do acordo de não persecução, da prática de um ato ímprobo para outras esferas de responsabilização? Quais devem ser os critérios para realização do acordo? O acordo necessariamente precisa ser homologado em juízo para ter validade e eficácia? Há um direito subjetivo dos acusados a ao menos negociar a realização de um acordo? Se o Ministério Público realizar acordo com um réu em determinada ação de improbidade, tem o dever de negociar com os demais corréus? Essas são apenas algumas questões que ilustram a insegurança jurídica que passou a reinar com a entrada em vigor da Lei nº 13.964/19. Parte dessas questões passou a ser enfrentada através das regulamentações internas de órgãos estaduais e federais do Ministério Público, além de atos da própria Administração Pública. É altamente problemático, todavia, que questões tão relevantes para os direitos e garantias dos acusados como essas indicadas acima sejam definidas exatamente pelo órgão acusador, com uma postura invariavelmente parcial sobre os debates de improbidade administrativa.

Nessa esteira, a jurisprudência também vem se posicionado a fim de esclarecer alguns dos pontos deixados em aberto pela Lei nº 13.964/19. Nesse sentido, chega a ser curioso o caso relativo à existência ou não de um momento processual adequado para proposição de acordo. O projeto da Lei nº 13.964/19 aprovado no Congresso previa expressamente que "o acordo também poderá ser celebrado no curso de ação de improbidade" (essa seria a redação do art. 17, §2º, da Lei nº 8.429/92). Tal dispositivo, contudo, foi vetado pela Presidência da República sob a justificativa de que prejudicaria a efetividade da transação, uma vez que o agente infrator supostamente estaria sendo incentivado a continuar no trâmite da ação judicial. As razões do veto, porém, não foram significativas para a jurisprudência. Cerca de um ano após a entrada em vigor da Lei nº 13.964/19, o Superior Tribunal de Justiça decidiu que é autorizada a realização do acordo de não persecução cível em qualquer fase da ação de improbidade administrativa, até mesmo em grau recursal.[809]

A regulamentação legal do acordo de não persecução cível ganhou mais roupagem em 2021, com a Lei nº 14.230/21. Referida lei promoveu uma série de relevantes mudanças no regime de improbidade administrativa (acabou com a improbidade culposa, exigiu a demonstração do perigo de dano irreparável como critério para a indisponibilidade cautelar de bens, alterou as regras de prescrição, alterou a quantificação das sanções aplicáveis, previu que apenas o Ministério Público poderá propor a ação, etc.).

---

[809] BRASIL. Superior Tribunal de Justiça. Acordo no AREsp 1.314.581/SP, Rel. Ministro Benedito Gonçalves, Primeira Turma, julgado em 23.02.2021, DJe 01.03.2021.

Dentre essas mudanças, está um detalhamento mais específico das regras relativas ao uso do acordo de não persecução cível. A nova legislação inseriu na Lei nº 8.429/92 o art. 17-B para tratar da regulamentação do acordo de não persecução cível. Em vários aspectos, o dispositivo é semelhante ao art. 17-A, intentado pelo projeto do Pacote Anticrime, mas vetado pela Presidência da República.

A partir de agora, tem-se definitivamente a determinação de que o acordo de não persecução deve necessariamente prever o integral ressarcimento do dano ao erário e/ou a recomposição da vantagem patrimonial obtida indevidamente quando se tratar de atos tipificados nos arts. 9º e 10 da Lei de Improbidade, sendo que o valor do ressarcimento será aferido após oitiva do Tribunal de Contas competente. Diferentemente do que previa o Pacote Anticrime, porém, não há qualquer previsão sobre obrigatoriedade de pagamento de multa.

Em relação ao rito, resta positivado que o acordo deve ser aprovado por órgão interno de cúpula do Ministério Público e ser homologado judicialmente. Além disso, prevê-se também a obrigatoriedade da oitiva do ente público lesado acerca do acordo, apesar de não ser exigida a sua participação nas negociações.

A nova legislação também esclarece que o acordo pode ser firmado em qualquer fase do processo (desde a investigação administrativa até a execução judicial da sentença condenatória) e reforça, mais uma vez, que a celebração do acordo deve levar em consideração "a personalidade do agente, a natureza, as circunstâncias, a gravidade e a repercussão social do ato de improbidade, bem como as vantagens, para o interesse público, da rápida solução do caso".

Com isso, a Lei nº 14.230/21 cumpre um papel importante de trazer mais densidade normativa ao instituto do acordo de não persecução cível e, com isso, reduzir a insegurança jurídica gerada pelo Pacote Anticrime. A nova lei, contudo, deixou de tocar em questões sensíveis da temática da consensualidade em matéria sancionatória, como, por exemplo, a existência de direito subjetivo dos acusados à negociação de acordo, o possível dever do Ministério Público em oferecer acordos para réus em situações semelhantes quando já houver celebrado a avença com outro caso e as repercussões da celebração do acordo de não persecução cível nas outras esferas de responsabilização (notadamente cível, criminal, administrativa, eleitoral e perante os tribunais de contas).

Também se nota que há pouca previsão sobre a fase de negociação dos acordos. Há uma menção sobre a necessidade de que a negociação se dê mediante a participação do advogado do acusado, mas, fora isso, não são previstas garantias que pudessem evitar – ou, ao menos, reduzir – o efeito de *arm-twisting*,[810] que é tão comum em matéria de acordos sancionatórios.

Ter cautela com a fase de negociação dos acordos de não persecução cível é postura indispensável para que *standards* de validade, como a impessoalidade, a isonomia e a moralidade, por exemplo, sejam respeitados e, assim, a transação possa ser estabelecida sem que a indisponibilidade do interesse público reste violada.

---

[810] Sobre o termo, cf. NOAH, Lars. Administrative arm-twisting in the shadow of congressional delegations of authority. *Wisconsin Law Review*, Madison, n. 5, p. 873-941, 1997.

CONCLUSÕES

1. A categoria jurídica do interesse público é ainda considerada, pela doutrina majoritária, o eixo central do regime jurídico-administrativo, dela decorrendo os dois princípios fundamentais de todo o direito administrativo brasileiro: o da supremacia do interesse público e o da indisponibilidade do interesse público.

2. O termo, porém, é de difícil conceituação. Ao longo da história, diversas definições já foram atribuídas ao interesse público – sendo, no início, uma conceituação mais abstrata, ligada a ideias filosóficas de bem comum. Ademais, trata-se de noção que foi se adaptando à realidade jurídica, econômica e social dos formatos de Estado que surgiram no decorrer dos tempos. O interesse público do Estado Liberal, assim, certamente não é o mesmo interesse público perseguido pelo Estado Social. Enquanto no Estado Liberal, calcado em uma visão restrita do princípio da legalidade administrativa, atribuía-se ao interesse público uma função de proteger as liberdades individuais e a propriedade privada, no Estado Social esse conceito se humaniza, vinculando-se também – e principalmente – com valores essenciais à existência digna de todos os cidadãos. É esse o conceito de interesse público respaldado pela Constituição Federal de 1988.

3. A falta de conceituação precisa do instituto faz, inclusive, com que ele seja utilizado nas mais diversas acepções pela legislação, pela doutrina e pela jurisprudência – e esse fato é um dos pontos de partida para as críticas diferidas contemporaneamente contra o interesse público.

Não se pode negar a existência do interesse público no direito brasileiro, tamanha a sua utilização pelos operadores jurídicos e a quantidade de vezes que a Constituição e a legislação infraconstitucional se referem a ela. Sendo assim, é tarefa da doutrina administrativista buscar traçar um conceito de natureza jurídica para o interesse público, de modo a aperfeiçoar a sua utilização pela Administração e demais sujeitos que com ela se envolvem.

4. Foi o que fez Celso Antônio Bandeira de Mello, em pioneiro artigo científico publicado em 1967. Com o objetivo de analisar o "conteúdo do regime jurídico-administrativo e seu valor metodológico", Bandeira de Mello lançou as bases daquilo que a quase totalidade da doutrina administrativista iria considerar o conceito jurídico de interesse público: juridicamente, considera-se o interesse público a dimensão pública dos interesses individuais, ou seja, dos interesses de cada indivíduo partícipe da sociedade, de modo que ele (i) não se confunde e também não é algo contrário ao interesse dos indivíduos e (ii) não se identifica, sempre, com o interesse do Estado enquanto pessoa jurídica.

É, pois, no ordenamento jurídico positivo que se encontram os interesses que, segundo deliberação democrática da sociedade, são reconhecidos como de dimensão pública – e, portanto, ostentam a qualidade de interesses públicos. O interesse público, portanto, é resultado de uma escolha político-normativa. Será de interesse público aquilo que o legislador assim definir como tal. Da Constituição às leis ordinárias, o interesse público é condensado nas mais diversas esferas de atuação legislativa.

Um dos mais interessantes pontos extraídos dessa definição é o fato de que particulares também podem ostentar interesses públicos. É o que ocorre quando um sujeito particular age em defesa de um interesse que lhe seja próprio, mas que está juridicamente protegido pelo ordenamento. Há, assim, interesses públicos individuais, coletivos e difusos.

5. Isso, porém, não significa que o conceito de interesse público seja sempre de fácil aferição. Há diversas ocasiões em que o ordenamento jurídico não define com exatidão qual a atitude a ser tomada pela Administração Pública em determinada situação concreta, o que muitas vezes deve ser feito através de um exercício de ponderação pela autoridade pública.

O interesse público é um conceito jurídico indeterminado, o que abre a possibilidade de o intérprete aplicá-lo de maneiras diferentes, conforme exigir a situação concreta. Há, nesse sentido, uma relação intrínseca entre a aplicação prática da categoria jurídica do interesse público pela Administração com o poder de discricionariedade administrativa.

Esse fato demonstra a importância de a aplicação do interesse público ser sempre acompanhada da devida observância ao princípio da motivação dos atos administrativos, a fim de que se possa controlar a adequação da utilização dessa categoria com os demais princípios do regime jurídico-administrativo.

6. A partir, principalmente, do início dos anos 2000, o interesse público deixa de ser figura incontestável do regime jurídico-administrativo e passa a ser objeto de diversas críticas doutrinárias.

Com base no trabalho de Daniel Wunder Hachem, identificaram-se seis grupos de críticas que, apesar de originalmente serem desenvolvidos contra o princípio da supremacia do interesse público, também podem acabar sendo utilizados para contestar o princípio da indisponibilidade. E, por essa razão, foi dedicado espaço específico na presente dissertação para demonstrar por que eles são improcedentes.

Em resumo, em relação às críticas que poderiam sugerir a (i) inutilidade do princípio da indisponibilidade, demonstrou-se que (i.1) o interesse público possui um conteúdo jurídico aferido a partir do direito positivo, e o fato de ser um conceito indeterminado não desqualifica essa constatação, uma vez que diversos princípios relevantes do direito brasileiro também não se apresentam com conteúdo claro e preciso; (i.2) jamais se contestou que interesses individuais compõem a noção de interesse público, desde que legitimamente tutelados pelo ordenamento jurídico; (i.3) também nunca se negou que existe uma série de interesses públicos simultaneamente tutelados pelo ordenamento, os quais, inclusive, podem entrar em conflito em casos concretos.

Quanto às críticas de que o interesse público poderia (ii) servir de sustentação para a prática de atos autoritários pela Administração, demonstrou-se que (ii.1) a noção de interesse público não desconsidera o cidadão enquanto indivíduo, uma vez que os interesses individuais compõem o interesse público e que os direitos fundamentais – inclusive os individuais – são considerados a essência do conceito de interesse público; (ii.2) por essa razão, alegar que o interesse público seria incompatível com o princípio da dignidade da pessoa humana ou mesmo com os direitos fundamentais representa um desconhecimento daquilo em que a teoria do interesse público realmente se funda; (ii.3) observados os devidos critérios e realizado corretamente o controle sobre a atividade administrativa, não será o interesse público o responsável pelas práticas autoritárias cometidas usualmente pela Administração.

7. Na sequência, constatou-se que variados autores do direito administrativo entendem que as críticas à noção de interesse público – bem como a sua supremacia e a sua indisponibilidade – representam uma aversão da corrente que sustenta essa posição às bases ideológicas do regime jurídico-administrativo.

A Constituição Federal de 1988 concedeu um perfil de inclusividade à Administração Pública, incumbindo-a da realização de uma série de tarefas de ordem social, com vistas à redução das desigualdades. E, uma vez que o interesse público, conforme dito acima, encontra-se condensado no ordenamento jurídico positivo, sendo o texto constitucional o seu primeiro parâmetro de verificação, é certo que, na ordem inaugurada pela Constituição Federal de 1988, o interesse público também possui um perfil social.

Isso justifica a importância da manutenção dessa categoria como o eixo central do direito administrativo brasileiro. A proposta da substituição do dever administrativo de consecução do interesse público pelo dever de promoção dos direitos fundamentais não deve ser acatada por esse motivo. Ainda que os direitos fundamentais sejam parte essencial do conceito de interesse público, essa proposta representa, retoricamente, uma alteração simbólica que significa alterar os próprios fins que se imputam à Administração Pública. Afinal, isso possibilitaria uma incitação de que o foco da atividade administrativa devesse ser, como outrora, a garantia do respeito aos direitos fundamentais de liberdade, ocultando as tarefas de cunho social que atualmente indiscutivelmente estão incrustadas na noção de interesse público.

8. Não existe um consenso na doutrina brasileira a respeito do conteúdo do princípio da indisponibilidade do interesse público – e isso talvez exatamente por conta de que os escritos sobre o tema, via de regra, nunca o enfrentaram com a especificidade necessária para compreendê-lo adequadamente.

Fala-se, por exemplo, da indisponibilidade da finalidade legal, da indisponibilidade do dever de agir, da indisponibilidade de bens e serviços públicos e da indisponibilidade das competências administrativas. Todos as conceituações, porém, tendem a um ponto comum.

O conteúdo jurídico do princípio da indisponibilidade representa o dever inafastável da Administração Pública de envidar absolutamente toda a sua atividade em prol da satisfação do interesse público juridicamente definido. Por força do princípio da indisponibilidade, não pode haver ato administrativo que se destine à realização de qualquer objetivo que não coincida com o interesse público. Se assim não o fizer, deverá ser decretado inválido.

Por isso, mais do que servir como justificativa para impedir o atendimento de interesses individuais pela Administração Pública, o princípio da indisponibilidade exige do agente público uma profunda análise acerca de todo o contexto fático e jurídico envolvido no caso concreto, a fim de identificar a finalidade legal que deve ser perseguida naquela situação. Muitas vezes, não será o interesse próprio do Estado, mas, sim, exatamente o interesse de um particular. É o princípio da indisponibilidade que impõe à Administração o dever de satisfazer tal interesse, mesmo talvez sendo contrário aos seus interesses pessoais.

Vê, assim, que a indisponibilidade é um princípio que guarda íntima relação com a noção de legalidade administrativa. Afinal, uma vez que é o ordenamento jurídico, a partir da Constituição e das leis infraconstitucionais, que imputa à Administração Pública os deveres aos quais ela está vinculada, qualquer descumprimento dessas normas significará, além de uma violação à legalidade, um desrespeito ao princípio da indisponibilidade.

O princípio da indisponibilidade do interesse público, portanto, funciona como uma amarra à atividade administrativa. Trata-se da outra face da moeda composta pelo princípio da supremacia. É ele que justifica (teoricamente) as prerrogativas exorbitantes que a legislação confere à Administração Pública ao condicionar o seu manejo à satisfação do interesse público.

A indisponibilidade, portanto, muito mais do que simplesmente dizer o óbvio (como criticam alguns autores), possui importante função de direcionamento da atividade jurídico-administrativa. É a indisponibilidade do interesse público a resposta, existente no próprio regime jurídico-administrativo, para frear os excessos indesejáveis que a Administração poderia vir a cometer caso lhe fossem outorgadas apenas prerrogativas.

9. São diversos os critérios existentes no direito brasileiro para definir determinada norma como um princípio jurídico. Dois, porém, são os que mais se destacam: o que leva em conta o seu *grau de fundamentalidade* da norma e o que leva em conta sua *estrutura lógico-normativa*.

Em relação ao primeiro critério, não há dúvidas que a indisponibilidade do interesse público se apresenta como princípio. Trata-se de norma central do direito administrativo, que, ao lado da supremacia, dá o tom de todo o regime jurídico-administrativo. Tanto é assim que Celso Antônio Bandeira de Mello, responsável pela difusão da noção de indisponibilidade do interesse público no Brasil, adota essa conceituação de princípio jurídico. É diante de sua importância para o direito administrativo que Bandeira de Mello considera a indisponibilidade um princípio.

Dúvidas maiores surgem quando pretende se analisar a natureza jurídica da indisponibilidade do interesse público à luz do critério que classifica as normas jurídicas a partir de sua estrutura lógico-normativa, isto é, a partir da forma pela qual elas são aplicadas. Em geral, a partir desse critério, consideram-se como princípio jurídico as normas que são veiculadas na forma de mandados de otimização, aplicadas em maior ou menor grau, diferentemente diante de cada situação fática, enquanto as regras seriam normas aplicadas pela famosa lógica do "tudo ou nada".

Ainda não foi feita pela doutrina qualquer análise nesse sentido em relação à indisponibilidade. Entende-se, entretanto, que, a partir do critério da estrutura lógico-normativa, a indisponibilidade do interesse público apresenta-se como regra.

Afinal, supor que a indisponibilidade do interesse público pudesse ser vista como um mandado de otimização poderia levar à conclusão de que, dependendo das situações fáticas e jurídicas do caso concreto, a Administração Pública poderia estar mais ou menos vinculada à realização do interesse público. Admitir-se-ia, nesse sentido, que, em alguns casos, a Administração deliberadamente deixasse de atender ao interesse público, o que vai exatamente na contramão daquilo que se reputou como sendo o conteúdo jurídico da indisponibilidade.

Ainda assim, em razão da maior difusão do termo princípio da indisponibilidade do interesse público no direito administrativo, optou-se por continuar referindo-se à indisponibilidade como princípio. Além de não se tratar de equívoco, vez que, de fato, a indisponibilidade é um princípio de acordo com o critério do seu grau de fundamentalidade, facilita a compreensão daqueles que já estão acostumados com o termo.

10. A indisponibilidade do interesse público é norma que encontra fundamento no direito positivo brasileiro. É verdade que não de modo expresso – como ocorre, por exemplo, na Constituição Portuguesa de 1976 ou na Constituição Espanhola de 1978 –, mas, sim, implicitamente no texto constitucional, a partir de diversos dispositivos normativos que atrelam a atividade administrativa à consecução do interesse público.

O mais relevante deles é o art. 1º da Constituição Federal, que define o Estado brasileiro como uma república. Em uma república, a atividade dos agentes públicos, enquanto representantes da sociedade e detentores de poderes públicos, deve se pautar por um critério de neutralidade, sem se utilizar das prerrogativas disponibilizadas pela máquina administrativa para privilegiar ou prejudicar pessoas ou grupos sociais em específicos por razões pessoais. É evidente, pois, sua relação intrínseca com a concepção de que a Administração deve agir em prol de interesses públicos – e não privados ou particulares.

No art. 3º, IV, da Constituição, verifica-se também a determinação de que a Administração Pública deve buscar a realização do bem comum. E, como já mencionado, nessa ordem constitucional o interesse público possui uma inegável faceta social, que vincula o Estado à redução das desigualdades e à promoção do desenvolvimento nacional – ou, em outras palavras, ao bem comum.

Outro dispositivo constitucional que também fundamenta a existência do princípio da indisponibilidade, ainda que de maneira mais discreta que os anteriores, é o art. 66, §1º. Apesar de tratar de um conceito mais político de interesse público, dele se extrai que a vinculação da atividade administrativa à realização do interesse público é tamanha que o presidente da República está autorizado a vetar uma lei aprovada regularmente pelos representantes democráticos do povo caso considere que a norma irá importar afronta ao interesse da coletividade. O mesmo ocorre com o art. 57, §6º, com o art. 93, VIII, com o art. 95, II, e com o art. 231, §6º. São todos dispositivos constitucionais que servem de exemplo para comprovar a tese de que, quando verificada a presença de dado interesse público, a Administração Pública está instada a agir de determinado modo, através de atos que não poderia praticar caso tal prática não fosse estritamente necessária para a tutela do interesse público.

Além disso, em sede infraconstitucional, são inúmeros os dispositivos legais que vinculam a Administração Pública à realização do interesse público. Cite-se, apenas como exemplo, o art. 2º, "e", e parágrafo único, "e", da Lei nº 4.171/65, ao vedar o desvio de finalidade da atividade administrativa.

11. Também se demonstraram no trabalho as principais implicações trazidas pelo princípio da indisponibilidade ao regime jurídico-administrativo, analisando-as uma a uma, especificadamente. São elas, listadas sistematicamente: (i) o princípio da legalidade e suas decorrências, como a finalidade, a razoabilidade e a proporcionalidade, a motivação e a responsabilidade do Estado; (ii) a obrigatoriedade do desempenho da atividade pública/continuidade dos serviços públicos; (iii) o controle (interno e externo) dos atos administrativos; (iv) o tratamento isonômico dos cidadãos em face da Administração; (v) a publicidade; (vi) a inalienabilidade dos direitos concernentes a interesses públicos.

12. O fenômeno da consensualização do direito administrativo é uma das mais marcantes mudanças pelas quais tem passado essa disciplina no Brasil nos últimos anos, sendo o fruto para diversos debates doutrinários, muitos dos quais relacionados com o princípio da indisponibilidade do interesse público.

13. Muito desse fenômeno é originado de defesas de maior democratização da Administração Pública. Tais defesas, todavia, comumente vêm acompanhadas de críticas ao tradicional regime jurídico-administrativo e, principalmente, ao interesse público, seu conceito-chave.

Afirma-se, nesse sentido, que o regime jurídico-administrativo replicado pelo direito administrativo brasileiro possui uma gênese autoritária e que, por tal razão, os institutos dele derivados são igualmente autoritários.

Demonstrou-se, porém, que as origens do direito administrativo são fundamentalmente de uma disciplina democrática, voltada contra atuações abusivas do Poder Público, sendo que boa parte dessas críticas "pintou" um regime jurídico-administrativo autoritário que, na realidade, não existe.

Uma análise histórica aprofundada e livre de anacronismos é capaz de demonstrar que a Administração Pública tem passado, ao longo dos séculos, por um longo processo de democratização. Processo esse que não é constante. Muitas vezes há retrocessos nesse sentido, diante de governos que imprimem feições arbitrárias ao Poder Público. Isso sem dizer que, ainda hoje, na prática administrativa, é infelizmente muito comum o tratamento opressivo em relação aos cidadãos, apesar de todos os direitos subjetivos com os quais o ordenamento jurídico mune a população atualmente.

É papel da doutrina, então, aplicar os esforços necessários para que esse processo de democratização continue aperfeiçoando cada vez mais a atividade administrativa, contribuindo para um Estado mais democrático e afastando os resquícios de autoritarismo que ainda se observam na Administração Pública.

14. O fenômeno da consensualização do direito administrativo possui o condão de contribuir com esse processo de democratização da Administração Pública.

O direito administrativo brasileiro já há muito tempo conhece institutos próprios da lógica consensual, mas é apenas nas últimas décadas que se observa um verdadeiro movimento, tanto no âmbito científico como nas inovações legislativas, em prol da consensualização da atividade administrativa. Diferentemente do que ocorria no passado, atualmente vige a ideia de que a vontade dos particulares pode/deve contribuir diretamente para a formação da decisão administrativa e, assim, para estabelecer os termos das relações jurídicas que esses particulares possuem com a Administração Pública.

Tal movimento encontra respaldo na Constituição Federal de 1988, que, além de elencar a República brasileira como um Estado Democrático de Direito, elenca em diversos dispositivos a participação popular na atividade administrativa como um mote a ser seguido pelo Poder Público. Ademais, o consensualismo harmoniza-se com perfeição, além do princípio democrático, com a processualização da Administração Pública e com os princípios da publicidade e da eficiência administrativa.

15. Muito tem sido escrito sobre o movimento da consensualização do direito administrativo, notadamente para elogiá-lo. Isso, contudo, gerou um cenário prejudicial em que o consenso passou a ser visto como uma verdade indubitável, algo bom por si próprio, que dispensa justificativas. Certamente não é esse o caso.

Apesar dos variados aspectos benéficos que pode trazer para a Administração Pública, a consensualidade também deve conhecer limites. Demonstraram-se, nesse sentido, os problemas que podem ser gerados a partir de acordos administrativos e que dizem respeito à disparidade de forças entre os pactuantes, à tentativa de utilizar o acordo como uma fuga do regime jurídico-administrativo à prática de desvio de finalidades, inclusive mediante corrupção de agentes públicos.

Saber que o consenso é, assim como tantas outras, apenas mais uma ferramenta à disposição da Administração Pública – e não, portanto, o avanço imparável da modernidade – é essencial para entender a necessidade de traçar limites e condicionantes à atuação administrativa consensual a fim de evitar tais maleficências.

Ademais, demonstrou-se também que, apesar de a consensualização ser, sim, um fenômeno bastante relevante para o direito administrativo contemporâneo, ela não altera completamente a essência ou a estrutura do agir administrativo. A atuação unilateral continua presente na atividade administrativa, sendo inclusive fator primordial para a possibilidade de avanço da própria consensualidade. As transformações, então, inegavelmente existem, mas também não são mudanças paradigmáticas como muitas vezes se alardeia na doutrina.

16. Na esteira da consensualização, o princípio da indisponibilidade é muitas vezes visto como um empecilho à doação de instrumentos consensuais pela Administração Pública. Para alguns, isso demanda a impossibilidade de utilização dessas ferramentas. Para outros, isso aumenta a necessidade de afastar o princípio da indisponibilidade do regime jurídico-administrativo.

Demonstrou-se, porém, que nenhuma das visões mais extremistas está com a razão. A suposta incompatibilidade entre a indisponibilidade do interesse público e a consensualização do direito administrativo decorre de uma equivocada compreensão do interesse público (ou também de um preexistente repúdio à noção de indisponibilidade).

Reconhecendo-se que os interesses individuais também compõem a noção de interesse público e que este não se confunde com o interesse próprio do Estado enquanto pessoa jurídica, é fácil compreender como é possível harmonizar os dois conceitos (indisponibilidade e consensualização).

17. A chave para se aceitar a possibilidade de harmonização entre as noções de indisponibilidade e consensualização está em, como dito, saber que a Administração, ao tutelar interesses individuais, não necessariamente está se afugentando do interesse público. Afinal, os interesses individuais protegidos pelo ordenamento jurídico também ostentam a qualidade de interesse público.

Situação mais delicada ocorre quando um interesse público individual se choca com um interesse público geral (da coletividade em si mesmo considerada). Esses conflitos são absolutamente comuns. Por força da indisponibilidade, seria possível pensar que a Administração estaria adstrita à satisfação do interesse da coletividade; no entanto, isso nem sempre é verdade.

É que os interesses são previstos de forma abstrata no ordenamento jurídico positivo. Como tal, todos ostentam, sim, a qualidade de interesse público. A esse aspecto, nomeou-se no trabalho de interesses públicos abstratos. No caso concreto, porém, quando a Administração se deparar com a necessidade de arbitrar um conflito de interesses públicos abstratos (por vezes, de um individual e de um geral), os agentes públicos competentes deverão lançar mão do método da proporcionalidade para identificar qual é o interesse público preponderante naquela situação específica.

O resultado desse processo de arbitramento será um interesse público concreto, isto é, aquele interesse público que deve de fato ser tutelado pela Administração Pública naquele caso concreto. O outro interesse público abstrato presente no conflito, por conta do contexto fático e jurídico envolvido no feito, perdeu sua qualidade de público. Isto é, naquela situação específica, não era de interesse da coletividade que ele fosse tutelado.

Frequentemente, o interesse público concreto corresponderá ao interesse individual, e não há absolutamente nenhum problema nisso. Será esse, então, o interesse que deverá ser objeto da tutela administrativa no caso concreto.

18. Além dessa questão do arbitramento de conflitos de interesses públicos abstratos, a harmonização da indisponibilidade e da consensualização perpassa, também, pela devida observância da decisão administrativa consensual a alguns parâmetros jurídicos. No total, defende-se a existência de cinco *standards* de validade dos acordos administrativos de acordo com o princípio da indisponibilidade do interesse público: (i) a submissão da atividade administrativa à *legalidade* e as condicionantes que isso impõe à realização de acordos; (ii) a necessidade de *tratamento isonômico dos particulares* com quem a Administração realiza esses acordos; (iii) o respeito aos princípios da *publicidade* e da *motivação* dos atos administrativos; (iv) a *moralidade* na atuação dos agentes públicos envolvidos na negociação dos acordos; e (v) a observância ao postulado da *segurança jurídica*.

(i) Quanto à *legalidade*, defendeu-se que, desde a recém-promulgada Lei nº 13.655/18, que inseriu na Lei de Introdução às Normas do Direito Brasileiro o art. 26, a legislação brasileira conta com uma autorização genérica para a Administração Pública praticar atos consensuais. Isso, por si só, já seria suficiente para afastar as críticas daqueles que enxergam a legalidade como um empecilho à realização de acordos pela Administração.

Há, contudo, quem entenda necessário autorização legislativa específica para que a Administração realize esses acordos. Para entender a impropriedade desse posicionamento, é imprescindível ter compreensão do fenômeno de alargamento da noção de legalidade administrativa, que hoje compreende não apenas a lei formal, mas o direito como um todo.

Uma vez que a consensualização atende a uma série de princípios constitucionais, a atuação administrativa consensual com vistas à concretização desses mandamentos está autorizada pelo ordenamento, em uma espécie de atuação *praeter legem*. Assim, sempre que um agente público for competente para praticar determinado ato pela via unilateral, também o será para fazê-lo consensualmente, desde que motivadamente demonstre as razões pelas quais optar pela via consensual era mais benéfico à Administração (tendo como parâmetro dessa benesse, evidentemente, os princípios constitucionais).

Veda-se o consenso, portanto, apenas quando a legislação expressamente assim dispuser, como ocorre, por exemplo, no art. 17, §1º, da Lei nº 8.429/92. Nesse caso, não se pode aceitar a atuação *contra legem*, pois, por se tratar de situação excepcional no ordenamento, deve-se respeitar a vontade do legislador, representante democrático da sociedade, no que diz respeito à definição do interesse público.

(ii) A *isonomia* exige que os acordos estabelecidos pela Administração tratem os particulares interessados na avença como iguais, não podendo se admitir que, diante de uma mesma situação fática, o Poder Público aceite a proposta de acordo de determinado interessado e recuse a de outro.

(iii) A observação à *publicidade* e à *motivação*, por sua vez, é o que garante o adequado controle de validade dos acordos. É apenas através da motivação explícita das razões pelas quais a Administração decide optar pela via consensual em detrimento da atuação unilateral e da publicização dessas razões que se poderá garantir que a realização do acordo de fato é a medida que melhor atende ao interesse público. A publicização dos acordos, além disso, garante que demais interessados em firmar essas avenças com o Poder Público tenham ciência de posições anteriores já tomadas pela Administração nesse campo, diminuindo o risco de decisões administrativas que não respeitem o princípio da impessoalidade.

(iv) A *moralidade*, por sua vez, é o parâmetro jurídico que exige que os acordos sejam propostos, negociados e elaborados em acordo com os postulados éticos de probidade e boa-fé que norteiam o regime jurídico-administrativo. Nessa linha, seriam considerados inválidos, por destoarem da tutela do interesse público, acordos realizados de maneira antiética, mediante a utilização de má-fé das prerrogativas dos agentes públicos envolvidos na negociação.

(v) Por fim, também deve-se destacar o dever de respeito à *segurança jurídica* por parte da Administração quando da realização desses acordos, não apenas a segurança jurídica no momento de estabelecimento da avença, o que, de todo modo, já poderia estar abrangido pela isonomia, mas também na execução do acordo. É imprescindível, para a adequada tutela do interesse público, que a Administração cumpra com as obrigações que assumiu contratualmente, sob pena de tornar desinteressante aos particulares todo o sistema de consensualização que vem sendo fomentado nos últimos anos.

Esses são parâmetros genéricos, cuja incidência se verifica em todas as formas de atuação consensual da Administração. Por outro lado, é evidente que, em cada espécie, as regras de verificação de validade do ato se adaptarão ao caso concreto, conforme se verificou nos tópicos do capítulo 3.

19. De nada adiantariam todas essas explanações sobre parâmetros de validade dos acordos administrativos se não houver um efetivo controle sobre a atividade administrativa consensual. Defender o controle da Administração Pública no Brasil, porém, além de repetitivo, chega a ser quase desnecessário. Os órgãos de controle no país já são, via de regra, bastante desenvolvidos, independentes e aprimorados tecnicamente.

É evidente que o controle deve ser sempre aperfeiçoado. No entanto, para os fins a que se pretendeu o trabalho, mais do que chamar a atenção para um fator já bastante desenvolvido na doutrina do direito administrativo, pretendeu-se realizar a análise sobre o controle das decisões consensuais a partir da outra face dessa moeda: o dos necessários limites a essa espécie de controle.

O ativismo judicial sobre a atividade administrativa tem chegado a níveis alarmantes. Diversos autores já têm denunciado o tema, que cada vez mais começa a ser objeto de preocupação da doutrina, que parece ter se percebido, assim como a ausência de controle. Também é prejudicial à Administração Pública o controle em excesso, realizado desenfreadamente por quem se acha na posição de poder fazer valer o seu ideal pessoal de justiça e de tomar decisões políticas sem o devido respeito aos espaços de competência de cada esfera.

Nesse sentido, apontou-se o dever de deferência dos órgãos controladores às decisões administrativas consensuais como um fator imprescindível ao adequado desenvolvimento do fenômeno da consensualidade no país. Se o controle das decisões administrativas consensuais não for realizado corretamente, todos os benefícios trazidos pela consensualização podem se tornar letra-morta nos livros de direito administrativo que defendem esse movimento.

20. Na sequência, após essa análise abstrata da compatibilidade entre o princípio da indisponibilidade do interesse público e o movimento da consensualização do direito administrativo, o trabalho se propôs a realizar um exame pormenorizado de alguns institutos consensuais da ação administrativa com o princípio da indisponibilidade a fim de identificar possíveis limitações e condicionantes específicas a cada um deles (transação, arbitragem, negócios processuais, acordo de leniência e acordos em ações civis públicas por ato de improbidade administrativa).

21. Com suposto esteio no princípio da indisponibilidade do interesse público, por muito tempo a doutrina e a jurisprudência se mostravam contrárias à possibilidade de o Poder Público celebrar transações com o intuito de pôr fim a um litígio que travasse com algum administrado ou mesmo de evitá-lo consensualmente.

A bem da verdade, ainda hoje, apesar da previsão expressa do art. 334 do Código de Processo Civil, as audiências de conciliação em ações judicias envolvendo a Fazenda Pública deixam, via de regra, de ser automaticamente agendadas pelos magistrados em razão – dizem – do princípio da indisponibilidade.

A questão que se propunha, então, era saber se, ao reconhecer a procedência da pretensão de um particular que se encontra em um conflito contra ela, a Administração Pública estaria dispondo do interesse público. A resposta é definitivamente negativa.

Caso se constate a procedência da pretensão do particular – e, consequentemente, a improcedência da pretensão da Administração – é dever do Poder Público, por força inclusive da indisponibilidade do interesse público, tutelar o direito do cidadão. Isso deve ocorrer quando se verificar a presença de dois requisitos fundamentais, quais sejam: (i) a inexistência de dúvidas sobre a matéria fática e (ii) a existência de entendimento jurídico consolidado favorável ao autor. Defender o contrário seria permitir que a Administração perseguisse seus interesses secundários, em descompasso com o verdadeiro interesse público. Até mesmo em casos em que a Administração não possua certeza do direito do particular conflitante, a transação se faz possível. É que, por análises dos riscos e benefícios existentes na continuação do processo, o encerramento prematuro/prevenção do litígio pode se mostrar mais benéfico ao interesse público do que travar batalhas judiciais que chegam a demorar décadas para ter uma resolução definitiva.

22. A arbitragem é um dos temas mais frequentemente citados quando se pretende analisar a compatibilidade de institutos consensuais com o princípio da indisponibilidade. Até a promulgação da Lei nº 13.129/15, a discussão centrava-se muito sobre a arbitralidade subjetiva dos conflitos envolvendo a Administração, visto que não havia autorização legislativa específica para tanto. Com a novel legislação, porém, tal discussão caiu por terra.

A questão, agora, é saber se o interesse público exige necessariamente intervenção jurisdicional. Mais uma vez, a resposta é negativa. A solução de conflitos do Poder Público pela via arbitral pode resguardar tanto o interesse público quanto a via jurisdicional. Às vezes, até melhor que na via jurisdicional, tendo em vista os inúmeros benefícios da arbitragem, como o baixo tempo de tramitação do processo e a alta capacidade técnica dos árbitros.

Sobre o fato de que o art. 1º, §1º, da Lei nº 9.307/96 dispor que podem ser submetidos à via arbitral apenas litígios que discorram sobre direitos patrimoniais disponíveis, vale destacar que nem mesmo aí há incompatibilidade com o princípio da indisponibilidade.

Aplica-se nesse muito do que foi tratado no item da transação. Em síntese, mesmo sendo regida pelo princípio da indisponibilidade do interesse público, a Administração possui direitos de natureza disponíveis, assim considerados como sendo aqueles cujo exercício é contrário ou não se faz necessário à persecução do interesse público. De modo geral, para solucionar essa questão adotou-se o critério já bastante difundido na doutrina de que cabe arbitragem toda vez que a matéria envolvida for do tipo que possa ser resolvida pelas próprias partes, independentemente de ingresso em juízo.

Não se pode deixar de registrar, porém, que a existência de interesse por parte da Administração de levar alguns de seus conflitos à apreciação de um tribunal arbitral é o reconhecimento, pelo próprio Poder Público, de que o sistema jurisdicional brasileiro encontra-se em síncope. Se é melhor para a Administração – e também, é verdade, para o interesse público da coletividade – que determinados conflitos sejam solucionados via arbitragem (em razão, principalmente, da celeridade e da tecnicidade desse âmbito) é porque o Poder Judiciário falhou em sua missão de prestar uma tutela jurisdicional efetiva (art. 5º, XXXV, da Constituição Federal) a quem a ele recorre.

Isso não pode passar desapercebido pelo Estado. Não se pode aceitar o interesse da Administração em "fugir" do Poder Judiciário como algo natural ou benéfico. Esse cenário deve chamar atenção para os problemas estruturais da jurisdição no Brasil.

23. A possibilidade de realização de negócios processuais atípicos foi pioneiramente trazida pelo Código de Processo Civil de 2015 em seu art. 190. Tais negócios são convenções para alterar etapas, prazos e as mais diversas questões do procedimento jurisdicional.

Trata-se, evidentemente, de tema ainda muito recente e que, até mesmo no direito processual civil, ainda está sendo objeto de estudos incipientes. Não há, ainda, muitos estudos sobre a possibilidade de utilização desses negócios processuais atípicos pela Fazenda Pública, mas sabe-se que o tema é polêmico diante do fato de que, através dessas convenções, a Administração Pública pode dispor de alguns de seus direitos processuais ou até mesmo das prerrogativas que lhe são conferidas em caráter especial pelo CPC. E nesse ponto inicia-se a imbricação do tema com a indisponibilidade do interesse público.

No entanto, viu-se que, desde seguidos determinados parâmetros (como publicidade, segurança jurídica e isonomia, por exemplo), a utilização dos negócios processuais em nada esbarra no princípio da indisponibilidade. Se bem manejado, trata de instrumento hábil a permitir a adequação dos procedimentos genéricos da legislação às situações específicas mais delicadas que exigirem essa intervenção. Em última análise, possibilita-se que o processo seja adequado à melhor forma necessária para a satisfação do interesse público.

24. O tema da consensualidade e de suas possíveis incompatibilidades com o princípio da indisponibilidade do interesse público encontra um de seus pontos mais delicados no direito administrativo sancionador. Para analisar essa imbricada relação, utilizou-se o acordo de leniência como base dos estudos.

Tal acordo está previsto em legislações esparsas de direito administrativo sancionador no Brasil. Não há uma roupagem única, mas há alguns pontos em comum entre todas elas. Basicamente, os acordos de leniência são institutos desenvolvidos a partir da lógica da análise econômica do direito e da teoria dos jogos, a partir dos quais a Administração, ao oferecer a possibilidade de abrandamento nas sanções aplicadas a dado infrator, objetiva a obtenção de informações úteis e relevantes sobre o esquema ilícito em que ele se encontra envolvido, além de intencionar causar um desequilíbrio na confiança que permeia os relacionamentos dos membros do grupo delituoso, desincentivando-os a praticar tais ilicitudes.

Em geral, apontam-se ao menos três grandes justificativas para o emprego dos acordos de leniência: (i) as dificuldades operacionais das autoridades públicas responsáveis pela persecução de infrações administrativas; (ii) a complexidade das práticas delituosas contra as quais normalmente se utiliza tal instrumento; e (iii) os resultados benéficos mais eficientes advindos da utilização desse instrumento para fomento das funções repressiva e preventiva geral da sanção administrativa.

Em análise abstrata, não há incompatibilidade do manejo desse instituto com o princípio da indisponibilidade porque o interesse público mirado pelo direito administrativo sancionador não se resume à aplicação de sanções ao infrator. Mais do que isso, o objetivo final de todas as normas que tratam da matéria deve ser a recomposição do *status quo ante* e a prevenção do cometimento de novos ilícitos. E o acordo de leniência pode contribuir de maneira bastante eficiente para o atingimento de tais metas – muitas vezes, até mais do que a simples aplicação de sanção.

Deve-se, porém, saber que a utilização de tal instituto demanda grande cautela. Infelizmente, sabe-se que, nos últimos anos, instrumentos de cooperação processual em processos de cunho sancionador (não só administrativos, mas também criminais) têm sido usados indevidamente como forma de pressionar acusados a reconhecerem determinadas condutas mesmo sem a existência dos adequados indícios por parte dos órgãos acusatórios. Além disso, tornou-se comum também o desrespeito, por parte desses órgãos, às garantais processuais dos acusados, como mais uma estratégia para induzi-los à realização do acordo.

Por óbvio, um acordo de leniência que se pretenda compatível com a indisponibilidade do interesse público deve repudiar fortemente essas tendências. Não há interesse público que não nos estritos termos do direito e, por conta disso, o respeito às garantias processuais dos investigados e acusados em processos sancionatórios é essencial.

Assim como ocorre com a transação e os negócios processuais, no manejo dos acordos de leniência se deve prestar a devida obediência à isonomia, de modo a garantir que a Administração não irá tomar sua decisão a respeito da realização do acordo imbuída de interesses antirrepublicanos de beneficiar ou prejudicar indevidamente algum sujeito.

25. Por fim, analisou-se o tema do acordo de não persecução cível, relativo às ações civis públicas por ato de improbidade administrativa.

Nos aspectos materiais, a lógica desse tema é muito semelhante à dos acordos de leniência. A discussão tomava ares especiais, contudo, em razão da literalidade do art. 17, §1º, da Lei nº 8.429/92, que expressamente vedava qualquer espécie de acordo ou transação nessas ações.

Como se viu, mesmo antes da mudança do texto legal, a doutrina administrativista já se mostrava fortemente inclinada a defender a possibilidade de acordos em matéria de improbidade administrativa. Identificaram-se os seguintes fundamentos sendo utilizados para embasar esse posicionamento: (i) o interesse público buscado pelo direito administrativo sancionador não se resume à aplicação da pena, razão pela qual a realização de acordo não se chocaria com o princípio da indisponibilidade; (ii) a vedação contida no art. 17, §1º, da Lei nº 8.429/92 não mais se justifica contemporaneamente quando até o direito processual penal (no qual se espelhou tal legislação) já se abriu para soluções concertadas de seus conflitos; (iii) o recente fenômeno da consensualização do direito administrativo, que faz com que cada vez mais a Administração Pública conviva com instrumentos consensuais; (iv) o art. 26 da LINDB; (v) a influência da Lei nº 12.846/13 (Lei Anticorrupção), que versa sobre acordo de leniência; (vi) o art. 36, §4º, da Lei nº 13.140/2015; (vii) o art. 5º, §6º, da Lei nº 7.347/85; (viii) o princípio da proporcionalidade, que autorizaria a realização desses acordos em casos de atos de improbidade administrativa de menor potencial ofensivo.

Defendeu-se no trabalho, contudo, que nenhum desses argumentos merecia prosperar, visto que não conseguiam superar o fato de que, apesar de todo o contexto de consensualização que o direito administrativo brasileiro já vinha vivenciando nos últimos anos, a Lei de Improbidade Administrativa continuava vedando explicitamente a realização de acordos.

Conforme ressaltado inúmeras vezes ao longo do trabalho, o conceito jurídico de interesse público é encontrado no ordenamento positivo. É, pois, ao Poder Legislativo a quem incumbe, como sua tarefa precípua, defini-lo. À Administração caberá a sua definição dentro das margens de discricionariedade abertas pela legislação e, ao Judiciário, nas hipóteses em que for necessária a solução de alguma dúvida sobre o sentido da legislação. Por essa razão, defendeu-se que era necessário respeitar a vontade do legislador de, em atitude absolutamente excepcional no direito administrativo brasileiro, expressamente vedar a possibilidade de realização de acordo nesse âmbito. Foi esse o sentido de interesse público que o ordenamento jurídico atribuiu à hipótese.

A discussão, porém, está atualmente encerrada (ao menos quanto ao cabimento ou não dos acordos em matéria de improbidade). Isso porque, em 2019, mediante a Lei nº 13.964/19 (Pacote Anticrime), a redação do art. 17, §1º, da Lei nº 8.429/92 foi alterada para passar a autorizar os acordos em ações de improbidade administrativa, a partir de então classificados como acordos de não persecução cível.

No trabalho, criticou-se a mudança legislativa em razão da ausência de previsão sobre o detalhamento do novo instituto. A lei simplesmente previu a possibilidade do acordo, mas deixou absolutamente em aberto como ele deveria ser realizado, por quem, em que medida, com quais limitações e quais seriam seus efeitos.

Sendo assim, em 2021, com a Lei nº 14.230/21 promovendo uma ampla mudança no regime legal da improbidade administrativa, a regulamentação do acordo de não persecução cível ganhou maior densidade normativa. Ainda assim, a legislação continuou sem tratar sobre questões sensíveis da temática da consensualidade em matéria sancionatória, como, por exemplo, a existência de direito subjetivo dos acusados à negociação de acordo, o possível dever do Ministério Público em oferecer acordos para réus em situações semelhantes quando já houver celebrado a avença com outro caso e as repercussões da celebração do acordo de não persecução cível nas outras esferas de responsabilização (notadamente cível, criminal, administrativa, eleitoral e perante os tribunais de contas).

Nota-se a necessidade de uma definição mais aprimorada da utilização prática dos acordos de não persecução cível, notadamente porque, em razão do vácuo normativo legal, as questões deixadas em aberto pelo legislador serão definidas unilateralmente pelo Ministério Público através de atos administrativos internos, o que desrespeita por completo a imparcialidade e a paridade de armas, que, em observância à indisponibilidade do interesse público, devem ser valores fulcrais em matéria de consensualidade sancionatória.

REFERÊNCIAS

ABBOUD, Georges. *Discricionariedade administrativa e judicial*: o ato administrativo e a decisão judicial. São Paulo: Editora Revista dos Tribunais, 2014.

ALAN, José Alexandre da Silva Zachia. Novos aspectos relacionados com a leniência e a corrupção: uma abordagem na perspectiva da teoria dos jogos. *RDA – Revista de Direito Administrativo*, Rio de Janeiro, v. 275, p. 189-222, maio/ago. 2017.

ALESSI, Renato. *Principi di Diritto Amministrativo*: i soggettti attivi e l'esplicazione dela funzione amministrativa. v. I. Milão: Giuffrè Editore, 1978.

ALESSI, Renato. *Sistema istituzionale del diritto amministrativo italiano*. Milano: Giuffrè, 1953.

ALEXY, Robert. *Teoría de los derechos fundamentales*. 2. ed. Madrid: Centro de Estudios Políticos y Constitucionales, 2012.

ALMEIDA, Fernando Dias Menezes de. *Contrato administrativo*. São Paulo: Quartier Latin, 2012.

ALMEIDA, Fernando Dias Menezes de. *Formação da Teoria do Direito Administrativo no Brasil*. São Paulo: Quartier Latin, 2015.

ALMEIDA, Fernando Dias Menezes de. Mecanismos de consenso no Direito Administrativo. *In*: ARAGÃO, Alexandre Santos de; MARQUES NETO, Floriano de Azevedo (Coords.). *Direito administrativo e seus novos paradigmas*. Belo Horizonte: Fórum, 2012.

AMARAL, Diogo de Freitas. *Curso de Direito Administrativo*. v. II. Coimbra: Almedina, 2001.

ARAGÃO, Alexandre Santos de. A "supremacia do interesse público" no advento do Estado de Direito e na hermenêutica do direito público contemporâneo. *In*: SARMENTO, Daniel (Org.). *Interesses públicos versus interesses privados*: desconstruindo o princípio da supremacia do interesse público. 3. tir. Rio de Janeiro: Lumen Juris, 2010.

ARAGÃO, Alexandre Santos de. A consensualidade no Direito Administrativo: acordos regulatórios e contratos administrativos. *Revista de Informação Legislativa*, Brasília, a. 42, n. 167, p. 293-310, jul./set. 2005.

ARAGÃO, Alexandre Santos de. *Agências Reguladoras e a Evolução do Direito Administrativo Econômico*. Rio de Janeiro: Forense, 2004. p. 111.

ARAÚJO, Edmir Netto de. *Curso de Direito Administrativo*. 5. ed. São Paulo: Saraiva, 2010.

ARAÚJO, Edmir Netto de. O Direito Administrativo e sua história. *Revista da Faculdade de Direito da Universidade de São Paulo*, São Paulo, v. 95, p. 147-166, 2000.

ATALIBA, Geraldo. Mudança da Constituição. *Revista de Direito Público*, São Paulo, n. 86, p. 181-186, abr./jun. 1988.

ÁVILA, Humberto Bergmann. A distinção entre princípios e regras e a redefinição do dever de proporcionalidade. *Revista de Direito Administrativo*, Rio de Janeiro, n. 215, p. 151-179, jan./mar. 1999.

ÁVILA, Humberto. Repensando o "princípio da supremacia do interesse público sobre o particular". *In*: SARMENTO, Daniel (Org.). *Interesses públicos versus interesses privados*: desconstruindo o princípio da supremacia do interesse público. 3. tir. Rio de Janeiro: Lumen Juris, 2010.

BACELLAR FILHO, Romeu Felipe. A noção jurídica de interesse público no Direito Administrativo brasileiro. *In*: BACELLAR FILHO, Romeu Felipe; HACHEM, Daniel Wunder (Coords.). *Direito Administrativo e interesse público*: estudos em homenagem ao Professor Celso Antônio Bandeira de Mello. Belo Horizonte: Fórum, 2010.

BACELLAR FILHO, Romeu Felipe. A Segurança Jurídica e as Alterações no Regime Jurídico do Servidor Público. *In*: ROCHA, Cármen Lúcia Antunes (Coord.). *Constituição e segurança jurídica*: direito adquirido, ato jurídico perfeito e coisa julgada. 2. ed. 1. reimp. Belo Horizonte: Fórum, 2009.

BACELLAR FILHO, Romeu Felipe. *Direito Administrativo*. 5. ed. São Paulo: Saraiva, 2009.

BACELLAR FILHO, Romeu Felipe. *O Direito Administrativo e o novo Código Civil*. Belo Horizonte: Fórum, 2007.

BACELLAR FILHO, Romeu Felipe. Prefácio. *In*: HACHEM, Daniel Wunder. *Princípio constitucional da supremacia do interesse público*. Belo Horizonte: Fórum, 2011.

BACELLAR FILHO, Romeu Felipe. *Processo Administrativo Disciplinar*. 4. ed. São Paulo: Saraiva, 2013.

BADIN, Arthur Sanchez. Conselho Administrativo de Defesa Econômica (Cade): A transação judicial como instrumento de concretização do interesse público. *Revista de Direito Administrativo*, Rio de Janeiro, v. 252, p. 189-217, 2009.

BALBÍN, Carlos F. Un Derecho Administrativo para la inclusión social. *A&C – Revista de Direito Administrativo & Constitucional*, Belo Horizonte, ano 14, n. 58, p. 33-59, out./dez. 2014.

BAPTISTA, Patrícia. *Transformações do Direito Administrativo*. Rio de Janeiro: Renovar, 2003.

BAPTISTA, Patrícia; BINENBOJM, Gustavo. Crime e castigo no direito administrativo contemporâneo. *In*: CANETTI, Rafaela Coutinho. *Acordo de leniência*: fundamentos do instituo e os problemas de seu transplante ao ordenamento jurídico brasileiro. Belo Horizonte: Fórum, 2018.

BARCELLOS, Ana Paula de. *A eficácia jurídica dos princípios constitucionais*: o princípio da dignidade da pessoa humana. 3. ed. rev. e atual. Rio de Janeiro: Renovar, 2011.

BARCELLOS, Ana Paula de. *Curso de direito constitucional*. Rio de Janeiro: Forense, 2018.

BARROSO, Luís Roberto. Legitimidade da recusa de transfusão de sangue por testemunhas de Jeová. Dignidade humana, liberdade religiosa e escolhas existenciais. *In*: LEITE, George Salomão; SARLET, Ingo Wolfgang; CARBONELL, Miguel (Org.). *Direitos, deveres e garantias fundamentais*. Salvador: JusPodivm, 2011.

BATISTA JÚNIOR, Onofre Alves. *Transações administrativas*: um contributo ao estudo do contrato administrativo como mecanismo de prevenção e terminação de litígios e como alternativa à atuação administrativa autoritária, no contexto de uma administração pública mais democrática. São Paulo: Quartier Latin, 2007.

BAUMAN, Zygmunt. *Modernidade líquida*. Rio de Janeiro: Zahar, 2001.

BERNAL PULIDO, Carlos. *El principio de proporcionalidad y los derechos fundamentales*. 3. ed. Madrid: Centro de Estudios Políticos y Constitucionales, 2007.

BIELSA, Rafael. *Princípios de derecho administrativo*. 3. ed. Buenos Aires: Depalina, 1963.

BINENBOJM, Gustavo. *Uma teoria do direito administrativo*: direitos fundamentais, democracia e constitucionalização. 3. ed. rev. e atual. Rio de Janeiro: Renovar, 2014.

BITENCOURT NETO, Eurico. *Concertação administrativa interorgânica*: Direito Administrativo e organização no século XXI. Coimbra: Almedina, 2017.

BOBBIO, Norberto. *Teoria do ordenamento jurídico*. São Paulo: EDIPRO, 2011.

BONAVIDES, Paulo. *Curso de direito constitucional*. 31. ed. São Paulo: Malheiros, 2016.

BORGES, Alice Gonzales. Interesse público: um conceito a definir. *Revista de Direito Administrativo*, Rio de Janeiro, v. 205, p. 109-116, jul./set. 1996.

BRANDÃO, Marcella Araújo da Nova. *A consensualidade e a Administração Pública em juízo*. Rio de Janeiro, 2009. 106 f. Dissertação (Mestrado) – Mestrado Profissional em Poder Judiciário, Fundação Getúlio Vargas.

BRASIL. Tribunal Regional Federal da 4ª Região, Agravo de Instrumento nº 5051034-52.2015.4.04.0000, Quarta Turma, Relator Luís Alberto D'Azevedo Aurvalle, juntado aos autos em 11.12.2015.

BRASIL. Tribunal Regional Federal da 4ª Região, Agravo de Instrumento nº 5023972-66.2017.4.04.0000, Terceira Turma, Relatora Vânia Hack de Almeida, juntado aos autos em 24.08.2017.

BUCCI, Maria Paula Dallari. Controle judicial de políticas públicas: possibilidades e limites. *Fórum Administrativo – FA*, Belo Horizonte, ano 9, n. 103, set. 2009. Disponível em: http://www.bidforum.com.br/PDI0006.aspx?pdiCntd=62501.

BUCCI, Maria Paula Dallari. *Direito Administrativo e Políticas Públicas*. São Paulo: Saraiva, 2002.

BUCCI, Maria Paula Dallari. O art. 209 da Constituição 20 anos depois. Estratégias do Poder Executivo para a efetivação da diretriz da qualidade da educação superior. *Fórum Administrativo – FA*, Belo Horizonte, ano 9, n. 105, nov. 2009. Disponível em: http://www.bidforum.com.br/PDI0006.aspx?pdiCntd=63760.

BUCCI, Maria Paula Dallari. Políticas públicas e direito administrativo. *Revista de Informação Legislativa*, Brasília, ano 34, n. 113, p. 89-98, jan./mar. 1997.

BUCCI, Maria Paula Dallari. Um decálogo para a advocacia pública. *Fórum Administrativo – FA*, Belo Horizonte, ano 10, n. 107, jan. 2010. Disponível em: http://www.bidforum.com. br/PDI0006.aspx?pdiCntd=65012.

CANETTI, Rafaela Coutinho. *Acordo de leniência*: fundamentos do instituto e os problemas de seu transplante ao ordenamento jurídico brasileiro. Belo Horizonte: Fórum, 2018. p. 52-53.

CANOTILHO, José Joaquim Gomes. O interesse de uma teoria do interesse público. In: HAEBERLIN, Mártin. *Uma teoria do interesse público*: fundamentos do Estado Meritocrático de Direito. Porto Alegre: Livraria do Advogado, 2017.

CANOTILHO, José Joaquim Gomes; MOREIRA, Vital. *Fundamentos da constituição*. Coimbra: Coimbra Editora, 1991.

CARDOSO, David Pereira. *Os acordos substitutivos de sanção administrativa*. Curitiba, 2016. 173 f. Dissertação (Mestrado em Direito) – Programa de Pós-Graduação em Direito, Universidade Federal do Paraná.

CARVALHO FILHO, José dos Santos. Interesse público: verdades e sofismas. In: PIETRO, Maria Sylvia Zanella Di; RIBEIRO, Carlos Vinicius Alves (Coords.). *Supremacia do interesse público e outros temas relevantes do Direito Administrativo*. São Paulo: Atlas, 2010.

CARVALHO NETO, Tarcísio Vieira de. Controle jurisdicional da Administração Pública: algumas ideias. *Revista de Informação Legislativa*, Brasília, ano 50, n. 199, p. 121-141, jul./set. 2013.

CASESSE, Sabino. *Derecho Administrativo*: historia y futuro. Sevilla: Global Law Press, 2014.

CASESSE, Sabino. Le transformazioni del diritto amministrativo dal XIX al XXI secolo. *Rivista Trimestrale di Diritto Pubblico*, Milano, v. 52, n. 1, p. 27-40, gen./mar. 2002.

CASSINELLI, C. W. O interesse público na ética política. In: FRIEDRICH, Carl J. (Org.). *O interesse público*. Trad. Edilson Alkmin Cunha. Rio de Janeiro: O Cruzeiro, 1967.

CAVALCANTI, Themístocles Brandão. *Instituições de Direito Administrativo*. Rio de Janeiro: Freitas Bastos, 1936.

CAVALCANTI, Themístocles Brandão. *Tratado de Direito Administrativo*. v. 5. Rio de Janeiro: Livraria Freitas Bastos S.A., 1964.

COMADIRA, Julio R. *Derecho Administrativo*: acto administrativo, procedimiento, otros estúdios. Buenos Aires: Abeledo Perrot, 1996.

COSTA, Pietro. O Estado de Direito: uma introdução histórica. In: COSTA, Pietro; ZOLO, Danilo (Orgs.). *O Estado de Direito*: história, teoria e crítica. São Paulo: Martins Fontes, 2006.

COSTALDELLO, Angela Cassia. A supremacia do interesse público e a cidade: a aproximação essencial para a efetividade dos direitos fundamentais. In: BACELLAR FILHO, Romeu Felipe; HACHEM, Daniel Wunder (Coords.). *Direito Administrativo e interesse público*: estudos em homenagem ao Professor Celso Antônio Bandeira de Mello. Belo Horizonte: Fórum, 2010.

CRETELLA JÚNIOR, José. *Direito Administrativo*. São Paulo: Revista dos Tribunais, 1962.

CRETELLA JÚNIOR, José. *Filosofia do direito administrativo*. Rio de Janeiro: Forense, 1999.

CRETELLA JÚNIOR, José. *Tratado de Direito Administrativo*: Teoria do ato administrativo. v. 2. Rio de Janeiro: Forense, 1966.

CRISTÓVAM, José Sérgio da Silva. *Administração pública democrática e supremacia do interesse público*: novo regime jurídico-administrativo e seus princípios constitucionais estruturantes. Curitiba: Juruá, 2015.

CUNHA, Marcio Felipe Lacombe. Termo de Ajustamento de Conduta e a possibilidade de conciliação na seara da improbidade administrativa. *Revista da AGU*, Brasília, ano 9, n. 26, p. 235-249, out./dez. 2010.

DALLARI, Dalmo de Abreu. *Elementos de Teoria Geral do Estado*. 31. ed. São Paulo: Saraiva, 2012.

DELPIAZZO, Carlos E. Centralidad del administrado en el actual Derecho Administrativo: impactos del Estado Constitucional de Derecho. *Revista de Investigações Constitucionais*, Curitiba, v. 1, n. 3, p. 7-32, set./dez. 2014.

DIDIER JR., Fredie; BOMFIM, Daniela Santos. A colaboração premiada como negócio jurídico processual atípico nas demandas de improbidade administrativa. *A&C – Revista de Direito Administrativo & Constitucional*, Belo Horizonte, ano 17, n. 67, p. 105-120, jan./mar. 2017.

DINO, Nicolao. A colaboração premiada na improbidade administrativa: possibilidade e repercussão probatória. *In*: SALGADO, Daniel Resende de; QUEIROZ, Ronaldo Pinheiro de (Org.). *A prova no enfrentamento à macrocriminalidade*. 2. ed. Salvador: JusPodivm, 2016.

DUQUE, Marcelo Schenk. *Curso de Direitos Fundamentais*: teoria e prática. São Paulo: Revista dos Tribunais, 2014.

DURÁN MARTÍNEZ, Augusto. Derechos prestacionales y interés Público. *In*: BACELLAR FILHO, Romeu Felipe; HACHEM, Daniel Wunder (Coords.). *Direito Administrativo e interesse público*: estudos em homenagem ao Professor Celso Antônio Bandeira de Mello. Belo Horizonte: Fórum, 2010.

DWORKIN, Ronald. *Levando os direitos a sério*. 3. ed. São Paulo: Martins Fontes, 2010.

ESCOLA, Héctor Jorge. *El interés público*: como fundamento del derecho administrativo. Buenos Aires: Depalma, 1989.

ESTEVES, Mauricio Cramer. Da Possibilidade e dos Limites da Transação em Processos Judiciais por Parte do Poder Público Municipal. *Interesse Público – IP*, Belo Horizonte, n. 38, ano 8, jul./ago. 2006. Disponível em: http://www.bidforum.com.br/PDI0006.aspx?pdiCntd=49054.

ESTORNINHO, Maria João. *A fuga para o direito privado:* contributo para o estudo da actividade de direito privado da Administração Pública Coimbra: Almedina, 1996.

FACHIN, Zulmar. *Curso de Direito Constitucional*. 3. ed. São Paulo: Método, 2006.

FAORO, Raymundo. *Os donos do poder*: formação do patronato político brasileiro. 3. ed. São Paulo: Globo, 2001.

FARIA, José Eduardo. *Direito e economia na democratização brasileira*. São Paulo: Saraiva, 2013.

FARIA, Luzardo. Direito fundamental à saúde: regime jurídico-constitucional e exigibilidade judicial. *Revista Thesis Juris*, São Paulo, v. 3, n. 2, p. 307-337, jul./dez. 2014.

FARIA, Luzardo. A ineficiência do atual modelo de responsabilização civil do Estado no Brasil e a necessidade de prevenção de danos. *Revista Digital de Direito Administrativo*, São Paulo, v. 4, n. 2, p. 117-136, jul. 2017.

FARIA, Luzardo. Da judicialização dos direitos sociais à necessidade de respeito administrativo aos precedentes judiciais: uma análise empírica da jurisprudência do TRF4 sobre direito à saúde. *Revista Digital de Direito Administrativo*, Ribeirão Preto, v. 2, n. 1, p. 341-366, dez. 2014.

FARIA, Luzardo. O art. 26 da LINDB e a legalidade dos acordos firmados pela Administração Pública: uma análise a partir do princípio da indisponibilidade do interesse público. *In*: VALIATI, Thiago Priess; HUNGARO, Luis Alberto; CASTELLA, Gabriel Morettini e (Orgs.). *A Lei de Introdução e o Direito Administrativo Brasileiro*. Rio de Janeiro: Lumen Juris, 2019.

FARIA, Luzardo. Suspensão do fornecimento de serviço público essencial por inadimplemento do usuário: o interesse público entre eficiência e dignidade. *In*: BLANCHET, Luiz Alberto; HACHEM, Daniel Wunder; SANTANO, Ana Claudia (Coords.). *Eficiência e Ética na Administração Pública*. Curitiba: Íthala, 2015.

FIGUEIREDO, Marcelo. Breve síntese da polêmica em torno do conceito de interesse público e sua supremacia: tese consistente ou devaneios doutrinários? *In*: MARRARA, Thiago (Org.). *Princípios de direito administrativo*: legalidade, segurança jurídica, impessoalidade, publicidade, motivação, eficiência, moralidade, razoabilidade, interesse público. São Paulo: Atlas, 2012.

FIGUEIREDO, Marcelo. *Probidade administrativa*: comentários à Lei 8.429/92 e legislação complementar. 5. ed. São Paulo: Malheiros, 2004.

FISS, Owen M. Against Settlement. *Yale Law Journal*, New Haven, v. 93, n. 6, p. 1.073-1.090, 1984.

FRANÇA, Phillip Gil. *Ato administrativo e interesse público*: gestão pública, controle judicial e consequencialismo administrativo. 2. ed. rev., atual. e ampl. São Paulo: Revista dos Tribunais, 2014.

FREITAS, Juarez. Direito administrativo não adversarial: a prioritária solução consensual de conflitos. *RDA – Revista de Direito Administrativo*, Rio de Janeiro, v. 275, p. 25-46, maio/ago. 2017.

FREITAS, Juarez. *O controle dos atos administrativos e os princípios fundamentais*. 4. ed. São Paulo: Malheiros, 2009.

GABARDO, Emerson. *Interesse público e subsidiariedade*: o Estado e a sociedade civil para além do bem e do mal. Belo Horizonte: Fórum, 2009.

GABARDO, Emerson. O princípio da supremacia do interesse público sobre o interesse privado como fundamento do Direito Administrativo Social. *Revista de Investigações Constitucionais*, Curitiba, v. 4, n. 2, p. 95-130, maio/ago. 2017. DOI: 10.5380/rinc.v4i2.53437.

GABARDO, Emerson. *Princípio constitucional da eficiência administrativa*. São Paulo: Dialética, 2002.

GABARDO, Emerson; HACHEM, Daniel Wunder. O suposto caráter autoritário da supremacia do interesse público e das origens do Direito Administrativo – uma crítica da crítica. *In*: BACELLAR FILHO, Romeu Felipe; HACHEM, Daniel Wunder (Coords.). *Direito Administrativo e Interesse Público*: Estudos em homenagem ao Professor Celso Antônio Bandeira de Mello. Belo Horizonte: Fórum, 2010.

GABARDO, Emerson; HACHEM, Daniel Wunder. Responsabilidade civil do Estado, faute du service e o princípio constitucional da eficiência administrativa. In: GUERRA, Alexandre D. de Mello; PIRES, Luis Manoel Fonseca; BENACCHIO, Marcelo (Coords.). Responsabilidade civil do Estado: desafios contemporâneos. São Paulo: Quartier Latin, 2010.

GABARDO, Emerson; VALLE, Vivian Cristina Lima López; REZENDE, Maurício Corrêa de Moura. Il diritto amministrativo brasiliano: aspetti attuali del controllo della pubblica amministrazione. Revista Eurolatinoamericana de Derecho Administrativo, Santa Fe, v. 4, n. 1, p. 57-66, ene./jun. 2017.

GARCÍA DE ENTERRÍA, Eduardo. Una nota sobre el interés general como concepto jurídico indeterminado. Revista española de derecho administrativo, Madrid, n. 89, p. 69-89, ene./mar. 1996.

GARCIA DE ENTERRÍA, Eduardo; FERNÁNDEZ, Tomás-Ramón. Curso de Direito Administrativo. v. I. Revisor técnico: Carlos Ari Sundfeld. Trad. José Alberto Froes Cal. São Paulo: Revista dos Tribunais, 2014.

GARCIA, Emerson; ALVES, Rogério Pacheco. Improbidade administrativa. 9. ed. São Paulo: Saraiva, 2017.

GARRIDO FALLA, Fernando. Sobre el Derecho Administrativo y sus ideas cardinales. Revista de Administración Pública, Madrid, n. 7, p. 11-50, ene./abr. 1952.

GASPARINI, Diógenes. Direito Administrativo. São Paulo: Saraiva, 1989.

GAUDIN, Jean-Pierre. Gouverner par contrat. Paris: Presses de Sciences Po, 1999.

GONÇALVES, Pedro António Pimenta da Costa. Entidades Privadas com Poderes Públicos: O Exercício de Poderes Públicos de Autoridade por Entidades Privadas com Funções Administrativas. Coimbra: Almedina, 2008.

GONÇALVES, Pedro. Entidades privadas com poderes públicos: o exercício de poderes públicos de autoridade por entidades privadas com funções administrativas. Coimbra: Almedina, 2005.

GRAU, Eros Roberto. O direito posto e o direito pressuposto. 9. ed. São Paulo: Malheiros, 2014.

GUERRA, Sérgio; PALMA, Juliana Bonacorsi de. Art. 26 da LINDB - Novo regime jurídico de negociação com a Administração Pública. Revista de Direito Administrativo, Rio de Janeiro, p. 135-169, nov. 2018.

GUIMARÃES, Guilherme Cintra. O direito administrativo e a reforma do aparelho do Estado: uma visão autopoiética. In: PEREIRA, Cláudia Fernanda de Oliveira (Org.). O novo direito administrativo brasileiro: o Estado, as agências e o terceiro setor. Belo Horizonte: Fórum, 2003.

GUSSOLI, Felipe Klein. Impactos dos tratados internacionais de direitos humanos no Direito Administrativo brasileiro. Curitiba, 2018. 320 f. Dissertação (Mestrado) – Programa de Pós-Graduação em Direito, Pontifícia Universidade Católica do Paraná.

HACHEM, Daniel Wunder. A dupla noção jurídica de interesse público em Direito Administrativo. A&C – Revista de Direito Administrativo & Constitucional, Belo Horizonte, ano 11, n. 44, p. 59-110, abr./jun. 2011.

HACHEM, Daniel Wunder. A dupla titularidade (individual e transindividual) dos direitos fundamentais econômicos, sociais, culturais e ambientais. *Revista Direitos Fundamentais & Democracia (UniBrasil)*, v. 14, n. 14.1, Curitiba, UniBrasil, p. 618-688, ago./dez. 2013.

HACHEM, Daniel Wunder. A noção constitucional de desenvolvimento para além do viés econômico: reflexos sobre algumas tendências do Direito Público brasileiro. *A&C – Revista de Direito Administrativo & Constitucional*, Belo Horizonte, ano 13, n. 53, p. 133-168, jul./set. 2013.

HACHEM, Daniel Wunder. Crise do Poder Judiciário e a venda do sofá. O que a Administração e a Advocacia Pública têm a ver com isso? *Crise econômica e soluções jurídicas*, n. 301, abr. 2016. Disponível em: https://revistadostribunais.com.br/maf/app/widget/document?docguid=I66ec0460090c11e682c1010000000000.

HACHEM, Daniel Wunder. *Princípio constitucional da supremacia do interesse público*. Belo Horizonte: Fórum, 2011.

HACHEM, Daniel Wunder. *Tutela administrativa efetiva dos direitos fundamentais sociais*: por uma implementação espontânea, integral e igualitária. Curitiba, 2014. 614 f. Tese (Doutorado) – Programa de Pós-Graduação em Direito, Universidade Federal do Paraná.

HAEBERLIN, Mártin. *Uma teoria do interesse público*: fundamentos do Estado Meritocrático de Direito. Porto Alegre: Livraria do Advogado, 2017.

HESPANHA, António Manuel. O direito administrativo como emergência de um governo activo (c.1800-c.1910). *Revista de História das Ideias*, Coimbra, v. 26, p. 119-159, 2005.

JORDÃO, Eduardo. Art. 22 da LINDB - Acabou o romance: reforço do pragmatismo no direito público brasileiro. *Revista de Direito Administrativo*, Rio de Janeiro, p. 63-92, nov. 2018.

JORDÃO, Eduardo. *Controle judicial de uma Administração Pública complexa*: a experiência estrangeira na adaptação da intensidade do controle. São Paulo: Malheiros, 2016.

JUSTEN FILHO, Marçal. Art. 20 da LINDB – Dever de transparência, concretude e proporcionalidade nas decisões públicas. *Revista de Direito Administrativo*, Rio de Janeiro, p. 13-41, nov. 2018.

JUSTEN FILHO, Marçal. Conceito de interesse público e a "personalização" do Direito Administrativo. *Revista Trimestral de Direito Público*, São Paulo, n. 26, p. 115-136, 1999.

JUSTEN FILHO, Marçal. *Curso de Direito Administrativo*. 9. ed. rev., atual. e ampl. São Paulo: Revista dos Tribunais, 2013.

JUSTEN FILHO, Marçal. O Direito Administrativo do Espetáculo. In: ARAGÃO, Alexandre Santos de; MARQUES NETO, Floriano de Azevedo (Org.). *Direito Administrativo e seus novos paradigmas*. Belo Horizonte: Fórum, 2008.

KRELL, Andreas Joachim. *Discricionariedade administrativa e conceitos legais indeterminados*: limites do controle judicial no âmbito dos interesses difusos. 2. ed. Porto Alegre: Livraria do Advogado, 2013.

LEAL, Rogério Gesta. Controle da Administração Pública no Brasil: anotações críticas. *A&C – Revista de Direito Administrativo e Constitucional*, Belo Horizonte, ano 5, n. 20, p. 125-143, abr./jun. 2005.

LIMA, Gabriel de Araújo. Teoria da supremacia do interesse público: crise, contradições e incompatibilidade de seus fundamentos com a Constituição Federal. *A&C – Revista de Direito Administrativo & Constitucional*, n. 36, Belo Horizonte: Fórum, p. 123-153, abr./ jun. 2009.

LIMA, Martonio Mon'Alverne Barreto. Comentários ao art. 1º. *In*: CANOTILHO, J. J. Gomes; MENDES, Gilmar Ferreira; SARLET, Ingo Wolfgang; STRECK, Lenio L. (Coords.). *Comentários à Constituição do Brasil*. São Paulo: Saraiva/Almedina, 2013.

LIMA, Ruy Cirne. *Princípios de Direito Administrativo*. 7. ed. São Paulo: Malheiros, 2007.

LOBO FILHO, Fernando Rissoli; GUADANHIN, Gustavo de Carvalho. O compromisso de ajustamento de conduta como mecanismo de consenso em matéria de improbidade administrativa. *Fórum Administrativo – FA*, Belo Horizonte, ano 15, n. 174, p. 27-33, ago. 2015.

LOPES JR., Aury; ROSA, Alexandre Morais da. Saldão penal e a popularização da lógica da colaboração premiada pelo CNMP. *Conjur*, 22 set. 2017. Disponível em: https://www.conjur.com.br/2017-set-22/limite-penal-saldao-penal-popularizacao-logica-colaboracao-premiada-cnmp.

LOPES, José Reinaldo de Lima. Apresentação. *In*: BUCCI, Maria Paula Dallari. *Direito Administrativo e Políticas Públicas*. São Paulo: Saraiva, 2002.

LOPEZ CALERA, Nicolas. El interés público: entre la ideología y el derecho. *Anales de la Cátedra Francisco Suarez*, Granada, v. 44, p. 123-148, 2010.

LÓPEZ-MUÑIZ, José Luis Martínez. *Introducción al derecho administrativo*. Madri: Editorial Tecnos, 1986.

MACHADO, Pedro Antonio de Oliveira. *Acordo de Leniência & a Lei de Improbidade Administrativa*. Curitiba: Juruá, 2017.

MAFRA FILHO, Francisco de Saltes Almeida. Nascimento e evolução do Direito Administrativo. *Revista de Direito Administrativo*, Rio de Janeiro, v. 238, p. 167-174, out./ dez. 2004.

MAIA, Cristiano Soares Barroso. A (im)pertinência do princípio da supremacia do interesse público sobre o particular no contexto do Estado Democrático de Direito. *Fórum Administrativo – Direito Público*, n. 103, Belo Horizonte: Fórum, p. 17-28, set. 2009.

MARQUES NETO, Floriano de Azevedo. Art. 23 da LINDB - O equilíbrio entre mudança e previsibilidade na hermenêutica jurídica. *Revista de Direito Administrativo*, Rio de Janeiro, p. 93-112, nov. 2018.

MARQUES NETO, Floriano de Azevedo. Aspectos jurídicos do exercício do poder de sanção por órgão regulador do setor de energia elétrica. *RDA – Revista de Direito Administrativo*, Rio de Janeiro, v. 221, 2000.

MARQUES NETO, Floriano de Azevedo. Discricionariedade administrativa e controle judicial da Administração. *FA – Fórum Administrativo*, Belo Horizonte, ano 2, n. 14, abr. 2002. Disponível em: http://www.bidforum.com.br/PDI0006.aspx?pdiCntd=1607.

MARQUES NETO, Floriano de Azevedo. Interesses públicos e privados na atividade estatal de regulação. *In*: MARRARA, Thiago (Org.). *Princípios de direito administrativo*: legalidade, segurança jurídica, impessoalidade, publicidade, motivação, eficiência, moralidade, razoabilidade, interesse público. São Paulo: Atlas, 2012.

MARQUES NETO, Floriano de Azevedo; CYMBALISTA, Tatiana Matiello. Os acordos substitutivos do procedimento sancionatório e da sanção. *Revista Brasileira de Direito Público – RBDP*, Belo Horizonte, ano 8, n. 31, out./dez. 2010. Disponível em: http://www.bidforum.com.br/bid/PDI0006.aspx?pdiCntd=70888.

MARQUES NETO, Floriano Peixoto de Azevedo. *Regulação estatal e interesses públicos*. São Paulo: Malheiros, 2002.

MARRARA, Thiago. Acordos de leniência no processo administrativo brasileiro: modalidades, regime jurídico e problemas emergentes. In: PONTES FILHO, Valmir; GABARDO, Emerson. *Problemas emergentes da Administração Pública*. Belo Horizonte: Fórum, 2015.

MARRARA, Thiago. *Sistema brasileiro de defesa da concorrência*: organização, processo e acordos administrativos. São Paulo: Atlas, 2015.

MARTÍN-RETORILLO BAQUER, Sebastián. Reflexiones sobre la "huida" del Derecho Administrativo. *Revista de Administración Pública*, Madrid, n. 140, p. 25-68, mayo/ago. 1996.

MARTINS JÚNIOR, Wallace Paiva. Princípio da moralidade. In: PIETRO, Maria Sylvia Zanella Di; MARTINS JÚNIOR, Wallace Paiva. *Tratado de direito administrativo*: teoria geral e princípios do direito administrativo. v. 1. São Paulo: Revista dos Tribunais, 2014.

MARTINS JÚNIOR, Wallace Paiva. Princípio do interesse público. In: PIETRO, Maria Sylvia Zanella Di; MARTINS JÚNIOR, Wallace Paiva. *Tratado de direito administrativo*: teoria geral e princípios do direito administrativo. v. 1. São Paulo: Revista dos Tribunais, 2014.

MARTINS JÚNIOR, Wallace Paiva. *Probidade Administrativa*. 4. ed. São Paulo: Saraiva, 2009.

MEDAUAR, Odete. Constituição de 1988: catalisadora da evolução do Direito Administrativo. *Revista do Advogado*, São Paulo, ano 28, n. 99, p. 100-107, set. 2008.

MEDAUAR, Odete. *Direito administrativo em evolução*. 3. ed. Brasília: Gazeta Jurídica, 2017.

MEDAUAR, Odete. *Direito administrativo moderno*. 18. ed. São Paulo: Revista dos Tribunais, 2014.

MEILAN GIL, José Luis. Intereses generales e interés público desde la perspectiva del derecho público español. In: BACELLAR FILHO, Romeu Felipe; HACHEM, Daniel Wunder (Coords.). *Direito Administrativo e interesse público*: estudos em homenagem ao Professor Celso Antônio Bandeira de Mello. Belo Horizonte: Fórum, 2010.

MEILÁN GIL, José Luis. O interesse público e o Direito Administrativo global. In: BACELLAR FILHO, Romeu Felipe; SILVA, Guilherme Amintas Pazinato da (Coords.). *Direito Administrativo e Integração Regional*. Belo Horizonte: Fórum, 2010.

MEIRELLES, Hely Lopes. *Direito Administrativo Brasileiro*. 2. ed. rev. e ampl. São Paulo: Revista dos Tribunais, 1966.

MEIRELLES, Hely Lopes. *Direito Administrativo Brasileiro*. 38. ed. São Paulo: Malheiros, 2012.

MELLO, Celso Antônio Bandeira de. A democracia e suas dificuldades contemporâneas. *Revista de Direito Administrativo*, Rio de Janeiro, v. 212, p. 57-70, abr. 1998.

MELLO, Celso Antônio Bandeira de. *Atos administrativos e Direitos dos Administrados*. São Paulo: Editora Revista dos Tribunais, 1981.

MELLO, Celso Antônio Bandeira de. *Curso de Direito Administrativo*. 32. ed. São Paulo: Malheiros, 2015.

MELLO, Celso Antonio Bandeira de. *Discricionariedade e controle jurisdicional*. 2. ed. 12. tir. São Paulo: Malheiros, 2017.

MELLO, Celso Antônio Bandeira de. O conteúdo do regime jurídico-administrativo e seu valor metodológico. *Revista de Direito Público*, São Paulo, n. 2, p. 44-61, out./dez. 1967.

MELLO, Celso Antônio Bandeira de. Procedimento administrativo. In: MELLO, Celso Antônio Bandeira de (Coord.). *Direito Administrativo na Constituição de 1988*. São Paulo: Revista dos Tribunais, 1991.

MELLO, Oswaldo Aranha Bandeira de. Conceito do direito administrativo. *Revista de Direito Administrativo*, Rio de Janeiro, v. 74, p. 33-44, jun. 1963. p. 38.

MELLO, Oswaldo Aranha Bandeira de. *Princípios gerais de direito administrativo*. v. 1. 3. ed. São Paulo: Malheiros, 2007.

MENDES, Gilmar Ferreira; BRANCO, Paulo Gustavo Gonet. *Curso de Direito Constitucional*. 8. ed. São Paulo: Saraiva, 2013.

MENDES, Laura Schertel Ferreira. Um Debate Acerca da Renúncia aos Direitos Fundamentais: Para um Discurso dos Direitos Fundamentais como um Discurso de Liberdade. *Direito Público*, Brasília, v. 3, n. 13, p. 121-133. jul./set. 2006.

MIRAGEM, Bruno. *A nova Administração Pública e o Direito Administrativo*. 2. ed. São Paulo: Editora Revista dos Tribunais, 2013.

MORAND-DEVILLER, Jacqueline; BOURDON, Pierre; POULET, Florian. *Droit Administratif*. 15. ed. Paris: LGDJ, 2017.

MOREIRA NETO, Diogo de Figueiredo. *Curso de Direito Administrativo*. 14. ed. rev., ampl. e atual. Rio de Janeiro, 2006.

MOREIRA NETO, Diogo de Figueiredo. *Mutações do Direito Administrativo*. 3. ed. São Paulo: Saraiva, 2007.

MOREIRA NETO, Diogo de Figueiredo. Novas Tendências da Democracia: Consenso e Direito Público na Virada do Século: o Caso Brasileiro. *Revista Brasileira de Direito Público – RBDP*, Belo Horizonte, n. 3, ano 1, out./dez. 2003. Disponível em: http://www.bidforum.com.br/bid/PDI0006.aspx?pdiCntd=12537.

MOREIRA NETO, Diogo de Figueiredo. Novos institutos consensuais da ação administrativa. *Revista de Direito Administrativo*, Rio de Janeiro, v. 231, p. 129-156, jan. 2003.

MOREIRA NETO, Diogo de Figueiredo. *Poder, direito e estado*: o direito administrativo em tempos de globalização. Belo Horizonte: Fórum, 2011.

MOREIRA NETO, Diogo de Figueiredo; FREITAS, Rafael Véras de. A juridicidade da Lei Anticorrupção: reflexões e interpretações prospectivas. *Fórum Administrativo – FA*, Belo Horizonte, ano 14, n. 156, fev. 2014. Disponível em: http://www.bidforum.com.br/PDI0006.aspx?pdiCntd=102105. Acesso em: 12 jan. 2019.

MORETTI, Natalia Pasquini. Uma concepção contemporânea do princípio da indisponibilidade do interesse público. In: MARRARA, Thiago (Org.). *Princípios de direito administrativo*: legalidade, segurança jurídica, impessoalidade, publicidade, motivação, eficiência, moralidade, razoabilidade, interesse público. São Paulo: Atlas, 2012.

MOTTA, Fabrício; BELÉM, Bruno. Persecução do interesse público em um cenário de múltiplos interesses: recomendações da OCDE e os conflitos regulados pela Lei nº 12.813/2013. *Revista de Direito Administrativo*, Rio de Janeiro, v. 277, n. 2, p. 149-175, ago. 2018.

MUÑOZ, Guillermo Andrés. El Interés Público es como el Amor. *In*: BACELLAR FILHO, Romeu Felipe; HACHEM, Daniel Wunder (Coords.). *Direito Administrativo e interesse público*: estudos em homenagem ao Professor Celso Antônio Bandeira de Mello. Belo Horizonte: Fórum, 2010.

NASCIMENTO, Eduardo Nadvorny; GEBRAN, João Gabriel Rache. A Lei de Improbidade Administrativa na era do consensualismo. *Revista da Escola da Magistratura do TRF da 4ª Região*, Porto Alegre, ano 5, n. 10, p. 333-350, 2018.

NEIVA, José Antonio Lisbôa. *Improbidade administrativa*. Niterói: Impetus, 2009.

NIETO, Alejandro. La administración sirve con objetividad los intereses generales. *In*: BAQUER, Sebastián Martin-Retortillo (Coord.). *Estudios sobre la Constitución española*: Homenaje al profesor Eduardo García de Enterría. v. 3. Madrid: Civitas, 1991.

NIETO, Alejandro. La vocación del Derecho Administrativo de nuestro tiempo. *Revista de Administración Pública*, Madrid, n. 76, p. 9-30, ene./abr. 1975.

NIGRO, Mario. Silvio Spaventa e la giustizia amministrativa come problema politico. *Rivista Trimestrale di Diritto Pubblico*, Roma, lug./set. 1970.

NOAH, Lars. Administrative arm-twisting in the shadow of congressional delegations of authority. *Wisconsin Law Review*, Madison, n. 5, p. 873-941, 1997.

NOBRE JÚNIOR, Edilson Pereira. Uma história do Direito Administrativo: passado, presente e novas tendências. *Revista do Tribunal Regional Federal da 5ª Região*, Recife, n. 59, p. 13-47, jan./mar. 2005.

NOHARA, Irene Patrícia. Reflexões Críticas acerca da Tentativa de Desconstrução do Sentido da Supremacia do Interesse Público no Direito Administrativo. *In*: PIETRO, Maria Sylvia Zanella Di; RIBEIRO, Carlos Vinícius Alves (Coords.). *Supremacia do interesse público e outros temas relevantes do direito administrativo*. São Paulo: Atlas, 2010.

NOHARA, Irene Patrícia. *Reforma Administrativa e Burocracia*: impacto da eficiência na configuração do Direito Administrativo Brasileiro. São Paulo: Atlas, 2012.

NOVAIS, Jorge Reis. *Contributo para uma Teoria do Estado de Direito*: do Estado de Direito liberal ao Estado social e democrático de Direito. Coimbra: Almedina, 2006.

OLIVEIRA, Gustavo Justino de. A arbitragem e as Parcerias Público-Privadas. *Revista Eletrônica de Direito Administrativo Econômico*, Salvador, n. 2, maio/jul. 2005. Disponível em: http://www.direitodoestado.com.br.

OLIVEIRA, Larissa Pinha de. A falácia da desconstrução do princípio da supremacia do interesse público sobre o privado. *Revista Brasileira de Direito*, Passo Fundo, v. 9, n. 1, p. 54-77, jan./jun. 2013.

ORTIZ, Gaspar Ariño. *Transparencia y participación en la administración pública española*. Madrid: Universidad Carlos III, 1994.

OSÓRIO, Fábio Medina. *Teoria da Improbidade Administrativa*. 2. ed. São Paulo: Revista dos Tribunais, 2010.

OTERO, Paulo. *Legalidade e Administração Pública*: o sentido da vinculação administrativa à juridicidade. Coimbra: Almedina, 2003.

PALMA, Juliana Bonacorsi de. A consensualidade na Administração pública e seu controle judicial. In: GABBAY, Daniela Monteiro et al. (Coords.). *Justiça Federal*: inovações nos mecanismos consensuais de solução de conflitos. Brasília: Gazeta Jurídica, 2014.

PALMA, Juliana Bonacorsi de. *Sanção e acordo na Administração Pública*. São Paulo: Malheiros, 2015.

PAREJO ALFONSO, Luciano. *Crisis y renovación en el Derecho público*. Lima: Palestra ed., 2008.

PAREJO ALFONSO, Luciano. Los Actos Administrativos Consensuales en el Derecho Español. *A&C – Revista de Direito Administrativo e Constitucional*, Belo Horizonte, ano 1, n. 13, p. 11-43, jul./set. 2003.

PAREJO ALFONSO, Luciano; JIMÉNEZ-BLANCO, Antonio; ORTEGA ALVAREZ, Luis Felipe. *Manual de Derecho Administrativo*. Barcelona: Ariel, 1994.

PEDRON, Flávio Quinaud. O dogma da supremacia do interesse público e seu abrandamento pela jurisprudência do Supremo Tribunal Federal através da técnica da ponderação de princípios. *A&C – Revista de Direito Administrativo & Constitucional*, n. 33, Belo Horizonte: Fórum, p. 193-217, jul./set. 2008.

PIETRO, Maria Sylvia Zanella Di. *Direito Administrativo*. 2. ed. São Paulo: Atlas, 1991.

PIETRO, Maria Sylvia Zanella Di. O princípio da supremacia do interesse público: sobrevivência diante dos ideais do neoliberalismo. In: BACELLAR FILHO, Romeu Felipe; HACHEM, Daniel Wunder (Coords.). *Direito Administrativo e interesse público*: estudos em homenagem ao Professor Celso Antônio Bandeira de Mello. Belo Horizonte: Fórum, 2010.

PIETRO, Maria Sylvia Zanella Di. Origem e formação do Direito Administrativo. In: PIETRO Di, Maria Sylvia Zanella; MARTINS JÚNIOR, Wallace Paiva. *Tratado de direito administrativo*: teoria geral e princípios do direito administrativo. v. 1. São Paulo: Revista dos Tribunais, 2014.

PINHO, Humberto Dalla Bernardina de; VIDAL, Ludmilla Camacho Duarte. Primeiras reflexões sobre os impactos do novo CPC e da Lei de Mediação no Compromisso de Ajustamento de Conduta. *Revista de Processo*, São Paulo, v. 256/2016, p. 371-409, jun. 2016.

PINTO, José Guilherme Bernan Correa. Direito Administrativo consensual, acordo de leniência e ação de improbidade. In: PONTES FILHO, Valmir; MOTTA, Fabrício; GABARDO, Emerson. *Administração Pública*: desafios para a transparência, probidade e desenvolvimento. Belo Horizonte: Fórum, 2017.

PIRES, Luis Manuel Fonseca. Razões (e práticas) de Estado: os mal-estares entre a liberdade e a segurança jurídica. *Revista de Investigações Constitucionais*, Curitiba, v. 3, n. 3, p. 167-189, set./dez. 2016. DOI: 10.5380/rinc.v3i3.48536.

PIRIE, Madsen. *How to Win Every Argument*: The Use and Abuse of Logic. New York: Bloomsbury Academic, 2007.

PIVA, Giorgio. L'amministratore pubblico nella società pluralista. In: *Scritti in onore di Massimo Severo Giannini*. v. 2. Milano: Giufré, 1988.

REALE, Miguel. *Nova Fase do Direito Moderno*. São Paulo: Saraiva, 1990.

RIBEIRO, Carlos Vinicius Alves. Interesse público: um conceito jurídico determinável. *In*: PIETRO, Maria Sylvia Zanella Di; RIBEIRO, Carlos Vinicius Alves (Coords.). *Supremacia do interesse público e outros temas relevantes do Direito Administrativo*. São Paulo: Atlas, 2010.

RIVERO, Jean. Existe-t-il um critère du droit administratif? *Revue du droit public et de la science politique en France et à l'etranger*, Paris, v. 69, n. 2, p. 279-296, avr./juin 1953.

ROCHA, Cármen Lúcia Antunes. *Princípios constitucionais da Administração Pública*. Belo Horizonte: Del Rey, 1994.

ROCHA, Marcelo Dantas; ZAGANELLI, Margareth Vetis. O ajustamento de conduta em atos de improbidade administrativa: anacronismos na vedação da transação na lei brasileira. *Cadernos de Dereito Actual*, n. 7, p. 147-162, 2017.

ROCHA, Silvio Luís Ferreira da. A administração pública e a mediação. *In*: PONTES FILHO, Valmir; MOTTA, Fabrício; GABARDO, Emerson (Coords.). *Administração Pública*: novos desafios para a transparência, probidade e desenvolvimento. Belo Horizonte: Fórum, 2017.

RODRÍGUEZ ARANA-MUÑOZ, Jaime. *Derecho Administrativo y Constitución*. Granada: CEMCI, 2000.

RODRÍGUEZ MUÑOZ, José Manuel. De la noción de interés general como faro y guía de la Administración, y como proemio a la Sección "Cuestiones de la acción pública en Extremadura" de esta Revista. *Revista de Derecho de Extremadura*, Cáceres, n. 6, p. 557-565, set./dic. 2009.

RODRÍGUEZ-ARANA MUÑOZ, Jaime. Dimensiones del Estado Social y derechos fundamentales sociales. *Revista de Investigações Constitucionais*, Curitiba, v. 2, n. 2, p. 31-62, maio/ago. 2015.

RODRÍGUEZ-ARANA MUÑOZ, Jaime. El Derecho Administrativo ante la crisis (El Derecho Administrativo Social). *A&C – Revista de Direito Administrativo & Constitucional*, Belo Horizonte, ano 15, n. 60, p. 13-37, abr./jun. 2015.

RODRÍGUEZ-ARANA MUÑOZ, Jaime. El Interés General como Categoría Central de la Actuación de las Administraciones Públicas. *In*: BACELLAR FILHO, Romeu Felipe; HACHEM, Daniel Wunder (Coords.). *Direito Administrativo e interesse público*: estudos em homenagem ao Professor Celso Antônio Bandeira de Mello. Belo Horizonte: Fórum, 2010.

RODRÍGUEZ-ARANA MUÑOZ, Jaime. El marco constitucional del Derecho Administrativo español (el Derecho Administrativo Constitucional). *A&C – Revista de Direito Administrativo e Constitucional*, Belo Horizonte, v. 7, n. 29, p. 127-144, jul./set. 2007.

RODRÍGUEZ-ARANA MUÑOZ, Jaime. *Interés general, derecho administrativo y estado del bienestar*. Granada: Iustel, 2012.

SÁ, Rodrigo Mendes de. Os meios consensuais de solução de conflitos na esfera judicial e o Poder Público: análise do artigo 4º da Lei nº 9.469/97 à luz da sistemática dos recursos repetitivos no STF e no STJ. *Publicações da Escola da AGU*, Brasília, p. 261-285.

SÁINZ MORENO, Fernando. Reducción de la discrecionalidad: el interés público como concepto jurídico. *Revista Española de Derecho Administrativo*, Madrid, n. 8, p. 63-94, ene./mar. 1976.

SALES, Marlon Roberth; BANNWART JUNIOR, Clodomiro José. O Acordo de Leniência: uma análise de sua compatibilidade constitucional e legitimidade. *Revista do Direito Público*, Londrina, v. 10, n. 3, p. 31-50, set./dez. 2015.

SALGADO, Eneida Desiree. *Constituição e democracia*: tijolo por tijolo em um desenho (quase) lógico: vinte anos de construção do projeto democrático brasileiro. Belo Horizonte: Fórum, 2007.

SALLES, Carlos Alberto de. *A arbitragem na solução de controvérsias contratuais da administração pública*. São Paulo, 2010. 458 f. Tese (Livre Docência) – Faculdade de Direito, Universidade de São Paulo.

SALOMÉ, Joana Faria. O processo na história: entre interesse público e interesse privado. *Direito Público*, Belo Horizonte, n. 1/2, p. 101-1112, jan./dez. 2010.

SANTIAGO, Alfonso. *Bien común y derecho constitucional*: el personalismo solidario como techo ideológico del sistema político. Buenos Aires: Editorial Ábaco de Rodolfo Depalma, 2002.

SANTOS, Eduardo Sens dos. *TAC em improbidade administrativa*. Disponível em: http://tmp. mpce.mp.br/esmp/publicacoes/Edital-n-03-2012/Artigos/Eduardo-Sens-dos-Santos.pdf.

SANTOS, Kleber Bispo dos. *Acordo de Leniência na Lei de Improbidade Administrativa e na Lei Anticorrupção*. Rio de Janeiro: Lumen Juris, 2018.

SARMENTO, Daniel (Org.). *Interesses públicos versus interesses privados*: desconstruindo o princípio da supremacia do interesse público. 3. tir. Rio de Janeiro: Lumen Juris, 2010.

SARMENTO, Daniel. Interesses públicos vs. interesses privados na perspectiva da teoria e da filosofia constitucional. *In*: SARMENTO, Daniel (Org.). *Interesses públicos versus interesses privados*: desconstruindo o princípio da supremacia do interesse público. 3. tir. Rio de Janeiro: Lumen Juris, 2010.

SCHIER, Adriana da Costa Ricardo. O princípio da supremacia do interesse público sobre o privado e o direito de greve dos servidores públicos. *In*: BACELLAR FILHO, Romeu Felipe; HACHEM, Daniel Wunder (Coords.). *Direito Administrativo e interesse público*: estudos em homenagem ao Professor Celso Antônio Bandeira de Mello. Belo Horizonte: Fórum, 2010.

SCHIER, Paulo Ricardo. Ensaio sobre a supremacia do interesse público sobre o privado e o regime jurídico dos direitos fundamentais. *In*: SARMENTO, Daniel (Org.). *Interesses públicos versus interesses privados*: desconstruindo o princípio da supremacia do interesse público. 3. tir. Rio de Janeiro: Lumen Juris, 2010.

SCHIRATO, Vitor Rhein; PALMA, Juliana Bonacorsi de. Consenso e legalidade: vinculação da atividade administrativa consensual ao direito. *Revista Brasileira de Direito Público – RBDP*, Belo Horizonte, ano 7, n. 27, out./dez. 2009. Disponível em: http://www.bidforum. com.br/bi/PDI0006.aspx?pdiCntd=64611.

SCHWANKA, Cristiane. A processualidade administrativa como instrumento de densificação da Administração Pública democrática: a conformação da administração pública consensual. *Revista do Tribunal de Contas de Minas Gerais*, Belo Horizonte, v. 80, n. 3, p. 69-95, jul./set. 2011.

SEELAENDER, Airton Cerqueira-Leite. O contexto do texto: notas introdutórias à história do direito público na idade moderna. *Revista Sequência*, Florianópolis, n. 55, p. 253-286, dez. 2007.

SILVA, Arthur Custódia da. *Supremacia do interesse público sobre o privado na pós-modernidade*: é necessária sua "desconstrução" ou sua "reconstrução"? Uma análise crítica à luz do postulado da proporcionalidade. Rio de Janeiro: Lumen Juris, 2018.

SILVA, José Afonso da. *Curso de Direito Constitucional positivo*. 35. ed. São Paulo: Malheiros, 2012.

SILVA, Vasco Manoel Pascoal Dias Pereira. *Em busca do acto administrativo perdido*. Lisboa: Almedina, 1996.

SILVA, Vasco Pereira da. *O contencioso administrativo no divã da psicanálise*: ensaio sobre as acções no novo processo administrativo. 2. ed. Coimbra: Almedina, 2009.

SILVA, Virgílio Afonso da. *A constitucionalização do direito*: os direitos fundamentais nas relações entre particulares. São Paulo, 2004. Tese (Livre Docência em Direito) – Universidade de São Paulo.

SILVA, Virgílio Afonso da. O proporcional e o razoável. *Revista dos Tribunais*, São Paulo, v. 91, n. 798, abr. 2002.

SILVA, Virgílio Afonso da. Princípios e regras: mitos e equívocos acerca de uma distinção. *Revista Latino-Americana de Estudos Constitucionais*, Belo Horizonte, n. 1, p. 607-630, jan./jun. 2003.

SIQUEIRA, Mariana de. *Interesse público no direito administrativo brasileiro*: da construção da moldura à composição da pintura. Rio de Janeiro: Lumen Juris, 2016.

SOREIDE, Tina; ROSE-ACKERMAN, Susan. Corruption in state administration. *In*: ARLEN, Jennifer (Ed.). *Research Handbook on Corporate Crime and Financial Misdealing*. Northampton: Edward Elgar Publishing, 2018.

SOUZA, Antonio Francisco de. *Conceitos indeterminados no direito administrativo*. Coimbra: Almedina, 1994.

SOUZA, Luciane Moessa de. *Meios consensuais de solução de conflitos envolvendo entes públicos*: negociação, mediação e conciliação na esfera administrativa e judicial. Belo Horizonte: Fórum, 2012.

SOUZA, Luciane Moessa de. O papel da advocacia pública no Estado Democrático de Direito: da necessidade de sua contribuição para o acesso à justiça e o desenvolvimento institucional. *A&C – Revista de Direito Administrativo & Constitucional*, n. 34, Belo Horizonte, Fórum, p. 141-174, out./dez. 2008.

SUNDFELD, Carlos Ari. *Direito Administrativo para Céticos*. São Paulo: Malheiros, 2012.

SUNDFELD, Carlos Ari. Segurança jurídica nas relações administrativas concertadas. *In*: MOTTA, Fabrício; GABARDO, Emerson (Coords.). *Crise e reformas legislativas na agenda do Direito Administrativo*. Belo Horizonte: Fórum, 2018.

SUNDFELD, Carlos Ari; CÂMARA, Jacintho Arruda. Acordos substitutivos nas sanções regulatórias. *Revista de Direito Público da Economia – RDPE*, Belo Horizonte, ano 9, n. 34, abr./jun. 2011. Disponível em: http://www.bidforum.com.br/bid/PDI0006.aspx?pdiCntd=73323.

TALAMINI, Eduardo. A (in)disponibilidade do interesse público: consequências processuais (composições em juízo, prerrogativas processuais, arbitragem, negócios processuais e ação monitória) – versão atualizada para o CPC/2015. *Revista de Processo*, São Paulo, ano 42, n. 264, p. 83-107, fev. 2017.

TAVEIRA NETO, Francisco. A evolução da Administração Pública e de seus mecanismos de controle na Constituição Federal. *A&C – Revista de Direito Administrativo e Constitucional*, Belo Horizonte, ano 6, n. 23, p. 135-144, jan./mar. 2006.

TOURINHO, Rita. O Ato de Improbidade Administrativa de Pequeno Potencial Ofensivo e o Compromisso de Ajustamento. *Fórum Administrativo – FA*, Belo Horizonte, ano 3, n. 30, p. 2.644-2.648, ago. 2003. p. 2.647.

VALLE, Vivian Lima López. Autoridade e consenso nos contratos administrativos: um reposicionamento do regime jurídico contratual brasileiro à luz da doutrina europeia dos contratos administrativos. *In*: HACHEM, Daniel Wunder; GABARDO, Emerson; SALGADO, Eneida Desiree (Coords.). *Direito Administrativo e suas transformações atuais*: homenagem ao Professor Romeu Felipe Bacellar Filho. Curitiba: Íthala, 2016.

VALLE, Vivian Lima López. *Contratos administrativos e um novo regime jurídico de prerrogativas contratuais na Administração Pública contemporânea*: da unilateralidade ao consenso e do consenso à unilateralidade na relação contratual administrativa. Belo Horizonte: Fórum, 2018.

VEIGA CABRAL, Prudêncio Giraldes Tavares. *Direito administrativo brasileiro*. Rio de Janeiro; Typpgraphia Universal de Laemmert, 1859.

VOLPI, Elon Kaleb Ribas. Conciliação na Justiça Federal. A indisponibilidade do interesse público e a questão da isonomia. *Revista da Procuradoria-Geral da Fazenda Nacional*, Brasília, ano I, n. 2, 2011.

ZARDO, Francisco. Validade dos acordos de leniência em ações de improbidade. *Conjur*, 25 set. 2017. Disponível em: https://www.conjur.com.br/2017-set-25/francisco-zardo-validade-acordos-acoes-improbidade.

ZOCKUN, Maurício. Vinculação e Discricionariedade no Acordo de Leniência. *Direito do Estado – Colunistas*, n. 142, 14 abr. 2016. Disponível em: http://www.direitodoestado.com.br/colunistas/Mauricio-Zockun/vinculacao-e-discricionariedade-no-acordo-de-leniencia.

ZOLO, Danilo. Teoria e crítica do Estado de Direito. *In*: COSTA, Pietro; ZOLO, Danilo (Orgs.). *O Estado de Direito*: história, teoria e crítica. São Paulo: Martins Fontes, 2006.

Esta obra foi composta em fonte Palatino Linotype, corpo 10
e impressa em papel Offset 75g (miolo) e Supremo 250g (capa)
pela Gráfica Formato.